ro
ro
ro

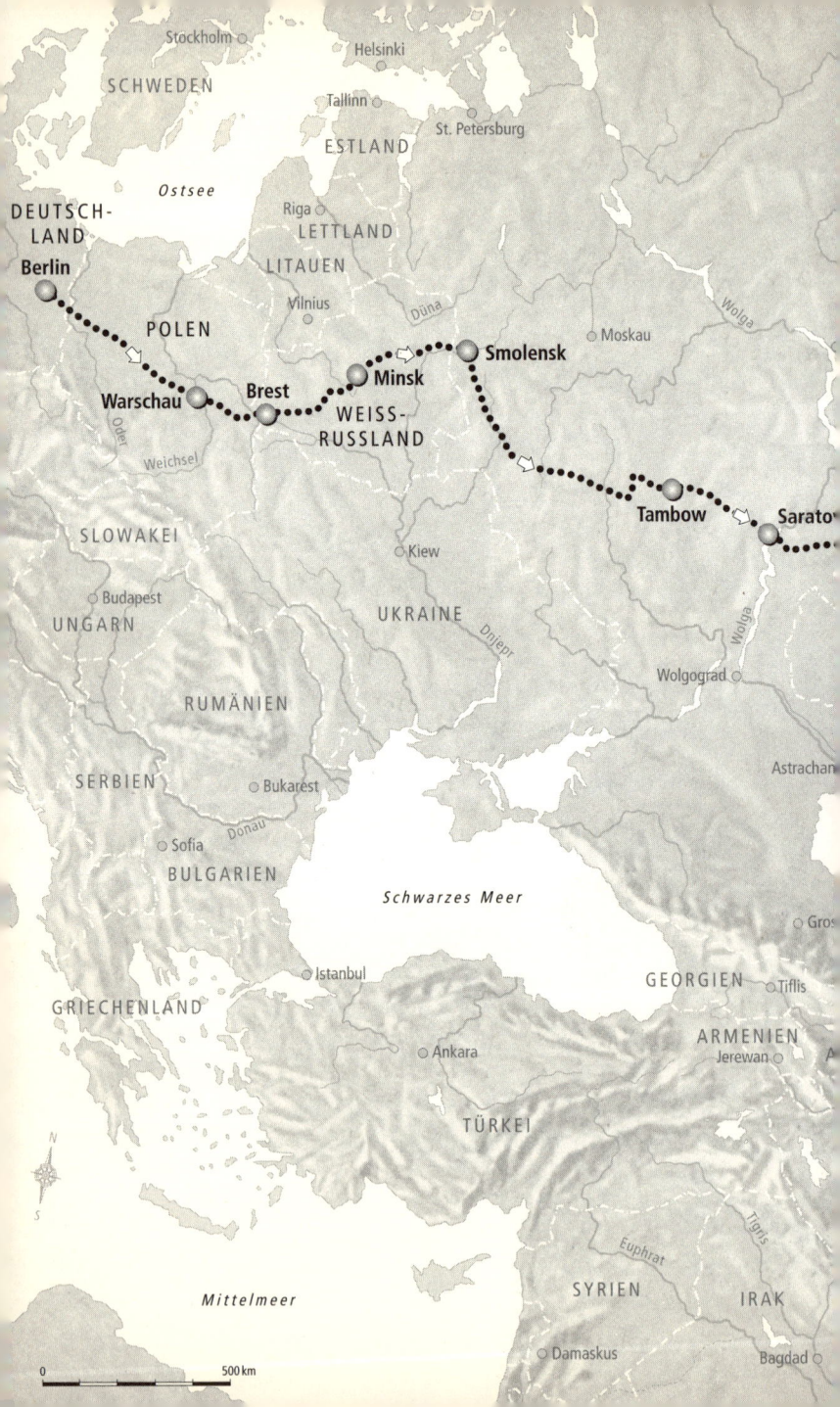

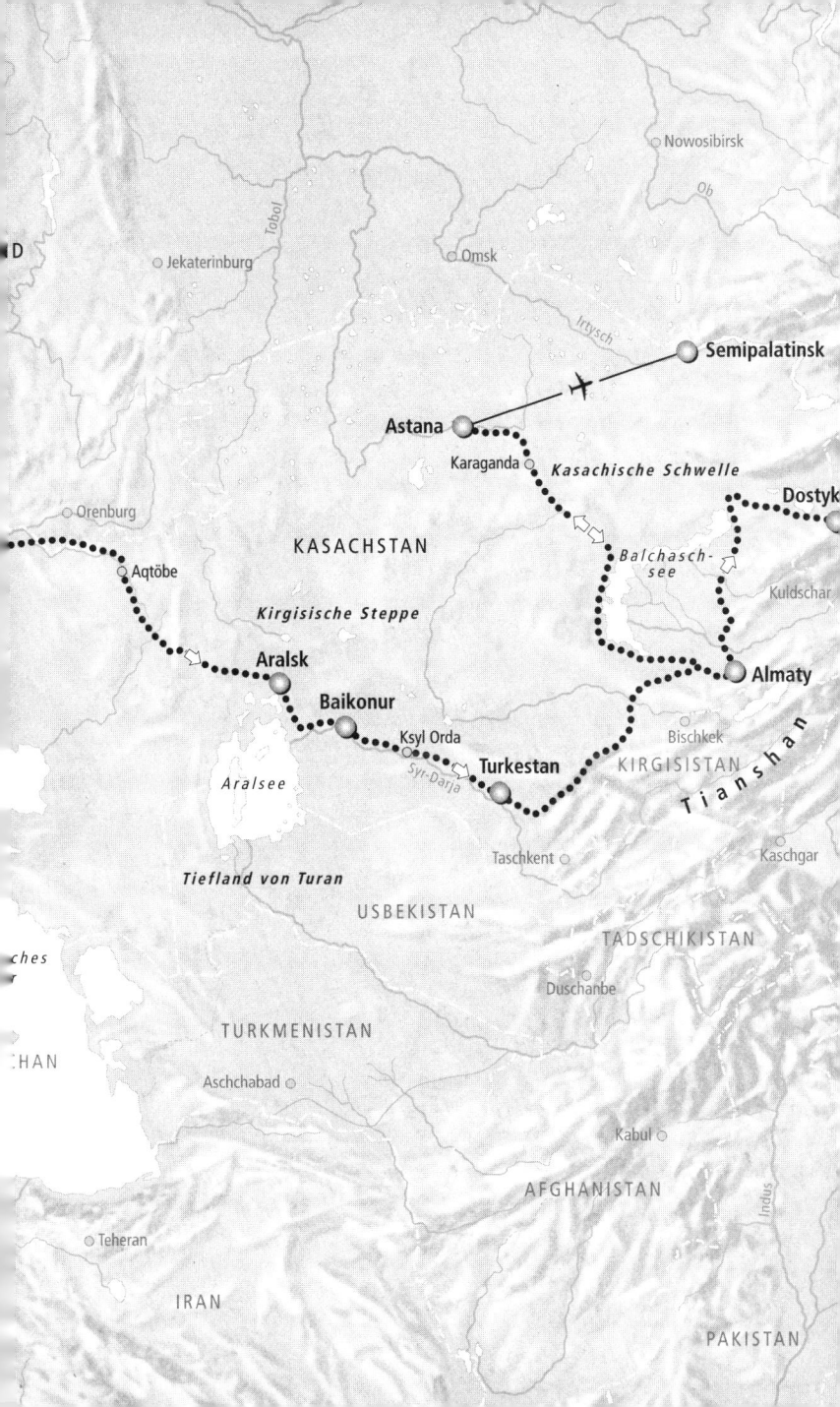

Berlin – Saigon: 16 000 Kilometer mit der Eisenbahn, durch sieben Länder und zwei Kontinente – dies ist die Reise, von der ZDF-Reporter Dirk Sager in seinem Buch erzählt. Vier Monate ist Sager im Zug unterwegs, immer wieder macht er Station, um Menschen zu treffen und grandiose Landschaften zu erleben.

Im russischen Smolensk begegnet er den langen Schatten Hitlers und Stalins, und in Saratow, der letzten Stadt in Europa, besucht er die Nachfahren der Wolgadeutschen. Im asiatischen Teil der Strecke trifft er die Fischer vom sterbenden Aralsee und folgt der Route Marco Polos auf der alten Seidenstraße nach China. Entlang der Chinesischen Mauer und durch den unbekannten Westen des Landes reist er nach Hanoi, spürt der jahrtausendealten Zivilisation Vietnams nach – und entdeckt am Ende das Geheimnis der pulsierenden Metropole Saigon.

Dirk Sager, geboren 1940, ist einer der renommiertesten Fernsehjournalisten Deutschlands und wurde für seine Arbeit vielfach ausgezeichnet. Als ZDF-Korrespondent berichtete er unter anderem aus der DDR, den USA und aus Russland.

Dirk Sager

Berlin – Saigon

Eine Reise
in die andere Hälfte
der Welt

Rowohlt Taschenbuch Verlag

Veröffentlicht im Rowohlt Taschenbuch Verlag,
Reinbek bei Hamburg, Juli 2008
Copyright © 2007 by Rowohlt · Berlin Verlag GmbH, Berlin
Karten Peter Palm, Berlin
Lektorat Jens Dehning
Umschlaggestaltung ZERO Werbeagentur, München
nach einem Entwurf von any.way, Hamburg
Satz Minion PostScript (InDesign) bei
Pinkuin Satz und Datentechnik, Berlin
Druck und Bindung Druckerei C. H. Beck, Nördlingen
Printed in Germany
ISBN 978 3 499 62185 7

Inhalt

Erster Teil **Im Schatten der Diktatoren:**
Aufbruch an die Wolga

Abfahrt durch den Hinterhof: Berlin

Es ist Ende Januar: Ein frostiger, in der roten Wintersonne schimmernder Dunst liegt über Berlin. Verlorene Schneeflocken tanzen in der Luft einen kalten Reigen. Kein Gedanke liegt näher, als möglichst schnell der Tristesse zu entfliehen. Unser Ziel ist Vietnam – auf den ersten Blick mag die Idee so reizvoll erscheinen wie der platte Versuch, ins Guinness-Buch der Rekorde zu gelangen: die weiteste Eisenbahnfahrt, die von Berlin aus möglich ist. Und nicht die ausgefahrenen Strecken der Transsibirischen Eisenbahn wollen wir nehmen, sondern abseitige Schienenwege, die durch entlegene Provinzen führen, wohin kein Tourist sich je verirren wird. Aber wer könnte der Versuchung widerstehen, vier Monate durch fremde Länder zu reisen mit der Aussicht, das legendäre Saigon zu erleben!

Fünf Staaten, die wir durchqueren wollen, haben ihr Einverständnis erklärt und Visa erteilt, was nicht in jedem Fall selbstverständlich war. Fast hatten wir vergessen, dass Grenzen manchmal unüberwindlich sein können. Dabei ist schon der Weg zum Bahnhof eine Grenzüberschreitung, denn er trägt schwer an der Last der Geschichte.

Die Züge in Richtung Osten werden auf dem Bahnhof Lichtenberg bereitgestellt. Vom Zentrum führt die Route dorthin über die Karl-Marx-Allee. Als die mächtigen Häuserzeilen entlang der breiten Straße in den frühen fünfziger Jahren erbaut wurden, sollten sie mehr darstellen als nur eine prächtige Magistrale für die Hauptstadt der DDR. Die festliche Architektur mit den weiten Balkonen und den schmiedeeisernen Kandelabern warb für einen Aufbruch in eine lichte neue Zeit. Deshalb gaben die Bauherren in Verbeugung vor dem, den sie die «Sonne der Völker» nannten, der Straße den Namen «Stalinallee». Hier stand, zwischen Andreas- und Koppenstraße, seit 1951 ein Denkmal des Despoten. Heute recken auf schneebedecktem

Rasen ein paar Bäume frierend die Äste in den Himmel. Ein gesichtsloser, im Stil der sechziger Jahre errichteter Neubau hat Besitz ergriffen von dem historischen Raum.

Nichts erinnert mehr an die Orgien der Trauer, denen sich nach Stalins Tod im März 1953 die Ost-Berliner Führung und ein Heer von Gläubigen hingaben. Doch wer will, kann im hohlen Pathos des Prachtboulevards die Zeichen des Untergangs erkennen. Denn nur wenige Monate nach dem Trauerakt erhoben sich im Juni des gleichen Jahres die Arbeiter und demonstrierten gegen die Regierung der Werktätigen. Im November 1961, nach dem Mauerbau, wurde das Denkmal Stalins geschleift, die alten Schilder verschwanden. Karl Marx gab nun der Allee seinen Namen, als sei die Rechnung für alles Geschehene so unschuldig zu begleichen. Und der Ungeist der Zeit so leicht zu besiegen.

An diesem Ort beginnt unsere Reise. Ost-Berlin war der westliche Vorposten von Stalins Imperium, und bis nach Vietnam werden wir uns in seinem düsteren Schatten bewegen. Die Fahrt über die ehemalige Stalinallee ist wie die Ouvertüre zu einem epochalen Drama der Geschichte, dessen letzter Akt bis in die Gegenwart führt. Es wird eine Weile dauern, ehe wir den einstigen Machtbereich Hitlers verlassen. Die Schwelle zum Reich Stalins, der Hitler besiegte, haben wir schon auf dem Weg zum Bahnhof überschritten. Im Fernen Osten aber wartet die schillernde Figur Maos, der sich in seinen Terrormethoden beim Moskauer Vorbild bediente und seinerseits den Kommunisten in Vietnam zur Leitfigur wurde. Kein Land, das wir durchreisen werden, blieb von den grausamen Spuren der Tyrannen verschont.

Die Arbeiterpaläste der Karl-Marx-Allee stehen zum Abschied Spalier. Die im Dunst verschleierte Sonne legt einen sanften, rötlichen Schimmer über die Häuserschlucht, aber die Straße wirkt leer und verloren an diesem Wintertag. Auf halbem Weg lockt das Café Sibylle zur letzten Einkehr. Eine freundliche Frau bringt Cappuccino, Plakate an den Wänden werben für Ausstellungen. Hier trifft man schon zu früher Stunde die Verlierer der Geschichte. Allein sitzen sie an kleinen Tischen und starren vor sich hin. Und regen sich nur, wenn sie nach langer Pause das Glas mit Wodka an den Mund führen. Man möchte sich zu ihnen setzen, ihre Geschichten hören und was sie heute denken über ihr Leben in einer Welt, die unterging. Für manche Menschen in dieser Stadt geschah zu viel in den letzten Jahrzehnten, und alles viel zu schnell.

Der verbleibende Weg zum Bahnhof macht es deutlich. Hier muss die Stadt schon ohne das Pathos der Nachkriegsarchitektur auskommen. Schmucklose Neubauten reihen sich aneinander, von denen der größte das Hauptquartier der DDR-Staatssicherheit beherbergte, der Institution, die mehr als alle anderen den unheiligen Satz verkörperte, wonach der Zweck die Mittel heilige. Oben auf dem Dach wirbt heute mit nie erlahmendem Schwung ein rotierendes Emblem der Deutschen Bahn.

In stiller Eleganz rollen die weiß-blauen Waggons in den Bahnhof. Neben den Türen tragen sie Wappen mit dem goldenen Doppeladler. Doch die Hoheitsrechte im Zug wären auch ohne dieses Zeichen geklärt. Denn als er quietschend zum Stehen kommt, öffnen sich die Türen, und Frauen in blauer Uniform nehmen rasch auf dem Bahnsteig Aufstellung. Jeder Waggon hat eine Kommandantin, jene im russischen Eisenbahnwesen legendären Frauen, die während der tagelangen Fahrten in ihrem Reich für Ordnung sorgen. Sie heizen den Kohleofen, der den Waggon mit wohnlicher Wärme erfüllt, sie verweisen die männlichen Reisenden, die sich dem Ziel entgegentrinken, in die Schranken, sie bringen Tee und laden vor allem zum freundlichen Plausch ein. Die Parade der Frauen, mit ihren weißen Handschuhen gegen die Berliner Kälte gewappnet, verleiht Lichtenberg für einen Moment die Aura eines russischen Bahnhofs.

Der Zug nach Saratow an der Wolga fährt nur einmal die Woche – jeden Sonnabend um die Mittagszeit. Auf dem Bahnsteig stehen die Fahrgäste und der Chor der Abschiednehmenden dicht gedrängt. Darin ist das Bild gleich geblieben seit vergangenen Zeiten. Aber früher türmten sich Berge von Gepäck auf, unförmige rot-blau karierte Plastiktaschen prall gefüllt mit Waren, die man zu den Märkten in der Heimat schleppte oder die als kostbare Mitbringsel für die Familie dienten, um dem Leben daheim in Russland einen westlichen Anstrich zu geben. Damals bot der Bahnhof den Anblick einer Völkerwanderung des Elends. Heute dominieren handliche Rollkoffer. Und die einzigen, die durch einen exotischen Gepäckberg auffallen, sind die Mitarbeiter eines deutschen Fernsehteams. Wir haben allerdings einen Weg vor uns, der weit über Saratow hinausführt.

Jeder Aufbruch wirft seine Schatten voraus. Das Studium der Landkarten, auf denen die Route vorgezeichnet wird, gehört zu den angenehmen Seiten. Manche Orte sind bekannt, wie eben Saratow – ich war dort vor langer Zeit, als die Stadt noch den Ausländern versperrt war. Andere Orte blieben für mich unbekanntes Territorium, obwohl die Neugierde sie immer auf die Liste meiner Reiseziele hat rücken lassen. Es hat sich jedoch nie gefügt, etwa an den Aralsee zu fahren, wo eine der größten ökologischen Katastrophen auf der nördlichen Halbkugel geschah. Oder nach Semipalatinsk, wo die Sowjetunion mit ihren Atombombenversuchen ein irdisches Fegefeuer entzündete.

Und dann erst die Gegenden, die zu erreichen nicht einmal in Träumen möglich schien. Der Atlas lockt mit exotischen Namen: die Dsungarische Pforte am nördlichen Tianshan-Gebirge, wo einst Völker lebten, deren Spuren sich in der Geschichte verloren haben. Oder Chinas nordwestliche Provinz Xinjiang, geheimnisumwittert, weil westliche Korrespondenten dort von der chinesischen Obrigkeit nicht wohlgelitten sind. Oder der Weg entlang der Wüsten, der in den Süden Chinas führt, abseits der Pfade, die Touristen üblicherweise wählen. Schließlich Vietnam: fern – und doch nah in der Erinnerung an jene Zeit, als die USA dort Krieg führten und geschlagen wurden. Damals fühlten sich ganze Studentengenerationen zur Parteinahme aufgerufen. Aber vom Leben und von der Kultur in jenem Land wussten sie wenig.

Wenn der Weg – nach einem Calderon zugeschriebenen Wort – schöner sein soll als die Herberge, dann ist es mit dem Vorabstudium von Landkarten und Literatur nicht getan. Eine Reise über Kontinente ist eine handfeste Herausforderung, und mangelnde Umsicht bei der Wahl des Gepäcks kann bitter bestraft werden. Es soll nicht zu viel sein, man möchte es packen und tragen können und nicht unter den Blicken Fremder schmählich in die Knie gehen. Andererseits muss für alle Lebenslagen Vorsorge getroffen sein. Das gilt umso mehr, wenn die zurückzulegende Strecke jedes bekannte Maß überschreitet. Von Berlin nach Saigon – das sind 16 000 Kilometer oder mehr. So genau weiß das keiner.

Wir reisen zu dritt: für Kameramann Heinz Kerber und seine Assistentin Karin Köhler ist diese Route ebenfalls Neuland. Dazu gesellen sich später noch drei Pfadfinder, die jeweils einen Teil der Reise als Kundschafter vorbereitet haben. In Brest, hinter der weißrussischen Grenze, wartet als Erster Wladimir Pyljow, der uns bis an die chinesische Grenze begleiten soll. Da wir immer wieder Station machen, wird das Bewegen von Kisten, Koffern und Taschen – insgesamt mehr als zweihundert Kilo – zur sportlichen Übung. Sehr schnell wissen wir, welche die schwersten Teile sind. Und dankbar quittiert Kameramann Kerber die Bitte, er möge auf dem nächsten Bahnhof den Kraftakt im Bild festhalten – so bleibt es ihm erspart, selber mit anzufassen. Im Falle Marco Polos, der vor rund achthundert Jahren in Venedig mit ähnlichem Ziel aufbrach, ist nicht überliefert, was er bei sich trug. Er blieb lange unterwegs, nach eigenen Angaben sechsundzwanzig Jahre. So viel Zeit ist in unserem Budget nicht vorgesehen.

Von Marco Polos Ausflug in unbekannte Welten erzählt sein Reisebericht. Wenigstens darin könnte er ein Vorbild sein. Doch der venezianische Entdeckungsreisende verfasste sein Buch unter unschönen Bedingungen: Er diktierte sein epochales Werk im Gefängnis einem Schriftsteller, der mit ihm die Zelle teilte. Weder die Umstände der Entstehung noch das Werk selbst mögen dem Berichterstatter heute als Maßstab dienen – zumal die Zeitgenossen des Weitgereisten seine

Leistungen mit Undank quittierten und den Ausführungen über die wundersame Welt des Fernen Ostens wenig Glauben schenkten. Der Lüge haben sie ihn sogar bezichtigt. Dies soll uns allerdings nicht hindern, die Schilderungen heute gelegentlich zu Rate zu ziehen.

Erst sehr viel später hinterließen Forschungsreisende in jenen östlichen Regionen neben ihren präzisen Berichten von Land und Leuten auch umfängliche Packlisten, die von beeindruckend umsichtiger Reiseplanung zeugen. Vor kaum hundertfünfzig Jahren war eine Reise über den Tianshan, jenes Gebirge, das sich wie eine Sperrmauer vor dem Land der Mitte erhebt, noch eine Expedition in fremdes, ja sogar feindliches Territorium. Auf die Küche des Landes wollte man sich jedenfalls nicht verlassen. Von dem zur Legende gewordenen russischen Forscher Nikolai Prschewalski – der Name verrät polnische Herkunft –, der in den siebziger und achtziger Jahren des 19. Jahrhunderts den Westen Chinas bereiste, ist überliefert, er habe sogar lebende Schafe auf der Expedition mitgeführt: «Außerdem noch 140 Kilogramm Zucker, ebenso viel gedörrtes Hammelfleisch, eine Kiste Cognac und Sherry und 26 Liter Spiritus, diesen für naturwissenschaftliche Präparate.» Wer sich selbst auf eine Reise in Richtung Osten vorbereitet, liest das mit Interesse und stellt sich vor, wie der Expeditionsleiter den Spiritus gegenüber seinen russischen Mitreisenden, die sich der Wissenschaft nicht so sehr verpflichtet fühlten, zu verteidigen hatte.

Ein anderer berühmter Reisender, der sich weit weniger exotische Ziele gesetzt hatte und mit der Eisenbahn vom Pariser Umland in die Normandie fahren wollte, ließ sich vom Arzt bestätigen, welche stärkenden Mittel nötig seien, um wohlbehalten am Ziel anzukommen. Dieser riet ihm, bei der Abreise eine reichliche Dosis Bier oder Cognac zu trinken, «um dadurch in einen als euphorisch bezeichneten Zustand zu geraten, in welchem das Nervensystem vorübergehend weniger verletzlich sei». Marcel Proust erreichte die Normandie unversehrt.

Dank der freundlichen Aufnahme durch Olga sind wir auf solche

Medizin nicht angewiesen. Im Zug zeigt sich Russland von seiner besten Seite. Olga ist die liebevolle Kommandantin unseres Waggons und betrachtet die Reisenden als ihre Schützlinge. Sie hilft beim Verstauen des Gepäcks und reicht Tee als Begrüßungstrunk. Und schon jetzt bedauert sie, dass sie uns nur bis Warschau unter ihre Fittiche nehmen kann, denn dort verlassen wir den Zug. Olga ist in Saratow zu Hause und pendelt seit über fünf Jahren mit diesem Zug zwischen ihrer Heimatstadt und Berlin. Aber noch nie, sagt sie, habe sie etwas von der Stadt gesehen. Denn schon eine Stunde nach der Ankunft in Lichtenberg müsse sie die Rückreise antreten. Ob die neue deutsche Hauptstadt schön sei, will sie wissen, und ob alles nun laufe, nachdem aus zwei Städten wieder eine geworden sei. Wir versprechen ihr für später einen Einführungskurs in die Berliner Wirklichkeit.

Die Abfahrt des Zuges erleben wir auf der Kommandobrücke. Handgriffe und Hebel sind aus glänzendem Messing. Lokomotivführer Koderisch dreht an einem schweren Rad, und langsam wie ein Schiff setzt sich der Zug in Bewegung. Ein erhabenes Abschiedsgefühl will sich trotzdem nicht einstellen. Denn wir fahren gleichsam durch den Hinterhof der Berliner Eisenbahn. Wo in DDR-Zeiten Güterzüge rangierten, fällt der Blick jetzt auf trostlos verstepptes Gelände. Die Graffiti an den verfallenen Stellwerkhäusern verkünden Urbanität im Stadium des Untergangs. Es scheint, als habe in den Vororten schon die asiatische Steppe von Berlin Besitz ergriffen.

Auf rumpeligen Schienenwegen schiebt sich der Zug durch ein Labyrinth von Nebengleisen, bis er die Hauptstrecke Richtung Osten, nach Frankfurt an der Oder, erreicht. Dort nimmt er Fahrt auf, vorbei an den von Blut getränkten Wäldern, wo im Frühjahr 1945 die Rote Armee auf Berlin vorrückte. Es wird noch lange dauern, bis wir die früheren Schlachtfelder hinter uns gelassen haben.

Hasso Koderisch entpuppt sich als der richtige Begleiter für die erste Etappe. Noch auf einer Dampflok hat er seine Lehrjahre verbracht. Diese Maschine, Baujahr 1956, liebt er besonders, weil ihr langer, heulender Pfiff ihn an die alte Zeit erinnert. Koderisch gehört zu den echten Eisenbahnern, und die sind, wie wir später lernen, überall auf der Welt von besonderem Schlage. Schon als Kind habe er auf die Lokomotive gewollt, ihr Stampfen und Heulen war für ihn wie ein Lockruf aus der Ferne. Als er einst bei seinen Großeltern in Wittenberge zu Besuch war, habe er die dampfenden Kolosse bewundert. «Damals, als Wittenberge noch ein großer Bahnhof war», wie er hinzufügt. Koderisch führt sein Wort mit Bedacht. Und man muss schon genau hinhören, um den traurigen Zwischenton zu vernehmen.

Die Kinderträume gingen nur bedingt in Erfüllung. Hasso Koderisch arbeitete für die Reichsbahn der DDR, deren Streckennetz eng begrenzt war. Aber der Spaß, einen Zug zu steuern, sei ihm bis heute nicht vergangen. Dabei leuchten seine Augen in kindlicher Freude: «Nach Vietnam wollt ihr? Da würde ich gerne mitkommen.» Aber schon über die polnische Grenze dürfe er nicht fahren, dazu reiche seine Lizenz nicht. Und als Fachberater? «Nein», wehrt er ab, «ich bin ja nur ein einfacher Lokomotivführer.»

Eine gewaltige Brücke wölbt sich über die Schienen. Koderisch nennt sie die «Erlöser-Brücke». Von den Lokführern der Dampfära habe sie diesen Namen erhalten, weil damals noch viel Feuer unter dem Kessel nötig war, um den steilen Hang aus dem Odertal bergauf zu fahren. Wer die Brücke erreichte, hatte es geschafft. Unser Zug rollt in der Gegenrichtung bergab ins Tal.

Frankfurt an der Oder – die letzte deutsche Station. Die letzte Grenze, an der die Abfertigung nicht Stunden, sondern nur Minuten dauert. Die Lokomotive wird gegen eine polnische ausgetauscht, und Hasso Koderisch kann sich wieder auf den Heimweg machen. Wir aber rollen weiter nach Osten. Ein Stück seiner alten Heimat wird uns begleiten, denn die Waggons stammen aus dem Waggonwerk Görlitz, wie überhaupt fast alle Züge bis zur chinesischen Grenze ein Beleg für die Solidität der DDR-Produktion sind – offenbar unverwüstlich. Manche rollen schon dreißig Jahre über das sowjetische Schienennetz. Andere wiederum zeigen auf dem geschmiedeten Werkzeichen neben dem Herkunftsland ein Auslieferungsdatum, zu dem es die DDR längst nicht mehr gab. Das «rollende Gut», wie die Fachleute sagen, lebt länger als das Land seiner Herkunft. Die Werke der Waggonbauer von Halle und Görlitz wurden daheim schmählich abgewickelt, obwohl doch im Osten ein großer Markt existierte. Denn Ersatz haben sie dort bis heute nicht gefunden.

Olga, die Kommandantin, hat den Wagen kräftig geheizt und bringt Tee, wie er in Russland getrunken wird, mit viel Zucker. Milch wird dazu erbeten. Die aber hat sie nicht. Man kann sie nicht hindern, durch den ganzen Zug zu eilen, bis sie schließlich bei einer Kollegin eine Tüte Milch aufgetrieben hat. Olga hat nie von einem Leben bei der Eisenbahn geträumt. Sie hatte in Saratow einen Beruf, der ihr eine gesicherte Zukunft versprach, bis man sie nach dem Zusammenbruch der Sowjetwirtschaft nicht mehr brauchte. Weil sie keine andere Arbeit fand, heuerte sie auf der Linie Berlin–Saratow an. Seitdem ist der Zug ihr Zuhause.

In der sowjetischen Gesellschaft war Dienstleistung ein fremdes Wort. Bei Olga aber kommt die Liebenswürdigkeit direkt von Herzen. In Sowjetzeiten habe sie, wie sie erzählt, im Handel gearbeitet. Dort gab es etwas zu verteilen, und man sah üblicherweise im Käufer eher das Opfer als einen Kunden. Olga mit ihren sanften Augen hat wohl schon damals ein anderes Berufsverständnis gehabt. «Im Handel musste ich damals mit Menschen umgehen», sagt sie mit mütterlichem Blick, «so ist es auch hier. Außerdem ist es interessant: neue Reisen, neue Bekanntschaften. So wie wir uns heute treffen. Es bleiben immer Erinnerungen. Und wenn ich Rentnerin bin, wird mir diese Begegnung wieder vor Augen stehen.» Wir blicken in ihre sanften, etwas müden Augen und können ihr nur ein Gleiches versprechen.

Dann ergreift sie die Gelegenheit, um stolz auf den besonderen Luxus des Zuges hinzuweisen: Jedes der Dreibettabteile verfüge über ein Waschbecken, das unter einer Ablage verborgen sei. Als Krönung deutscher Erfindungskunst aber preist sie eine Einrichtung, die wir noch in keinem russischen Zug bislang angetroffen haben: eine «Kres-lo-Xolodelnik», wie an der Wand ein Schild in mehreren Sprachen verkündet. Auf Deutsch wird geheimnisvoll ein «Sesselkühlschrank» versprochen. Tatsächlich ist unter dem Sitz ein Kühlfach versteckt.

In jenen Jahren, als auf Zugreisen noch sowjetische Gelassenheit herrschte, gerieten die langen Fahrten häufig zum endlosen Fest, man machte sich im Abteil gegenseitig mit dem flüssigen Reiseproviant vertraut und fühlte sich zu Gipfelstürmen der Freundschaft verpflichtet. Nie werde ich meine erste Zugfahrt in sowjetischer Zeit vergessen. Meinem damaligen deutschen Kameramann und mir war es gelungen, durch das Moskauer Überwachungsnetz zu schlüpfen. So saßen wir, etwas verschüchtert und ohne offiziellen Begleiter, der damals für solche Reisen vorgeschrieben war, in einem Zug, der uns in endloser Fahrt weit in die Ukraine trug. Mit uns im Abteil war eine Gruppe von Bauern, Vorsitzende von Kolchosen. Der Zug rollte kaum aus dem Bahnhof, da entfalteten sie auf einem Koffer zwischen den Sitzen eine «Prawda». Auf dem Papier der ehrwürdigen Parteizeitung bereiteten sie eine Tafel mit Speck und Fischen, die aussahen, als seien sie aus Holz geschnitzt – jedenfalls für den westlichen Gaumen schmeckten sie auch so. Denn unausweichlich wurden wir zur Tafel gebeten und mussten den ukrainischen Speck – «der beste in der ganzen Welt» – und getrockneten Fisch probieren. Dazu aber hatten sie eine ganze Batterie von Flaschen mit selbst gebranntem Wodka aufgefahren. Wir fürchteten immer noch den Zugriff der Behörden und wollten uns in höflicher Zurückhaltung üben.

So gaben wir uns sofort als ausländische Journalisten zu erkennen und hätten ihnen – schon vom Klassenstandpunkt aus – als äußerst suspekt erscheinen müssen. Sie aber waren froh, zwei Leute gefunden zu haben, denen sie ihre Wut über die Moskauer Planwirtschaft kundtun konnten. Sie luden uns ein, ihre Betriebe zu besuchen.

So weit der schöne Teil der Erinnerung.

Der selbst gebrannte Wodka aber, der in sommerlicher Hitze besonders intensive Gerüche in die Nase steigen ließ, und dazu warmes säuerliches Bier, das gereicht wurde – diese Mischung bewirkte, dass für die beiden Deutschen jedenfalls der Höhepunkt des Festes bald überschritten war. Nur gut, dass der Zug so langsam fuhr und deshalb genügend Zeit zur Wiederbelebung blieb. Wie viel bekömmlicher wäre dieses Fest vor fast dreißig Jahren gewesen, wenn auch wir die Getränke hätten kühlen können, denke ich, als ich den kleinen Kühlschrank in unserem Zugabteil betrachte.

Solche – man darf wohl sagen: exzesshaften – Begegnungen waren zu Sowjetzeiten keine Seltenheit, weil noch allerorten Solidarität herrschte in gemeinsamer Empörung über Moskauer Misswirtschaft. In jenen Tagen wechselte man zuweilen rasch aus der Rolle des Betrachters in die des Teilhabers am gemeinsamen Freud und Leid. Wird uns auf dieser Reise Ähnliches widerfahren?

Begegnung mit einem Juwel: Warschau

Draußen spiegelt das Tal der Oder den Glanz der matten Wintersonne. Ein Hauch von Purpur liegt über den schneebedeckten Flusswiesen und den Bäumen, die von Raureif wie verzaubert sind. Auf dem Strom schieben sich dicke Eisschollen übereinander. Der russische Winter, dessen Herrschaftsbereich wir uns nähern, hat seine Vorboten gesandt. Endlos gleiten weiße Felder und einzelne ärmliche Dörfer vorüber.

Wir bewegen uns auf der großen Ost-West-Trasse, Güterzüge rattern über die Schienen: Kohle aus Polen, Erdöl aus Sibirien, Container, die vielleicht aus Japan kommen und auf dem Landweg Kontinente überquerten. Es ist die gleiche Trasse, auf der die Züge der Wehrmacht nach Osten rollten und die Güterzüge, die Juden aus ganz Europa in die Vernichtungslager brachten. Die Bilder der Geschichte bleiben, aber es hat ein neues Kapitel begonnen.

Am Abend tauchen die Lichter von Warschau auf. Durch den kalten Nebel leuchten die Reklameschilder auf den Hochhäusern wie bunte Edelsteine. Und die Stadt selbst erscheint wie ein strahlendes Juwel, als habe es die Orgien der deutschen Zerstörungswut nie gegeben. Der Schleier der Nacht ist gnädig, weil er die Narben im Stadtbild verdeckt. Keine Metropole Europas ist wie diese. Und der deutsche Besucher möchte die Schönheit und den kulturellen Reichtum preisen, fühlte er nicht seinen Mund wie versiegelt. Die Generation seiner Väter trieb in Warschau ein teuflisches Spiel. Die Stadt wurde besetzt, geschunden, zerstört, eines großen Teils der Bevölkerung beraubt, weil sie als «minderwertig» (die Slawen) oder «lebensunwert» (die Juden) galt. «Brutales Vorgehen» empfahl der «Führer» seinen Soldaten vor dem Angriff auf Polen.

Wie kann ein Deutscher dieser Stadt begegnen, wenn seine Vorfahren von einem Überlebenden der Besetzung Warschaus folgendermaßen beschrieben werden: «Diese Soldaten, die immer wieder die Wohnungen von Juden überfielen, wollten sich bereichern. Doch sollte man ein ganz anderes Motiv nicht unterschätzen: Sie taten etwas, was ihnen augenscheinlich Freude bereitete. Zu dieser Vergnügungssucht kam oft jene Neigung zum Sadismus hinzu, die sie in der Heimat verbergen mussten und die sie im feindlichen Polen (…) nicht zu unterdrücken brauchten: Hier hatten sie auf nichts und niemand Rücksicht zu nehmen, hier unterlagen sie keinerlei Aufsicht und keiner Kontrolle.» So der Literaturkritiker Marcel Reich-Ranicki über seine Warschauer Begegnung mit den Deutschen.

Zweimal erhoben sich die Menschen in der Stadt gegen die Okkupanten, mit dem Aufstand im Ghetto 1943 und dem «Warschauer Aufstand» ein Jahr später, als die Rote Armee schon am anderen Weichselufer aufmarschiert war. Dabei wird aus deutscher Sicht häufig übersehen, dass die deutschen Verbrechen auch eine sowjetische Kehrseite hatten. Denn mit dem Pakt der Tyrannen, geschlossen im August 1939, also wenige Tage vor dem deutschen Überfall auf Polen, lud Hitler Stalin ein, sich seinen Teil der Beute zu sichern. Auch das hatte für die Polen schlimme Folgen: Verschleppungen, Mord, schließlich Jahrzehnte der Einkerkerung im östlichen Lager. Die Last der Geschichte ist kein Gepäckstück, dessen man sich rasch entledigen kann.

In der Straße Nowy Swiat im Zentrum herrscht auch am Abend noch lebhaftes Treiben. Heftiger Schneefall hat eingesetzt, dem die Passanten mit Schals trotzen, die ihnen um die Hälse flattern. Selbst die Winterkleidung verrät Freude an modischer Eleganz. Restaurants und Kaffeestuben locken die Passanten mit warm schimmernder Beleuchtung. Das feinste Café, das den Wiener Einfluss gar nicht zu leugnen versucht, führt seine Tradition bis auf das Jahr 1869 zurück. Sogar das englische Königshaus, so wird dem Reisenden gleich erzählt, gehöre zum weit verzweigten Kundenstamm.

Nicht alle Straßen glänzen im Abendlicht. Eine Gasse im Zentrum ist auf beiden Seiten gesäumt von großen grauen Häusern, die in früher Nachkriegszeit erbaut wurden. Sofort erscheint der Wind um einige Grade kälter. Nur einzelne Passanten verirren sich hierher. Unheimlich schallt das Echo ihrer Schritte von den Fassaden zurück. In der düsteren Häuserschlucht fühlt man sich der Vergangenheit gleich viel näher. Hier finden wir einen Ort, an dem es schon früh gelang, den steinernen Koloss der Parteidiktatur zu untergraben.

Selbst als es noch zum Moskauer Herrschaftsbereich gehörte, genoss Warschau den Ruf, das Paris des Ostens zu sein. Studenten und Künstler in der DDR erzählten damals beglückt von ihren Reisen nach Warschau, weil sie dort Anschluss fanden an die westliche Avantgarde: in der Musik, im Theater, im Kino und nicht zuletzt im Jazz-Club. Heute lädt das «Tygmont» mit gelb gestrichenen Fenstern ein, auf denen in blauer Farbe ein Trompeter sein Instrument zum Solo erhebt. Eine schmale Treppe führt in den Keller hinab, wo sich die Helden von einst mit den Sympathisanten der Gegenwart versammeln.

An der Rückwand des Raumes drängelt sich auf schmalem Podium eine Big Band, die einzige, die in ganz Polen noch regelmäßig auftritt. Ihre Musik eilt gehetzt voran, Tonkaskaden der Saxophone, Posaunen und Trompeten wechseln sich ab. Den Mann mit dem silbern glänzenden Sopransaxophon in der ersten Reihe ganz außen, der mit knappen Kopfbewegungen den Takt vorgibt, nennen sie den «Kleinen König». Ein zarter Mann, dessen kaum gealtertes Gesicht beim Spiel einen fast jungenhaften Ausdruck bekommt. Dabei ist er vermutlich schon siebzig.

An der weit in den Raum geschwungenen Bar und an den Tischen im Saal sitzt aber nicht nur das ergraute Stammpublikum von damals. Das ist das Erste, was Zbigniew Naumslowski hervorhebt, nachdem er seine Musiker mit einer schwunghaften Geste in den Schlussakkord geführt hat und an der Bar nach einem Glas Bier greift: «Sehr viele junge Leute interessieren sich in Warschau für Jazz. Ich glaube, das ist in Europa etwas Einzigartiges.»

Alle Kunst, aber ganz besonders Jazz war im Warschau der Nachkriegszeit eine Kunst des Aufbegehrens. Zbigniew war von Anfang an dabei. Jeden Abend saß er vor seinem kleinen polnischen Rundfunkgerät und hörte die «Voice of America». Er denkt einen Moment nach, lächelt und sagt dann: «Das Modell hieß ‹Pionier›. Es hat uns wirklich zu Pionieren gemacht, zu Pionieren des Jazz.» Er erinnert sich genau, wie schwierig es war, mit dem ersten Radio aus polnischer Nachkriegsproduktion den Sender zu justieren: «Vielleicht wehrte der Apparat sich gegen die Einstimmung auf den Feindkanal.» Einmal die Woche eine Stunde Jazz, das war für ihn das Tor zur Welt. Und ein Symbol der Freiheit.

Und dann, weil es ihm so wichtig ist, fällt er aus dem Englischen ins Polnische: «Der Jazz kam aus dem Westen zu uns, aus Amerika. Für unsere Parteileute die Höhle des Kapitalismus. Wir haben dieses Symbol geliebt. Für die Machthaber war das eine Provokation. Aber die Menschen, die unter dem Druck des kommunistischen Regimes lebten, hatten einen starken Drang nach Freiheit.» Damals hätten langwierige Gespräche die Parteiobrigkeit davon überzeugt, dass es sich bei der Musik aus Amerika um die Musik der Farbigen, also der Unterdrückten handele, denen man Solidarität erweise, wenn man auch in Warschau Jazz spiele. Auch heute noch ist der «Kleine König» stolz auf seine Musiker, jeder von ihnen habe ein Musikstudium absolviert. Und jeder Abend, an dem sie zusammen kämen, sei ein Fest: «In dieser Stadt vergnügt man sich gern. Die Leute verbringen viel Zeit in Cafés oder in einem Keller wie bei uns.»

Der Rauch von Zigaretten liegt in der Luft. In den Musikpausen sieht man die Zuhörer in lebhafte Gespräche verwickelt. Man kann es nicht leugnen, es ist ein Stück Wiederbegegnung mit einer lang vergangenen Zeit. So war es einmal in Berliner Jazzkellern, etwa im «Blue Note» in der Bundesallee. Aber dort hat die Zeit alles weggewischt. Das ist vielleicht das Besondere an dieser Stadt: Viel mehr als anderswo sucht man das Vergangene zu bewahren.

Ein Streifzug durch das Nachtleben führt zu weiteren Überraschungen, als wir generationsbedingte Hemmungen überwinden und eine Disco betreten. Der Club, der in bewusster Missachtung französischer Grammatik «le madame» heißt, ist in einem Gemäuer am Rand der Altstadt untergekommen, das in der kommunistischen Zeit einen geheimen Rüstungsbetrieb beherbergte. Funkgeräte für Panzer wurden dort zusammengesetzt. Diese Vorgeschichte ist nicht unwesentlich. Denn als sich die Anwohner gegen das neue Etablissement wehrten, obsiegten die Clubgründer mit dem Hinweis, wo einst das Militär habe hausen dürfen, könne jungen Leuten ein Treffpunkt nicht versagt werden.

Über viele Treppen führt der Weg in die Unterwelt. Dies ist das alte Warschau – das Einzige, was nach dem Krieg von der Stadt blieb, waren die Kellergewölbe. Alles andere war zerstört. Im untersten Gewölbe tanzt eine Gruppe angeheiterter Männer, die Arme über die Schultern gelegt, zu Tangomusik aus den dreißiger Jahren. Im Saal daneben geht es hitziger zu. Bill Haley lässt die Puppen tanzen. Der DJ hört nicht auf, die jugendliche Menge mit Hits aus den Fünfzigern anzufeuern. Mindestens einmal die Woche sei Oldie-Nacht, erklärt er den Ausländern. Die Halle, die sich über den Gewölben erhebt, ist eingerichtet wie eine Karawanserei. Nur am Rande stehen Tische. Die Mehrzahl der Gäste lagert auf breiten hölzernen Plattformen. Hier ist die Musik auf Zimmerlautstärke getrimmt. Und es fällt auf, dass viel gesprochen wird. An der Rückwand der Halle läuft in endloser Schleife ein Film, der das Warschau des Jahres 1939 zeigt, die unzerstörte, lebendige Stadt. Die stolzen Häuser, die Straßenbahnen, die wie Schiffe im wuseligen Verkehr ihrer Wege ziehen, ein Schwarm von Tauben, der aufsteigt und gen Himmel fliegt. Ein Warschau, in dem noch keiner ahnen konnte, was der Stadt bevorstand. Bilder, die durch die Erinnerung an die heile Welt das fürchterliche Werk der Zerstörung beschwören. So hatten wir uns das Lokal, das als «Szene-Disco» empfohlen worden war, gewiss nicht vorgestellt.

Wer am anderen Ufer der Weichsel steht, der erkennt zwischen den im Wasser treibenden Eisschollen das Spiegelbild der alten Stadtsilhouette: das Schloss, die Altstadt, die Türme der Kirchen. Keiner hat den Warschauern beim Wiederaufbau beigestanden. Die Sowjetunion untersagte die Annahme eines westlichen Hilfsprogramms, und auf Moskauer Geheiß musste Polen auch auf Reparationsleistungen verzichten. Eine junge Studentin erklärt uns, die Beziehungen zwischen den beiden Ländern könnten sich nicht so leicht normalisieren: «Ich will keinem wehtun. Auch wenn viele Jahre vergangen sind – trotzdem denkt man an das, was gewesen ist. Man kann nicht einfach von Freundschaft sprechen. Und es passieren Sachen in Deutschland, die nicht passieren dürften. Es gibt immer noch junge Leute, die Hakenkreuze an die Wand malen und denken, dass sie etwas Tolles tun. Das dürfte es einfach nicht geben.»

Sie machte eine lange Pause, vielleicht erschrocken über den eigenen Gedanken. Dann fügt sie mit leiser Stimme hinzu: «Es wird nie normal sein. Vielleicht in 200 Jahren.» Anna, die Germanistik studiert, mit deutschen Austauschstudenten befreundet ist und möglicherweise als Dolmetscherin sogar Brücken schlagen will, ist alles andere als deutschfeindlich. Sie erzählt, dass sie mit jedem Besucher aus Deutschland ein Denkmal besuche, das nicht den Toten geweiht sei, sondern der Geste eines großen Deutschen: «Man will ihnen diesen Ort zeigen. Man will zeigen, dass der Kniefall wirklich stattgefunden hat, weil das Ereignis in den Köpfen der Polen eine große Rolle spielt.»

Ein kleiner, rechteckiger Park mit jungen Bäumen erstreckt sich in jenem Teil Warschaus, wo früher das Ghetto war. Für den deutschen Besucher ein beklemmender Ort, der gleichwohl auch ein Zeichen der Hoffnung birgt. An seiner Stirnseite erhebt sich das dunkle Monument, das an die Ermordeten des Warschauer Ghettos erinnert. Juden aus ganz Polen wurden dort auf engstem Raum zusammengepfercht. Eine halbe Million Menschen. Die Qualen des Hungers prägten das Leben der Eingeschlossenen. Erschießungen, Willkürakte der SS gehörten zur Tagesordnung. Und dann begannen im Sommer 1942 die Transporte. «Täglich wurden Tausende auf Viehwaggons verladen, im Durchschnitt etwa sechs- bis siebentausend.» Marcel Reich-Ranicki schreibt in seinen Erinnerungen, man habe im Ghetto herausbekommen, wohin sie gingen – zu einem kleinen Ort, der kaum hundert Kilometer nordöstlich von Warschau lag: «Wenig später erfuhr man noch, dass dort kein Konzentrationslager war, geschweige denn ein Arbeitslager. Dort gab es nur eine Gaskammer, genauer: ein Gebäude mit drei Gaskammern. Was die ‹Umsiedlung der Juden› genannt wurde, war bloß eine Aussiedlung. Sie hatte nur ein Ziel, sie hatte nur einen Zweck: den Tod.» In der Karwoche des Jahres 1943 kam es zum Aufstand im Ghetto. Er konnte die Mordmaschinerie nicht zum Stillstand bringen. Es ging, wie später ein polnischer Historiker schreibt, «um die freie Wahl, würdevoll zu sterben».

Im Dezember 1970 reiste Bundeskanzler Willy Brandt in die polnische Hauptstadt, um mit der Unterzeichnung des «Warschauer Vertrages» der deutschen Außenpolitik nicht nur mehr Realitätssinn, sondern auch ein Stück Würde zurückzugeben. Selten in der Bonner Nachkriegsgeschichte schlugen die Wogen der Empörung so hoch wie im Umfeld dieser Reise. Willy Brandt beschreibt in seinen Erinnerungen, wie schwierig auch in Warschau das politische Terrain für ihn gewesen sei. Es habe Skepsis gegenüber den Deutschen geherrscht, aber auch Bitternis, die das polnische Verhältnis zur Sowjetunion prägte.

Zwei Kranzniederlegungen hatte das Besuchsprotokoll für den Kanzler vorgesehen, Zeremonien, die vielleicht nur zu überstehen waren für einen deutschen Politiker, der im norwegischen Exil gegen den Nationalsozialismus gekämpft hatte. Brandt war frei von jedem Verdacht persönlicher Mitschuld. Er fuhr zum Grabmal des Unbekannten Soldaten, um der Opfer von Mord und Gewalt zu gedenken. An jenem Monument für die Toten des Ghettos aber kam es zu einer Geste, die bei den Gastgebern zunächst Irritation, dann große Rührung auslöste. Der Kanzler der Deutschen sank in die Knie. Später schrieb er: «Am Abgrund der deutschen Geschichte und unter der Last der Millionen Ermordeten tat ich, was Menschen tun, wenn die Sprache versagt.»

An der dem Monument entgegengesetzten Seite des Parks erhebt sich ein kleiner gemauerter Quader, auf dem eine bronzene Platte angebracht ist. Sie zeigt als Relief den knienden Willy Brandt. Und der

Platz, der das Denkmal säumt, ist nach dem einstigen deutschen Kanzler benannt: «Skwar Willy Brandta». Junge deutsche Besucher werden vielleicht kaum mehr wissen, von wem hier die Rede ist, schon gar nicht ermessen können, welches ungeheure Blatt deutscher Geschichte hier gewendet wurde. In Warschau weist dieser Akt der Demut immer noch über Jahre und Tage hinaus. Es war ein epochaler Schritt.

Adam Krzeminski, der am Zustandekommen dieser Gedenkstätte beteiligt war, gilt nicht nur in Warschau als wacher Hüter der deutsch-polnischen Beziehungen. Er hat seinen Arbeitsplatz bei der Wochenzeitung «Polityka». Krzeminski stieß zur Redaktion, bald nachdem das Blatt 1957 von der kommunistischen Partei gegründet worden war, um die aufmüpfigen Intellektuellen zu gängeln. Stattdessen wurde die Zeitung zu deren Sprachrohr. Die «Polityka» reüssiert auf dem Zeitungsmarkt immer noch, obwohl sich das Magazin heute gegen viel Konkurrenz behaupten muss. Die Redaktion hat ein modernes Bürohaus am Rande des Zentrums bezogen. An den Wänden im Treppenhaus hängen Reproduktionen der Titelseiten, man trifft auf viele bekannte Gesichter, von der spitzen Feder polnischer Graphiker auf ihre zum Teil banale Substanz reduziert. Polen ist anders, auch im Umgang mit seiner kommunistischen Geschichte, die nie zu vergleichen war mit dem treulichen Bild von Befehl und Gehorsam, das die DDR prägte. Deshalb halten so viele Leser der «Polityka» die Treue, vielleicht auch, weil dort Journalisten wie Adam schreiben.

Er führt als Essayist eine scharfe Klinge, aber er ist alles andere als ein hochfahrender Intellektueller. Ein freundlicher, schmaler Mann, der aufmerksam und geduldig durch seine Brillengläser schaut und dem man beim Sprechen anmerkt, wie sehr er die deutsche Sprache liebt. So sorgsam geht er mit ihr um. Es fällt ihm nicht schwer zu erzählen, weshalb schon gleich nach der fürchterlichen Kriegserfahrung diese Neigung wuchs. Auch viele Polen erlitten damals das Schicksal der Vertreibung. Mehr als die Hälfte ihres Landes hatte sich Stalin auf den Treffen der Alliierten zugeschanzt. Adam Krzeminskis Familie wurde aus dem Osten vertrieben und landete in Breslau. «Die deutsche Vergangenheit war präsent», sagt er, «in der Schule und auf dem Schulweg.» Daraus sei eine Neugierde erwachsen, das Interesse an denen, die vorher in Breslau gelebt haben. Später habe er Germanistik studiert – «auch als Teil meiner polnischen Identität. Ich brauchte die Nachbarn, um zu verstehen, wer ich bin.»

Wenn er von jenen spannungsgeladenen Tagen spricht, in denen die Ostpolitik Willy Brandts Gestalt annahm, unter schwerem Beschuss von Bundestagsopposition und der Springer-Presse, argwöhnisch beobachtet in allen Hauptstädten der westlichen und östlichen Welt, gerät er ins Schwärmen. «Für mich», erklärt er, «waren das dramatische und wunderbare Erfahrungen: der Kniefall von Willy Brandt, die Entdeckung, dass ein Dialog zwischen Deutschen und Polen möglich ist.» Das sei die Zeit derer gewesen, die direkt vom Krieg betroffen waren. Polnische Politiker, die Auschwitz überlebt hatten, Deutsche, die die Verantwortung für die Geschichte übernehmen wollten.

Man folgt Adam Krzeminski auf eine Zeitreise in die sechziger und siebziger Jahre des letzten Jahrhunderts. Man kennt das Ziel der tastenden Bemühungen. Aber damals war noch nichts entschieden. Die Regierung Brandt drohte an diesem historischen Schritt zu scheitern. «Dreigeteilt – niemals!», lautete der Schlachtruf der Gegner. Wer für die Anerkennung der Oder-Neiße-Grenze war, galt als «Verzichtspolitiker», weil er deutsche Ostgebiete aufgab, die freilich nie mehr zu gewinnen waren. Und wer die Mordserie an demokratischen Politikern der Weimarer Republik vor Augen hatte, der verstand die ernste Bedrohung, die sich im dumpf-bösen Reim ausdrückte: «Willy Brandt – an die Wand.» Damals schienen die Feindbilder klar zu sein für alle Zeiten. Wenig später führten diejenigen, die Brandt verunglimpft hatten, dessen Ostpolitik ungerührt weiter.

Für die Nachgeborenen ist jener törichte Streit kaum nachzuempfinden. Adam Krzeminski meint, für die junge Generation in Polen sei alles normaler – und auch nüchterner – geworden. Sie spreche inzwischen sogar von «Versöhnungskitsch». Und auf deutscher Seite? Für jüngere Politiker drohe Polen wieder ein weißer Fleck zu werden,

Verfügungsmasse zwischen Deutschland und dem als Hauptnachbarn im Osten empfundenen Russland: «Das ist Reibungsfläche. Es gibt die Gespenster der Vergangenheit, die zeigen, dass die Nachbarschaft ein psychologischer San-Andreas-Graben in Europa ist.» Die EU mit all ihren Verwicklungen könne gleichwohl ein Ausweg sein. Die entscheidenden Schritte für Polen seien getan: «Wir sind Teil des karolingischen Reiches, des Westens geworden.»

So spricht ein polnischer Intellektueller. Die politischen Seismographen in Warschau reagieren empfindlich, wenn Moskaus Politik wieder unverhohlen Großmachtstreben offenbart oder deutsches Ungeschick im Umgang mit der Vertreibungsgeschichte alte Wunden aufreißt.

Der Wind, der in schneidender Kälte direkt aus Sibirien zu kommen scheint, treibt tanzende Schneeflocken über den Platz Charles de Gaulle im Zentrum. Dort haben die Stadtväter im Überschwang der Freude über das Ende des Kalten Krieges im Schnittpunkt der einmündenden Straßen eine Palme aus Kunststoff aufgestellt. Sie trotzt jeder Witterung. Vielleicht der Wunsch, sich gänzlich dem Einflussgebiet der unheiligen Nachbarn zu entziehen und das Land an die Südsee zu verlagern. Doch der Untergang des Kommunismus brachte nicht nur eine Änderung des Regierungssystems. Es war eine doppelte Befreiung für das Land, weil es nicht mehr Moskau war, das die polnischen Grenzen garantierte: Zum ersten Mal seit zweihundert Jahren ist Polen ein sicherer Ort in Europa. Die längste Zeit war es völlig von der Karte verschwunden, verschluckt von den Habsburgern, den Preußen und von Russland, dann folgte die ungewisse Zeit zwischen den beiden Weltkriegen und schließlich über Jahrzehnte die Zugehörigkeit zum sowjetischen Imperium.

In der Nähe der Universität steht ein Café mit dem seltsamen Namen «Der zärtliche Barbar». Auch am Abend noch herrscht reger Betrieb. Junge Leute bedienen, junge Leute sind die Gäste. Über zwei Etagen hinweg stehen Bücherregale an den Wänden, und auch auf

Tischen sind Bücher ausgebreitet. Ein wohl sortiertes Angebot – auffällig das weite Spektrum an Neuerscheinungen zur Zeitgeschichte. Keine Musik verletzt das Ohr. Der Gast ist eingeladen zu lesen oder auch bis in die Nacht hinein Bücher zu kaufen.

An einem der Tische sitzen drei deutsche und drei polnische Studenten zusammen. Die Begegnung in einem Kreis von Freunden – es ist die beglückendste Runde, die man sich in dieser Stadt vorstellen kann, nach all dem, was war. Keine gewöhnliche Runde: die Deutschen studieren Slawistik und sind Austauschstudenten in Warschau, die polnischen Studenten haben alle schon in der Bundesrepublik gelebt. An einem normalen Abend würden sie vermutlich von ihren Vorlesungen sprechen, von Reiseplänen oder was immer junge Leute beschäftigt. An diesem Abend aber geht es um das Verhältnis zwischen Polen und Deutschen.

Galina, die Tochter eines polnischen Hochschullehrers, bringt die Stimmung auf den Punkt. «Solange wir jungen Leute uns treffen, kann es nur besser werden mit den Beziehungen. Wenn Deutsche Polnisch lernen und herkommen», fügt sie mit schmerzlicher Ironie hinzu, «dann merken sie, dass die Polen nicht so schlimm sind.» Anna, die künftige Dolmetscherin, sagt, überhaupt sei man natürlich nicht aus politischen Gründen befreundet. Gewiss gebe es in Polen noch alte Klischeevorstellungen von den Deutschen, zum Beispiel über die sprichwörtliche Ordnungsliebe. Die allerdings könne sie nach der Betrachtung der Zimmer deutscher Kommilitonen im Studentenheim nicht bestätigen.

Es ist eine neue Generation, die nicht gänzlich frei, aber weniger belastet von der Vergangenheit aufeinander zugeht. Und wenigstens die Deutschen sehen in ihrem Aufenthalt so etwas wie eine Mission. Andreas' Heimatuniversität ist die Viadrina in Frankfurt/Oder, jenes vielleicht schönste Geschenk, das den deutsch-polnischen Beziehungen nach der Wende beschert wurde, eine deutsche Hochschule, die ihre geographische Lage nutzt, um den Blick nach Polen zu wenden. «Es gibt sehr viele Polen, die Deutsch lernen, aber wenige Deutsche, die Polnisch sprechen oder das Land kennen», erklärt er. «Ich will versuchen zu erzählen, von dem, was hier ist. Deshalb bin ich hierher gekommen.» So findet die alte Ostpolitik ihre jungen Eleven. Der normalen deutschen Hochschulbürokratie sei solcher Enthusiasmus völlig fremd, weiß Christina aus Hamburg zu berichten. «Bei uns steigt die Nachfrage nach Polnischkursen.» Aber dafür gebe es immer weniger Geld. Dozentenstellen würden gestrichen. «Ich glaube, dass eine Chance vertan wird.»

Sie sprechen auch davon, dass viele Deutsche einen verengten Blick auf die Geschichte haben, wenn sie sich überhaupt bereit zeigten, die «dunklen Flecken» zu betrachten. Etwas abseits gelegen, auf einer Insel im flutenden Verkehr, steht ein Denkmal, das eine traumatische Erfahrung beschreibt. Die Deutschen waren nicht die Täter bei dem Verbrechen, an dessen Opfer hier erinnert wird. Aber ohne sie hätte es nie geschehen können. Als im August 1939 Hitler und Stalin ihren frevelhaften Pakt schlossen, garantierte Stalin den Deutschen nicht nur Stillhalten beim Angriff auf Polen. Gerade zwei Wochen nach dem deutschen Einmarsch, am 17. September 1939, rückte die Rote Armee vor und besetzte den östlichen Teil Polens. Es begann eine erste Welle von Deportationen in den Gulag. Die zweite Welle folgte nach der Besetzung Polens im Winter 1944/45, die zugleich auch die Befreiung von der nationalsozialistischen Herrschaft bedeutete. Aber die Befreier von Auschwitz waren auch die neuen Unterdrücker.

In der Nähe der Muranowskaja-Straße stand einst ein Verladebahnhof. Das Denkmal zeigt einen Eisenbahnwaggon, auf dem eine Schar von Kreuzen wie von einer Sense geschnitten zu Boden sinkt. Das Bild korrespondiert mit einem zweiten Denkmal, fünftausend Kilometer entfernt, weit nördlich des Polarkreises in der Bergarbeiterstadt Norilsk, wo Stalin das größte aller Gulag-Lager hatte errichten lassen. Es ist eine Region, die keinen Sommer kennt, kein Grün, keine Blumen. Die meiste Zeit im Jahr fegen eisige Winde vom Polarmeer über die Ebene. Die ersten Häftlinge, die dort ankamen, mussten sich ihre Unterkünfte selbst bauen. Dann legten sie Straßen an und gruben die Stollen in die Berge. Viele tausend Polen ließ Stalin in diese Eiswüste deportieren. Und viele kehrten nie von dort zurück. In den Jahrzehnten kommunistischer Herrschaft war das polnische Sterben im Eis ein Tabu. Erst in den neunziger Jahren haben Polen auch in Norilsk ein Denkmal aufstellen dürfen: abstürzende Kreuze, die im Schnee versinken. Solche Bilder stehen den Polen vor Augen, wenn sich heute deutsche und russische Politiker in die Arme fallen. Dennoch: Deutsche fühlen sich willkommen in diesem Land. Aber nie, auch wenn man – der Neigung folgend – länger bliebe, würde sich das Gefühl der Scham verlieren.

Auf unserem Weg nach Osten begegnen wir in Warschau einer westlichen Metropole: turbulent und tolerant, geistig wach. Die rekonstruierte Altstadt und das später gebaute, eher graue sozialistische Warschau mit seinen einförmigen Wohnblocks – selbst im Schleier des frostigen Nebels sind sie eine große Bühne funkelnden Lebens. Überragt wird sie von den neuen Glaspalästen, die in den neunziger Jahren entstanden, und vom «Kulturpalast», den Stalin einst zynisch als Geschenk dargeboten hatte. Mit mächtigem Unterbau und einem Turm, der in die Schneewolken ragt, wollte er in verlogener Weise dem babylonischen Vorbild einen Leuchtturm der Völkerfreundschaft entgegensetzen.

Der Protzbau der Stalinzeit kann durchaus bestehen neben den neuen Hochhäusern, denen der Kapitalismus gesichtslose Glasfassaden diktierte. In der Nacht erstrahlt er wie ein vergessenes Märchenpalais. «Ich bin fünfzig», verkündet trotzig ein Plakat an der Spitze unterhalb der großen Turmuhr. Viele hätten das Gebäude nach dem Ende der kommunistischen Herrschaft am liebsten zerstört, um nicht täglich an die Zeit sowjetischer Demütigungen und Verbrechen erinnert zu werden. Doch der Bau erwies sich für eine Sprengung als zu solide. Manche scheuten es auch, in einer Stadt, die aus Trümmern erwuchs, aufs Neue Trümmerberge und Schutt zu erzeugen. Und zumal die Jüngeren haben ihren Frieden mit ihm geschlossen.

Da in Berlin unsere Reise ihren Anfang nahm, haben wir die Abrissruine des «Palasts der Republik» vor Augen. Dort meinten die Politiker – vornehmlich aus dem Westen – nicht mit dem Glaspalast aus DDR-Zeiten leben zu können. In das Zentrum der deutschen Hauptstadt, so heißt es, gehöre das wieder aufgebaute kaiserliche Schloss. Eine Imitation, mit der die Brüche der Geschichte verkleistert werden sollen. Der andere Umgang mit der Vergangenheit sagt viel über den Unterschied von polnischem und deutschem Patriotismus und Geschichtsbewusstsein. Als bei der Fahrt über die Weichselbrücke der angestrahlte Turm des Palastes im Nachthimmel zurückbleibt, zeigt ein kommunistisches Symbol des Ostens an, dass wir den Westen verlassen.

Der Osten – der Westen. Das war im Nachkriegseuropa mehr als der Hinweis auf unschuldige Himmelsrichtungen. Ob man diesseits oder jenseits der Trennungslinie geboren wurde, hatte schicksalhafte Folgen. In der Dämmerung des Kalten Krieges fand Churchill – ein Freund klarer Worte – für die als notwendig befundene Abgrenzung den Ausdruck «Eiserner Vorhang». Nicht nur das andere System wurde stigmatisiert, sondern auch die Menschen dort. Das kam den Deutschen gelegen, deren Vorstellungen vom «Osten» nachhaltig in der Nazi-Zeit geprägt worden waren. Die CDU machte in den fünfziger Jahren ungeniert mit einem Plakat Wahlkampf, das die kommunistische Bedrohung durch die mongolischen Gesichtszüge eines sowjetischen Soldaten darzustellen versuchte, der seinen Kopf über den Horizont hebt.

Dennoch, auch in der Verweigerung, die alten Klischees zu akzeptieren, stößt man unvermeidlich auf eine trennende Linie. Westlich von ihr haben demokratische Gepflogenheiten Fuß gefasst. Östlich dieser Scheide ist der Versuch gescheitert, zu einem offenen politischen System zu wechseln. Polen ist auf der weiten Reise, deren erstes Kapitel wir gerade erleben, das letzte Land, in dem kein Journalist bedroht, verfolgt oder im Gefängnis eingesperrt wird, weil er unabhängig seinem Beruf nachgeht. Wenn wir die Grenze zu Weißrussland überschritten haben, zeigt sich ein anderes Bild.

Das Tor zum Osten: Brest

Die Soldaten in den weißen Pelzjacken sind nur schemenhaft zu erkennen. Der Zug gleitet am Unterstand vorüber, in dem sie Schutz suchen vor Wind und Kälte. An Schulterriemen tragen sie Maschinenpistolen, in diesem Teil der Welt stets von der bewährten Marke Kalaschnikow. Lampen am Bahndamm, die ein fahles gelbes Licht auf den Schnee werfen, beleuchten eine gespenstische Szenerie. Dies ist noch Grenzgebiet der alten Art, so wie es sich ein Regisseur von Spionagefilmen erträumt, und nicht wie im anderen Teil Europas, wo man an der Grenze allenfalls aufgefordert wird, das Tempo zu drosseln, damit dem Wechsel der Hoheitsgebiete ein Rest von Würde bleibt.

Unbemerkt haben wir in der Winternacht den Fluss Bug überquert, der an dieser Stelle Polen und Weißrussland trennt. Der Zug rollt in den dunklen Bahnhof von Brest, und eine unheimliche Stille legt sich über den Waggon. An solch einer echten Grenze wird die Angst ein lästiger Mitreisender. Auch wer nicht schmuggelt, ist sich seines Gepäcks plötzlich nicht mehr sicher. Ist etwas im Koffer, das den Kontrolleuren missfallen könnte? Und dann die Papiere, in der hiesigen Landessprache anspruchsvoll «Dokumenti» genannt – werden sie den prüfenden Blicken genügen? Oder werden wir ohne Begründung abgewiesen? «Einreise verweigert», hieße es dann knapp. Ein Unwohlsein befällt den Reisenden, das Gefühl, sicheres Terrain verlassen zu haben. Wir wissen, dass wir nun in eine Region vordringen, in der die Gesetze eines Rechtsstaates nicht mehr gelten.

Es ist ein Uhr morgens. Im kalten Licht der Leuchtstoffröhren durchstreifen die Grenzbeamten den Zug. Ein Hauch von Sowjetunion weht über den Gang. Die weißrussische Personenkontrolle gibt sich ganz in der alten Tradition. Mit strenger Amtsmiene betritt der Uniformierte das Abteil, und sein Gesicht verrät, dass er jede Gefahr, die aus dem Westen kommt, schon am Geruch erkennen würde. «Treten Sie auf den Flur», werden wir barsch angewiesen. Und dann schaut er tatsächlich unter die Sitzbank, als ob auf diesem Weg subversive Elemente in Präsident Lukaschenkos Reich eindringen könnten. Die Reisepässe nimmt er mit. Gleich fühlt man sich nackt und schutzlos. Der Zollbeamte hingegen bemüht sich gar nicht erst um die strenge Form des alten Rituals: «Wo wollen Sie hin?», fragt er zweimal. Am Ende der kurzen Unterhaltung sagt er freundlich in der Sprache der Reisenden «Auf Wiedersehen».

Dann rollt der Zug zurück in eine Halle, so groß wie ein Fußballfeld. Hier ist die Endstation für das westeuropäische Eisenbahnsystem. Waggon für Waggon stemmt eine Hydraulik das Chassis einen Meter in die Höhe. Ein Seilzug zieht die Fahrgestelle mit der herkömmlichen Spurweite nach vorne, während vom anderen Ende des Zuges der Unterbau mit der breiteren russischen Spurweite unter die Waggons geschoben wird. Eiszapfen hängen am schweren Eisengestänge. Über den Wagendächern steigt der Rauch der Kohleöfen auf, mit denen die Abteile beheizt werden. Drinnen ist es warm, aber draußen in der Halle liegt die Temperatur weit unter dem Nullpunkt.

Vierundzwanzig Stunden dauert eine Schicht, und die Männer stürzen sich wortlos in die Arbeit. Länger als eine Stunde soll das Manöver nicht dauern. Bis 1966 mussten Reisende aus dem Westen in Brest den Zug wechseln, wenn sie nach Moskau fuhren. Damals suchte man eine Technik, die Systeme enger zu verknüpfen, und entwickelte Waggons, deren Spurweite zu verändern war.

Einer der Arbeiter hat sich zu uns gesellt. Sein blasses Gesicht wirkt abgekämpft. Früher, als es die Sowjetunion noch gab und Berlin der äußerste Vorposten ihres Machtbereichs war, seien die Züge nahezu im Stundentakt durch die Halle gerollt: «Damals gab es viel zu tun», sagt er, «aber jetzt reicht es auch noch.» In den dreißig Jahren am Umspurplatz hat er Geschichte miterlebt: die Züge, die sowjetische Soldaten in die Garnisonen der DDR brachten, und auch die Züge, in denen die Rote Armee heimkehrte, weil ihr Imperium zerfallen war. Den Höhepunkt erreichte der Verkehr 1993, als der Truppenabzug in die Endphase kam. Über elf Millionen Passagiere wurden durch diesen Engpass geschleust. Jetzt verkehren hier nur noch zehn Zugpaare pro Tag. Wenn sich heute die zuständigen Minister aus Russland und Deutschland treffen, werden pompöse Pläne ausgemalt, wie man diese Strecke wieder beleben könnte. Es wurde sogar vereinbart, einen ICE zwischen Moskau und Berlin pendeln zu lassen. Unser Arbeiter hat dafür nur ein müdes Lächeln übrig. «Das wird nichts», sagt er, «Waggons, an denen man die Fahrgestelle austauschen kann, dürfen nicht schneller als 140 fahren. Das reicht nicht für einen ICE. Wenn es schneller gehen soll, dann müssten sie aber neue Gleise verlegen. Haben sie dafür Geld?»

Einmal schon schien das Goldene Zeitalter im Ost-West-Verkehr anzubrechen, das allerdings für die meisten so golden nicht war. Ein untersetzter Mann mit einer Schirmmütze ist hinzugetreten und stellt sich als Direktor des Eisenbahnmuseums vor. Sawwa Spudeiko hat es sich – trotz der frühen Stunde – nicht nehmen lassen, die Ausländer am historischen Ort zu begrüßen. Sawwa, ein rundlicher, gemütlicher Mann, weiß alles über den Bahnhof und seine Geschichte. So möchte er auch von einer Reise berichten, die für ganz Europa Folgen hatte, weil am Zielort die Teilung des Kontinents besiegelt wurde. Rein eisenbahntechnisch bescherte sie dem Bahnhof eine Sternstunde. Nicht ohne Stolz beginnt er zu erzählen: Als Stalin 1945 zur Potsdamer Konferenz gefahren sei, habe er den Zug nicht wechseln müssen. «Sobald das Territorium von Faschisten befreit war, haben russische Truppen gleich hinter der Front eine neue Eisenbahntrasse mit russischer Spurbreite verlegt, um die Versorgung der Truppe zu sichern.» Bis zum Juni 1945 seien die Gleise bis nach Berlin gelegt worden, sodass Stalin mit seinen drei Sonderzügen durchreisen konnte. Er sei im zweiten Zug gefahren, so hätten es Wachleute damals beobachtet. Sie hätten auch gesehen, dass der Generalissimus in seiner Uniform ausgestiegen sei, um den zerstörten Bahnhof von Brest zu betrachten.

Die Reise Stalins nach Potsdam war gewiss das folgenreichste Ereignis, das der Schienenverkehr zwischen Ost und West jemals erlebte. Um dem Generalissimus einen angemessenen Komfort zu bieten, waren vier Waggons eines Zarenzuges aus dem Museum geholt worden. Fast zwanzigtausend KGB-Mitarbeiter säumten die Strecke, allein in Polen zehn Mann pro Kilometer. Acht bewaffnete Züge patrouillierten auf dem Schienenstrang. Aber anders als im Fall Lenins, an dessen eher unauffällige Passage durch Brest – er befand sich auf der Flucht ins Exil – eine Gedenktafel erinnert, bleibt Stalins kurzer Auftritt auf dem Bahnhof ohne Erwähnung. Und spurlos verschwanden auch bald die Schienen, auf denen er ohne Zugwechsel bis nach Potsdam rollte. Ob es der Einspruch der Polen war, die den fremden Schienenstrang als Bedrohung empfanden, oder ein Rest von imperialer Bescheidenheit, bleibt offen.

Gleichwohl hatte Stalins weiteste Reise in den Westen auch für den Bahnverkehr bleibende Konsequenzen. Bei seinem kurzen Aufenthalt in Brest soll er den Plan gefasst haben, den Bahnhof als prunkvolles Tor zur Sowjetunion auszubauen. Mit dem Werk wurde erst begonnen, als die Tage des Diktators zur Neige gingen, sodass er die seiner architektonischen Vorliebe entsprechende Pracht nie selbst hat würdigen können – abgesehen davon, dass er ohnehin nach der Potsdam-Exkursion nie wieder so weit nach Westen reiste.

Erst bei Tag ist zu erkennen, was für ein Palast über den Ruinen des Krieges errichtet wurde. Arkaden mit griechischen Säulen zieren die Diensträume. Ein reichlich mit Hammer und Sichel geschmückter Turm, dessen feine Spitze der Sowjetstern krönt, erhebt sich über dem Bauwerk, dem ein heller, gelber Anstrich, der die weiße Fresken an den Mauern erstrahlen lässt, fast italienische Leichtigkeit verleiht. Im Inneren wölben sich Hallen mit Kronleuchtern so groß wie Wagenräder an der Decke, die jedem Schloss zur Ehre gereichen würden.

Auf einem Foto in Sawwas Sammlung kann man erkennen, dass im Wartesaal einst das Denkmal eines hemmungslos geschönten jugendlichen Stalin stand. Sein Anblick sollte keinen Zweifel daran lassen, wessen Reich man betrat. Es ist ein Foto aus den Tagen nach Stalins Tod: Passagiere, die meisten von ihnen Soldaten, haben den Koffer abgestellt und verharren schweigend, den Blick auf die Gestalt aus glänzendem Bronze in der Mitte des Saales gerichtet. Immerhin war einer im Saal nicht so sehr von Trauer übermannt, dass er noch die Kamera bedienen konnte.

Das Denkmal ist längst verschwunden. Aber die alte Eleganz blieb. Lediglich die Stuhlreihen aus Kunststoff fügen sich nicht ins Bild. Und auch die billigen Kioske, die an den roten, mit dem Imitat von korinthischen Säulen geschmückten Wänden stehen, verraten, in welcher Zeit wir angekommen sind. Der Osten ist kapitalistisch geworden, wenn auch in Weißrussland in sehr gebremster Form.

Der Bahnhof von Brest spiegelt mehr Geschichte, als man einem Ort wünschen kann. Es begann in Zarenzeiten. Die ursprünglich polnische Stadt Brest war 1795, nach der völligen Niederwerfung und Teilung Polens, unter russische Herrschaft geraten, was damals, weil weder Kaiser noch Könige Nationalisten waren, keineswegs zu einer Vertreibung oder gar Ermordung der Bevölkerung führte. Immerhin gebot der Besitzerstolz, dass dort später in der Eisenbahnära einer der prächtigsten Bahnhöfe des zaristischen Russland errichtet wurde.

Das rückständige Zarenreich stand im restlichen Europa nicht gerade in hohem Ansehen. Der autoritäre Regierungsstil der Zaren rief Befremden hervor und war – selbst bei den königlichen und kaiserlichen Verwandten in den westlichen Hauptstädten – eher Ziel von Gespött. 1886 wurde der Prachtbau eingeweiht, der an die Stelle eines bescheidenen Grenzbahnhofs trat. Und damit die Neuerung nicht unbemerkt blieb, beehrten Zar Alexander III. und sein Sohn Nikolai die Stadt mit ihrem Besuch. Von westlicher Seite kam nur ein Prinz aus Berlin, der allerdings später als Kaiser Wilhelm II. seinen Anteil daran hatte, Europa ins Unglück zu stürzen.

Das Treffen von Brest hat den Lauf der Geschichte nicht beeinflusst. Zarensohn Nikolai wurde als Imperator Russlands dann mit dem Ersten Weltkrieg zum Feind des kaiserlichen Cousins in Berlin. Die Deutschen schleusten einen russischen Revolutionär aus dem Exil in die Heimat und gaben ihm viel Geld, um den Zaren zu stürzen. Mit dessen Fall im März 1917 verband sich in Berlin noch die Hoffnung, eine drohende Niederlage abwenden zu können. Wieder war es Brest, wo die Reichswehr mit dem revolutionären Regime in Moskau Verhandlungen über einen Separatfrieden führte. Am 3. März 1918 wurde er dort besiegelt. Am Gang der Dinge änderte er nichts mehr. Der Zar wurde im Juni des gleichen Jahres mit seiner Familie in Sibirien erschossen. Der deutsche Kaiser ging in die Niederlande ins Exil. Der Bahnhof aber, weil er zwischen die Fronten geriet, hatte im Lauf der Ereignisse großen Schaden genommen.

Das russische Eisenbahnsystem ist im Vergleich zum europäischen Westen eine späte Gründung. Sein Ausbau wurde erst energisch vorangetrieben, als mit der Niederlage im Krimkrieg 1856 der militärische Nutzen des Schienenverkehrs nicht mehr zu übersehen war. Neben militärischem Weitblick hatte es der russischen Generalität auch an Transportmöglichkeiten gemangelt. Erst 1871 – da überspannte den westlichen Teil des Kontinents schon ein enges Schienennetz – fuhren die ersten Züge von Brest nach Moskau. Eine liebevoll verfasste Chronik des Bahnhofs gibt einen Eindruck: Der Zug Nr. 1, so sein amtlicher Titel, brauchte für die Strecke fast 80 Stunden. Er fuhr nicht schneller als fünfundvierzig Stundenkilometer und musste alle zwanzig Kilometer Pause einlegen, damit die Dampflokomotive Kohle und Wasser übernehmen konnte. Die Wagen der 1. Klasse waren mit Ofen, Sessel und Diwan im Salon sowie einem komfortablen Schlafraum annehmlich ausgerüstet. Gaslaternen spendeten des Nachts Licht. In der 3. und 4. Klasse wurden in der kalten Jahreszeit Eimer mit heißen Ziegelsteinen gereicht. In diesen Waggons, bemängelt der Bericht, habe es an den Türen nicht einmal Stufen gegeben, sodass die Passagiere von hoch oben auf den Bahnsteig hüpfen mussten. 1913 hingegen, kurz vor Ausbruch des Ersten Weltkrieges, ist im Fahrplan die Zugverbindung «Moskau–Nizza» aufgeführt, um einem offenbar dringenden Bedürfnis des gehobenen Kundenkreises gerecht zu werden. Das waren schon die Tage des Tanzes auf dem Vulkan.

Als Ergebnis jenes desaströsen Krieges, an dem die beiden Kaiserkinder, die in Brest 1886 zueinander gekommen waren, unrühmlichen Anteil hatten, war Brest nicht mehr Bühne, sondern Spielball der Weltpolitik. Fünfmal geriet die Stadt in den folgenden Jahrzehnten in neue Hände, und nicht alle Mächte gingen so füglich damit um wie jene, die nach dem Ersten Weltkrieg zum neuen Hausherrn wurde. Polen war – dank des Friedensvertrages von Versailles – wieder auferstanden, und Brest, das auch vor den Teilungen im 18. Jahrhundert zu Polen gehört hatte, wurde wieder polnisch. Das war gut und auch gut für den Bahnhof, der in den zwanziger Jahren in alter Pracht glänzte. Die Schreckenszeit begann mit dem Pakt von Stalin und Hitler. Zwei Wochen nach dem deutschen Überfall auf Polen flutete fast eine Million Soldaten über den Osten des Landes. Damit sicherte sich Stalin seinen Teil der im Molotow-Ribbentrop-Pakt und in ergänzenden Protokollen zugesicherten Beute. Das war keine Kriegshandlung, keine vorübergehende Besetzung, sondern eine Annexion. Schon im November 1939 wurden in einem Teil des Gebietes die Einwohner per Dekret zu sowjetischen Staatsbürgern ernannt.

Auf der Hauptstraße von Brest, die auch heute noch, der alten Glaubensrichtung folgend, den Namen Lenins trägt, steht für den Vater des Sowjetkommunismus ein Denkmal. Schnee bedeckt in feiner Schicht die Blumen, die treue Verehrer zu seinen Füßen abgelegt haben. Es ist das erste von vielen seiner Denkmäler, denen wir begegnen. Aber es steht an einem besonders schmählichen Platz. Auf diesem Pflaster der damals polnischen Stadt besiegelten die Soldaten Hitlers und Stalins den teuflischen Pakt, zu dem die beiden Diktatoren sich gefunden hatten.

Am Fluss Bug waren die beiden Armeen am 19. September 1939 weisungsgemäß zusammengetroffen. Der Bug sollte die neue Grenze bilden. Die Deutschen übergaben die besetzte Stadt Brest an die Sowjetmacht. Um die neue und zutiefst anrüchige Freundschaft der beiden Diktaturen zu unterstreichen, verabredeten die Generäle beider Seiten, nachdem die Karten verglichen und die deutsch-sowjetische Grenze abgesteckt war, eine gemeinsame Parade. In geschlossener Reihe rollten die deutschen und sowjetischen Panzer über das Pflaster. Archivaufnahmen belegen, dass die Deutschen über das modernere Material verfügten. In diesen Bildern auf altem Schwarzweißfilm ist der Höhepunkt des Tages der Handschlag zwischen dem östlichen und dem westlichen General. Sie verabschiedeten sich beide auf herzlichste Weise und wünschten sich ein baldiges Wiedersehen. Der deutscher Panzergeneral Guderian wünschte es sich in Moskau, sein sowjetischer Kollege Kriwoschein sprach von einem Treffen in Berlin. So ist es überliefert. Unter Umständen, die wohl beide an jenem Septembertag nicht vorausgesehen haben, schaffte es der sowjetische General tatsächlich, Berlin zu sehen. Guderian traf er dort nicht mehr an. Die Freundschaft hatte nicht lange gehalten.

Die Chronik der Brester Eisenbahner verzeichnet für die Zeit nach der sowjetischen Annexion Tage des Schreckens. Denn die neue Macht, die erst wie ein Befreier erschienen war, begann sofort mit der Säuberung ihres Territoriums. Viele polnische Fachleute, die den Bahnhof in Betrieb gehalten hatten, wurden gemeinsam mit anderen Bürgern der Stadt deportiert: «Jenseits des Urals», wie es etwas wolkig in der Chronik geschrieben steht. Der letzte Transport von «schädlichen Elementen», so wurden die Opfer in der Sprache Stalins genannt, erfolgte am 21. Juni 1941. Am nächsten Tag überfiel Hitler auch die Sowjetunion, und Brest war die erste Stadt, die zum Schlachtfeld wurde. Wochenlang vermochten die sowjetischen Soldaten die Festung zu halten. Heute erinnert ein mächtiges Denkmal an ihre Tapferkeit.

Nur zwei Monate nach dem Überfall, am 26. August 1941, bot die Stadt ein Schauspiel, an dem offensichtlich die Akteure großes Gefallen fanden. Wieder legen alte Bilder Zeugnis ab: die Wochenschau des «Dritten Reichs». Hitler war gekommen, um den Triumph des Sieges auszukosten. Er hatte sich einen Kumpan mitgebracht. Man sieht Hitler mit Mussolini in einer Wagenkolonne in die zerstörte Stadt einfahren. Sie schreiten vorbei an aufmarschierten Wehrmachtskompanien. Man erkennt die beiden Diktatoren in einer Nahaufnahme, wie sie mit dem Ausdruck großer Genugtuung auf die Trümmerlandschaft schauen. Aber damit waren noch nicht die schlimmsten Tage für Brest gekommen. Denn Hitler wollte mehr als die Eroberung fremden Territoriums. Das Kriegsziel, das er vorgegeben hatte, lautete, die «jüdisch-bolschewistische Gefahr» zu beseitigen, er zielte auf die «Vernichtung der jüdischen Rasse in Europa», auf die «Vernichtung der bolschewistischen Intelligenz». In seinem Kern war der Plan zu diesem Krieg, was dem Oberkommando der Wehrmacht kein Geheimnis sein konnte, ein Plan zum Massenmord. Brest war die erste Stadt, die die Wirklichkeit dieses Krieges erleben musste.

Ein Hotelbalkon bietet dem Besucher ein Panorama der Stadt: das Mosaik der verschachtelten Dächer und der graue Himmel, der so viel Geschichte aufgenommen hat. Während die Blicke über die niedrigen, zweigeschossigen Häuser streifen, die den Krieg überdauerten, muss man sich Bilder von Marc Chagall vorstellen, der die östlichen jüdischen Dörfer und Städte mit engelsgleich darüber schwebenden Menschen gemalt hat. Brest war eine Stadt mit überwiegend jüdischer Bevölkerung. Heute lebt hier keiner mehr von ihnen. Sie wurden von den Nazis ermordet, denn für eine Flucht war es nach dem Überfall zu spät. Jene, die die Massaker im Oktober 1942 überlebten, weil sie zum Zeitpunkt des Angriffs nicht in der Heimatstadt waren, mochten nach dem Ende des Krieges nicht heimkehren.

In einem Wohnhaus am Rande der Stadt wohnt Arkadi Blacher. Er ist Jude. Der Zufall hat ihn erst nach dem Krieg hierher geführt. In Brest fand er als Rentner, wie er sagt, die «Aufgabe meines Lebens». Ein untersetzter Achtzigjähriger mit buschigen Augenbrauen sitzt vor uns im Sessel. Wenn er sich im Zimmer bewegt, tut er dies mit festen Schritten. Auf einem Tischchen steht eine Schale mit Armeeorden. Er winkt ab, als er sieht, dass unser Blick darauf fällt. Arkadi Blacher lebt nicht im Frieden mit der untergegangenen Sowjetunion, dabei hat er ihr treu gedient.

Er war fast noch ein Kind, als er vor der anrückenden Wehrmacht aus seiner Heimatstadt Minsk Richtung Osten flüchtete. Dann wurde er Offizier und kämpfte sich durch, von Stalingrad bis nach Berlin. Er hat viel gesehen, als er mit der Front immer weiter Richtung Deutschland marschierte. «Überall, wo die Deutschen gewesen waren, sahen wir nur Zerstörung und Gräber.» Und er erlebte auch das brutale Echo auf die Verbrechen der Deutschen. «Wir sind manchmal grausam mit der deutschen Bevölkerung umgegangen. Es gab Gewalttaten, Erschießungen. Fast jeder nahm sich das Recht, die Zerstörung seines Hauses und den Tod der Verwandten zu rächen.» Seine Augen verraten, dass er die Gewaltexzesse erklären möchte, dass er sie weder leugnet noch billigt.

Im späteren Zivilleben begann sein Aufstieg bei einer Behörde, die zumindest von den Intellektuellen im Land immer verachtet wurde, weil sie die Macht der Kommunistischen Partei sicherte. In Minsk, der heutigen Hauptstadt Weißrusslands, wurde er Beamter bei «Glavlit», der Zensurbehörde. Dort erweckte er offensichtlich bei der Obrigkeit so viel Vertrauen, dass ihm die Chefredaktion einer Brester Zeitung mit dem programmatischen Titel «Zarja» (Morgenröte) anvertraut wurde. In diesen beiden Positionen hat er gelernt, wie in der Sowjetunion Wahrheiten unterdrückt wurden. Dazu gehörte auch das Schicksal der von den Deutschen umgebrachten Juden – «als ob es auch nachträglich noch eine Komplizenschaft mit den Faschisten gegeben hätte.» Es sei ein verbotenes Thema gewesen, sagt er: «So war die Politik der Kommunistischen Partei in der ganzen Sowjetunion.» Im Land habe ein «staatlicher Antisemitismus» geherrscht. Jede Erinnerung an den Judenmord sei getilgt worden. Wenn von Opfern gesprochen wurde, habe man sie «sowjetische Bürger» genannt. «Selbst das Wort Jude wurde als staatsfeindlich betrachtet.»

Später führt er uns durch die Stadt. Zunächst zum Denkmal, das 1992 errichtet wurde und an das vernichtete Ghetto erinnert. Es steht an der Stelle, wo genau fünfzig Jahre zuvor in einem Akt unvorstellbarer Grausamkeit 5000 Juden erschossen wurden. Und dann zum Filmtheater «Belarus», das mit seiner mondänen gläsernen Fassade wie ein Fremdkörper wirkt. Früher, so erzählt Arkadi, habe dieses Gebäude eine Synagoge beherbergt, die als eine der schönsten in Europa galt. Die Nazi-Zeit habe sie überstanden. «Dann wollte man die Synagoge sprengen. Aber das war nicht möglich, weil es die umliegenden Gebäude gefährdet hätte. Deshalb hat man beschlossen, ein Kino daraus zu machen.» Das Foyer und die gläsernen Fassaden rund herum seien neu. Die alte Synagoge bilde jetzt den Kinosaal.

Auf dem Weg zur Toilette im Kellergeschoss findet man tatsächlich ein Stück von der alten Grundmauer, das später freigelegt wurde. Auch der Schnitt von einzelnen Fenstern erinnert noch an die Vorgeschichte. Arkadi ist vor Gericht gezogen, um das Gotteshaus seiner ursprünglichen Funktion wieder zuzuführen. Er wurde abgewiesen. Vor dem Krieg habe es vierzig Synagogen in der Stadt gegeben – jetzt keine einzige mehr.

Seit Anfang der neunziger Jahre hat Arkadi sich mit ein paar Freunden zusammengetan, um die Spuren alten jüdischen Lebens in Brest freizulegen. In dieser Zeit öffneten endlich auch die weißrussischen Behörden ihre Archive. Die deutschen Okkupanten hätten damals von den Juden Fragebogen ausfüllen lassen, die später in sowjetischen Archiven landeten, dort aber unter Verschluss blieben. Nun habe man einen Überblick über das, was geschah. So habe es in einem nahe gelegenen Dorf einen jüdischen Aufstand gegen die Besetzungsmacht gegeben, wodurch manches Menschenleben gerettet worden sei. Er erzählt von jüdischen Ärzten aus Brest, die ihre medizinische Ausbildung in Warschau, Paris, Genua und Florenz erhalten hatten.

Das polnische Brest der Vorkriegszeit war eine weltoffene Stadt. Nach dem Oktober 1942 ist nichts davon geblieben.

Der Bahnhof Bronnaja Gora liegt an der Strecke nach Minsk. Die Fahrtzeit dorthin beträgt kaum eine Stunde. Nur ein paar hundert Meter vom Bahnhof entfernt zweigt ein Gleis ab und führt in einen

Wald. Die Mörder wussten, wie nützlich das Eisenbahnwesen für ihr Handwerk ist. In heftigen Stößen treibt der Wind Schnee durch die Luft. Nur die Oberkante der Schienen zeichnet sich unter der weißen Decke ab. Am Rande einer Senke steht ein Denkmal. Die Aufschrift ist wie ein Text aus einem Buch des Todes. Fünfzigtausend Menschen seien hier umgebracht worden. Viele von ihnen stammten auch aus westlichen Ländern. Die Opfer seien «vorwiegend jüdischer Nationalität». Ganz sicher waren 28 000 Juden aus Brest unter ihnen. Es gibt auch einen vom Staat Israel gestifteten Stein der Erinnerung, auf dem ein metallenes Schild angebracht ist. Es zeigt in einem kleinen Relief einen Güterwagen, wie er damals für die Transporte benutzt wurde. Der Ort ist entlegen. An einige Baumstämme sind Kränze gelehnt. Die Wipfel der Birken wiegen sich im Wind, als wollten ihre filigranen, in den grauen Himmel gereckten Äste einen Reigen des Todes tanzen. Es ist ein junger Wald. Wehe den Orten in Weißrussland, wo junger Wald steht. Dort waren oft die Hinrichtungsstätten.

Vor der Weiterreise von Brest waren wir Sawwa in sein Bahnhofsmuseum gefolgt, das, nicht sehr kundenfreundlich, über abgenutzte Treppen in einem Seitenflügel des Gebäudes zu erreichen ist. Für den Besucherverkehr ist es wohl auch nicht gedacht, sondern eher für Ehrengäste, die sich ihren Sinn für die kommunistische Geschichtsschreibung bewahrt haben. In alten Zeiten hätte man es ein «Traditionskabinett» genannt, voll gestopft mit Fahnen und Ehrenbannern, die sich das bewährte Kollektiv der Eisenbahnstation in den sozialistischen Jahrzehnten verdiente. Sawwa, der früher als Gewerkschaftsvorsitzender den Ton angeben konnte, verweist auf ein besonderes Schmuckstück seiner Sammlung: ein Fotoalbum der deutsch-sowjetischen Freundschaft, genauer der Beziehungen zwischen den Eisenbahnern in Brest und Magdeburg. Der Blick in das Werk soll hier festgehalten werden, denn viele Besucher wird es nicht mehr geben, die das Buch zu Gesicht bekommen, und noch weniger Betrachter, die es mit Herzblut zu würdigen wissen.

Wir stehen vor einer Jahrzehnte umfassenden Sammlung von Bildern, auf denen die Delegationen abgebildet sind, die wechselseitig zur Untermauerung der Freundesbande entsandt wurden. Dazu sind Botschaften abgelegt, in denen die Großfamilie der Eisenbahner im östlichen Bündnissystem «brüderliche Kampfesgrüße» austauscht. Zum 1. Mai 1989 kam aus Magdeburg der letzte Gruß. Zum Tag der Arbeiterklasse wurden Wünsche übermittelt «als Ausdruck der Freundschaft und enger Kampfgemeinschaft». So schrieb in politischer Korrektheit der Vorsteher des Magdeburger Bahnhofs. Sein Parteisekretär hatte die Zeilen mit seiner Unterschrift bekräftigt. Man kann im Sinne der deutsch-sowjetischen Freundschaft nur hoffen, dass es in den Jahren zuvor nicht beim Austausch von Parolen geblieben war und die Freunde auch Gelegenheit fanden zu Ritualen, die freudigere Erinnerungen wecken als gestanzte Worte. Denn mit dem Jahr 1989 riss die Verbindung ab. Wahrscheinlich hatte in Magdeburg ein neuer Bahnhofsvorsteher das Amt angetreten, dem die Verbindung mit Brest unpassend erschien. Sawwa blickt mit erkennbarer Rührung auf das Buch und bedauert das westliche Schweigen.

Wenn wir nicht ohne Sentimentalität bedenken, wie freundlich wir in diesem Bahnhof aufgenommen wurden, scheinen wir die letzten Nutznießer der einstigen Freundschaftsbande gewesen zu sein. Wobei anzumerken ist, dass in Weißrussland, seinem bizarren und rachsüchtigen Präsidenten zum Trotz, die Gastfreundschaft zumeist überaus herzlich ist – aber eben besonders bei den Eisenbahnern. Das Thema «Freundlichkeit» erscheint dem aus Deutschland kommenden Reisenden viel zu wichtig, als dass es mit einer allgemeinen Lobpreisung erschöpft sein könnte. Vielleicht ist die Offenherzigkeit ein Signal der «Eingeschlossenen», die durch die staatlichen Medien jeden Tag belehrt werden, dass alle Nachbarn im Westen verkappte oder offene Feinde des kleinen Weißrussland seien.

Oder es ist ganz einfach eine ländliche Unverstelltheit, ein natürlicher Charme, der den Besucher einnimmt. Die junge Frau, die in einem Kiosk am Bahnhof Reiseproviant verkauft und sich nach den

Lebensverhältnissen in der Bundesrepublik erkundigt, um dann – wie unter Freunden – über den geringen Lohn zu klagen. Schließlich aber stellt sie fest, sie wolle nicht dorthin, in den fremden Westen, höchstens zu Besuch. «Früher wollte ich viel verreisen», sagt sie über die aufgestapelten Kekse hinweg, «aber jetzt ist es nicht mehr so. Man braucht viel zu viel Geld dafür.» Umgerechnet hundert Dollar verdient sie im Monat.

Freundliche Worte der Sympathie findet auch der Führer der Lokomotive, auf der wir an der Spitze eines langen Zuges in Richtung Minsk aus dem Bahnhof rollen. Neugierig hat er die Gäste angeschaut, die die steile Leiter zur Kabine emporklettern. Er trägt einen Schnurrbart, der seinem rundlichen Gesicht einen Ausdruck von fröhlichem Selbstbewusstsein verleiht. Der Ball eines lockeren Gesprächs wird hin- und hergespielt. Er blickt auf die Strecke, aber schaut mit vergnügt funkelnden Augen immer wieder zu den Ausländern und sagt schließlich in gewählter Höflichkeit: «Was die Beziehungen zwischen den einfachen Menschen angeht – ich kann nur sagen, dass es für mich sehr angenehm ist, mit Ihnen zu sprechen. Das ganze Leben hat man mir eingetrichtert, dass ihr Deutschen unsere Feinde seid. Aber ich stelle mit Freuden fest, dass wir uns gut verstehen und gemeinsame Ansichten über unser Leben haben.» Wenn man ihn so reden hört, könnte man ihn auch für einen Polen halten. Das wäre keineswegs abwegig, denn kaum eine Region in Europa war in den letzten 200 Jahren, besonders aber im letzten Jahrhundert so sehr Spielball territorialer Interessen wie diese. Vor 1933 wären wir auf unserer Reise bis fast nach Minsk durch polnisches Territorium gefahren. Erst das Potsdamer Abkommen 1945 besiegelte das Vorrücken der Sowjetunion bis an den Bug. Danach wurden die Polen vertrieben. Nur wer die Zugehörigkeit zum russisch-orthodoxen Glauben nachweisen konnte, hatte eine Chance zu bleiben – ein seltsames Kriterium bei der stalinistisch-kommunistischen Landnahme.

Der Zug fährt durch eine schier endlose schneebedeckte Ebene, über die sich ein grauer Himmel wie eine enge Glocke wölbt. Weit im Norden, wo sich das matte Weiß der Felder mit den tiefen Wolken vereinigt, zeichnet sich die feine Kontur eines Waldrandes ab. Das könnte es sein, das Naturschutzgebiet, das für seine Wisente berühmt ist, auf die schon die russischen Zaren gerne anlegten. Aber nicht um Jagdgeschichte aufzurollen, wollten wir ursprünglich in das kleine Dorf Wiskuli, sondern um tief im Wald einen Ort zu besichtigen, um den sich Legenden ranken. Es wird erzählt von einem wodkaseligen Abend, der sich einen Platz in der Weltgeschichte eroberte. Uns wurde der Zugang verwehrt, obgleich unser Wunsch an den Präsidenten in Minsk persönlich gerichtet worden war. Vielleicht schien auch ihm der Ort im Zwielicht der Geschichte angesiedelt zu sein.

Im Belowescher Forst unterhielt die Führung der damaligen Sowjetrepublik Weißrussland ein Gästehaus, eine Datscha, wie sie üblicherweise anheimelnd genannt wird. Meist waren diese Etablissements nichts weiter als in Beton gegossene Kästen von ebenso abschreckender Größe wie Hässlichkeit. Das Innere des Hauses, das damals für ein paar Sekunden im Fernsehen gezeigt wurde, verriet jedenfalls keine besondere ästhetische Raffinesse. Dort trafen sich Anfang Dezember 1991 Russlands Präsident Jelzin und die Parlamentspräsidenten der Sowjetrepubliken Ukraine und Weißrussland, um Präsident Gorbatschow aus dem Sattel zu heben. In einer gemeinsamen Erklärung beschlossen sie am Abend des 8. Dezember das Ende der Sowjetunion und die Gründung der «Gemeinschaft Unabhängiger Staaten». Noch am gleichen Abend riefen die Helden US-Präsident Bush an, um den Segen Washingtons zu erlangen.

Vielleicht hatte das Moskauer Imperium kein besseres Ende verdient. Vielleicht auch war die sowjetische Verfassung zu oft im Namen der Staatsräson missbraucht worden, als dass es auf diesen Bruch noch angekommen wäre. Denn das, was sich an jenem Abend vollzog, war schlicht ein Putsch, der freilich von den nationalen Parlamenten der Republiken nachträglich abgesegnet wurde. Es war, jedenfalls in den Augen staatsrechtlicher Puristen, kein guter Anfang. Wenn auch für die Teilnehmer der Runde ein gelungener Abend. Von

Jelzin berichten amerikanische Quellen, er sei bei seiner Rückkehr nach Moskau so betrunken gewesen, «dass man ihn aus dem Flugzeug tragen musste».

Jedenfalls kann man Gorbatschow nicht widersprechen, wenn er später süffisant feststellte, aus der «Gemeinschaft Unabhängiger Staaten» sei «nichts Rechtes geworden». Gleiches gilt wohl für die demokratische Entwicklung jener Staaten, die an jenem Abend ihre Unabhängigkeit von einer sowjetischen Zentralmacht erzwangen. Nur einer von ihnen, der weißrussische Parlamentspräsident Schuschkjewitsch, war ein ausgewiesener Demokrat, der nach der Katastrophe von Tschernobyl 1986 aus der Anti-Atom-Bewegung in die Politik geraten war. Schon 1994 wurde er durch den jetzigen Präsidenten Alexander Lukaschenko aus dem Amt gedrängt. Seitdem geht Weißrussland einen Weg, der die Grenze zum Westen so spürbar macht wie zu jener Zeit, die man mit dem Treffen der drei Politiker im Belowescher Forst endgültig überwunden glaubte.

Während vor dem Fenster die Schneelandschaft vorübergleitet, drängen sich Fragen auf. Welche Dimensionen hat diese Grenze zwischen Ost und West? Wie kommt es, dass das katholische Polen und das orthodoxe Land der Slawen Welten trennen? Was hat die Menschen unfähig gemacht, sich als Bürger in einer Demokratie zu organisieren: die zerstörerische Nachwirkung der kommunistischen Ideologie? Die neuen politischen Eliten, die sich an der Skrupellosigkeit ihrer kommunistischen Vorgänger ein Beispiel nehmen? Oder gibt es viel ältere Verhaltensmuster, geprägt durch unterschiedliche geschichtliche Erfahrung, die auch heute noch die Wege der Politik bestimmen? Kurz: Welche rationalen Erklärungen lassen sich für das Unglück finden, das die Demokratie immer wieder zurückwarf?

In Minsk, der Hauptstadt Weißrusslands, deren Straßen nur wenige Wochen nach unserem Besuch zum Schlachtfeld zwischen der demokratischen Opposition und den Sicherheitskräften von Präsident Lukaschenko werden, erhalten wir Antwort auf diese schmerzlichen Fragen. In der polaren Wüste setzt man Mut und Heldentum bei jenen Menschen voraus, die den Widrigkeiten des unwirtlichen Lebens trotzen; sie erzählen von Schneestürmen, die sie in der Tundra überlebten, und von gefährlichen Begegnungen mit Eisbären. In Weißrussland erleben wir eine andere Art von Wildnis und ein Heldentum, das nicht weniger berührt. Und wir begegnen auch der eigenen Geschichte.

Der Zug gleitet durch eine schier endlose Ebene. Nur gelegentlich säumen Birkenwälder den Weg. Ärmliche Dörfer liegen an der Strecke, niedrige Bauernkaten, umfasst von schiefen Zäunen, die kaum aus dem Schnee herausragen. Man denkt dabei an Berichte wie folgenden, den ein Landser 1941 nach Hause schrieb: «Die Bewohner des Dorfes stellten uns geheizte Räume zur Verfügung, gaben uns zu essen, und wir waren sehr überrascht, als uns der Kompanieführer danach befahl, das Dorf niederzubrennen und die Bewohner festzunehmen.» Die Einheit zog weiter: «Wir haben etwa 70 Menschen erschossen. Darunter waren auch Frauen, Alte und Kinder.» Auch viele Jahrzehnte später wurde diese Art der Eroberung noch gerechtfertigt mit dem Hinweis, jede Armee habe das Recht, sich gegen Partisanen zur Wehr zu setzen.

Wir fahren durch eine Region, die von der deutschen Kriegsführung und Besetzung getroffen wurde wie keine andere in Europa. Weißrussland hatte im Verhältnis zu seiner Bevölkerungszahl die größten Verluste bei der Zivilbevölkerung: Von etwa zehn Millionen Menschen kamen über zwei Millionen ums Leben. Die deutschen Mordorganisationen stritten sich darum, welche von ihnen beim Mord an der jüdischen Bevölkerung den Vortritt haben durfte. Sie kamen mit dem Vorsatz, die großen Städte «vom Antlitz der Erde zu tilgen», wie es Hitler in einem Befehl vom September 1941 ausdrückte. Als nach der Vertreibung der deutschen Wehrmacht die Überlebenden in die Hauptstadt zurückkehrten, fanden sie nur Trümmer. Mehr als neunzig Prozent der Häuser lagen in Schutt und Asche. Es ist später Nachmittag, als wir mit dem Zug in Minsk einfahren.

Im Reich von Lukaschenko: Minsk

Vor dem Bahnhof ragen wie mächtige Säulen eines Triumphtores zwei Wohntürme in den winterlichen Himmel. Hinter ihnen führt die Hauptstraße, der «Boulevard der Unabhängigkeit», quer durch die Stadt. Die Fassaden werden von Scheinwerfern angestrahlt, Nischen und Balkone von indirektem Licht erhellt, sodass der ganze Straßenzug wie eine Aneinanderreihung von Palästen erscheint. Nirgendwo, nicht einmal in Moskau, ist die Stalin'sche Architektur zu einem solch prächtigen und geschlossenen Ensemble versammelt. Und – jenseits aller politischen Abscheu ist dieser Inszenierung die Grandezza nicht abzusprechen. Die großzügigen Lichtspiele verraten sorgfältige Regie. Aber nicht nur empfindet man das freudige, stolze Pathos einer wiedergeborenen Stadt – man fühlt sich auch als kleiner Statist auf einer großen Bühne. Diese Absicht mag den Baumeistern Stalins beim Bau der Stadt auf den Trümmern des alten Minsk nicht fern gelegen haben. Und damit haben sie in dem heutigen Stadtherrn einen würdigen Nachfahren gefunden.

Wir sind in einem Land angekommen, dessen Präsident keinen Zweifel lässt, welche Auftritte er wünscht und welche ihm unwillkommen sind. Dabei gibt diese Prachtstraße schon manchen versteckten Hinweis. Der «Boulevard der Unabhängigkeit» ist wie ein aufgeschlagenes Buch der Geschichte.

Stadtpläne, die ein wenig älter sind als der unsrige, verzeichnen einen anderen Namen für die prächtige Magistrale. Sie ist dort nach einem Mann namens Francysk Skaryna benannt. Er war keineswegs ein ehemaliger Parteisekretär, an den man mit der Tilgung des Straßennamens nicht mehr erinnert werden wollte. Denn in kommunistischen Zeiten firmierte der Boulevard programmatisch unter dem Namen Lenins, nachdem er bis 1962 schon Stalin zur Ehrung gedient hatte, der zudem mit einer zehn Meter hohen Statue aus Bronze auf Ordnung achtete. Der Name Skaryna dagegen, mit dem die Straße 1992 Abschied vom Kommunismus nahm, stand für den Aufbruch in die neue Zeit. Warum drei Jahre später der gerade gewählte Präsident Lukaschenko an diesem Namen Anstoß nahm, lässt sich erahnen. Fest steht, dass Skaryna der erste Weißrusse war, dessen Name in Europa, jedenfalls in den Kreisen der Gebildeten, Bedeutung hatte. Er glänzte als Hochschullehrer an der Universität zu Padua. In Prag übersetzte er die Bibel in seine Muttersprache. Das war 1518 – Skaryna war ein Zeitgenosse Luthers. Er stand am Anfang der weißrussischen Literatur.

Der große weißrussische Denker der Renaissance schien den nach der Erlangung der Unabhängigkeit regierenden Demokraten der Richtige zu sein, um den Beginn einer neuen Epoche in der Geschichte Weißrusslands zu adeln. Keiner verkörperte wie er die geistige Bindung des Landes an die Kultur Europas. Überhaupt waren sich damals alle internationalen Beobachter einig, dass kaum eine der ehemaligen Sowjetrepubliken so vielversprechend sei wie Weißrussland. Alte, über viele Jahrzehnte verschüttete Traditionen in Handel und Produktion lebten wieder auf. Wer aus Moskau nach Minsk reiste, wähnte sich fast schon im Westen, so umtriebig waren die Menschen, so schnell adaptiert an die neuen Verhältnisse. Es war die einzige Hauptstadt im untergegangenen Imperium, in der ein aufrechter Demokrat und kein verkleideter Vertreter der alten Nomenklatura regierte. Doch jene Epoche der Demokraten währte nicht lang. Bei den Präsidentschaftswahlen 1994 siegte ein bis dahin unbekannter Kandidat aus der Provinz durch einen gnadenlos populistischen Wahlkampf. Als Erstes unterwarf er die Medien seiner Gewalt. Und wer nicht willig war, wurde zum Feind erklärt.

Präsident Lukaschenko machte die Namensgebung der Hauptstraße zu seiner persönlichen Angelegenheit und berief sich dabei «auf zahlreiche Bitten der Kriegsveteranen und Bürger von Minsk». Die Umbenennung sei «historisch gerechtfertigt» und verewige das Gedenken an die Generation der Sieger. Denn in den Trümmern der

Stadt hätten sich 1944 die Partisanen zu einer Siegesparade versammelt. Die demokratische Opposition fühlte sich um ein Signal betrogen und demonstrierte damals – wie seitdem immer wieder – vergeblich gegen die präsidiale Willkür.

Der Name des großen Aufklärers verschwand von den Schildern. Aber das ist nicht das einzige Beispiel für die kosmetischen Korrekturen durch den Präsidenten, die das Erscheinungsbild des heutigen Weißrussland spiegeln. Wie es sich für eine urbane Straße gehört, so wird auch der «Boulevard der Unabhängigkeit» von Zeitungskiosken gesäumt, die in regelmäßigen Abständen auf dem breiten Bürgersteig stehen. Zur Abendstunde strömen die Menschen heimwärts. Ein kalter Wind treibt den Schnee über die Straße. Nur wenige Passanten bleiben am Kiosk stehen. Wie in einem kleinen Aquarium sitzt mollig ummantelt die rundliche Verkäuferin hinter den Glasscheiben und sortiert ihr ziemlich farbig gefächertes Angebot. Man muss sich tief bücken, wenn man mit ihr Kontakt aufnehmen will, denn das kleine Schiebefenster, durch das Geld hinein- und die Zeitung herausgereicht wird, ist auf Hüfthöhe angebracht. Nicht nur diese Tradition, die dem Käufer eine Demutshaltung abverlangt, erinnert noch an sowjetische Zeiten. Also fragen wir – in untertänige Verbeugung gezwungen – nach der Zeitschrift «Nascha Niwa». «Haben wir nicht», antwortet sie und wirft uns einen verwunderten Blick zu. Und die «Delowaja Gasetta»? «Haben wir auch nicht», lautet ihre Antwort. «Überhaupt nicht?» Über ihr zuvor ausdrucksloses Gesicht huscht ein mitleidiger Schatten. «Nein», erklärt sie, «diese Zeitungen gibt es bei uns nicht mehr.» Die Kioske auf der Hauptstraße und auch anderswo im ganzen Land verkaufen nur die Zeitungen, die dem Präsidenten gefallen.

Die Redaktion von «Nascha Niwa» liegt abseits vom Zentrum, dort, wo der Staat beim Wiederaufbau auf die Pose festlicher Architektur keinen Wert mehr legte. Schmucklose viergeschossige Mietshäuser umschließen einen von Birken gesäumten Innenhof. Längst haben uns Freunde auf das Klima in Minsk eingestimmt. So fällt auf, dass sich in einer Ecke des Hofes zwei Männer am Motor eines «Wolga» zu schaffen machen, eines in Russland produzierten Wagens, der üblicherweise zum Fuhrpark staatlicher Institutionen gehört. Hat das Auto tatsächlich eine Panne oder sind die Männer Aufpasser des KGB, wie der Geheimdienst in unseliger Tradition hier immer noch heißt? Nie weiß man es genau, aber in der Welt, die wir jetzt betreten, ist man gegenüber möglichen Beobachtern wachsam. Wir klingeln an einer schweren eisernen Tür, und Andrej Dynko, der junge Chefredakteur, erscheint, um die Gäste zu begrüßen. Er führt uns in ein düsteres Treppenhaus. Das Erste, was wir dort sehen, sind zwei Männer mit wodkagerötetem Gesicht, die den Schaltkasten für die Telefonleitungen im Haus geöffnet haben. Sind sie tatsächlich mit einer Reparatur beschäftigt, oder soll das Abhörsystem verbessert werden? Andrej wirft uns einen Blick zu und zuckt mit den Schultern. Das will besagen: «Man weiß es nie. Und wenn schon. Ändern können wir es doch nicht.»

Was wir dann in der Redaktion hörten und erlebten, ist jetzt schon wieder Geschichte. Nach unserem Besuch wurde Andrej verhaftet und zu einer zehntägigen Gefängnisstrafe verurteilt. Die Minsker Verwaltung ließ verlauten, die Redaktion von «Nascha Niwa» sei in der Stadt nicht mehr erwünscht. Es trifft eine Zeitung, die eine große Geschichte hat. Der ins Deutsche übersetzte Titel lautet «Unser Feld». Unter diesem Namen verbarg sich einst in Zarenzeiten nicht etwa ein Blatt für die Bauern, sondern eine Zeitung mit intellektuellem Anspruch, die in weißrussischer Sprache gedruckt wurde und für eine selbständigere Rolle Weißrusslands im Zarenreich eintrat. 1906 wurde sie deswegen verboten. Nach dem Ende der sowjetischen Zensur war sie eine der ersten Zeitungsgründungen in Minsk.

Die Redaktion hat in einer großen Wohnung Unterkunft gefunden. Uns empfängt keineswegs das genialische Chaos, mit dem sich Journalisten oft glauben umgeben zu müssen. Auf einem Tisch liegen die gebundenen Jahrgänge der Zeitung. Auf einem anderen stapeln sich Bücher aus dem In- und Ausland zur Geschichte und politischen Entwicklung in Osteuropa. In einem Nebenzimmer steht eine Gruppe junger Leute an einem langen Tisch und steckt die letzte Ausgabe in Umschläge. Immer wieder klingelt es an der Tür. Meist sind es ältere Frauen, die sich einen Stapel Tüten greifen, ihn behutsam in eine Tasche stecken und wieder gehen. Der junge Chefredakteur erklärt das System. Wie einige andere Zeitungen auch findet «Nascha Niwa» keine Druckerei mehr im Land, die das Blatt drucken darf. Das geschieht jenseits der Landesgrenzen im russischen Smolensk bei einem privaten Drucker, der in Spannungszeiten allerdings seinerseits den Pressionen russischer Behörden ausgesetzt ist. Jede Woche bringt ein Auto die Auflage über dreihundert Kilometer Landstraße nach Minsk. Manchmal wird der Fahrer beim Zoll nur ein paar Stunden aufgehalten, manchmal wird auch seine ganze Ladung beschlagnahmt.

Wenn sie in Minsk angekommen ist, wird «Nascha Niwa» geschützt wie ein kostbares Gut. Freiwillige kommen in die Redaktion und verpacken jedes einzelne Exemplar, Freiwillige tragen sie davon und bringen sie in die Wohnbezirke, um die Abonnenten zu beliefern. Trotz dieser unentgeltlichen Leistung mutiger Menschen ist die Wochenzeitung für örtliche Verhältnisse teuer. Sie kostet siebenmal so viel wie die staatlichen Publikationen, sie hat den materiellen Gegenwert von zwei Laib Brot. Das gesteht auch Andrej ein. Aber er ist stolz auf das, was man im westlichen Marketing wohl «Leserbindung» nennen würde. «Vor zwei Wochen hatten wir minus 25 Grad. Aber trotzdem kam die Zeitung rechtzeitig an die Leser. Wir machen offenbar etwas», sagt er mit ironischem Lächeln, «was die Menschen ebenso brauchen wie das Brot.»

Seine Ironie gilt nicht seinen Lesern, sondern jenen, die eine unzensierte Zeitung so sehr fürchten, dass sie alle verfolgen, die für sie arbeiten. Selbst seine Zeitungsausträger seien von Gefängnisstrafen bedroht. Einer seiner Redaktionskollegen habe schon ein ganzes Jahr in einer Gefängniszelle verbracht. Andrej ist ein junger Mann in den Dreißigern. Sein schmales Gesicht wirkt erschöpft. Aber es strahlt auch Stärke aus. Eigentlich hatte er Diplomat werden wollen und einen Studienplatz an der damals sehr angesehenen Hochschule bekommen. Schon als Student habe er zu schreiben begonnen. Als Lukaschenko 1994 Präsident wurde, war für ihn die Entscheidung gefallen. Er wollte nicht Diener eines solchen Staates sein, sondern seinem Land dienen. «Man muss etwas Richtiges machen», sagt er. «Eure Jugendlichen fahren nach Afrika, um etwas Sinnvolles zu tun. Unser Platz ist hier.»

Wenige Wochen nach unserer Begegnung inszenierte Präsident Lukaschenko seine Wiederwahl. Auch Andrej gehörte zu den Journalisten, die im Vorfeld der Wahl verhaftet wurden. Die Richterin folgte den widersprüchlichen Aussagen zweier Polizisten, die sich nicht einmal einig waren, wo die Festnahme des Journalisten stattgefunden hatte. Sie behaupteten, Andrej habe sie beleidigt und sich polizeilichen Anweisungen widersetzt. Nach der Verhaftung wurde er zunächst zusammen mit anderen Gefangenen für dreißig Stunden in einer ungeheizten Arrestzelle eingesperrt, der es an elementaren hygienischen Vorkehrungen mangelte. Bei unserem Treffen hatte Andrej das Regime Lukaschenko beschrieben: «Diejenigen, die Mitte der neunziger Jahre an die Macht kamen, wussten nichts Besseres zu tun, als in Weißrussland die Sowjetunion neu aufleben zu lassen. Sie haben gedacht, dass es die beste Methode ist, alle Menschen und ihre Gedanken zu kontrollieren.»

Mit ihrem blendenden Erscheinungsbild erinnert die weißrussische Hauptstadt keineswegs an die düsteren Tage der Sowjetunion. Die Stadt ist farbenfroh, der Schnee in den Parks verleiht ihr in der Wintersonne einen besonderen Glanz. Minsk blickt auf eine tausendjährige Geschichte zurück, und ein kleines Viertel am Zentrum ist im alten Stil errichtet worden. Dort hat auch das weiße Rathaus wieder seinen Platz gefunden. Emporstrebende klassizistische Säulen, Balkone, mit denen sich das Haus nach allen vier Seiten öffnet – so repräsentierte sich einst eine selbstbewusste, stolze Bürgergesellschaft. Eine bronzene Tafel neben dem Eingang erinnert sogar daran, dass Minsk im ausgehenden Mittelalter nach dem «Magdeburger Stadtrecht» eine freie, dem Westen zugewandte Stadt gewesen sei, in einer Rechtsgemeinschaft mit Städten wie Breslau und Brandenburg, Leipzig und Prag. Nicht weit entfernt reckt eine katholische Kirche ihre Türme in den kalten Winterhimmel. Das Nebeneinander von katholischen und orthodoxen Kirchen, von Synagogen und auch einzelnen Moscheen war einst der Ausdruck von Toleranz in diesem Land. Heute wird Geschichte allenfalls als Fassade missbraucht, wie etwa das Wort von der «Präsidialdemokratie», das nur verschleiern soll, dass eine Demokratie nicht vorgesehen ist.

Die Stadt, die voller Geschichten des Schreckens ist, wirkt freundlich, und eine gewisse Prosperität ist ihr nicht abzusprechen. Die Geschäfte sind vielleicht nicht so elegant und exaltiert wie in Moskau. Aber das muss ja auch kein Maßstab sein. Die Wirtschaft, vor allen Dingen die alten sowjetischen Großbetriebe, befindet sich in einer Phase der Stagnation. Aber die Menschen leiden keine Not, weil der Präsident – bisher jedenfalls – auf die Freundschaft Moskaus zählen konnte. Er bezieht sein Erdöl und Gas zu einem Viertel des Weltmarktpreises, was die Produktions- und Lebenshaltungskosten im Land erheblich senkt. Darüber hinaus exportiert der Staat Benzin aus der weißrussischen Raffinerie mit hohem Gewinn zu Weltmarktpreisen. Wie lange Lukaschenko auf das Wohlwollen Moskaus bauen kann, ist offen. Dort findet man in jüngerer Zeit offensichtlich wenig Gefallen an dem Gebaren des ehemaligen Kolchosvorsitzenden – vielleicht zu vulgär in der Art seiner Machtausübung. Im Kreml wünscht man sich mehr Eleganz.

Im Frühjahr 2006, kurz nach unserem Besuch in Minsk, traf aus Moskau eine unerfreuliche Botschaft ein. Das dem Kreml gefügige Unternehmen Gazprom kündigte an, es wolle den Preis für Gaslieferungen vervierfachen, also zu Weltmarktpreisen mit Weißrussland abrechnen. Das würde das Ende des auf tönernen Füßen stehenden «Wirtschaftswunders» in Minsk bedeuten, und Lukaschenko wäre politisch erpresst wie das ungeliebte Nachbarland Ukraine. Er, der sich schon einmal der Nachfolge Jelzins in Moskau nahe wähnte und in Russland Wahlkampf betrieb, um als staatliches Oberhaupt einer

Union aus Russland und Weißrussland in den Kreml einzuziehen, könnte einer Intrige des jetzigen Kremlherrn zum Opfer fallen. Mit Empörung im Westen würde Lukaschenko kaum rechnen können. Aus Moskauer Sicht verdient der kleine Nachbar kein anderes Schicksal als in früheren Zeiten, nämlich eine kleine Provinz in Russland zu sein. So haben es die demokratischen Kritiker Lukaschenkos in Minsk gleich mit zwei Gegnern zu tun.

Wir wissen nicht, ob Andrej Dynka nach der Wiederwahl Lukaschenkos, den Würgegriff der Administration fest am Hals, heute die Prognose erneuern würde, die er damals bei unserem Treffen wagte: «Bald wird Weißrussland nach Europa zurückkehren.» Was die Redakteure bei «Nascha Niwa» und anderen unabhängigen Zeitungen jedenfalls eint, ist Zivilcourage. Ein Heldentum, das ein unbefangenes Gespräch fast unmöglich macht, weil der eine geht und der andere bleibt. Dem einen sind die Geltung der Verfassung und die Unabhängigkeit von Richtern zur Gewohnheit geworden, obwohl er weiß, dass es auch in der Geschichte der Bundesrepublik Situationen gab, in denen Politiker glaubten, sie könnten den Rechtsstaat aushebeln, und es der Richter bedurfte, Machtstreben einzudämmen – als etwa das Bundesverfassungsgericht der Regierung Adenauer untersagte, ein Staatsfernsehen zu etablieren. In Minsk gibt es solche Richter nicht. Und Andrej kann nur hoffen, dass zu seinen Lebzeiten Verfassung und Dritte Gewalt jenes Heldentum einmal überflüssig machen werden.

Auch klimatisch ist Weißrussland zwischen dem Osten und dem Westen angesiedelt. Mal fegt ein eiskalter Sturm durch die Straßen, der den Schnee aufwirbelt und wie ein ferner Gruß des russischen «Väterchens Frost» erscheint. Aber dann dreht der Wind und trägt die schweren grauen Wolken aus der norddeutschen Tiefebene heran, die regengesättigt sind und Tristesse über Stadt und Land legen. An einem solchen Tag fahren wir an den nördlichen Stadtrand. Der Schnee hat eine schmutzig graue Farbe angenommen. Einzelne Regentropfen fallen in die Pfützen, die sich im tauenden Eis bilden und schwarzen Waldboden durchschimmern lassen. Wieder ist es ein junger Wald von dunklen Fichten, der sich über einer Anhöhe erhebt. Kurapaty nennen sie diesen Ort. Eine schmale Schneise, die bergauf führt, ist von mannshohen Holzkreuzen gesäumt. Sie stehen auch tief gestaffelt unter den Bäumen. Es sind namenlose Kreuze. An manchen steht dennoch eine Kerze. An anderen liegt ein kleiner Kranz. An einem Kreuz lehnen, geschützt durch eine Folie, Fotos dreier junger Männer. In der anonymen Statistik des Todes sind sie der Namenlosigkeit entrissen: drei Archäologen, sagt eine Schrift, ermordet 1938.

Ein alter Mann geht schweren Schritts den Berg hinauf, auf dessen Kuppe ein Felsen liegt. Ein Hund umspielt ihn während des Aufstiegs, und man erkennt, wie innig sich Herr und Hund verbunden sind. Auf halbem Weg steht eine grob gezimmerte Bank, die zum Verweilen und zum Betrachten der stillen Szene einlädt. Dort treffen wir uns. Ja, sagt er, er komme oft hierher. Dies sei während der Stalinzeit eine der fürchterlichsten Hinrichtungsstätten gewesen. Er spricht ganz ruhig – wie einer, der genau weiß, welches Gewicht seine Worte haben. Er drückt seinen großen Hund an sich. Und irgendwie spürt man auch, dass er erleichtert ist, dies sagen zu können, befreit zu sein von einem jahrzehntelangen Tabu: «Man sagt, mehrere Hunderttausende. Und nicht nur Russen, auch Menschen anderer Nationalitäten. Es können auch Deutsche und Polen gewesen sein. Alle, die sie fassen konnten, wurden hierher gebracht.» In die Stille der Tannen drängt sich fremd der Lärm der Ringautobahn, die nur hundert Meter entfernt ist. Der alte Mann erzählt, zunächst habe die Regierung geplant, die Straße direkt an diesem Ort vorbeizuführen. Aber die Pläne seien nach lautem Protest aus der Bevölkerung geändert worden. Das sei gut so. Und er fügt hinzu: «Es ist der Ort einer Tragödie für alle zivilisierten Menschen, für alle Völker. So empfinden alle.»

Ob wirklich «alle» so empfinden – zumindest was den Präsidenten angeht, werden Zweifel laut. Wladimir Orlow ist zu einem diskreten Treffen gekommen. Er erinnert an einen alten Fahrensmann, ein grauer Bart und in die Stirn fallende dichte, graue Haare rahmen sein Gesicht. So sieht ein Kapitän aus, der sich seines Kurses stets sicher ist, einer, dem man sich anvertrauen mag. Orlow ist ein angesehener Historiker, Buchautor und Mitglied des PEN, der internationalen Vereinigung von Schriftstellern. Und er beklagt sofort, dass seine Wissenschaft heute noch nicht einmal mit Gewissheit sagen könne, wie viele Mordopfer in Kurapaty verscharrt worden seien, weil die Archive verschlossen blieben. Es könnten dreißigtausend, es könnten zweihundertfünfzigtausend sein, meint er. Die Regierung unter Lukaschenko habe geplant, den Ort verschwinden zu lassen und die Ringautobahn direkt über die Gräber zu führen. Orlow erinnert sich mit Freude: «Es gab viele Proteste. Man hat im Winter Tag und Nacht Wache gehalten. Die Leute wurden immer wieder angegriffen. Und wer die Angreifer geschickt hat, war unschwer zu erraten. Sogar Bagger waren gegen uns im Einsatz.» Die Bürger hätten schließlich gesiegt. Auch die Kreuze seien nicht etwa von der Regierung errichtet worden. Das sei das Werk der einfachen Menschen gewesen.

Weißrussland ist ein Lehrbeispiel für das Erstarken postsowjetischer autoritärer Herrschaft. Minsk vereint alle Merkmale: das Ende einer freien Presse, die Vortäuschung demokratischer Regeln, die Instrumentalisierung der Justiz und schließlich die Revision der Geschichte. Der Historiker Orlow erzählt, dass die Schulbücher erneut umgeschrieben würden und alte Sowjetmythen wieder Einzug in Schulbücher hielten. Die letzte Ausgabe der weißrussischen Enzyklopädie versuche jetzt – anders als Anfang der neunziger Jahre – sogar die Vorgänge in Kurapaty in Zweifel zu ziehen: «Man kann dort jetzt lesen, dass nach manchen Dokumenten Menschen an diesem Ort von NKWD-Leuten erschossen wurden, laut anderen jedoch von den Faschisten.» Dabei sei der Abschlussbericht einer staatlichen Kommission, die nach dem Ende der Sowjetunion alles untersucht habe, eindeutig gewesen. Um jeden Zweifel am herrschenden Geschichtsbild auszuräumen, hat Präsident Lukaschenko im Frühjahr eine der düstersten Gestalten der Sowjetherrschaft wieder gesellschaftsfähig gemacht, jedenfalls in seinem Land. Er ehrte den «Eisernen Felix», den Gründer der Tscheka, mit einem Denkmal. Felix Dscherschinskij schuf die Organisation, die unter wechselndem Namen zum Instrument des Terrors wurde. Solche Sympathien gibt es auch in Moskau. Doch keiner hat dort bisher gewagt, die Opfer so demonstrativ zu beleidigen.

«In meiner Vorstellung», sagt Orlow zusammenfassend, «existieren auf unserem Territorium zwei Staaten, zwei Mal Weißrussland. Jeder hat seine eigene Vorstellung über die Geschichte und eigene Träume über die Zukunft.» Auf der einen Seite das rückwärtsgewandte Reich Lukaschenkos, auf der anderen Seite ein Weißrussland, das sich an den europäischen, demokratischen Werten orientiere. Sogar zwei Sprachen teilen das Land. Präsident Lukaschenko bevorzugt die russische Sprache, auch weil er des Weißrussischen kaum mächtig sein soll. In den Augen von Orlow gibt es noch viele Gründe, weshalb Weißrussland nicht der kleinere Bruder Russlands ist, sondern Teil der europäischen Geschichte sein soll. Deshalb ist es für ihn auch eine Enttäuschung, dass Europa lange Zeit über Weißrussland hinweg nur auf die goldenen Kuppeln im Kreml blickte. Europa hatte das kleine Land viele Jahre dem wirren Treiben Lukaschenkos überlassen.

Wir sind ihm auch begegnet, dem strengen Präsidenten, der sich nun von allen Freunden verlassen sieht, nach dem auch Moskau seine Gunst entzieht. Das letzte Mal trafen wir ihn vor fünf Jahren auf einer Pressekonferenz. Damals hatte er mit vor Wut bebender Stimme jede Beteiligung an der Ermordung von Politikern und Journalisten zurückgewiesen. Diesmal hatte er ein Interview abgelehnt, wohl weil ihm die Fragen, die vorher einzureichen waren, missfielen.

Aber es gab diesen öffentlichen Termin nicht weit entfernt von der Stadt. Im Vorfeld der Wahl präsentierte er seinem Volk in großzügiger Geste ein Wintersportzentrum. In diesem Land, das nicht gerade für seine alpine Welt gerühmt wird, hatte er viel Erde bewegen lassen, um einen kleinen Skihang aufzuhäufen. Die Wintersonne strahlte auf die sanft hügelige Winterlandschaft, aus der heraus sich abrupt der steile Hang erhebt. Trachtenchöre jubelten alte Weisen und Lukaschenko glitt, die Sicherheitsleute im Gefolge, in herrschaftlichen Schwüngen seinen Berg hinab. Kurz nach unserer Ankunft schon hatte ein Beauftragter aus dem Präsidentenstab erklärt, dass wir uns dem Präsidenten nicht nähern dürften – kein Bild, auch nicht aus der Entfernung. Nun, da ihn und seine Gefolgsleute die Staaten der EU mit Einreiseverbot belegten, wird dies der einzige Ort sein, an dem er auf die Bretter steigen kann. Vorbei die geschätzten Urlaubsreisen in die Alpen. Vielleicht bewies er wenigstens in diesem Punkt Weitblick – als er einen Platz zum Abfahrtslauf im eigenen Land schaffen ließ.

Eine deprimierende Station auf der Reise? Sieht man einmal ab vom Unterhaltungswert der öffentlichen Auftritte des Präsidenten, jenseits dieser abseitigen Inszenierungen eines Despoten, der sich gerne «Väterchen» nennen lässt, sind es die Erlebnisse mit den Menschen, die hoffen lassen.

Kolja hat zum Besuch geladen – in sein Theater. Nicht ein Abend in einem festlichen Haus, sondern die Mittagsstunde im Nebengeschoss eines Geschäftshauses. Wer wird schon kommen zu dieser ungewöhnlichen Stunde, um in dem abgedunkelten Raum ein Theaterstück zu sehen, während draußen die Sonne gleißendes Licht wirft? Kurz vor Beginn der Vorstellung ist der kleine Saal, der eher einer Katakombe für Geheimtreffen gleicht, voll besetzt. Und immer noch zwängen sich junge Leute hinein. Zwischen zwanzig und dreißig Jahre sind sie alt, in der zwanglosen Kleidung, die auch im Westen als «cool» durchgehen würde. Am Eingang wird streng kontrolliert. Nur wer sich angemeldet hat, darf eintreten. Sie erleben ein Stück, das Lukaschenkos bombastischen Bau einer Nationalbibliothek persifliert, geschildert aus der Sicht der Bauarbeiter. Dialoge in derber Sprache kreisen um den Widerspruch von Propaganda und Wirklichkeit.

Kolja, der einen wollenen Rollkragenpullover trägt, wie es sich für einen Künstler gehört, erinnert an jene Intellektuellen in der DDR, die nicht weichen wollten in den bequemen Westen, sondern hartnäckig den Konflikt im eigenen Land suchten. Doch eine Vermutung weist er zurück. Nein, politisches Theater wolle man nicht machen. «Wir verkünden keine politischen Ideen. Wir beschäftigen uns mit der Moral und der Freiheit der Kunst.» Beides gefalle der Staatsmacht natürlich nicht. Den Raum hat ihnen ein Geschäftsmann kostenfrei überlassen. Bisher habe der sich vom Präsidenten nicht einschüchtern lassen. «Er will – genauso wie wir –, dass es so schnell wie möglich Veränderungen in unserem Land gibt.» Kolja und seine Frau haben schon Erfahrungen im Gefängnis gesammelt. Das schreckt sie nicht ab. «Natürlich», sagen sie, «wir können jederzeit von einem dieser Gerichte verurteilt werden. Alle verstehen das. Aber wenn es so bleibt, wie es ist, stirbt unsere Gesellschaft.»

In den Tagen von Minsk ging uns eine Begegnung nicht aus dem Sinn, die wir im Zug gehabt hatten. In Frankfurt an der Oder war eine Gruppe von fröhlichen Schülern zugestiegen. Wir trafen sie später in ihrem Waggon. Sie kamen aus einer kleinen Stadt bei Dresden und waren auf dem Weg nach Minsk, um dort eine Woche zusammen mit ihren Altersgenossen an einer Partnerschule zu verbringen. Sie wussten von der Diktatur Lukaschenkos, und sie wussten sogar, dass er ein Gesetz unterzeichnet hat, mit dem Reisen ihrer weißrussischen Freunde nach Deutschland verhindert werden können, um sie vor «ungünstigen westlichen Einflüssen» zu bewahren. Welcher Segen, dass es deutsche Lehrer gibt, die ihre Schüler in schwierigen Zeiten solche Bande knüpfen lassen – ganz offensichtlich zum Wohl beider Seiten.

Zum Abschied wieder Theater. Diesmal eine Inszenierung, die an «Anna Karenina» erinnert, an die Zeiten, als das bequeme Reisen noch ein Privileg der Fürsten war. Auf dem Bahnsteig steht der Zug nach Moskau bereit, den wir allerdings in Saratow schon wieder verlassen müssen – mit großem Bedauern, wie sich erweisen wird. Aufgereiht wie Figuren aus dunklem, blauem Lapislazuli stehen die Waggon-begleiterinnen vor jeder Wagentür. Uljana, deren blondes Haar unter der Mütze hervordrängt, hat schon von der Kälte gerötete Wangen. Sie nimmt die Billetts, wirft einen Blick darauf und weist mit weißen Handschuhen den Weg über die Stufen hinauf in den Waggon. Dabei verkündet ihr Lächeln, dass wir gut aufgehoben sein werden.

Annäherung an die russische Seele: Krasnoje

Wie ferne Irrlichter funkeln die Dörfer in der endlosen Dunkelheit der Winternacht. Der stäubende Schnee, der eisige Kälte erahnen lässt, ist so fein, dass er durch die Waggontür dringt und sich als seidener Teppich über den schwankenden Boden des Vorraums legt. Auf dem Übergang von einem Waggon zum nächsten, wo Schneewolken im Fahrtwind tanzen, wähnt man sich eher auf einer wilden Schlittenfahrt als in einem Verkehrsmittel unserer Tage. Draußen in den fernen Bauernhäusern, deren Fenster mit einem gelblichen Schein locken, mögen sich die Bewohner an den Ofen lehnen, der üblicherweise den Mittelpunkt der Kate bildet und in dem das Birkenholz knistert. So kennt man es aus den Geschichten, in denen die Menschen in Russland der Kälte trotzen. Und sogar im Zug weiß man sich dem dörflichen Leben verbunden. Das sanfte, rhythmische Wiegen der Waggons schwingt im schläfrigen Rhythmus eines langsamen Walzers. Dieses Gefährt hat kaum etwas gemein mit den technisch protzenden Schienentransportmitteln des Westens, die von Station zu Station hasten. Hier empfängt uns der Zauber eines Lebensstils, der sich jedem hektischen Treiben entzieht und selbst ein Stück Zeitlosigkeit repräsentiert. Mit solchen Zügen hätte auch der träge russische Romanheld Oblomow reisen können, wenn es sie zu seiner Zeit schon gegeben hätte.

Vor dem Abteilfenster schaukeln Spitzengardinen. Auf dem kleinen Tisch davor liegt eine mit blauen und roten Blumen bestickte Decke, als habe man hier das Zimmer eines Bauernhauses bezogen. Auf einer kleinen Karte bietet das Zugpersonal seinen Service an: eine Suppe oder ein kleines Kartoffelgericht mit Tee zu eher symbolischen Preisen. Völlig unbezahlbar ist das Lächeln von Uljana, die kurz nach der Abfahrt das Abteil betritt und einen Tee reicht. Das wäre dann die Bauerntochter, die dem Gast den Begrüßungstrunk serviert. Nur trägt sie statt der bunten, wallenden weißrussischen Nationaltracht eine knappe blaue Uniform, die dem Glanz ihres Auftritts keineswegs schadet, so herzlich der Blick aus ihren tiefblauen Augen. Aber sie ist nicht die Einzige, die sich im Waggon um das Wohl der Fahrgäste sorgt.

Im Dienstabteil, an der Spitze des Wagens, führt Irina die Aufsicht. Sie fährt schon fünfundzwanzig Jahre auf der Strecke Minsk–Moskau und hat die Zeitenwechsel auf den Schienen erlebt: die sowjetische Ära, als die Zugfahrt noch billig war und die Menschen im weiten Land unaufhörlich unterwegs zu sein schienen. Dann kamen die Jahre des Zerfalls. Die Republiken wurden unabhängig. Nicht nur wurden die Fahrkarten für viele unbezahlbar. Die ehemaligen Bürger der Sowjetunion erfuhren auch den Trennungsschmerz, den Grenzen verursachen können – und das in einem Land, in dem Menschen schon immer wie Treibsand hin- und hergespült wurden und Familien über tausende von Kilometern voneinander entfernt lebten. Das Eisenbahnsystem, das wie ein weites Netz das Imperium überspannte, zerfiel in einzelne Teile. In den letzten Jahren hat die Zahl der Reisenden wieder zugenommen. «Aber», seufzt Irina etwas schwermütig, «es müsste mehr geben wie Sie, die aus dem Westen zu uns kommen.»

Es sind die letzten Stunden auf weißrussischem Hoheitsgebiet, und wir versuchen in aller Unschuld eine Annäherung an das hiesige Selbstgefühl, an den Nationalcharakter, jedenfalls soweit er das Eisenbahnwesen prägt. Wie unterscheiden sich russische und weißrussische Züge? Irina lächelt nachdenklich und sagt: «Unser Service hat ein höheres Niveau. Unsere Schaffner sind freundlicher. In unseren Zügen arbeiten viele junge Leute. Sehen Sie doch unsere Uljana. Das ist heute ihre erste selbständige Reise, und die Fahrgäste mögen sie schon.» Während die Chefin neben ihr solch lobende Worte findet, leuchten Uljanas gerötete Wangen noch etwas stärker. Irina fügt noch ein Argument an: In Russland seien mehr Männer in den Waggons beschäftigt. Das sei nicht so entspannt. Wenn es in diesem Zug zu

Streitereien zwischen Passagieren komme, dann lege man solche Konflikte friedlich bei. Es ist wahr: Wer würde dem Nachbarn noch an die Gurgel gehen wollen, wenn Uljana wie eine Märchenfee das Abteil betritt?

Wohl verfüge Russland über die moderneren Waggons. «Aber», setzt Irina hinzu, «wir fahren hier in einem deutschen Waggon. Der gilt bei uns als der beste.» Obwohl er schon alt sei, aber man könne ihn gut heizen, und er sei bequem. Nirgendwo sonst wird der Nachlass der DDR in so hohen Ehren gehalten wie bei den östlichen Eisenbahnern.

Wir schweben durch die Nacht wie in einer Wiege. Kein Signal ertönt, als wir die Grenze zu Russland überfahren, und auch kein Beamter will die Pässe stempeln, was uns später den Vorwurf einträgt, wir seien illegal eingewandert. Der Weg, den wir wählten, ist im ausgeklügelten russischen Kontrollsystem nicht vorgesehen. Das Dorf jenseits der Grenze heißt Krasnoje, «das Rote, das Schöne», und war in seiner Geschichte nie auserwählt, als Tor nach Russland zu dienen. Immerhin strahlt der Bahnhof in frischer, gelber Farbe. Auch das Innere ist renoviert. Weit und breit ist kein Mensch zu sehen. Und doch entdecken wir bald den Vorzug eines Landes, in dem nicht unentwegt rationalisiert und Personal eingespart wird. Der leere Bahnhof hat seinen guten Geist bewahrt. Hinter einer Glasscheibe sitzt Ljuba Alexandrowna, eine ältere Dame mit jugendlichem Gesicht. Sie betrachtet die Fremden mit freundlichem Interesse und sagt als Erstes, Ausländer kämen nie hierher, höchstens Weißrussen, aber die könnten nicht richtig als Ausländer gelten. Schließlich seien die Bewohner der Nachbardörfer westlich der Grenze auch Russen und wunderten sich noch immer darüber, dass sie jetzt in einem anderen Land wohnten.

In jedem westeuropäischen Bahnhof wäre Ljubas Arbeitsplatz längst gestrichen worden, und ein sprachloser, jedem Fremden feindlich gesinnter Fahrkartenautomat würde sie ersetzen. Es gäbe kein trauliches Kabinett für den Verkauf von Fahrkarten, in das Ljuba die

Ankömmlinge einlädt. Es gäbe nicht diesen alten hölzernen Schreibtisch mit dem russischen Rechenschieber darauf, den traditionsbewusste Russen immer noch jeder elektronischen Additionsmaschine vorziehen. Kein Ausländer kann die fingerfertige Akrobatik verstehen, mit der in Dorfgeschäften und auf Märkten die Verkäuferinnen die hölzernen Kugeln mit klackendem Geräusch hin- und herschieben und dann ganz selbstverständlich eine Summe nennen. Ljubas Rechenmaschine verkündet unmissverständlich, dass wir russisches Herrschaftsgebiet erreicht haben.

Viel Leistung wird dem geduldigen Gerät nicht mehr abverlangt. Nicht mehr als dreißig Karten verkauft Ljuba pro Tag. Und bei den meisten, die in die große Welt aufbrechen, weiß sie, wo sie hinfahren und wann sie wiederkommen. Krasnoje ist nur deshalb kein typisches russisches Dorf, weil es eine Eisenbahnstation hat. Doch die bewahrte die Siedlung auch nicht vor dem Niedergang, der überall das Leben auf dem Land prägt. Ljuba erzählt von goldenen Zeiten, in denen das Dorf eine Poliklinik, eine Banja und mehrere Geschäfte hatte. «Jetzt leben fast nur noch Rentner hier», sagt sie traurig. «Die jungen Leute sind alle in die Städte gezogen.» Es ist überall die gleiche Geschichte. Der Zusammenbruch der Sowjetunion zog auch das sowjetische Landwirtschaftssystem mit in den Abgrund. Die Kolchosen und die Sowchosen, die Staatsgüter, verfielen rapide. Um den Aufbau eines neuen Bauerntums hat sich Moskau nicht gekümmert. Ljuba erzählt mit melancholischem Unterton, dass sie hier nun schon seit vierundzwanzig Jahren Karten verkaufe, aber besser werde es wohl nicht mehr werden.

Die Dorfstraße ist von Holzhäusern gesäumt, deren dunkelblauer Anstrich verwittert ist. Manche sind ein wenig schief, eingesunken im Boden, wie gestrandete Schiffe im Meer der Zeit. Manche Häuser sind verlassen und verfallen. Die leeren Fensterhöhlen blicken trostlos auf die verwilderten Gärten. Ein alter Mann, um den ein junger Hund tollt, der die Bewegungen seines Herrn noch müder erscheinen lässt, zieht einen schweren Schlitten hinter sich her, auf dem eine große

Kanne steht. Er hat an der Pumpe, die neben dem Bahnhof steht, Wasser geholt. Der elementare Fortschritt der Zivilisation, fließendes Wasser im Haus, erreichte die russischen Dörfer nie. Sommers auf kleinen zweirädrigen Wagen, im Winter auf einem Schlitten, müssen sie das Wasser ins Haus holen. Ein eigentümlicher Ingrimm, der den Betrachter jedes Mal befällt, wenn er in ein russisches Dorf einkehrt: Die Sowjetunion, das Land, das nach der Weltmacht greifen wollte, scherte sich wenig um die Bedürfnisse seiner Menschen.

In einem der hinfälligen Häuser wohnt Tanja. Von der Tür aus hat man das Gefühl, in ein altes Gemälde zu schauen. Die späte Wintersonne fällt schräg durchs Fenster. Man sieht die Streifen des rötlichen Lichtes. Sie fallen auf ein altes Gesicht, in das das vergangene Jahrhundert tiefe Furchen gezeichnet hat. Tanja, die gerade achtzig Jahre alt geworden ist, sitzt aufrecht da und blickt mit kritischen Augen auf die Ankömmlinge. Sie ist die älteste Bewohnerin des Dorfes, und Ljuba hat uns hierher empfohlen, weil Tanja ihre Mutter ist. Was dann an Worten aus ihr herausbricht, mag sich so gar nicht ins friedliche Bild fügen. Tanja erinnert sich an alles, was geschehen ist, und gerät darüber heute noch in heißen Zorn.

Der Hauch des Frostes hat nicht nur Blumen auf die Fenster gemalt, er zieht auch durch Vorraum und Küche. Es sei nicht besonders warm bei ihr – das ist eher ein spontaner Aufruf von uns als eine womöglich unhöfliche Bemerkung. «Es ist nicht nur nicht warm», ruft sie von ihrem Stuhl, «nein, es ist kalt. Die Kohle ist schlecht und hat einen Teil des Ofens zerstört. Heute habe ich schon zwei Eimer verbrannt und es ist trotzdem kalt.» Ob sie nicht wenigstens Gas zum Heizen habe. «Gas habe ich, aber die Gasflasche ist im Flur angefroren.» Und Wasser? Das müsste sie von der Pumpe holen, wenn die Tochter nicht helfen würde. Die Kohle müsste sie am Bahnhof vom Waggon heranschleppen. Weiter werde sie nicht gebracht. «Ich habe diesen Bahnhof mitgebaut. Dann habe ich ihn vierzig Jahre lang geputzt. Und jetzt – ein Leben auf dem Dorf wie vor hundert Jahren.»

Tanja möchte erzählen. Sie ruft ihrer im Hintergrund stehenden Tochter zu, sie möge das Fotoalbum aus ihrem Haus holen, und führt uns in ihr gutes Zimmer. Kleine Sessel stehen da um einen Tisch, und an den Wänden hängen, sauber gerahmt, Bilder der Familienmitglieder. Schöne Frauenporträts – es überrascht nicht, dass eine Enkelin sogar einem Chinesen in den Fernen Osten folgte und nun mit noch schöneren Urenkeln posiert. Woher diese Anmut kommt, ist dann dem Familienalbum zu entnehmen. Tanja ist die Urmutter der zarten Gestalten. Dunkelhaarig, mädchenhaft strahlend steht die Sechzehnjährige vor einem Bauernhaus. Da wusste sie noch nicht, was die Jahre ihr bringen würden. Sie soll es selbst erzählen in ihrer klaren, festen Stimme.

«In unserem Dorf waren fünf Mädchen, die so alt waren wie ich. Wir wollten uns in einem Weizenfeld verstecken, damit die Deutschen uns nicht finden. Das war im August 1941. Aber unsere Dorfpolizei hat sie zu dem Feld geführt, wo sie uns dann gefunden und abgeholt haben. Zuerst waren wir einen Monat in einem Lager. Danach wurden wir in Güterwagen gesteckt und nach Deutschland gebracht. Ich habe dort in einer Papierfabrik gearbeitet.» Von Brennnesseln, Brot und faulen Kartoffeln hätten sie sich dort ernährt. Mit zwei alten Deutschen, die auch gegen die Nazis gewesen seien, und zwei ukrainischen Mädchen habe sie an einer Maschine gestanden und altes Papier hineingeworfen. «Wenn irgendetwas nicht stimmte, haben die Wächter uns jedes Mal mit einem Stock geschlagen. Sogar dafür, dass wir einfach weinten, weil wir nach Hause wollten, haben sie uns geschlagen. So war es, und bei niemandem konnten wir uns beklagen.»

Auch als sie nach dem Krieg in einem Güterwagen wieder heimkehrte, war die Zeit der Klage nicht gekommen. «Das ganze Dorf war abgebrannt. Meine Mutter lebte damals in einer Erdhöhle. Da habe ich mich einquartiert.» Doch schlimmer für sie war eine andere Erfahrung: «Man hat mich als Verräter abgestempelt. Der Geheimdienst hat uns vorgeladen und ausgefragt. Das haben sie alles niedergeschrieben. Aber als Verräter konnten wir keine Arbeit bekommen.»

Beim Aufbau des Bahnhofs habe sie noch schuften dürfen. Dann sei sie dort nur noch als Putzfrau untergekommen. «Nirgendwo wollte man mir eine Arbeit geben. Sie verachteten uns, als ob wir freiwillig nach Deutschland gegangen wären.»

Manche Leidensgefährten von Tanja hat es noch schlimmer getroffen. Ebenso wie die russischen Kriegsgefangenen, die die Qual und Hungersnot in deutschen Gefangenenlagern überlebten, wurden sie in sibirische Straflager transportiert. Tanjas Blick zurück auf das vergangene Jahrhundert ist der Blick auf die Folter zweier Diktaturen. Beide betroffenen Länder regten sich spät, für viele zu spät, um das begangene Unrecht zu sühnen. Die Deutschen ließen ihr über die Stiftung «Erinnerung, Verantwortung und Zukunft» Geld zukommen. «Es war sehr wenig», sagt sie, «wenn die Deutschen selbst gekommen wären und uns direkt das Geld gegeben hätten, wäre das wahrscheinlich viel mehr gewesen. Aber auf dem Weg von Moskau hierher konnte sich jeder selbst bedienen.»

Ihre Heimat hat die alte Frau schließlich vom Stigma des Verrats befreit und übersandte ihr Orden und eine Bescheinigung als Kriegsteilnehmerin. «Jetzt schickt man uns Glückwunschkarten zum Tag des Sieges.» Damit kann das neue Russland Tanjas Sympathie nicht gewinnen. Ihre Ersparnisse seien mit den Währungsmanipulationen der jungen Moskauer Marktwirtschaftler verloren gegangen. Und jetzt bekommt sie eine Rente von umgerechnet kaum vierzig Euro. Ein Frauenleben in Russland. Dazu gehört auch ihre lakonische Bemerkung: «Mein Mann war ein Säufer. Ich habe ihn rausgeschmissen. Meine Tochter Ljuba habe ich alleine aufgezogen.» Jetzt sitzt sie so gerade auf dem Stuhl wie bei der Begrüßung. Sie hat den Blick aus dem Fenster gerichtet und sagt: «So lebte ich. Und jetzt warte ich, wie man bei uns sagt, bis ich an der Reihe bin zu sterben.» Wer ihr tief gefurchtes Gesicht gesehen hat, den klaren Blick ihrer Augen, der wird sie nicht vergessen.

Im Bann der Kirche: Smolensk

Von Krasnoje nach Smolensk braucht der Vorortzug nur eine Stunde. Eine Fahrt durch leuchtende Schneelandschaft, vorbei an Dörfern, deren Schicksal kaum verheißungsvoller ist als das unserer ersten Station in Russland. Auch hier sieht man nur, was man weiß. Wir passieren den Wald von Katyn, wo Stalin im April 1940 Tausende polnischer Offiziere hat erschießen lassen, um den Widerstand in dem von ihm besetzten Teil Polens zu brechen. Die Deutschen haben später auf ihrem Vormarsch den Massenmord aufgedeckt und konnten keine glaubhaften Zeugen dafür sein, dass nicht sie, sondern das sowjetische NKWD die Tat zu verantworten hatte, was Moskau auch nach Stalins Tod lange bestritt. Katyn blieb in der Sowjetunion ein sorgsam gehütetes Geheimnis. Als in den achtziger Jahren ein hochrangiges Mitglied des Staats- und Parteiapparates auf Offenlegung drängte, entsetzt über die eigene Entdeckung der Lüge, wurde der Mann aus seinem Amt entlassen. Es war Valentin Falin, einst sowjetischer Botschafter in der Bundesrepublik, der damals bewies, dass auch ein Funktionär ein Gewissen haben konnte. Selbst heute mag sich das Putin'sche Russland zu einer offiziellen Entschuldigung für das monströse Verbrechen nicht durchringen. Immerhin durfte Polen in den neunziger Jahren seinen verlorenen Söhnen im Wald ein Denkmal setzen.

Im Morgendunst, der dem Fluss Dnjepr entsteigt und sich in der frostigen Luft wie ein Schleier über die Landschaft legt, erscheinen die Konturen der Stadt Smolensk. Wiewohl ebenfalls im Krieg völlig zerstört, meint man hier ein Russland alter Zeiten zu betrachten. Die Stadt liegt an einem Hang, der sich dem Fluss zuneigt. Ihren inneren Kern umschlängelt eine sich über die Hügel windende mächtige Stadtmauer, die fast wie ein Vorbote des großen Bruders in China erscheint. Sie ist gekrönt von Wehrtürmen und wirkt immer noch bereit, jedem Ansturm zu trotzen – obwohl sie die Stadt vor Feinden nie bewahren konnte. Die Heere der Polen und Napoleons nahmen Besitz von der Stadt, deren Vorzug es war, am Schnittpunkt der Wege vom Westen nach Moskau und von der Ostsee zum Schwarzen Meer zu liegen. Diese strategische Lage, die vor mehr als zwölfhundert Jahren zur Gründung von Smolensk führte und der Stadt zu anhaltendem Wohlstand als Handelsplatz verhalf, machte sie zugleich immer wieder zum Opfer der anstürmenden Eroberer. Man blickt auf Russlands Vorposten im westlichen Grenzland und meint zu spüren, dass dieser Ort sogar zeitweilig Bestandteil des Westens war, eines polnisch-litauischen Reiches.

Im Mittelpunkt der Stadt ruht auf einer kleinen Erhebung die grüne Kathedrale. Weiße Säulen geben dem mächtigen Bauwerk die Eleganz eines Schlosses. Es ist Sonntag. Das Geläut ruft zum Gottesdienst, und man sieht viele Gläubige die Stufen hinauf zur Kirche strömen. Der Innenraum ist überwältigend. Haushoch erhebt sich das Deckengewölbe über dem Kirchenschiff. An der Stirnseite ein goldener, aus Lindenholz geschnitzter Ikonostas. Man wähnt sich dem westlichen Barock nicht fern, nur hat man die Formen nie so grazil in so große Höhe streben sehen. Und ganz oben ist etwas Vertrautes zu entdecken, das man üblicherweise in orthodoxen Kirchen nicht findet. An der obersten Kante des goldenen Geflechts haben sich kleine Engel niedergelassen, Putten mit fröhlichen Gesichtern, die offensichtlich aus dem nahen Westen zugeflogen sind.

Die im 17. Jahrhundert aus Stein errichtete Kathedrale, die den Platz eines hölzernen Bauwerks einnahm, hat Brandkatastrophen und Kriege überstanden. Sie steht in einer ambivalenten Beziehung zu den Deutschen. In den dreißiger Jahren hatten die Kommunisten die Gottesdienste untersagt und in dem Gemäuer ein Museum für Atheismus eingerichtet. Nach der Eroberung von Smolensk durch die Wehrmacht ließen die Deutschen das Haus erneut weihen und luden zum Gottesdienst. Der ihnen dafür geschuldete Dank wird geschmälert, weil am gleichen Tag die wichtigste und älteste Ikone der Kathedrale verschwand – spurlos bis auf den heutigen Tag. Immer noch treten die Gläubigen über eine Treppe auf ein Podest und küssen ein mit Silber verblendetes Werk eines alten Meisters. Es ist eine Kopie der verschwundenen Ikone. Und immer noch beten sie, dass die alte Ikone wieder zurückkehren möge.

Vor dem Altar hat ein Priester zu einer Bußpredigt angehoben, die in orthodoxen Kirchen in dieser direkten Art selten zu hören ist. Häufig schlägt unter dem goldenen Umhang des Popen ein patriotisches Herz, dem eher daran gelegen ist, den geistigen Reichtum der Rechtgläubigen im großen Russland zu preisen. Der schmale, asketisch wirkende Prediger dagegen stimmt in schnellen, sich überstürzenden Worten andere Töne an. Er beklagt, dass im neuen Russland allzu viele Menschen das Anhäufen von Reichtümern als eigentlichen Lebenssinn betrachten. Dann wendet er sich in einer Weise der Vergangenheit zu, wie sie sogar im politischen Raum lange nicht mehr zu vernehmen war. Er fordert auf zum Gebet für jene Millionen Menschen, die von der Sowjetmacht umgebracht worden sind, von der «gottlosen Macht», wie er sagt. Gott erwarte, «dass wir Reue zeigen».

Andächtig lauscht die Menge seinen Worten, und man sieht die erschrockenen Gesichter. Er erzählt von den sibirischen Lagern: «Es ist grauenvoll, was dort passierte. Es war schlimmer als unter Tieren.» Jeder weiß, wenigstens von den Älteren, was dort geschah. Man trifft kaum eine Familie im Land, die nicht betroffen war von den stalinistischen Verfolgungen. Aber es ist in der Putinzeit wieder unüblich geworden, davon zu sprechen – erst recht in der Öffentlichkeit. Das ist ganz im Sinn jener Institution, die damals das Instrument des Terrors war und heute eine der tragenden Säulen der Präsidentenmacht darstellt, der Nachfolgeorganisation des KGB. Unlängst betonte Viktor Tscherkessow, einer der Weggefährten Putins, der ein gefürchteter Dissidentenjäger in Leningrad gewesen war und unter Präsident Putin eine politische Karriere machte, die historische Aufgabe, die die

«Tschekisten» im heutigen Russland zu spielen hätten. Dieser Priester hingegen forderte auf zur «Reue für die Gräuel, die unsere Väter und Mütter begangen haben: für Folter, Morde und Erschießungen». Er empfiehlt ein Buch zur weiteren Lektüre und beendigt seine Predigt mit einem kräftigen «Amen», woraufhin der Chor die Strenge der Worte mit zarten Akkorden beantwortet. Hoch über den versammelten Gläubigen steht er auf einer Empore und singt die liturgischen Loblieder mit eindrucksvoller musikalischer Präzision. Chorgesang übernimmt im orthodoxen Gottesdienst überall in Russland eine ebenso wichtige Rolle wie das gesprochene Wort. Aber das, was in der Kathedrale von Smolensk erklang, war von ungewöhnlicher Schönheit.

Eine steile Holztreppe im Turm führt zu den Sängern. Zwanzig mögen es sein, die ein Notenbuch in der Hand haben und, wenn der Eindruck nicht täuscht, sich mehr ihrer anspruchsvollen Musik zuwenden als dem Geist des Ortes. Vor ihnen steht eine junge Frau. Ihr Haar hat sie mit einem grauen Tuch verhüllt. Ihre Augen funkeln vor Konzentration. Am auffälligsten aber sind die Hände, die feinen Finger, mit denen sie jedes einzelne Chormitglied wie durch einen seidenen Faden am Zügel zu halten scheint. Jeder vielstimmige Einsatz stimmt, jeder Schlussakkord verklingt in strenger Harmonie. Elena Trubina, lernen wir später, studiert Musik am Konservatorium in Moskau und leitet den Chor, um sich ein Zubrot zu verdienen. Manche kommen in die Kirche, nur um ihren Chor zu hören. Für die meisten aber ist der Gesang, ebenso wie das Gebet vor der Ikone, das Tor von der irdischen zur himmlischen Welt.

Draußen vor der Tür empfängt gleißende Wintersonne den Besucher. Ein ganzes Ensemble zweigeschossiger kirchlicher Gebäude, überragt vom grünen Glockenturm, liegt der Kathedrale zu Füßen. Eine alte, gebeugte Frau tritt aus dem Kirchenportal. Mit vorsichtigen Schritten strebt sie über das vom Eis rutschige Kopfsteinpflaster auf den Ausländer zu. «Die Kathedrale ist gut», sagt sie, «sie hat uns beschützt.» Tiefe Gläubigkeit spricht aus ihren Worten und ihrem sanften Gesicht. Gott solle auch das Land bewahren, aus dem wir gekommen seien. Und er möge uns den Verstand geben, friedlich und in Liebe miteinander zu leben. Das sind Worte, wie man sie von alten Leuten immer wieder hört. Nur ihr Appell an den Verstand, der uns gegeben sein möge, macht spürbar, dass sie sich zum Gang der Geschichte ihre eigenen Gedanken gemacht hat. Sie war sieben Jahre alt, als die Wehrmacht kam. Gut aber sei die Zeit nach der Befreiung der Stadt durch die sowjetische Armee auch nicht gewesen. Nie werde sie verzeihen, wie sehr sie in der Schule indoktriniert wurde. Und dann die Angst vor den Verhaftungen.

Den deutschen Reisenden, zumal wenn er einer Generation angehört, für die die Sichtung jüngerer deutscher Geschichte zur lebenslangen Aufgabe wurde, verstört der Umgang mit dem widersprüchlichen Bild des russischen 20. Jahrhunderts, dem er immer wieder begegnet. Der Priester in der Kathedrale hatte von den Opfern des Sowjetregimes gesprochen – auch davon, dass die im Juni 1918 ermordete Zarenfamilie als Märtyrer heilig gesprochen wurde. Gleichzeitig aber werden das System des Mordens und seine Protagonisten in hohen Ehren gehalten: Vor dem mächtigen, im Stalin'schen Klassizismus errichteten Gebäude der Gebietsverwaltung hat Lenin seinen Platz auf dem Sockel behalten. Er steht dort mit grimmig entschlossenem Gesicht und hat die rechte Hand vor der Brust zur Faust geballt. Der Platz zu seinen Füßen ist selbstverständlich nach dem Begründer der Sowjetunion benannt. Hartnäckig hält sich der Mythos vom unschuldigen Lenin, der, wäre er gesund und am Leben geblieben, das Land vor dem Massenmord bewahrt hätte. Dabei war der Terror schon zu seinen Lebzeiten längst Teil des Systems. Und was später geschah, folgte dessen Logik.

Die Hauptstraße von Smolensk ist nach der «Großen Sowjetunion» benannt. Der Betrachter blickt auf die stilvollen Bauten, die im völlig zerstörten Stadtzentrum nach dem Krieg neu errichtet wurden. Die alten Straßenzüge, die alte Geschosshöhe blieben erhalten – der Abglanz einer im bürgerlichen Wohlstand lebenden Stadt des 19. Jahrhunderts. An einem der Häuser verrät die eingemauerte Jahreszahl 1952, wann dieses Werk vollbracht wurde. Der Betrachter hat dabei die Fotos vor Augen, die ihm im Archiv gezeigt wurden: die Postkarte, auf der aus einem Ruinenfeld nur ein paar Schornsteine aufragen. In deutscher Sprache lautet die Bildunterschrift: «Blick über die Ruinen auf die Kathedrale.» Als sei diese Sicht auf die Stadt ein besonderes touristisches Vergnügen.

In einem der prächtigen Gebäude im Zentrum hat die Universität ihren Sitz. Sie unterhält Kontakte mit der Universität in Hagen und macht auch äußerlich den Eindruck einer gepflegten Institution. Ewgenij Kodin sitzt hinter Büchern, wie es sich für einen Historiker gehört. Sein Zimmer ist frisch gestrichen, was nach den Bildern des Niedergangs in den neunziger Jahren der Bildungseinrichtung gut zu Gesicht steht. Professor Kodin ist ein Mann mittleren Alters, der wahrscheinlich die gegenwärtige offizielle Lesart in seinem Fach repräsentiert. Denn in welchen Epochen sich Russland auch befunden haben mag, in der Provinz war man es gewohnt, stets ein Auge auf die Sichtweise in der Hauptstadt zu haben. Das gilt in zunehmendem Maß auch für Putins Russland.

Freimütig spricht Kodin über seine Zeit als Student in den siebziger Jahren, als über den Terror Stalins nicht gesprochen werden durfte. «Ich habe meine Abschlussprüfung in Geschichte gemacht, ohne eine einzige Möglichkeit zu haben, mich über den wirklichen Ablauf der Geschichte zu informieren.» Heute gebe es keine «verbotenen Themen» mehr. Es gebe allerdings Dokumente in den Archiven, die als geheim abgestempelt seien und deshalb vor der Öffentlichkeit verschlossen blieben. «Aber das ist auch richtig so. Nicht alle Dokumente darf man der Öffentlichkeit zugänglich machen.» Für einen Wissenschaftler eine verblüffende Feststellung. Aber der weitere Verlauf des Gespräches erklärt seine Sichtweise, die erstaunliche Parallelen zu früheren deutschen Verklärungsritualen erkennen lässt.

Kodin spricht vom größten Fehler der Regierung und der Geschichtswissenschaft – und meint damit nicht etwa die allzu schleppende Aufarbeitung der jüngeren Vergangenheit. Er zitiert bezeichnenderweise das Wort eines indischen Philosophen, der gesagt habe: «Bemühe dich nicht, dich selbst zu beschimpfen. Dafür finden sich andere.» Bei diesen Worten, die die Aufgabe der Geschichtswissenschaft umreißen sollen, kann es nicht verwundern, dass er den Kardinalfehler in der Gorbatschow-Zeit entdeckt. «Die Geschichte wurde damals nur schwarz dargestellt.» Positive Seiten habe man damals nicht sehen wollen. Es gehe aber um das Gleichgewicht von «historischer Wahrheit und Unwahrheit». Kodin verweist auf die aufklärerische Leistung der Publikation der Opferlisten. Auf ihnen ist vermerkt, dass der Betreffende durch eine «Troika», ein Schnellgericht bestehend aus drei Personen, verurteilt worden sei. Auch das Urteil ist erfasst. «Tod durch Erschießen.» Aber die Namen der drei Richter bleiben geheim. Im Westen würde man sagen: Datenschutz.

Kodins Zufriedenheit über den gegenwärtigen Stand der Geschichtswissenschaft kann die russische Organisation «Memorial» nur als Provokation empfinden. Die wandte sich zeitgleich zu unserem Gespräch in Smolensk an die parlamentarische Versammlung des Europarates mit der Forderung, die russische Regierung müsse sich endlich ihrer Aufgabe gegenüber der Geschichte stellen. Es gebe nicht einmal die Voraussetzungen, um die begangenen Verbrechen zu untersuchen, weil Archive immer noch verschlossen seien. «In den Schulbüchern werden den kommenden Generationen wenige und oberflächliche, oft sogar widersprüchliche Informationen angeboten», heißt es bei den engagierten Mahnern von «Memorial». «Manchmal wird das Thema ganz umgangen. Im Ergebnis gibt es keinen gesellschaftlichen Konsens in der Bewertung eines Regimes, das Millionen von Menschen vernichtet hat.»

Professor Kodin darf sich auf der richtigen Seite wähnen, denn Putins Regierung geht gegen Organisationen wie «Memorial» mit Schikanen vor. Sie dürfen keine Spenden mehr aus dem Ausland entgegennehmen. Und seitdem der Ölmagnat Michail Chodorkowski zu einer Haftstrafe im Arbeitslager in Sibirien verurteilt wurde, finden sich im Inland kaum noch Mäzene, die es wagen, den Kreml zu irritieren.

Als sich der Abend über die Stadt senkt, taucht sie in ein Licht wie blaue Seide. Man meint die Kälte greifen zu können, die von Osten her die Stadt erobert. Der frostige Schnee knirscht unter unseren Schritten. Bei minus dreißig Grad legen auch die jungen Leute keinen Wert auf modisches Aussehen und gehen vermummt wie die Älteren. So kommt auch Elena durch den kleinen, mit Birken bestandenen Park gestapft. Sie hatte sich entschuldigt. Zu Hause könnten wir sie nicht treffen, weil ihre Schwester niederkomme. Also hatten wir sie in das Café gebeten, das neben dem Hotel mit glitzernden Lichtern wirbt.

Ein wenig war uns der Vorschlag peinlich, weil das etwas schräge Lokal, in dem große Fernseher das jugendliche Publikum mit mehr und weniger gewagten Videoclips unterhalten, vielleicht nicht der richtige Ort sei, um die Leiterin eines Kirchenchores zu treffen. Sie sei noch nie in jenem Lokal gewesen, hatte sie erklärt. Und wahrscheinlich hat das Lokal selten eine solche Schönheit erlebt. Ihre braunen Locken fallen bis auf die Schulter. Ihre großen Augen sind von einer fröhlichen, sicheren Bescheidenheit, von ganz anderer Art als die marmorne Moskauer Frauenschönheit.

Elena mustert den Raum mit einem kurzen Blick und wendet sich dem Gespräch zu. Vier Schwestern hat sie zu Hause, und alle haben sich der Musik verschrieben. Jede sei Leiterin eines Chores. Sie selbst sei noch in der Ausbildung und habe nur den Kathedralenchor übernommen, weil ihre Schwester im Mutterschaftsurlaub sei. «Ich glaube, mir wurde die Musik in die Wiege gelegt. Als ich noch nicht sprechen konnte, habe ich schon immer bei meinen Schwestern im Chor mitgesummt.» Schon damals sei auch Mozart ihr Lieblingskomponist geworden. Warum sie so streng sei mit den zum Teil viel älteren Sängerinnen und Sängern im Chor? «Es geht nicht anders», sagt sie lächelnd, «Obwohl sie alle erwachsene Menschen sind und ich Respekt vor ihnen habe.»

Ihr Vater, erzählt sie, sei Priester an der Kathedrale. Wir fragen nicht, ob es jener war, dessen ernste Worte wir am Morgen gehört haben. Aber klar ist, dass sie keiner wohlhabenden Familie entstammt. Deshalb verdient sie sich auch noch ein Zubrot in der Militärakademie. Es fällt schwer, sich vorzustellen, dass die zierliche Dirigentin ein zweites Leben in Uniform hat. Ob sie das gerne mache? «Ich singe dort patriotische Lieder – aber ausschließlich vor den Kriegsveteranen. Es bedeutet mir sehr viel, wenn ich die Tränen der Dankbarkeit sehe bei denen, denen man selbst von Tränen gerührt danken möchte.» Ihr Musikstudium an der Akademie in Moskau neigt sich dem Ende zu, und sie lädt uns ein zum Abschlusskonzert. Bleiben wolle sie nicht in der Hauptstadt. Dort sei es ihr zu hektisch. Und wir sind sicher – wie so oft –, dass wir den besseren Teil Russlands in der Provinz getroffen haben.

Zum Abschied eine Begegnung mit dem, was viele Russen inzwischen wieder als die gute alte Zeit verklären. Als wir uns an einem kalten Winterabend am Bahnhof einfinden, treffen wir auf einen im Stalin'schen Prunkstil errichteten Palast des Reisens, der zugleich ein sowjetisches Pantheon der Geschichte darstellt. Das Foyer ist mit grünem Marmor getäfelt. Korinthische Säulen geben dem Wartesaal eine tempelartige Aura. An der Decke hängen riesige Bronzeleuchter. Die Wände sind mit Stuckgirlanden geschmückt. Geraffte Stoffgardinen wehen über den Fenstern. Große Ölgemälde rufen Schlüsselszenen der Geschichte in die Erinnerung, so dass man Stunden auf einen Zug warten möchte: Lenin berät sich mit Bauern über die Zukunft des Landes; General Kutusow, der Napoleon besiegte, hebt angesichts der besorgten Gesichter seiner Offiziere beschwichtigend die Hand; eine lachende Gruppe sowjetischer Soldaten in einer Gefechtspause im Zweiten Weltkrieg. Schade nur, dass die Reisenden auf den Kunststoffsitzen von den Ikonen glorreicher russischer Geschichte keine Notiz nehmen und starr auf die beiden aufgestellten Fernseher schauen. Dort läuft gerade eine Werbung für Handys. Im Wartesaal leben die Menschen lieber ein Leben ohne Heldentum.

Der Wolf aus der Flasche: Tambow

Der Morgen beginnt mit einem violetten Schimmer am dunklen Horizont, als sei auch das Licht durch die Kälte um seine Leuchtkraft gebracht. Rauch tanzt über den Hütten eines Dorfes. Die Birken erscheinen im kalten Morgenlicht noch nackter und recken bebend ihr feinen Äste. Auf die Spitzen hat sich Raureif gelegt, dessen Kristalle wie Diademe funkeln. Dann steigt der rote Feuerball über den Horizont, die kalte Glut der Morgensonne. Kann es eine schönere Zeit geben zum Reisen als den Winter? Aber ohnehin scheint die Landschaft so sehr für den Winter gemacht, dass man sich eine andere Jahreszeit gar nicht mehr vorstellen kann – bestimmt für ewige Kälte wie der Garten des Riesen in dem Märchen von Oscar Wilde.

Vermummte Schienenarbeiter mit orange leuchtenden Sicherheitswesten – das gab es vor ein paar Jahren noch nicht – beugen sich über die Weichen und beseitigen Eis und Schnee. Welche Anstrengungen, denkt man, muss dieses Land auf sich nehmen, um über den langen Winter zu kommen. Nie liest man von schicksalhaft mit dem Winter einhergehenden Ausnahmesituationen, die im Westen üblicherweise den Wechsel der Jahreszeiten begleiten. Es reißen keine Leitungen, keine Weichen frieren ein und kaum ein Zug hat Verspätung – jedenfalls nicht häufiger als im Sommer auch.

Das Unglück will es, dass wir in Mitschurinsk zu früher, kalter Stunde den Zug verlassen müssen, weil er nach Süden abbiegt und nicht zu unserem Ziel Tambow fährt. Auf dem Bahnsteig steht eine Gruppe von Gestalten, denen man sofort ansieht, dass sie keiner sinnvollen Tätigkeit nachgehen. Sie fragen nach Dokumenten und erklären barsch, hier sei journalistische Arbeit nicht erlaubt. Dabei waren alle Stationen und Institutionen am Weg über unser Kommen informiert worden. Doch sie begriffen die Botschaft aus Moskau wohl so, dass Gäste aus dem Westen als natürliche Feinde zu betrachten und entsprechend zu behandeln seien. Der Geheimdienst fühlt sich wieder so mächtig wie früher. Sie folgen uns im Auto bis an die Grenze des Kreises.

Dabei hat es mit Mitschurinsk eine besondere Bewandtnis, und wir hätten gerne an dem Ort etwas verweilt. Denn er trägt den Namen des bedeutendsten Sohnes der Stadt, eines Biologen, der zum Kreis jener Wissenschaftler gehörte, die behaupteten, zu Stalins Ehren die Pflanzenzucht revolutionieren zu können, auf dass Aprikosen auch im hohen Norden gedeihen. Nun, da die Nachwelt weiß, dass aus dieser Denkweise eine gefährliche Scharlatanerie erwuchs, die viele Kollegen, die der Theorie nicht folgen wollten, ins Unglück stürzte, sollte man meinen, die Stadt würde sich ihres Namensgebers schämen. Aber die Treue der Stadtväter zu ihrem bedeutenden Sohn ist größer als sein wissenschaftlicher Ruf. Ein Denkmal erweist ihm auch heute noch die Ehre. Ein Museum erinnert an das zweifelhafte Wirken. Vielleicht ist es dieses trotzige Festhalten an alten Wahrheiten, das auch die Männer des Geheimdienstes veranlasste, uns so schnell wie möglich aus der Stadt zu treiben.

In Tambow erreichen wir das russische Kernland. Große Elogen auf diese Stadt hört man in Moskau, weil kaum irgendwo eine russische Provinzstadt so ansehnlich erhalten sei. Nie ist die deutsche Wehrmacht bis hierher vorgedrungen, weshalb, so muss man mit Bedauern konstatieren, es der Kommunistischen Partei überlassen blieb, ihren Teil des Zerstörungswerkes zu übernehmen. Die Hauptstraße ist verschandelt von gesichtslosen Neubauten. Aber in den Nebenstraßen findet man noch alte Palais und Bürgerhäuser in großer Zahl, teilweise in beklagenswertem Zustand, als sei den Regierenden in der Stadt an diesem Teil des Erbes nicht besonders gelegen. Dem wahren Russlandkenner ist der Name der Stadt jedoch nicht aus architektonischen Gründen geläufig.

Auch nicht wegen der «Tambow-Bande», einer kriminellen Vereinigung, die sich im aufblühenden St. Petersburg einen düsteren

Ruhm erwarb als einflussreichste Organisation in der nachsowjetischen Unterwelt. Schon die Wagenkommandantin in Berlin-Lichtenberg, die sich nach dem Besteigen des Zuges mit wachem Interesse die geplante Route der Reise erklären ließ, rief mit strahlendem Gesicht bei der Nennung des Ortes: «Ah – Tambowski Wolk!» Der «Wolf aus Tambow»! Das ist kein furchterregendes Fabeltier, sondern ein vertrauter Kumpan in stillen Stunden der Freude. Der Wolf von Tambow hebt den schwarzen Kopf zum stillen Geheul auf dem Etikett einer Wodka-Flasche. Die Marke gehört nicht zu den Edelsorten, denen sich die oberen Zehntausend in der Hauptstadt widmen und zu denen – wen kann es überraschen – sich in jüngster Zeit die Sorte «Putinskaja» gesellt hat, die das Trinken gewiss zu einem vaterländischen Ereignis macht. «Tambowski Wolk» ist die Marke des schlichten, aber nicht anspruchslosen Kenners, der sich auch durch modische, höfische Etikette nicht von seinem Kurs abbringen lassen will.

Schon die Gemäuer der berühmten Destillerie wirken vertrauenerweckend. Wie ein Symbol nationaler Würde hängen lange Eiszapfen am Dachrand des Fabrikgebäudes. Sie erinnern an die Bärte, die die frühen Zaren ihren Untertanen als Kennzeichen russischer Natur vorgeschrieben hatten. Der Anblick jedenfalls unterstreicht die authentische Hinwendung zur Tradition. Die Hallen sind aus violettrotem Ziegelstein errichtet, solide eben, so, wie im ausgehenden 19. Jahrhundert das aufstrebende Bürgertum Fundamente für eine bessere Zukunft mauerte, die freilich zu erleben den Unternehmern nur für eine kurze Zeit vergönnt war. Ein hoher Schornstein schickt eine Fahne weißen Rauchs über die Dächer. Auf halber Höhe sind die Zahlen seines Geburtsjahres mit hellem Klinker eingemauert: 1904. Damals setzten die Firmengründer allerdings nicht auf den in Russland stets boomenden Wodka-Markt. Für den hatte der Staat das Monopol und finanzierte damit fast zur Hälfte seinen Haushalt. Die Fabrikanten in Tambow hatten einen anderen Artikel entdeckt, der einen krisensicheren Absatz versprach: Sie produzierten Kerzen, für die es angesichts der Riten in der orthodoxen Kirche einen nie versiegenden Bedarf zu geben schien.

Als 1917 die Bolschewiken die Herrschaft übernahmen, änderten sich die Verhältnisse entscheidend. Nicht nur schrumpfte angesichts der Verfolgung der Gläubigen der mögliche Kundenkreis. Auch Unternehmer als bürgerliche Klasse waren nicht mehr erwünscht. Die neuen Machthaber etablierten in der ehemaligen Kerzenfabrik eine Schnapsbrennerei, wohl wissend, dass die Männer des Landes allein mit dem Gespenst aus dem Kommunistischen Manifest nicht zu gewinnen seien. Aber auch, um – wie schon in Zarenzeiten – dem Staat eine sichere Einkommensquelle zu schaffen.

Wir haben doppeltes Glück. Nicht nur hat die Firma, was das Herz jedes echten russischen Muschiks schneller schlagen ließe, eine Einladung zur Besichtigung ausgesprochen. Wir können den Betrieb sogar bei der Arbeit erleben. Das war keineswegs selbstverständlich. Denn fast sechs Wochen hatten die Maschinen stillgestanden. Nun aber klapperten die leeren Flaschen munter auf den Laufbändern, die sie zur Abfüllanlage führten. Kurz bevor wir ankamen, hatte ein riskantes Kreml-Manöver das Land an den Rand einer Krise geführt. Putins Mannen hatten versucht zu erreichen, was in den letzten fünfhundert Jahren seit Iwan dem Schrecklichen fast immer ein unerreichbares Ziel russischer Regierungen geblieben war: Sie wollten den Wodka-Markt fest in den Griff bekommen, um die unschuldigen Trinker vor Schwarzgebranntem zu bewahren, um mafiösen Umtrieben bei den Getränkeproduzenten Einhalt zu gebieten, aber sicher auch, um die Einnahmen des Staates abzusichern. Wie häufig in Russland taten sie es mit einer rigorosen Entscheidung in Moskau, deren Konsequenzen mit den Realitäten im weiten Land nur schwer zu vereinbaren waren.

Zur Jahreswende 2005/2006 war ein Gesetz in Kraft getreten, das jeder Brennerei vorschrieb, die Abfüllanlage an einen Computer anzuschließen, der permanent Menge und Stärke der Flüssigkeit misst und diese Daten direkt in die Hauptstadt überträgt. Dazu sollte der Flaschenhals nur noch eine einzige Banderole tragen, die zwischen St. Petersburg und dem Pazifik die legale Herkunft des Getränks garantiert. Weder gab es aber genug Geräte, die diese Kontrolle vornehmen konnten, noch waren die Wege der Datenübermittlung klar geregelt. Dem konnte man noch dadurch begegnen, dass in jeder Fabrik ein Beamter der Finanzbehörde ein Büro bezog. Folgenreicher war, dass die Produktion der Banderolen nicht Schritt hielt. In Tambow und anderswo kam die Wodka-Herstellung über sechs Wochen zum Stillstand.

Für Alexander Trutschenko waren das schwarze Tage. Er hat in den achtziger Jahren als Lehrling im Betrieb angefangen und ist heute der Produktionsdirektor. «Wissen Sie», sagt er, «wir haben in Russland ein Sprichwort für solche Situationen: Wir wollen immer das Beste. Aber am Ende kommt immer dasselbe heraus: Es geht schief.» Alexander ist der einzige Mann, den wir im Produktionsbereich treffen. Sollte es sein, dass hier nach dem Geschlecht diskriminiert wird? Das weist Tamara Solomatina, die resolute Leiterin des Labors, entschieden zurück. Doch wenn man hört, dass die Belegschaft an jedem Morgen die Arbeit mit einem Probetrinken beginnt, dann vermutet man, dass zum Profil der Mitarbeiter eine Art von Charakterstärke gehört, die nicht bei jedem Arbeiter in Russland vorausgesetzt werden kann. Ob das denn schmecke, morgens früh schon Wodka zu trinken, fragt der naive Westler. Tamara erklärt bündig, das sei notwendig, um die Qualität zu prüfen. «Wissen Sie, das ist Teil unserer Arbeit, wir probieren aus professionellen Gründen. Ob das schmeckt, ist eine ganz andere Frage.»

Die Geheimnisse des Produktionsprozesses, der den «Tombowski Wolk» so berühmt macht, verlangen wohl eine tiefergehende Beschäftigung mit der Firma. In der Kürze des Besuches bleiben dem Laien zu viele offene Fragen, obwohl sich Tamara in engagierte Aufklärungsarbeit stürzt und die Besucher fort aus dem Labor in den festlichen Saal zur Degustation führt. Der Begriff aus dem Land der Connaisseurs ist nicht ohne Absicht gewählt. Denn prächtiger könnte es in dem Traditionshaus einer französischen Cognac-Firma kaum zugehen. Die Tafel ist bedeckt von Schüsseln mit Gabelbissen, Obst, Käse und Brot. Und vor jedem Gedeck stehen zehn nummerierte

Gläser von einem solchen Volumen, dass schon nach dem Probieren einer einzigen Sorte der Absturz unausweichlich erscheint. Auf einem Nebentisch stehen aufgereiht wie drohende Raketen die Flaschen, deren Inhalt probiert werden soll: das gesamte Sortiment des Betriebes. Vier Sorten Wodka, eine Flasche Balsam, ein starker Kräuterlikör, der – aus rein medizinischen Gründen – im Land gerne verdünnt mit Wodka getrunken wird. Dazu kommen russische Varianten von Kognak und eine Spezialität: Kognak mit Vogelbeeren. Kurz gesagt: Jedem bedachten Menschen muss das Arrangement wie die Androhung der physischen und psychischen Selbstvernichtung erscheinen.

Tamara spricht von den Getränken mit der Inbrunst eines Winzers, der Rebe, Lage und die klimatischen Besonderheiten seines besten Jahrgangs preist. Sogar einen Pokal haben sie gewonnen wegen der Reinheit des Wolfes aus Tambow, und Tamara zaubert eine große Messingschüssel hervor. Schon im Labor hatten wir eine Mitarbeiterin nach den Folgen befragt. Die gab sich zuversichtlich, wenn auch ein wenig wirklichkeitsfremd: «Nach unserem Wodka werden sie keinen Kater bekommen», hatte sie versprochen. «Er ist sehr weich im Geschmack. Sie werden sich gut fühlen.»< Dann fügte sie diplomatisch hinzu: «Man darf es natürlich nicht übertreiben.» Tamara preist nun, wie sie sagt, «die Visitenkarte» des Hauses, den «Wolf»: «Er hat ein spezifisches Aroma», sagt sie, «versuchen Sie jetzt, sich dieses Aroma zu merken, so wie Sie sich das Aroma einer Apfelsine merken. Wir werden dann einen anderen Wodka probieren. Und Sie werden mir sagen, ob Sie den Unterschied merken.» Wer möchte angesichts so ernsthafter Lektionen in der Hohen Schule des Wodkatrinkens schon gern als tumber Schüler erscheinen. Wir haben nur die Lippen benetzt und bevorzugten, vielleicht Opfer der Legende, die Flüssigkeit, die nach dem wilden Tier benannt ist. Ein Mengentest, der, wie der Fachmann weiß, erst wahren Aufschluss gibt, war von vornherein ausgeschlossen. Es war kurz nach der Mittagszeit, und umsichtige Planung hatte noch einen anderen Termin aufs Programm gesetzt, der von berauschenden Getränken benebelte Hirne von vornherein ausschloss.

Das Städtische Krankenhaus von Tambow besteht aus grauen steinernen Pavillons aus dem 19. Jahrhundert. Sie mochten damals als großer sozialer Fortschritt gegolten haben. Heute erwecken sie den Eindruck einer Grenzstation zum Hades. Das düsterste Haus ist die Psychiatrie, wo auch die Suchtkranken behandelt werden. Auch hier hängen große Eiszapfen am Rand des Daches. Aber sie wirken nicht anheimelnd, sondern bedrohlich wie Schwerter. Den tragischen Helden aus Bulgakows «Der Meister und Margarita» hätte man hinter diesen vergitterten Fenstern vermuten können. Die Psychiatrie war in der Sowjetunion eine abseitige, unterentwickelte Wissenschaft, die sich sogar zur Isolation von Dissidenten missbrauchen ließ. Ihr Haus in Tambow lässt nicht erkennen, dass die öffentliche Wertschätzung des Faches seitdem gestiegen ist.

In einem Kellergewölbe treffen wir den Arzt Viktor Jermolajew. Wir wollten zum Thema Alkoholismus in Russland auch einen Soziologen von der Universität treffen, der gerade eine Arbeit über das Suchtverhalten junger Leute veröffentlicht hatte. Doch sein Rektor untersagte ihm den Kontakt mit den Ausländern. So bleibt Viktor unser einziger Fachmann. Er sitzt hinter einem großen Schreibtisch. Ansonsten ist das Zimmer leer. Die weiß gestrichenen nackten Wände geben schon fast das Gefühl, in einer Zelle zu sein. Dabei wirkt Viktor keineswegs wie ein asketischer, strenger Mensch. Freundlich hört er die Fragen und sucht nach Antworten, die – wie es bei diesem Thema meistens der Fall ist – immer unvollständig bleiben.

Zu dieser Begegnung sei angemerkt, dass Alkoholismus natürlich nicht alleine in Russland eine Gefahr für die Gesellschaft ist. Auch andernorts wurden im Lauf der Geschichte berauschende Getränke als Herrschaftsinstrument und zum Zweck staatlichen Profits eingesetzt. Und auch heute verspricht die ungehemmte Werbung den glückhaften Rausch. Aber in keinem anderen Land hat der Alkohol eine so vernichtende Rolle gespielt wie im Reich der Moskowiter. Ganze Schlachten wurden verloren, weil Soldaten und Offiziere betrunken waren. Selbst Stalin meinte, seine Industrialisierung des Landes nur mit dem staatlichen Wodka-Verkauf finanzieren zu können. Auch Viktor verweist darauf, dass der Staat aus dem Rausch der Bürger gleich doppelten Nutzen gezogen habe.

In der Zeit Iwans des Schrecklichen gab es die sogenannten Zarenkneipen, in denen nichts verzehrt werden durfte, sondern die Besucher so viel wie möglich trinken mussten, damit der Zar Geld für seine Kriege verdiente. Trinken war eine Untertanenpflicht, deren «Nichterfüllung bestraft wurde». Sonja Margolina, eine kritische Forscherin auf dem Gebiet von Lebensgewohnheiten und Kultur in ihrem Heimatland, berichtet, dass manchmal die Männer sogar mit Prügeln in die Kneipen getrieben wurden. So weit, die Untertanen zu ihrem Rausch zu zwingen, gingen die Herrscher in keinem anderen Land. Viktor, der freundliche Arzt an Tambows Front gegen die Trunksucht, hat die Geschichte nicht so genau in Erinnerung. Aber er bringt noch einen anderen Gedanken ein: «Zu bestimmten Epochen war es vielleicht auch günstig, dass die Menschen sich dauernd betrunken haben, weil man sie dann leichter lenken konnte.»

Ob das auch für die Gegenwart gilt, bleibt unbeantwortet. An einem will er keinen Zweifel lassen: Der Alkoholismus sei unter den vielen Problemen im Gesundheitswesen das Problem Nummer eins, wie er es ausdrückt. Eindeutig vermag er die Ursache dafür nicht zu erklären. Natürlich spiele der soziale Niedergang in den Dörfern und kleinen Städten, wo immerhin sechzig Prozent der Bevölkerung leben, eine große Rolle. Doch habe das Land auch in sowjetischen Zeiten an der Flasche gehangen, obwohl damals kaum einer, jedenfalls kaum ein Arbeiter, um seine Existenz besorgt sein musste. So bleibt eine der Schlüsselfragen, um die sich Ruhm und Ansehen in Gloriolen ranken, die aber auch mit schwarzen Visionen des Niedergangs befrachtet ist, auch auf unserer Reise unbeantwortet. Aber vielleicht gelang es wenigstens, mit dem Arztbesuch zu demonstrieren, dass die Reisenden nicht blindlings dem «Wolf von Tambow» erlegen sind, obwohl es an der Versuchung nicht fehlte.

Am nächsten Tag, bei einem Ausflug ins Umland, erteilt nicht nur

der Winter die Lektion, dass dies keine Landschaft der Barmherzig-
keit ist. Der Wind treibt Eiskristalle in langen Stößen über die weiten
Felder der Kolchosen. Die Schneedecke verbirgt, wie effektiv sie bewirtschaftet werden. Die verfallenen Wirtschaftsgebäude der einstigen sowjetischen Großbetriebe lassen nichts Gutes erwarten. Am
Rand eines tristen Dorfes, dessen Katen sich geduckt dem Wind entgegenstemmen, tritt ein alter Mann an den Besucher heran. Er flucht,
dass Ausländer in dieses Dorf kommen dürfen, weil es doch so traurig
aussehe. Und die Kirche am Dorfrand sehe noch viel trauriger aus. Er
ist ein ehemaliger Offizier der Sowjetarmee, der, wie er sagt, erst jetzt
wirklich um sein Leben zu kämpfen habe: so wenig Pension, so hart
das Leben für ihn im Winter. Seine Empörung, für die er wohl im
Dorf wenig Publikum findet, äußert sich in wilden Schimpftiraden
vor allen Dingen auf jene, die er für schuldig hält am Untergang der
Sowjetunion. Das schließt die Ausländer allemal mit ein. Dennoch
zeigt er bereitwillig den Weg zur Kirche, deretwegen wir gekommen
sind.

Das berühmte Bild eines Malers aus dem 19. Jahrhundert hat ein
Stück russischer Geschichte festgehalten. Sein Gemälde zeigt eine
stolze Kirche in gepflegter Parklandschaft, in die ein Teich eingebettet
ist. Hinter dem Gewässer erhebt sich, halb von Bäumen verdeckt,
ein weißes Schloss in italienischer Eleganz. Sein Besitzer entstamm-
te einem im Krieg gegen Napoleon zu Ruhm gelangten Fürsten-
geschlecht. Die Landwirtschaft, die er mit den Bauern betrieb, galt
unter Reformern in ganz Russland als beispielhaft. Olschanka heißt
der Ort. Aber Ähnlichkeiten mit dem Bild sucht man vergeblich an
dem grauen Wintertag.

Vom Zauber des Bildes ist alleine die Ruine einer Kirche geblieben.
Ihre wuchtigen Mauern haben aller Zerstörungswut der letzten acht
Jahrzehnte widerstanden. Dort, wo Schloss und Park zu vermuten
wären, ist nur trostlose Ödnis von wildem, halb unter Schnee begra-
benem Gestrüpp. Vom Schloss hat nichts überdauert. Wie eine nicht
enden wollende lautlose Klage recken sich die wuchtigen meterdicken

Ziegelmauern der einsamen Kirchenruine dem grauen Himmel entgegen. Sie tragen noch eine durchlöcherte Kuppel. Nach russischem Glauben wacht ein Engel über jeder Kirche und bleibt auch in Trauer an ihrem Ort, wenn sie zerstört worden ist. Wie viele Engelstränen mögen in Russland geflossen sein?

Die Region Tambow ist wie ein Brennspiegel der Wirren russischer Geschichte im letzten Jahrhundert. Vor der Revolution gab es hier über vierhundert Schlösser und Herrenhäuser. Folgt man den Chroniken, dann wurden nicht alle so umsichtig bewirtschaftet wie Olschanka. Hungersnöte waren in der Zarenzeit für die kleinen Bauern eine ständige Heimsuchung, weshalb sich schon im Sommer 1917, also noch vor der Machtübernahme durch die Bolschewiken, der Zorn der Unterdrückten in Plünderungen und Brandschatzung entlud. Als die Kommunisten die Hausherren waren, kehrte keineswegs Zufriedenheit ein. Wieder erhoben sich die Bauern, weil die neuen Machthaber sie noch härter ausplünderten als ihre Vorgänger. Nach Lenins Worten war der Bauernaufstand von Tambow eine größere Gefahr für das Fortbestehen der kommunistischen Herrschaft als die ausländischen Interventionstruppen und die Heere der Weißen. Die grausamen Hinrichtungen, die Folterungen, das Niedermetzeln der gegnerischen Kampfgruppen wären nicht vorstellbar, wüsste man nicht aus den folgenden Jahrzehnten, zu welchen Grausamkeiten Menschen fähig sind. Sogar Giftgas haben die Truppen der Roten gegen die Aufständischen eingesetzt. Folgenlos sind diese Zeiten nicht geblieben. Am deutlichsten sind die Spuren des Geschehens am Verlust des kulturellen Erbes abzulesen. Von den vierhundert Schlössern und Gutshäusern der Region blieb fast nichts erhalten. Den Kirchen widerfuhr eine kaum bessere Behandlung.

«Als die Gutshäuser damals brannten, brannten auch Bücher und Bilder. Alles hat man vernichtet. Sehen Sie doch, wie viele Kirchen noch in den siebziger Jahren zerstört wurden. Wenn eine Nation ihre inneren Werte verliert, verliert sie auch ihre Wurzeln.» So spricht der Hausherr des einzigen Gutshauses der Region, das seinen ursprünglichen Zustand bis in die Gegenwart gerettet hat. Alexander Jermakow ist der gute und energische Geist von Iwanowka. Hier hat fast dreißig Jahre lang – bis zu seiner Emigration im Sommer 1917 – der Komponist Sergej Rachmaninow gelebt. Das blaue, zweigeschossige Landhaus liegt inmitten einer weiten Ebene am Ufer eines kleinen Flüsschens. Ein Park mit Birken und Obstbäumen umgibt das Gebäude. Die Wege sind sogar im tiefen Winter vom Schnee befreit, obwohl sich in dieser Jahreszeit wenige Besucher hierher verirren. Jermakow ist der Direktor des Rachmaninow-Museums. Weil er nach dem Zusammenbruch der umliegenden Kolchosen der einzige Arbeitgeber weit und breit ist, fehlt es ihm nicht an Mitarbeitern. Insgesamt fünfzig hören auf seine Anordnungen, um Haus und Hof instand zu halten. Direktor Jermakow ist, wenn der Eindruck nicht täuscht, ein strenger Dienstherr. Aber so wird man wohl, wenn man sich dem allgegenwärtigen Verfall entgegenstemmen will und dabei auf Hilfe vom Staat nur in begrenztem Maß rechnen kann.

Bis auf die Geschichte der späten Wiederauferstehung ist das Schicksal von Iwanowka typisch für die Region. Nach der Flucht von Rachmaninow, der 1917 die Grausamkeiten des aufflammenden Bürgerkrieges ahnte und die Bolschewiken hasste, war das Gut verwaist und wurde in den folgenden Jahren fast völlig vernichtet. Jermakow, der den strengen Blick nicht ablegen kann, wenn er von diesen Dingen spricht, berichtet von jener Zeit, als er zum ersten Mal nach Iwanowka kam. Das war vor fünfunddreißig Jahren. Er habe den Platz fast nicht gefunden. «Es gab hier kein Gebäude. Der Park war verwildert. Es war ein verlassener und vergessener Ort.» Die Jahre danach waren für ihn erfüllt vom zähen Kampf mit der Gleichgültigkeit der Behörden und den mehr an ihrer Landwirtschaft interessierten Nachbarn, um wenigstens einen Teil vom Erbe Rachmaninows zu erhalten. Erst mit der Hilfe eines Nachkommen des Komponisten sei 1995 der letzte Schritt der Rekonstruktion gelungen. Jetzt geht er stolz durch die Räume, als sei er selbst hier geboren. Natürlich kennt er jedes Detail aus dem Alltagsleben der damaligen Besitzer – wo im

Frühling und wo im Sommer gegessen wurde, an welchem Tischchen der Tee eingenommen wurde. Er kennt die Geschichte der Gemälde an der Wand und nennt die Personen auf den Fotos, die silbern gerahmt auf Regalen stehen. «Alle Gegenstände hier sind echt», sagt er, und man muss viel Spürsinn und Hartnäckigkeit bei ihm vermuten, wenn er hinzufügt: «Es ist uns gelungen, sie alle zu finden und auf ihrem früheren Platz wieder aufzustellen.»

So kehrt jemand nach Russland zurück, dessen Liebe zur Heimat zeitlebens im Exil nie versiegte. Jermakow bezeichnet diese Sehnsucht mit dem russischen Wort «Nostalgie». Das sei eine Krankheit, von der nur Russen befallen würden, die fern der Heimat leben müssten. Deshalb sei Rachmaninow als Komponist im Ausland fast verstummt. Eine Biographie bestätigt Jermakows Befund. Dort wird der als Pianist so erfolgreiche und auch begüterte Emigrant mit Worten zitiert, die unmittelbar zu diesem Ort gehören: «Als ich Russland verließ, hatte ich kein Verlangen mehr zu komponieren: der Verlust der Heimat verband sich mit dem Gefühl, selbst verloren zu sein. Der Vertriebene ist seiner musikalischen Wurzeln und Traditionen beraubt (…) was bleibt, ist nur der Trost sprachloser, unauslöschlicher Erinnerung.»

Es versteht sich, dass Alexander Jermakow kein Freund der Sowjetmacht ist. Aber auch er entgeht nicht der schmerzlichen Ambivalenz beim Blick zurück. Er würdigt das hervorragende Bildungssystem, die medizinische Versorgung, die damals entwickelt worden seien. Er preist die Opernhäuser und Konservatorien, die Pflege und Aufmerksamkeit, die der Kunst zuteil wurde. Aber gleichzeitig war dies eine Zeit der Lüge, in der ein Komponist wie Rachmaninow zu den Verfemten gehörte. «Und gleichzeitig», sagt er, «wurden unschuldige Menschen Repressalien ausgesetzt. Sie wurden ohne Prozess verurteilt und getötet.» Von allen, die wir sprachen, war keinem dieser Zwiespalt so sehr bewusst wie ihm. Der Verwalter des Erbes von Rachmaninow steht im Salon des Gutshauses an den Flügel gelehnt, als suche er Halt an dem Musikinstrument. Für ihn ist die Musik des Komponisten die Brücke in die Gegenwart. Aber er sieht die Abgründe und wagt den qualvollen Blick hinab. Er zeigte sich beeindruckt vom Umgang der deutschen Historiker mit der deutschen Vergangenheit. Er habe viel von ihnen gelesen, weil viel übersetzt worden sei. In Russland sei es anders und leider immer dasselbe: «Unsere Geschichte wird jedes Mal nach dem Geschmack eines neuen Staatsmannes geschrieben. Das ist das Schlimme. Immer wieder so, wie es ein neuer Staatsmann haben will.»

Auch wenn der Hausherr bekennen muss, dass er die Noten seines geliebten Komponisten selbst nicht spielen könne, wären wir gerne länger bei ihm geblieben. Die Winterabende sind eine gute Zeit für Gespräche und Iwanowka ist ein guter Ort, weil spürbar viel aus der Tragödie der russischen Geschichte zusammentrifft, der Verlust einer Welt, die brutale Zerstörungskraft einer gewaltbeladenen Ideologie, die vorgab, die beste aller Welten schaffen zu wollen. Und schließlich der Versuch eines einsamen Museumsdirektors, etwas von dem zu retten, was einmal gewesen ist.

Endstation Wolga: Saratow

Zwei Wochen sind vergangen, seitdem wir Berlin verlassen haben. Oft haben wir die Züge gewechselt. In Tambow treffen wir wieder auf den Zug Berlin–Saratow, der am Montag jeder Woche das letzte Stück seines Weges an die Wolga fährt. Frühe Morgenstunden sind für die Abreise nicht sehr beliebt. Aber es sind die schönsten Stunden des Tages, wenn die rot glühende Wintersonne über den Horizont steigt und einen Pastellschleier über Felder und Bäume legt. Zwei Tage und zwei Nächte ist der Zug seit seiner Abfahrt in Berlin unterwegs. 1993 wurde er in den Fahrplan aufgenommen, um den Wolgadeutschen eine Reisemöglichkeit anzubieten: denen, die ausreisen in die Bundesrepublik, denen, die zurückfahren, um die alte Heimat wieder zu besuchen, nicht etwa aus sentimentaler Sehnsucht, sondern weil viele von ihnen dort Angehörige zurücklassen mussten, denen die Heimkehr nach Deutschland nicht gewährt wurde.

Es ist eine Tragödie, die kein Ende nimmt. In fast allen Abteilen sitzen alte Leute. Die meisten blicken stumm auf die vorbeigleitende Schneelandschaft. In ihre Gesichter haben sich tiefe Furchen gegraben. Jeder von ihnen ist gezeichnet von den Torturen und Entbehrungen eines grausamen Jahrhunderts. Und jeder von ihnen weiß davon zu erzählen. Am eindrücklichsten die Frauen, während die Männer stumm aus dem Fenster schauen. Eine erzählt, dass sie als Kind erlebte, wie Großvater, Vater und Bruder erschossen wurden. Das war lange vor der Deportation der Wolgadeutschen nach Kasachstan und Sibirien, die Stalin nach dem Überfall Hitlers 1941 anordnete. Ihr Leidensweg hatte schon viel früher begonnen, als mit der Zwangskollektivierung in den Hungersnöten im Süden das große Sterben begann. Bei Kriegsbeginn folgte die Verfrachtung in Güterwagen in die Steppe, wo sie anfangs in Erdlöchern lebten, weil nicht einmal Baracken bereitgestellt wurden. Wer arbeiten konnte, wurde für die «Armee der Arbeit» rekrutiert: Zwangsarbeit in Straflagern, von denen aus sie zum Holzfällen oder in die Bergwerke geführt wurden. Nach dem Krieg nahmen die Verfolgungen kein Ende. Sie, die ganz unschuldig waren an der Entstehung Hitler-Deutschlands, wurden «Faschisten» genannt und erniedrigt, wo immer sich Gelegenheit ergab. Die deutsche Sprache war ihnen verboten. In ihre alten Dörfer durften sie nicht zurückkehren. «Alles haben wir überstanden», sagt die alte Frau, und stille Tränen rinnen über ihr Gesicht, «alles. Und nun bin ich von meinen Kindern getrennt. Immer ist Schmerz in meinem Leben gewesen. So wird es bleiben, bis ich meine Augen schließe.» Kein Vorwurf klingt aus ihren Worten, sondern eine tieftraurige Ergebenheit gegenüber dem großen Rad der Geschichte, das hinwegrollte über die Schicksale der kleinen Menschen.

Auf dem Bahnhof in Saratow fallen sie sich in die Arme, die Ankommenden und die Familienangehörigen, die zur Begrüßung gekommen sind. Russische und deutsche Wortfetzen vermischen sich in der Freude des Wiedersehens. Nur die alte Frau, die wir im Zug trafen, steht alleine neben einem Berg von Koffern. «Darin sind Sachen für die Enkelkinder. Aber keiner ist gekommen», sagt sie. «Vielleicht haben sie mein Telegramm nicht bekommen.» Es könnte wohl sein, dass sogar das Postwesen noch gegen sie ist.

So wie in einem Küstenort, wo man gleich nach der Ankunft den Schritt zunächst zum Meer lenkt, um die Weite zu sehen und die Luft des Meeres aufzunehmen, so begibt man sich in Saratow ans Ufer der Wolga. Der Blick auf die andere Seite erscheint wie der Blick nach Asien. Denn auf dem anderen Ufer beginnt die Steppe, die grenzenlose Ebene, die sich bis zu den Bergen des Tianshan erstreckt. Die Wolga, viel besungen als Russlands Schicksalsstrom, war lange Zeit Grenze zwischen dem Siedlungsraum der Russen und den kämpferischen Nomaden der Steppen. Zwei oder drei Kilometer sind es bis auf die andere Seite. Und noch vor achtzig Jahren sehnten die

Anwohner den Winter herbei, weil sie das andere Ufer über das Eis schnell mit dem Pferdeschlitten erreichen konnten und nicht auf ein Boot angewiesen waren.

Die von Schnee verhüllte Eisdecke gibt dem Strom eine elegante Leichtigkeit und verschleiert die Wucht des breiten Gewässers. Wie kleine schwarze Punkte heben sich die Fischer ab, die fern des Ufers ihre Löcher ins Eis gebohrt haben, um die Angel auszuwerfen. Ihr Bild gehört zum russischen Winter wie das in Tambow gekostete Getränk zum Wohlergehen, weshalb die Männer auf dem Eis meist beide Attribute winterlichen Lebens zu verbinden wissen. Über den Eisfischern schwingt sich heute in weitem Bogen eine Brücke ans andere Ufer. Dorthin fahren wir zu einem kleinen Abstecher, um nur zwei von vielen Welten der Wolgadeutschen zu besuchen. Katharina die Große hatte 1762 und 1763 in zwei Manifesten Siedler aus Deutschland eingeladen, weil sie die Grenze zur asiatischen Steppe sichern wollte. Vor dem Ersten Weltkrieg lebten dort 400 000 Deutsche in ansehnlichem Wohlstand, wie die Städte noch heute ahnen lassen.

Wir haben einen Begleiter gefunden, dem es sehr daran gelegen ist, mit uns in die kleine Stadt Marx zu fahren. Irgendwo in der Reihe seiner Ahnen hat auch er deutsche Vorfahren, weshalb er seine russische Umwelt mit ketzerischen Ideen überhäuft. Alexander Kamajew wohnt in der Stadt Engels, unweit von Saratow am anderen Wolgaufer. Aber seine hochfliegenden Pläne zielen auf Marx, das sechzig Kilometer flussaufwärts liegt. Dort lebten seine Vorfahren. Er fährt eine von diesen großrädrigen, dunklen Limousinen mit getönten Fenstern, die im gegenwärtigen Russland Statussymbol des erfolgreichen Geschäftsmannes sind. Die Berufsbezeichnung ist sehr neutral gewählt. Alexander verdient sein Geld in einem Bereich, den Puristen zum «Milieu» rechnen würden. Sein Stammhaus ist ein bunt illuminiertes Casino. Daneben betreibt er ein paar Restaurants. Während der Autofahrt wird er etwas konkreter mit seiner Familiengeschichte. Seine deutschen Vorfahren seien alle bei Kriegsbeginn deportiert worden, nur seine Großmutter nicht. Ihr Mann war beim

Geheimdienst NKWD angestellt. Das bewahrte sie vor dem Schicksal ihrer sieben Geschwister. «Meine Tante Frieda», sagt er, «ist sogar bis nach Dikson verschleppt worden. So war das Leben.» Dikson ist ein kleine Siedlung an der Karasee, weit nördlich des Polarkreises. Alexander spricht Russisch, weil in seinem Familienzweig nie Deutsch gesprochen wurde. Aber die Sache der Wolgadeutschen hat ihn gefangen genommen, die Suche nach einer Vergangenheit, die ausgelöscht wurde. Er erzählt, dass er schon einmal Prag besucht habe. «Wissen Sie, was mich beeindruckt hat?», fragt er. «Es stehen dort 124 katholische Kirchen. Man hat sie nicht abgerissen, obwohl auch dort der Sozialismus herrschte. Sie haben ihre Geschichte bewahrt.» Und dann fügt er hinzu: «Es tut mir leid um dieses Land. Es tut mir leid, wie man mit unseren Wurzeln umgegangen ist, und was hier überhaupt geschah.»

In Marx steuert Alexander ins Zentrum der kleinen Stadt. Zweigeschossige Kaufmannshäuser stehen auf beiden Seiten der Straße. Die meisten von ihnen sind frisch gestrichen. Auch die große, alle Häuser überragende Kirche, ein mächtiger klassizistischer Bau, den die atheistischen Lokalmatadoren um seinen Turm gebracht haben, ist weiß getüncht. Es ist, als führe man durch eine deutsche Kleinstadt in einer Zeit, in der es Neonreklame und großflächige Reklameschilder noch nicht gab. Vor einem umzäunten kleinen Platz hält er an und führt uns zu einem leeren Denkmalssockel. Dort erzählt er von seinem Plan. Er will das Denkmal für Katharina die Große wieder errichten, das die deutschen Siedler aus Dankbarkeit gebaut hatten und das nach dem Überfall Hitlers von der Regierung eingeschmolzen wurde. Es muss ein eindrucksvolles Monument gewesen sein, für das die Bürger der Stadt gesammelt hatten: eine viereinhalb Meter hohe Bronzestatue, von einem Petersburger Künstler gestaltet. Auch heute sind die Behörden seinem Projekt nicht gewogen. Aber Alexander sagt: «Wir werden es trotzdem schaffen.»

Man darf seine Worte nicht unterschätzen. Sie sind nicht leicht dahergesagt. Er hat in der Stadt, die wieder St. Petersburg heißt,

Nachforschungen angestellt, und sogar ein altes Modell des Denkmals aus der Werkstatt des Bildhauers aufgestöbert. Alexander führt uns dicht an den leeren Sockel heran. Dort hat irgendjemand in den letzten Jahren eine Plakette angebracht, auf der von der Geschichte des Denkmals berichtet wird. Dort steht auch der Satz, dass die dankbaren Nachfahren dafür sorgen werden, dass irgendwann Katharina wieder auf die Stadt schauen soll. Alexander erzählt, wie er das erste Mal diese Plakette gesehen hat. «Ich fühlte mich direkt betroffen. Fühlen Sie sich nicht auch angesprochen? Sehen Sie! So ging es mir auch.» In Alexanders Adern fließt offensichtlich auch ein großer Anteil russischen Blutes, weshalb die Grenze zwischen Plan und Vision fließend ist. Er sagt ganz konkret: «Dieser Zaun hier muss natürlich weg. Und der Bierkiosk verschwindet auch.» Aber er will viel mehr.

Die Stadt soll auch wieder ihren alten Namen bekommen, den ihr die Kommunisten genommen haben. Sie soll wieder Jekaterinenstadt heißen. Gäste sollen hierher kommen aus Deutschland und anderen Ländern und sich am Anblick einer gepflegten alten deutschen Stadt in Russland erfreuen können. So viel Vision ist den heutigen Bewohnern schon unheimlich. Zwar sind die Zeiten vorüber, in denen die deutschen Wurzeln der Region geleugnet wurden. Im Gegenteil – es erscheinen Bücher, in denen die Leidensgeschichten aufgezeichnet sind. Aber eine Wiederbelebung dieser Traditionen ist ihnen suspekt.

Die russische Regierung tat sich schwer, als nach dem Ende der Sowjetunion die Wolgadeutschen aus den Gebieten ihrer Verbannung zurückfluteten. Die einen wollten sogleich in die Bundesrepublik weiterziehen. Aber andere wollten in Russland bleiben. Und es lag auch im nüchtern kalkulierten Interesse der Bundesrepublik, nicht plötzlich zwei Millionen in der Geschichte verlorene Deutsche aufnehmen zu müssen. Zurück in die alten Dörfer und Städte konnten sie nicht ziehen. Dort lebten inzwischen Russen und schrieben unfreundliche Parolen an die Hauswände, die auf die Rückkehrer nicht sehr einladend wirken konnten. «Faschisten raus» war noch die harmloseste.

Wenn man damals in jene Orte kam, wurden Prügel angedroht, falls man als Deutscher erkennbar war. In dieser aufgeheizten Atmosphäre bot Präsident Jelzin dem deutschen Kanzler an, den Wolgadeutschen ein weiträumiges Gebiet nahe ihrer alten Heimat zur Besiedelung freizugeben. Der russische Präsident wollte ihnen dort sogar eine eigene Region mit Selbstverwaltung zugestehen. Allein eine Überprüfung auf der Karte erwies, dass das Territorium inmitten eines alten Testgeländes für chemische Waffen und Raketen lag. Das war nicht sehr einladend, und eine bessere Lösung für einen großen Wurf fand die russische Regierung nicht. Dennoch ließ die Bundesregierung nicht ab von dem Versuch, die geschundenen Deutschen in Russland zum Bleiben zu bewegen. Es ist die Geschichte eines Scheiterns.

Die Straße führt von Saratow nach Südosten, dorthin, wo kein Hügel, kein Wald mehr Schutz bietet vor dem Wind, der aus der Steppe kommt. An einer Abzweigung steht ein Schild, das den Weg nach Burny weist. Das Dorf sollte in den neunziger Jahren zu einer Modellsiedlung für heimkehrende Wolgadeutsche ausgebaut werden. Unvergessen ist jener Tag im Sommer 1993, an dem ein leutseliger Staatssekretär aus Bonn kam, um sich von der Mustergültigkeit des Aufbauwerkes zu überzeugen. Der Hubschrauber, mit dem er landete, hatte zusätzlich zum Steppensturm Sandwolken aufgewirbelt. Die Spalier stehenden Bewohner begrüßten ihn unverdrossen nach russischer Sitte mit Brot, Salz und Gesang. Er durchschritt die Hauptstraße, an der zu beiden Seiten in Beton gegossene Siedlungshäuser standen. Man mochte schon damals fragen, ob das für dieses Klima das richtige Material war. Er besichtigte eine Brot- und eine Wurstfabrik, die ebenfalls mit Mitteln der Bundesrepublik errichtet worden waren, und schied mit der Gewissheit, dass die vielen Millionen Mark nicht vergeblich in den Steppensand gesetzt waren.

Am Dorfeingang steht ein blauer Container, der als Kiosk dient. Den gab es damals noch nicht. Aber der kleine Laden ist wohl der einzige Zugewinn, der zu erkennen ist. Ein freundliche, rundliche Frau tritt aus der eisernen Tür und hält nicht zurück mit dem, was sie den deutschen Besuchern sogleich erzählen möchte. Es gebe noch ein paar Deutsche im Dorf. Aber sie bereuten längst, hierher gekommen zu sein. Sie selbst ist Russin und hat ebenfalls als Verbannte in Kasachstan gelebt. «Ich bereue auch, dass ich hierher gekommen bin. Am liebsten würde ich zurück nach Kasachstan fahren. Aber meine Tochter lässt mich nicht.» Es hört sich an, als sei auch Burny eine Insel der Verbannten in der Steppe. Die Bäckerei und die Wurstfabrik sind längst geschlossen. Das Leben sei hart, erzählt die Frau: «Wenn der Steppenwind die Stromleitungen zerreißt, dauert es eine Ewigkeit, bis sie repariert werden. Wir haben dann weder Wasser noch Strom.» Das ist der Prolog zum Besuch in Burny, der viel über das ländliche Russland besagt und auch darüber, weshalb der Versuch der Bundesregierung, Wolgadeutsche zum Bleiben zu bewegen, scheitern musste.

Geht man jetzt die Hauptstraße entlang, sieht man Risse in den Mauerfassaden. Die Farbe blättert ab. Hinter den Gebäuden liegt ein Garten, an dessen Ende kleine, vom Wetter gebleichte und im Wind geduckte schiefe Schuppen stehen. Darin halten die jetzigen Bewohner ein oder zwei Kühe und sichern damit ihr Überleben. Sergej Iwanowitsch steht mit einer großen Pelzmütze auf dem Kopf am Gartenzaun und mustert die seltenen Besucher. Er und seine Frau sind vor zehn Jahren aus Kasachstan nach Burny gekommen, irgendwie gestrandet zwischen zwei Welten. Sie sind beide Russen. Aber der Sohn hat eine Deutsche geheiratet und ist nach Niedersachsen gezogen. Sergej bekommt umgerechnet sechzig Euro Rente. Ohne die kleine Wirtschaft, sagt er, könnten sie nicht überleben. Seine Frau kommt aus dem Haus. Ob sie es bedaure, dass Sohn und Enkelkinder so weit fort seien? Sie blickt nachdenklich, als schaue sie in sich selbst hinein. Dann sagt sie traurig: «Ich weiß wirklich nicht, was ich dazu sagen soll. Es ist natürlich schade, dass sie so weit weg sind. Aber andererseits auch nicht. Denn hier ist das Leben so schwer. Ich weiß nicht, was ich sagen soll.»

Sie erzählen, dass sie schon zwei Mal in Gifhorn, wo der Sohn lebt, zu Besuch gewesen seien. Ihre Bilanz rührt an ein Grundgefühl, ein sich wiederholendes Motiv in der russischen Melodie von Tristesse und Resignation. «Es wird dort viel für die Menschen gemacht», sagt Sergej. «Der Staat ist für die Menschen da. Ich denke, unser Staat hat keine Achtung vor den Menschen.» Die Regierung interessiere nicht, wie das einfache Volk lebt. «Und die Dörfer», sagt er mit ruhiger Stimme, «hat man sowieso abgeschrieben. Wir warten nicht mehr auf etwas Besseres. Ich bin schon siebzig Jahre alt. Wie viele Tage bleiben mir noch? Ich weiß es nicht.» Er wendet sich ab und geht schweren Schrittes in das Haus zurück.

Es wohnen nicht mehr viele Deutsche in Burny. Die meisten sind fortgezogen. Nicht nur, weil der Ort so unwirtlich den Launen des Steppenklimas preisgegeben ist. Schwerer wogen die wirtschaftlichen und politischen Beben, die das Russland der neunziger Jahre erschütterten. Da wurde ihnen nach langer Leidensgeschichte eine weitere Lektion erteilt von den Unwägbarkeiten eines Lebens in Russland. Jene aber, die noch dort wohnen, sind nicht freiwillig geblieben. Die Bundesrepublik verschärfte die Bedingungen für die Einreise.

Viktor Bauer und seine Frau Anna wohnen im Haus gegenüber und laden in ihr Wohnzimmer zum Tee. Sie sind aus Sibirien hierher gekommen und werden bleiben, weil die Tochter einen Russen geheiratet hat. Früher wäre für alle eine Ausreise möglich gewesen. «Wenn die Bedingungen heute noch so wären wie früher», sagt Viktor, «würde ich wahrscheinlich auch einen Antrag stellen. Aber eine Familie darf sich nicht trennen. Was nützt mir dann die Bundesrepublik.»

Seine Frau Anna ist russischer Abstammung. Sie hat ein schmales, fein geschnittenes Gesicht. Mit wachen, blitzenden Augen verfolgt sie das Gespräch. Sie mischt sich ein mit herben Worten über die Regierenden im Land: «Wir denken manchmal, dass sie dort oben gar keine Ahnung haben, wie die Menschen hier leben.» Aber jetzt seien die Zeiten doch wenigstens demokratisch, wird ermutigend eingeworfen. Nun gerät Viktor in Bewegung. Chruschtschow habe gesagt, in zwanzig Jahren gebe es den Kommunismus. Was daraus geworden sei, habe man erlebt. «Sie haben uns immer damit vertröstet, wir sollten doch geduldig auf Besseres warten.» Am Ende, meint Anna, sei gar nichts entstanden, weder Kommunismus noch Demokratie. «Es soll nur nicht so schlimm werden, dass wir weinen müssen», sagt sie. Es ist ein bedrückendes Los für diejenigen, die in Burny zurückgeblieben sind. Sie sahen die Freunde fortziehen und das Dorf verfallen. Aber einen anderen Ort gibt es nicht mehr für sie. Vergessen von der Regierung in Moskau, wie auch viele andere Dörfer in Russland – und nicht gewollt von den Deutschen. Dabei kann man sich nicht vorstellen, dass sie, kämen sie dorthin, die Hände in den Schoß legen würden. Nicht Viktor, der uns gerne voller Stolz sein junges Kalb zeigen würde, aber dann doch zögert, einer alten Bauernweisheit folgend, dass Fremde dem Neugeborenen Unglück bringen. Auch Anna, mit ihrem feinen Gesicht, diese nachdenkliche und sensible Frau, die einmal Ärztin war, wüsste sicher eine Arbeit zu finden.

So leben sie wie Ausgestoßene auf einem fremden Stern am Rand der Steppe. Auch ihr Schicksal ist Teil des Erbes der Sowjetunion, die die Menschen umherspülte wie das Meer den Treibsand.

Die Töne sind vertraut. Wer in Saratow im Intourist-Hotel aus sowjetischer Zeit wohnt, kann sie nicht überhören. Jeden Morgen um sechs und jeden Nachmittag um fünf. Schon bei meinem ersten Besuch in der Stadt hatten die Kirchenglocken uns angezogen. Das liegt fünfzehn Jahre zurück, und wir waren damals wahrscheinlich die ersten westlichen Ausländer, die in die Stadt kamen. Gleich am Flughafen wurden wir festgenommen. Denn Saratow war wegen seiner Militäreinrichtungen eine geschlossene Stadt. Schon am ersten Tag des Besuches, nachdem die Einreisehemmnisse überwunden waren, erklommen wir den Turm der Dreifaltigkeitskathedrale am Ufer der Wolga.

Der Blick schweift weit über den Fluss, an dessen anderem Ufer die Morgenröte über dem Horizont glimmt. Man tut gut daran, sich warm anzuziehen, denn im Winter schießt der frostige Wind mit spitzen Pfeilen, die tief durch den Mantel dringen. Auf der Glockenplattform treffen wir Wladimir, der in langen Intervallen den Schwengel der größten Glocke bewegt. Ein tiefer, dröhnender Ton schwingt über die Dächer der Stadt und verebbt in sanften Wellen. Wladimir sagt, dies sei nur das Vorspiel, und er selbst sei auch nicht der Meister dieser Glocken. Zwei junge Mädchen haben sich dazugesellt. Neugierige, so vermuten wir und sind schon versucht, sie zu vertreiben, damit sie nicht stören.

Nach fünf Minuten ist die Ouvertüre vorüber, und Wladimir tritt zur Seite. Zu unserer Überraschung übernehmen die beiden jungen Mädchen den Platz am Glockenspiel. Was nun erklingt, ist wie eine Mischung aus Orgelspiel und Rockkonzert, feine Melodien der kleinen Glocken, unterlegt von einem schwingenden Rhythmus des großen Geläuts. Wie ein Spinnennetz laufen die Schnüre, die mit den Klöppeln der Galerie unterschiedlich großer Glocken verbunden sind, in der Mitte der Plattform zusammen. Über große hölzerne Pedale am Boden werden die schweren Glocken bewegt, ihre Stimme zu erheben. Die beiden Frauen greifen in die Schnüre, als tanzten ihre Hände auf dem wirren Gespinst. Dazu treten sie die Pedale, als wollten sie die ganze Stadt erbeben lassen. Was für ein Klang und was für eine Begegnung am frühen Morgen.

Sie heißen beide Natascha und sind, wiewohl der Kälte wegen bis an die Nasenspitze vermummt, erkennbar fröhliche mädchenhafte Gestalten. Die ältere Natascha erzählt, dass sie vor sieben Jahren mit dem Glockenspiel begonnen habe. «Wir läuten ohne Noten», erklärt sie, nachdem der letzte Ton verklungen ist, immer noch bewegt von den brausenden Tönen. «Dieser Klang ist in uns drin und will einfach heraus, damit andere Menschen ihn auch hören können. Man braucht nur ein musikalisches Gehör und Freude, alles andere kommt von allein.»

Die jüngere Natascha nennt auch ihren Familiennamen, Trifonowa. Als wir ihr entgegnen, dass dies der Name eines großartigen, mutigen, leider jetzt fast vergessenen Schriftstellers aus der Sowjetzeit sei, nickt sie zustimmend und sagt, sie sei stolz auf den Namen. Vierzehn Glocken sind es, die sie zum Klingen bringen. Keine Kirche in der Region habe so viele Glocken. Sie sagt, man müsse mit dem Herzen läuten: «Wenn das Herz nicht im Takt der Glocke spielt, dann wird der Glöckner nicht lange bei den Glocken bleiben.» Sie lässt keinen Zweifel daran, dass ihr Herz dabei ist. Wenn denn die orthodoxe Kirche durch Mystifizierung Seelen zu gewinnen sucht, dann ist es ihr mit der Erscheinung dieser engelsgleichen jungen Frauen am frühen Morgen – fast – gelungen.

Die Dreifaltigkeitskathedrale ist dreihundert Jahre alt, erbaut in einem Stil, den man im Land den «russischen Barock» nennt. Eine Arkade vor dem zweistöckigen Bau der eigentlichen Kirche gibt ihr die Eleganz südländischer Leichtigkeit. Längst nicht allen Kirchen Saratows war das glückliche Schicksal beschieden, die Zeit der Kirchenstürme und Vernichtung zu überleben. Die dreißiger Jahre waren eine Zeit blinder Zerstörungswut. Doch wenige Städte Russlands haben so viel von ihrem alten Charakter bewahrt. Ganze Straßenzüge lassen das 18. und 19. Jahrhundert wieder auferstehen. Besonders auffallend sind Ensembles aus der Zeit der Jahrhundertwende, die Architektur des Jugendstils in alten Hotels und Kaufmannshäusern. Was für ein bürgerlicher Wohlstand muss in dieser Stadt geherrscht haben, dass das Bürgertum so kunstsinnig seine Stadt prägen konnte! In den Jahren nach 1917 wurde alles vernichtet, das Fundament, auf dem ein demokratisches Russland hätte entstehen können, ausgelöscht bis zu den Wurzeln. «Russland, das wir verloren haben», hieß der Titel eines programmatischen, ein wenig von selbstmitleidigem Zorn erfüllten Dokumentarfilmes Anfang der neunziger Jahre. Vielleicht enthielt er auch ein Stück Selbstbetrug. Das Russland, das sie meinen, ist nicht verloren, sondern wurde zerstört, von Russen selbst.

Nicht das Land, weil es etwa so zurückgeblieben war, hat den Untergang beschleunigt, sondern seine Führung, zunächst der für die Zeichen seiner Zeit blinde Zar – er bereitete den Weg in die Katastrophe. An die Stelle seines absoluten Machtanspruchs trat die «Diktatur des Proletariats», in Szene gesetzt von einer gewissenlosen Parteielite, in der sich der Grausamste unter ihnen behauptete. Tauwetter und neuer Frost in jähem Wechsel. Und heute – beflügelt durch die Macht über die Märkte von Erdgas und Öl – wieder der Rückfall in autoritäre Strukturen, für die demokratische Formen als Potemkin'sche Kulisse herhalten müssen. So kreisen die Gedanken des Reisenden immer wieder um die urrussischen Fragen: Weshalb kam es so, und war es unausweichlich? Hätte dieses Land nicht einen ganz anderen Weg einschlagen können? Wie folgenreich waren die damaligen Verluste – vielleicht bis auf den heutigen Tag? Was für ein Glück, dass es Begegnungen wie die mit den beiden Nataschas gibt. Das Geheimnis ihrer Kraft wirkt nach, so wie ihre Glocken immer noch hörbar bleiben, als wir längst auf dem Weg nach Kasachstan sind.

Zweiter Teil **Tor nach Asien:
Durchs neue Kasachstan**

Das verlorene Meer: Aralsee

Zum Abschied in Saratow war nicht nur die Gebietsleitung des Eisenbahnwesens angetreten. Auch der Wind hatte gedreht und trieb von Westen Nebel und Regenwolken heran. Sie erschienen wie ein letzter nicht sehr willkommener Gruß aus der Norddeutschen Tiefebene, der uns weit nach Osten nachgeeilt war.

Überhaupt steht die Abreise unter keinem guten Stern. Kasachstan wirft seine Schatten voraus. Der Zug ist in Kasachstan beheimatet, weshalb der Zugchef dreist behauptet, der Zug sei kasachisches Hoheitsgebiet. Mitfahren ja, aber die Kamera müsse eingepackt bleiben. Es folgen lange Telefonate mit der Hauptstadt Astana, von wo aus die Pressechefin der kasachischen Bahn vergeblich versucht, dem stolzen Zugkapitän die Grenzen seiner Macht aufzuzeigen. Das russische Begleitkommando schaut betreten, aber wenn nicht alles täuscht, auch mit ein wenig Genugtuung. Sollen die Reisenden doch sehen, wie weltoffen Russland ist und wie es anderswo zugeht.

Zwei russische Milizionäre sind abgestellt, um unsere Sicherheit zu gewährleisten. Aber dieses Zeichen russischer Souveränität an Bord des Zuges führt auch nicht weiter. Stunden vergehen, bis schließlich der wackere Zugführer den richtigen Anruf aus seiner Hauptstadt bekommt. Da ist draußen schon nichts mehr zu sehen als endlose Steppe. Ratternd hatte der Zug die Wolgabrücke überquert. Doch im Nebel war der Fluss ohnehin kaum wahrnehmbar. Keine Birken säumen mehr den Weg: Steppe und Wüste für die nächsten 8000 Kilometer. Ein grauer, trüber Wintertag hüllt die vorbeigleitenden Dörfer ein.

Im Norden gilt der Ural gemeinhin als Grenze zwischen Europa und Asien. In der weiten Steppe südlich des Urals sucht man vergeblich nach einer geographisch markanten Linie, die den Übergang vom einen Kontinent zum anderen markiert. Es könnte die Wolga sein. Aber dieser Strom fließt durch die Mitte Russlands. So bleibt nur die politische Grenze zwischen Russland und Kasachstan, die in sowjetischer Zeit allerdings vielfach in ihrem Verlauf geändert wurde, je nachdem, welche politischen Ordnungsvorstellungen in Moskau gerade in Mode waren. Dort hatte niemand vorausgesehen, dass die Grenze zwischen zwei Gebieten der UdSSR jemals als veritable Staatsgrenze dienen könnte. Doch mit dem Grenzspiel, das Nationalitäten belohnen oder bestrafen sollte (bestens in Erinnerung ist das fürstliche Geschenk, das Chruschtschow der Ukraine mit der Übergabe der Krim machte), schnitt sich Moskau schließlich selbst ins Fleisch. Im Fall der kasachischen Grenze war die Linie so festgelegt worden, dass der postsowjetische Zug durch eine nördliche Ecke Kasachstans fährt, wieder auf russisches Territorium gelangt und dann endgültig nach Kasachstan überwechselt. Bei jedem Grenzübergang auf jeder Seite fünf Stunden Wartezeit. Und für jede Einreise muss ein Visum vorgelegt werden. Wir wählten eine Abkürzung über die Landstraße. Das hätten wir nicht tun sollen.

Was in den schweren Waggons – wie stets solide Ware aus der DDR – verborgen geblieben war: Draußen wirbelt ein Orkan den Schnee wie Wolkenfetzen über die Straße. Am Abend erwächst schemenhaft der spärlich beleuchtete russische Grenzübergang aus dem Schneesturm. Im Dezember 1991, als die Republiken der Sowjetunion ihre Souveränität erlangten, war dies die praktische Konsequenz. Und wer meint, es würde hier gutnachbarlich-gemütlich zugehen, der irrt. Es ist eher die Szenerie für einen Spionagefilm: der Spion, der von einer Kälte in die andere reist. Insgesamt viermal werden auf russischer Seite die Papiere kontrolliert, von wortkargen Beamten unterschiedlicher Dienste. Die Lampen schaukeln im Sturm, der Wind zerrt an dem auf hohen Pfeilern liegenden Blechdach und lässt die Platten scheppern und dröhnen. Zur Kulisse gehört natürlich auch der Wachturm, der zwar nicht besetzt ist, aber in sowjetischer Tradition als Kennzeichen russischer Hoheitskontrolle wohl mit dazugehört. Eine Stunde dauert die Abfertigung – wir haben Glück gehabt, weil wir telefonisch angekündigt worden waren. Andere Autos wurden bis zum letzten Schraubenschlüssel ausgeräumt. Das also ist das Ende Europas.

Bis zur kasachischen Seite windet sich die Straße über fünf Kilometer durch finsteres Niemandsland. Der Unterschied zum Kontinent, den wir gerade verlassen haben, wird schon dadurch deutlich, dass uns hier ein Wachhund schwanzwedelnd unter dem Schlagbaum hindurch entgegenkommt, während sein russischer Amtskollege, an einer Kette liegend, sich den Hals wutergrimmt heiser bellte. Beide sind deutsche Schäferhunde in ausländischen Diensten. Der auf der kasachischen Seite hat offenbar das bessere Los gezogen. Auch die Menschen hier betrachten die Ankömmlinge nicht von vornherein als suspekte Elemente, sondern heißen sie als Reisende willkommen.

Ein rot-brauner Mond hängt tief über dem sturmgepeitschten Land. Bei uns daheim, denkt man, wird das Wetter im Regelfall höchstens als störend empfunden. Hier, in der Steppe, offenbart sich wie auf hoher See elementare Naturgewalt, der man die tödliche Kraft anmerkt. Fehler werden von der Natur bestraft. Ein Motor, der stockt, kann zum Verhängnis werden. In diesem tosenden Sturm ist die Steppe eine kalte Hölle.

Am nächsten Tag geht die Fahrt weiter. Das Wetter hat sich beruhigt. Wie ein Spiegel wirft die vom Wind polierte Schneeebene das gleißende Sonnenlicht zurück. Auch Wintersonne kann zur Folter werden, besonders wenn ihr Licht Wärme nur vortäuscht. Wie ein verlorenes endloses Band liegt die Straße schnurgerade im Schnee. Es ist einsam hier. In sechs Stunden kommen uns nur zwei Autos entgegen, die wir – wie beruhigend – fast über Stunden haben kommen sehen. Ein Auto wird überholt. Es war von der vereisten Straße abgekommen und im Schnee stecken geblieben. Der erschöpfte Fahrer bat als erstes mit zitternden Händen um eine Zigarette. Er war gezeichnet von Kälte und der Angst, dass keiner kommt und ihn aus der Not befreit. Man trifft sich wie am Boden eines grenzenlosen Meeres, das ohne jedes Leben ist. «3000 km – Almaty» steht auf einem einsamen

Straßenschild, dreitausend Kilometer bis in die alte Hauptstadt des Landes, die in Sowjetzeiten Alma Ata hieß. Bis dort führt der Weg nur durch die Steppe.

In Jaissan treffen wir unseren Zug wieder, dem Grenzdorf, wo er endgültig auf kasachisches Territorium wechselt. Im Schritttempo ziehen die beiden Lokomotiven den langen Zug durch eine Kurve, vorbei an einem auf hohen Pfählen stehenden Grenzerhäuschen. Der Bahnhof, ein niedriges, weiß getünchtes Gebäude, ist ein Stück russischer Kolonialgeschichte, vor mehr als hundert Jahren gebaut. Und nie hat wohl jemand gedacht, dass diesem wie in einem Dämmerschlaf ruhenden flachen Gebäude einmal hoheitliche Aufgaben zufallen würden. Die Grenzpolizisten, die auch in diesem Land dem Geheimdienst zugeordnet sind, in Treue zu den sowjetischen Wurzeln, jagen die Journalisten sogleich vom Bahnsteig, an dem der Zug für lange Zeit stehen bleibt. Die ganze Szene verweilt in dörflicher Stille. Als Begrüßungskomitee haben sich nur drei Hunde eingefunden und schauen sehnsüchtig zu den Fenstern empor, hoffend wohl, dass sich Reisende finden, die geneigt sein könnten, die Mahlzeit mit ihnen zu teilen.

Das junge Kasachstan verspricht eines der reichsten Länder der Erde zu werden. Doch in der Grenzstation Jaissan spürt man noch nichts davon. Es ist nur der Schnee, der den Blick verzuckert – und der Sinn für die Romantik des Winters. Pferdeschlitten paradieren die Hauptstraße auf und ab. Man sieht es am Parkplatz, wo das wichtigste Haus zu finden ist. Dort stehen gleich mehrere Schlitten nebeneinander, und die Pferde im Joch stecken die Köpfe zusammen. Wir stehen vor dem Haus von Sophia, einem flachen, weiß getünchten Bau, der, wie man schnell merkt, nur von heiteren Menschen verlassen wird. Sophias Welt ist eine Wiege des Glücks. Sophia ist aus dem Süden des Landes hierher gezogen, aus dem Umfeld der Seidenstraße, wo der Handel seit Jahrtausenden Tradition hat. Und etwas davon hat sie wohl in den Norden mitgebracht.

Vor sieben Jahren, als die Trübnis des Niedergangs ihren Höhepunkt hatte, beschloss sie tätig zu werden, zum Befremden ihres nordkasachischen Gemahls. Sie machte von den neuen Möglichkeiten der Marktwirtschaft Gebrauch und eröffnete ein Café und einen Laden. Beides hat die Stimmung im Dorf deutlich gehoben.

Der Laden ist klein, aber seine Regale enthalten alles, was man in einem Steppendorf gebrauchen kann: von Kinderstiefeln bis zu großen Packungen mit Makkaroni. Auffällig ist das breite Angebot an Getränken. Sophia weiß, womit sie ihre Kundschaft gewinnen kann. Die Käufer kommen sogar von weit her. Mit einem breiten Lächeln, dem die Zähne goldenen Glanz verleihen, steht sie hinter dem Ladentisch und erklärt ihr Geschäft. Die meisten Produkte kämen aus Russland, und von dort kämen auch viele Käufer über die Grenze: «Aber die Russen kaufen fast keine Lebensmittel, sondern meistens nur Wodka. Ich zeige Ihnen mal, was wir haben. Diese Flasche kostet 330 Tenge.» Sie geht ans Regal und holt die Flasche, die umgerechnet zwei Euro kosten würde. «Ich weiß nicht, ob der Wodka gut ist», sagt sie, «aber alle sagen, er ist gut. Und den Russen gefällt er.» Und dann holt sie noch eine Sorte, die nur einen Euro kostet. Ob man den wirklich trinken könne? Sie wischt alle Zweifel beiseite. «Den mögen die Russen am liebsten. Man trinkt ihn sogar in Saratow.» Sophia ist der erste Mensch auf unserer Reise, der gelernt hat, dass man von den neuen Grenzen auch profitieren kann. Keiner im Dorf hat so sehr die Zeichen der Zeit erkannt. Sie verspricht uns Rabatt für den Fall, dass wir wiederkommen. Wir scheiden als Freunde von Sophia – denn das zeichnet den Reisenden von Welt aus, dass er überall gute Einkaufsquellen kennt. Das gilt umso mehr, wenn man durch die Steppe reist.

Am Abend steigen wir in den Zug zur Weiterreise an den Aralsee. Im Westen steht die rötliche Sonne flach über der Steppe. Man meint die Kälte selbst durch die Fenster des geheizten Abteils zu spüren. Alle Herrscher Russlands haben diese endlose Weite stets auch als Kerker benutzt. Wer hier ausgesetzt wird, kann nicht fliehen. Die Zaren sandten aufständische Polen hierher in die Verbannung. Das aber war nur ein trauriges Vorspiel für die Schrecken der kommunistischen

Zeit. Viele, unendlich viele Menschen wurden in kalten Güterwagen nach Kasachstan transportiert. Häftlinge aus der Zeit des Terrors unter Stalin landeten, wenn sie nicht gleich erschossen wurden, in der Steppe Kasachstans. Auch viele deutsche Kommunisten, unter ihnen Margarete Buber-Neumann, die in ihrer berühmten Autobiographie die Qualen beschrieb, gingen diesen Weg. Später waren es ganze Völker, die Wolgadeutschen, die Tschetschenen und Inguschen, die in der Steppe ausgesetzt wurden. Die Alten im Kaukasus wissen noch von der Tortur zu berichten. Viele kamen schon auf dem Transport um, viele starben, weil sie den ersten Winter in Erdlöchern überstehen mussten, am Hunger und an der Kälte. Einmal mehr wird es zur Gewissheit: Es gibt kaum einen Ort auf unserer Strecke, auf den der Schatten Stalins nicht gefallen ist.

Wir hingegen reisen in der gediegenen Ausstattung eines DDR-Waggons und erleben Gastlichkeit wie im guten Hotel – nur herzlicher. «Was darf ich Ihnen bringen?», fragt Nadeschda, die mandeläugige kasachische Zugkellnerin, durch die geöffnete Tür. Sie bietet russische Soljanka sowie kasachischen Plow an und nimmt die Bestellung entgegen. «Einen Moment», sagt sie und huscht strahlend davon. Man sinnt ihr nach und denkt, was für herrliche Urlaube in diesem gastfreundlichen Land zu verbringen wären, wenn Kasachstans Meer noch ein Meer wäre.

Der Zug hält um zwei Uhr morgens und entlässt uns unter herzlichen Abschiedsworten des Zugpersonals in die düstere Kälte der Nacht. Wir sind in einer Hafenstadt gelandet, aber nicht von der Art, wie sie uns in romanverliebten Träumen erscheinen. Die Straßen sind dunkel, bis auf ein paar verlorene Lichtgirlanden. Wären nicht einige Gruppen von lärmenden Jugendlichen noch unterwegs, auf der vergeblichen Suche nach einem Ereignis, irgendeinem – man könnte meinen, in einer verlassenen Gespensterstadt angekommen zu sein. Und auch das Hotel hat eine zwingende Art, die Wirklichkeit zu präsentieren.

Einst mag das erste Haus am Platz in Aralsk gute Tage gehabt haben. Jetzt empfängt uns eine müde und missmutige Frau im kalten Foyer und empfiehlt, die Zimmer anzuschauen. Aber letztlich bleibt nicht viel Auswahl. Die einen haben kein Wasser, die anderen sind lange nicht gereinigt. In allen hat sich schon der Frost eingenistet. Die Kälte dringt wie ein stetig rieselnder Bach durch Mauerwerk und Fenster. Es bleibt nur der Rückzug in den Schlafsack. Dann erinnert die Matratze immer noch daran, dass sich hier schon viele Generationen von Reisenden gebettet haben. Ein gastliches Haus können die Frauen, die tagsüber resigniert am Tresen zusammensitzen, nicht mehr bieten, weil sich keiner mehr für das Hotel richtig verantwortlich zeigt. Am letzten Tag des Aufenthaltes stellen sie den Service ganz ein. Nicht einmal trockenes Brot haben sie noch im Angebot. Der Staat baut auf privatwirtschaftliche Initiative. Aber hier fehlt dazu die Energie, denn Aralsk hat den Grund seiner Existenz verloren. Die Stadt, die ihren stolzen Namen nach dem Aralsee bekommen hat, der in der ortsüblichen Bennennung sogar mit dem Titel «Meer» geadelt wird, hat jeden Stolz verloren. Sie ist eine Siedlung im fortgeschrittenen Verfall. Aralsk ist der Schauplatz einer der größten ökologischen Katastrophen des letzten Jahrhunderts.

Die Stadt am Meer hat ihr Meer verloren. Die Hafenstraße, flankiert von einstöckigen freudlos wirkenden Häusern, an die sich schiefe Ställe anlehnen, mündet in ein leeres Becken. Ein kleiner Schlepper und drei Fischerboote stehen aufgebockt im Schnee, ein Museum der Schifffahrt, die die Stadt einmal mit Wohlstand segnete. Auf der gegenüberliegende Seite des Beckens erstrecken sich die verlassenen Hallen einer Fischfabrik. Wie ein langer dunkler Schatten hebt sie sich gegen die Morgensonne ab, als sei sie selbst ein gestrandeter Riesenfisch. Die Hauptstraße mag mit zweistöckigen, zum Teil vor der Revolution gebauten Bürgerhäusern einmal ein stattliches Bild abgegeben haben. Jetzt wähnt man sich in einem Armenviertel. Alte Frauen stehen auf den Bürgersteigen, zu ihren Füßen ein kleiner Hocker, auf dem sie ein Warenangebot aus nutzlosem Tand ausgebreitet haben. Weil sie von ihrer Pension nicht leben können, stehen sie jeden Tag in der Kälte und warten auf Kunden. Auf einer hohen Säule thront über allem das Bild des kasachischen Präsidenten Nasarbajew. Umstanden von glücklichen Bäuerinnen, weist er mit zuversichtlich strahlendem Gesicht den Weg aus der unglücklichen Gegenwart. Wir werden solchen Bildern noch oft begegnen und sogar fern im Osten des Landes in den großen Städten ein Stück der verheißenen Zukunft erblicken. Doch von Aralsk ist sie weit entfernt.

Vor dem Tor zum Markt stehen Frauen aufgereiht wie eine Kompanie. In großen Kunststoffflaschen bieten sie Milch von Kühen und – eine kasachische Spezialität – auch von Stuten und Kamelen an. Ein Überangebot, dem es an Käufern mangelt. Sie stehen da mit ausdruckslosen Gesichtern, den Blick in eine unergründliche Ferne gerichtet. Ein Markt, auf dem jeder jedem etwas zu verkaufen sucht, denn eine andere Arbeit gibt es nicht mehr.

Aus einer Ecke erklingen melancholische Weisen. Dort sitzen, alte Lieder summend und dem Schicksal trotzend, die Fischfrauen des Marktes. Zu ihren Füßen liegen kleine Haufen steif gefrorener Barsche, denen das Blut wie ein Mantel auf den Schuppen klebt. Fische gelangen noch hierher, obwohl der See fast verschwunden ist. Jeden Tag, sagen sie, würden sie frischen Fisch bekommen. Wie weit es denn bis zum Wasser sei? Die Frau schaut etwas ratlos und hört sich bei den Nachbarinnen um. Dann sagt sie: «Ich selbst weiß es nicht. Aber sie sagen, 120 Kilometer.» So weit hat sich das Wasser zurückgezogen.

Es war die Zeit, als das Moskauer Politbüro noch meinte, nicht nur die Völker der Welt beherrschen zu sollen, sondern auch die Natur. Man hatte den Plan, die großen Flüsse Sibiriens, die so nutzlos in die polaren Meere strömen, nach Süden umzulenken, um mit dem Wasser aus den Steppen einen fruchtbaren Garten Eden entstehen zu lassen. So hartnäckig hat sich diese Vision in den Köpfen festgesetzt, dass sie vor gar nicht langer Zeit aufs Neue vorgebracht wurde, weil wieder die Krankheit patriotischen Größenwahns grassiert. Damals hat man schließlich von dem unvorstellbaren Experiment abgesehen. Doch der Aralsee wurde noch ein Opfer dieses gigantomanischen Denkens. Seine Zuflüsse versiegten, weil das Wasser auf Felder abgeleitet wurde, um Baumwolle anzupflanzen. Seit 1960 hat sich das Wasser immer weiter zurückgezogen. Seitdem peitschen im Sommer salzige Sandstürme das Land, machen die Menschen krank und lassen die Steppe sterben.

Eines langen Tages Reise, auf der Suche nach einem verlorenen Meer. Am Anfang kann sich der UAS, die unverwüstliche sowjetische Variante des Jeeps, noch an eine Straße halten. Im trüben Dunst des Morgennebels tauchen die gespenstisch wirkenden Ruinen eines großen sowjetischen Kasernengeländes auf – als habe ein fürchterlicher Krieg die Gebäude in eine Trümmerlandschaft verwandelt. Die Armee hat bei ihrem überstürzten Rückzug nach dem Zusammenbruch der Sowjetunion die Unterkünfte selbst gesprengt. Den Rest der Zerstörung besorgten die Bewohner von Aralsk. Sie filetierten die leeren Ruinen, meißelten den Stahl aus dem Beton und rissen die Rohre aus den Mauern heraus, um sie zu verkaufen. Auch das diente dem Broterwerb in diesem verlassenen Ödland. Die Armee habe damals, so heißt es immer wieder, auf einer Insel im Aralsee sogar ein Laboratorium für biologische Kampfmittel unterhalten. Auch jetzt gebe es in der Region noch Lagerstätten. Soweit wollen wir nicht. Almatbek, zu deutsch «Fürst des Apfels», ist unser Fahrer. Er will uns zu seinem Bruder bringen, der noch Fischer ist.

Die Sonne bricht durch den Nebel und öffnet die Sicht auf eine kilometerweite Senke. Es ist eine Begegnung der unglaublichen Art. Kein Maler hätte die Komposition ersinnen können. Die Kamele, der Schnee und die Wracks. Im strahlenden Weiß liegen die großen rostigen Fischerboote wie Fremdkörper aus einer anderen Welt. Zwischen ihnen schreiten gravitätischen Schrittes Scharen von Kamelen herum, als seien sie die Wächter eines vergessenen Heiligtums. Almatbek hat die Schiffe noch schwimmen sehen. «In den Zeiten, als hier noch das Meer war», sagt er ehrfürchtig, «sind hier viele Schiffe über das große Wasser gefahren. Aber als das Wasser zurückging, blieben sie einfach liegen, wo sie gerade waren.» Da seien die Fischerleute zu Fuß nach Hause gewandert.

Es ist Abend geworden, als wir das Dorf seiner Kindheit erreichen. Ein paar Häuser, über deren Dächern der Rauch aufsteigt, stehen auf einem Hügel, der sich über der Ebene erhebt. Dazwischen sind Ruinen zu erkennen. Mehr als die Hälfte der Lehmhäuser ist verfallen. Ihre Bewohner sind geflohen, als das Wasser immer weiter zurückfiel. Zwischen den geborstenen Mauern suchen sich einige Kühe den Weg in den heimatlichen Stall. Eine Herde Kamele, die offensichtlich von mehr Eigensinn geleitet ist, wird von einem Hirten in ein umzäuntes Geviert getrieben. «Wölfe tauchen hier nachts auf», sagt Almatbek, «wir können die Kamele nicht draußen lassen.» Es ist empfindlich kalt geworden. «Oh», meint unser Freund vielsagend, «was Kälte wirklich ist, werdet ihr morgen erfahren, auf dem Eis.»

Im Haus des Bruders herrscht wohlige Wärme. Während das Essen auf dem Teppich angerichtet wird, erzählen sie, dass in ihrer Kinderzeit die Wellen noch direkt unterhalb des Hauses an den Strand schlugen. «Ich habe sie im Schlaf gehört», sagt Almatbek, «ich träume noch heute vom Gesang des Wassers.» Draußen ist es still. Nur die mahlenden Zähne der Kamele sind zu hören, denen Heu vorgeworfen wurde. Über die weiße Landschaft wölbt sich ein Sternenhimmel so klar, dass man sich dem Weltraum näher fühlt als jeder Zivilisation. Die Versorgung des Dorfes mit elektrischen Strom wurde schon vor vielen Jahren eingestellt. Auch ein Telefon würde man vergeblich suchen. Im Haus aber wird das «Fünf-Finger-Gericht» serviert, so werde die Mahlzeit genannt, sagt Almatbek, die würdigen Gästen nach ihrer Ankunft zukomme.

Um das Band der Gemeinschaft enger zu knüpfen, essen, beim Licht der Petroleumlampe, alle mit der Hand aus einer großen Schüssel. Alle – bis auf die Frauen, die in der Küche bleiben müssen. Selbst der zweijährige Sohn des Hauses darf sich mit zu den Gästen gesellen. Hier werden die Sitten der Väter noch gepflegt, denkt man und bewundert den Vater, der gelassen zuschaut, wie der Erstgeborene im hohen Bogen auf den Teppich pinkelt. Während Hausherr Jassan zur Dombra greift, der kasachischen Variante der Gitarre, kreist das Glas.

«Aldawei» sagen sie anstelle des deutschen «Prost» und berühren mit dem Zeigefinger das Glas desjenigen, der den Toast gesprochen hat. Eine anmutige Geste der Zustimmung und Verbundenheit.

In kalter Röte steigt am nächsten Morgen die Sonne über den Horizont. Dem Auge bietet sich ein erhabenes Schauspiel. Doch der schneidende Wind macht klar, dass er diesen Tag beherrschen wird. Drei Kamele staksen über die Dorfstraße. Sie ziehen hinaus in die Steppe, um sich unter dem Schee ihr karges Frühstück zusammenzusuchen. Im Hof des Hauses ertönt ein fremdartiges Fauchen. Almatbek hat seinen Kopf unter die Kühlerhaube des Autos gesteckt und versucht mit der Flamme eines Lötkolbens den Motor aufzutauen. Es gibt kein Thermometer im Haus. Aber wir hätten gewarnt sein können. Noch nicht einmal am Polarkreis haben wir erlebt, dass die Motoren einfrieren.

Diese Steppe scheint nicht für den Menschen gemacht zu sein, und dort, wo er meinte, sich als ihr Herr und Meister aufspielen zu sollen, wurde er bitterlich bestraft. Die Entscheidung, die Zuflüsse zum Aralsee für die Bewässerung von Wüsten zu nutzen, fiel in Moskau. Blinde Fortschrittsgläubigkeit ließ die Grenzen der Natur nicht gelten. So begann das Sterben des Aralsees, dem nun zu wenig Wasser zugeführt wurde. Die Natur geriet aus dem Gleichgewicht. Vom Haus aus, dort, wo einst die Wellen gegen das Ufer schlugen, blickt man auf eine weite Ebene – nicht zu unterscheiden, wo das Land aufhört und das Eis des Sees beginnt. In weiter Ferne erheben sich steile Felsen über die weiße Einöde. Irgendwo dorthin in die Weite will Jassan, der sich am Abend zuvor in unsere Herzen gesungen hatte, aufbrechen. Dort, wo unter Schnee und Eis noch Wasser flutet, haben er und seine Freunde die Netze ausgelegt.

Nach langen Mühen springt der Motor des UAS-Geländewagens an. Das erste Stück Weges zum Wasser wird im Auto zurückgelegt. Dort, wo der salzige Boden trotz des bitteren Frostes unberechenbar wird, sollen wir umsteigen auf ein Motorrad, ein Veteran der sowjetischen Technik, unverwüstlich. Hadyrbei ist der Kapitän des

Gefährtes, ein hochgewachsener, verwegen blickender Fischer mit stark mongolisch geschnittenem Gesicht, als sei er ein direkter Nachfahre von Dschingis Khan. Und ebenso steuert er auch sein Gefährt über Schnee und Eis, in wilder Jagd, als reite er an der Spitze einer voranstürmenden Pferdehorde. Mal hebt sich der Beiwagen, in dem er Netze und Kästen für den Fang transportiert, und die wilde Jagd droht in einem rasanten Sturz zu enden. Dann lehnt sich der mongolische Held zum Beiwagen hinüber und drückt das äußere Rad nach unten, behände wie die kühnen Reiter, die in vollem Galopp sich vom Pferderücken zum Boden neigen, um ein Opfer zu ergreifen. Dem Beifahrer bleibt bei aller Würdigung der angeborenen Geschicklichkeit bei jedem Manöver fast das Herz stehen. Dass auch der eisige Wind zur Begleitung gehört, wird erst nach der Ankunft an den Fischlöchern spürbar. Er fegt über das Eis und schneidet wie mit Rasierklingen in die Haut.

Während die drei Fischer das Netz aus dem ersten Eisloch ziehen, erzählen sie, dass der Fang im Laufe der Jahre nicht schlechter geworden sei. Kleine Plattfische haben sich im Netz verfangen. Sie sagen, es sei Heilbutt, und jedenfalls die beiden großen Hunde, die schwanzwedelnd das Abenteuer begleiten und sogleich ihren Anteil an der Beute bekommen, scheinen vom delikaten Geschmack überzeugt zu sein. Unsere Gastgeber erzählen, dass die meisten Fischer fortgezogen seien. Jassan und seine beiden Freunde sind dem Aralsee treu geblieben. Und es kann sein, dass ihre Treue belohnt wird. Sie berichten von einem Damm, den die Regierung zwischen dem nördlichen und dem südlichen Teil des geschrumpften Gewässers gebaut habe. Der Zufluss vom nördlichsten der in den See mündenden Ströme soll wieder gesichert werden. Dann würde das Wasser jedenfalls im nördlichen Teil des Sees wieder steigen. «Dann würde unser Leben besser werden», sagt Jassan, «und wir brauchen nicht mehr viele Kilometer zum Wasser zu fahren.» So ganz sicher ist das Unternehmen nicht. Denn einmal sei der aufgeschüttete Damm schon wieder gebrochen.

Wir glaubten, dass uns Kälte nach vielen Reisen in den Norden nie mehr beeindrucken würde. Wir sahen zu, wie die drei Fischer, die vom Frost verbrannten schwarzen Gesichter nach vorne geneigt, das Netz Meter um Meter aus dem Eisloch zogen. Sie waren vermummt, doch an den Händen trugen sie nur Gummihandschuhe, um die Fische aus dem feinen Gespinst des Netzes zu lösen. Weiße, flache Fische, die einen schnellen Kältetod starben, sobald sie der eisigen Luft ausgesetzt waren. Wir folgten den Fischern von Eisloch zu Eisloch. Als nach Stunden die Netze geleert und neu ausgelegt waren, geriet der Vormittag zum Lehrstück: Was geschieht, wenn der Körper der Kälte nicht mehr standhält, die Hände nicht mehr gehorchen, sie nicht einmal mehr einen Handschuh zu fassen vermögen?

Da war es schon zu spät für «Aldawei», den Trinkspruch der Fischer, die mit einer Flasche Wodka zum Imbiss luden. Sie schoben dem Fremdling Brot und Fisch in den Mund und hoben das Glas an seine Lippen, um ihn trinken zu lassen. Er selbst vermochte die Nahrung schon nicht mehr zu sich zu nehmen. Da war ihm auch schon die Aussicht auf den Motorradritt zurück aufs Festland gleichgültig. Überhaupt alles war gleichgültig. Nur irgendwie fort aus dieser Öde, die mit ihrer Kälte am lebenden Menschen nagt. Am Ufer, dort, wo der Jeep gewartet hatte, nahm die Wiederbelebungsaktion mit «Aldawei»-Sprüchen ihren Fortgang. Und irgendwann kehrten auch die Lebenskräfte zurück. Nirgendwo, nicht einmal in Dikson weit nördlich des Polarkreises an der Karasee, war der eisige Wind zu einer solchen Folter geworden. Die Fischer aber sind jeden Tag auf dem Eis. Denn sie müssen ihren Unterhalt im Winter verdienen. Im Sommer würde der Fisch auf dem Weg in die weit entfernte Stadt verderben. Das Sterben des Meeres hat unsere Freunde in archaische Lebensverhältnisse zurückgeworfen. Die missbrauchte Natur hat sich gerächt. Aber sie trifft nicht die Schuldigen. Weil der Horizont so weit und die Steppe so endlos ist, so groß auch die Entfernung zu den russischen Städten, wurden die Flächen Kasachstans gern als Experimentierfeld genutzt.

Geheimnis in der Steppe: Baikonur

Nur 200 Kilometer entfernt der Sprung in die Gegenwart – Sonnenaufgang in einer ganz anderen Welt. Der Feuerball steigt über den flachen Horizont. Aber davor schieben sich schemenhaft riesige Radarantennen ins Bild. Während der nur ein paar Stunden dauernden Autofahrt von Aralsk nach Baikonur blieb der Winter zurück. Lehmig-braune, mit verdorrten Sträuchern bestandene Wüste tritt an die Stelle der von Schnee bedeckten Ebene. Hinter uns liegt das Dorf am sterbenden Aralsee mit seinem archaischen Leben, von dem fast alle technischen Fortschritte, die der Sozialismus einst gebracht hat, abgeblättert sind. Vor uns jener Ort, an dem ein neues Zeitalter begann, damals, als die Sowjetunion nach den Sternen griff.

Am 4. Oktober 1957 meldete die Nachrichtenagentur Tass, die Sowjetunion habe eine Rakete in den Weltraum geschickt und einen Satelliten in eine Umlaufbahn gebracht. Rund um den Globus standen damals des Nachts die Menschen im Freien und suchten am Sternenhimmel dieses unheimliche Wunderwerk sowjetischer Technik zu entdecken.

Dann ging es Schlag auf Schlag. Nur vier Wochen später, im November, wurde die Hündin Laika als erstes irdisches Wesen in den Weltraum geschleudert, wobei ihr unglückliches Schicksal keine Gelegenheit bot, das Heldentum mit angemessener Belohnung zu würdigen. Mit Staunen, in das sich Angst und Sorge mischte, verfolgte die westliche Welt den östlichen Aufbruch ins Universum. Im April 1961 schließlich flog Juri Gagarin als erster Mensch ins All. Das Land, in dem die Produktion eines funktionierenden, nicht tropfenden Wasserhahnes bei den Bewohnern einen Freudenrausch ausgelöst hätte, hatte Pionierleistungen erbracht, die Washington, Paris und London schaudern ließen.

Der Ort, von dem die Reisen ihren Ausgang nahmen, ist Baikonur in der kasachischen Steppe. Damals wussten im Ausland allenfalls die Geheimdienste, wo dieser geheimnisvolle Flecken zu suchen ist. Selbst in der Sowjetunion kursierten nur vage Vorstellungen. Denn auf Landkarten waren weder die Stadt noch das Versuchsgelände eingezeichnet. Reisenden, die mit dem Zug in die Hauptstadt der Kasachen fuhren, entzogen Hügel den Blick auf die Montagehallen und Startrampen. Und doch war es eben diese Anbindung an das Schienennetz in tiefer, einsamer Steppenwildnis, die den Ort für das Militär so verlockend machte.

Während die Schwärze der Nacht nach Westen zurückweicht und das blaue Licht des empfindlich kalten Morgens der Landschaft Konturen gibt, ist schon zu erkennen, dass es nicht die Reize der Natur sind, die diesem Schauplatz zu historischer Prominenz verhalfen: Leichte Bodenwellen, die kärglich mit vertrocknetem Gras und Gesträuch bewachsen sind. Es ist ein trostlose Landschaft, die durch die in weitem Abstand stehenden, blau gestrichenen Hallen nicht an Menschenfreundlichkeit gewinnt. Ein großer Pulk von Besuchern wird mit Bussen zu einer dieser Hallen gefahren. Es gilt einen feierlichen Moment zu zelebrieren.

Bei Schiffen würde man es einen Stapellauf nennen. Aber der Vergleich stimmt nicht. Denn die Jungfernreise der «Proton»-Rakete wird gleichzeitig ihr letzter Gang. Die weiten Tore öffnen sich und als Erstes ist eine Lokomotive zu sehen. Im Schritttempo zieht sie das Ungeheuer aus der Halle. Vornweg schreiten die Konstrukteure der Rakete auf den Schienen. Das ist der letzte Dienst, den sie ihrem Schützling auf Erden erweisen können, zu kontrollieren, ob nicht etwa ein Stein auf den Schienen liegt, der die Prozession gefährden könnte. Während die Sonne höher steigt, zieht die Lok das auf einem Spezialwaggon ruhende Monstrum zur Startrampe. Dort wird es in ein paar Tagen nach letzter technischer Überprüfung von seinen haushohen Triebwerken in den Himmel gehoben, getragen von aufbrausendem Flammenstoß und Getöse. Die Stunde der Geburt ist auch die Stunde des Abschieds ohne Wiederkehr. So ist der Eindruck sicher nicht abwegig, dass die Fahrt zur Startrampe wie ein Opfergang erscheint.

Im staunenden Publikum, das sich zu dem frühen Schauspiel versammelt, sind auch amerikanische Stimmen zu vernehmen. Sie sind die Kunden. In der – gemessen am mächtigen Rumpf – fein wie eine Nadel wirkenden Spitze der Proton wird ein amerikanischer Satellit in den Weltraum befördert. Auf dem einst von Militärs beherrschten Gebiet, dreimal so groß wie das Saarland und so verschlossen, wie sowjetische Generäle ein Territorium nur verschließen konnten, hat eine staatliche Agentur das Kommando übernommen, die sich im internationalen Wettbewerb behaupten will. 1955 entschied Moskau, in der einsamen Steppe Kasachstans ein Raketenzentrum zu erbauen. Zwanzigtausend Soldaten wurden für den Bau in Marsch gesetzt. Nur zwei Jahre später gelang der spektakuläre erste Sprung in den Weltraum. Zwölftausend Spezialisten arbeiteten hier in besten Zeiten an Raketensystemen, um den Amerikanern die Herrschaft im Weltraum streitig zu machen. Was man für einen «Krieg der Sterne» eben so braucht. An Geld hat es in jenen Jahren nie gemangelt. Die Militärs nahmen sich, was sie zu brauchen meinten. Der Absturz aus den höchsten Höhen patriotischer Wertschätzung kam in den neunziger Jahren. Die unerschöpflich scheinenden Geldquellen versiegten über Nacht. Nicht einmal zivile Projekte konnten noch weiter verfolgt werden. Wie ein lahmer Vogel, mit hängenden Flügeln, steht der Weltraumgleiter «Buran» auf dem Gelände, ein Wrack, das nie eine Reise erleben durfte. Die letzte Niederlage erfuhren die einst so Mächtigen im März 2001, als die Weltraumstation «Mir» über dem Stillen Ozean verglühte, weil Russland sich ihren Unterhalt nicht mehr leisten konnte.

In den neunziger Jahren, nach dem Zerfall der Sowjetunion, schien dieses Heiligtum der sowjetischen Militärs, für das so viel Volksvermögen geopfert worden war, dem Untergang nahe. Moskau hatte mit dem Geld auch das Interesse verloren. Sechzigtausend Menschen lebten damals in der Stadt, ausschließlich Militärangehörige und ihre

Familien. Sie alle gerieten in den Strudel des Verfalls, der sie in den Abgrund zog. Lohn und Sold wurden nicht mehr gezahlt. Die Wohnblocks verfielen. Russland wusste selbst nicht, wie es mit dem Gelände verfahren konnte, denn mit dem Untergang der Sowjetunion lag Baikonur auf dem Territorium eines anderen souveränen Staates. Die Kasachen hatten schon früher über die Gefahren und die Vergiftung der Natur, die von den Raketenstarts herrührten, geklagt. Moskau unterzeichnete zunächst einen Pachtvertrag, der bis zum Jahr 2017 den Raketenkomplex sichert. Zugleich entzog die Regierung den Militärs die Verantwortung und reduzierte das Personal. In die einst hermetisch vom Geheimdienst abgeschottete Stadt sind fröhliche Kasachen gezogen.

Heute leben nur noch viertausend Soldaten, ausschließlich wissenschaftliche Spezialisten, in der Stadt. Am Abend treffen wir in einer Wohnung mit einer kleinen Runde zusammen. Auch heute noch sind sie voller Empörung. Zwar sind ihre Häuser, wenigstens auf der Seite der Straßenfront, wieder leuchtend gelb gestrichen. Sogar eine Pizzeria hat ihre Pforten geöffnet. Aber es ist nicht mehr ihre Stadt. Ihre Arbeit übernehmen Zivilisten, und eigentlich sind sie überflüssig in Baikonur. Doch sie wissen nicht wohin. Nur Koryphäen hatten das Recht, gleichzeitig in Moskau und in Baikonur eine Wohnung zu haben. «Wenn in Russland etwas verändert wird», sagt einer aus dem Kreis, «dann sind es immer die Kleinen, die die Rechnung bezahlen. Sie achten weder die geleistete Arbeit noch unser Leben.»

Jedenfalls in Baikonur hat das Militär am Ende den Wettkampf mit der amerikanischen Konkurrenz verloren. In einem Museum sind alle Heldentaten festgehalten. Die Kargheit der Flugkörper, die Ausrüstung Juri Gagarins auf dem ersten Flug durch das Weltall zeugen von einer bestechenden Schlichtheit, als würden Traktoren in ein Formel-1-Rennen an den Start geschickt. Aber zumindest in der ersten Runde, bis die Amerikaner nachzogen und sogar auf dem Mond landeten, haben die Traktoren gewonnen. Leider liegt das Museum hinter strengen Sicherheitskontrollen. So weit geht die Öffnung doch noch nicht, als dass man es freigeben wollte für den allgemeinen Verkehr. Zu betrachten sind dort sogar Berichte von den Katastrophen, die auch der sowjetischen Raumfahrt nicht erspart blieben und von denen eine mindestens vermeidbar war: 1961 erschien ein Marschall zu einem Raketenstart. Er rückte seinen Stuhl, von dem aus er das Schauspiel betrachten wollte, unmittelbar in die Nähe der Rampe, und keiner wagte ihn darauf hinzuweisen, dass ein größerer Abstand geboten sei. Alle Offiziere stellten sich zu ihm. Alle kamen um, als die Rakete explodierte.

Irgendwie fühlt man sich an das Zeitalter der Dinosaurier erinnert – die Dimensionen der Gebäude, der Rampen und Raketen. Aber ein Friedhof ist Baikonur nicht geworden. Die Jahre der Depression auf dem Raketengelände sind vorüber. Der frische Anstrich der Gebäude ist dem kommerziellen Erfolg zu danken, den die russische Weltraumagentur «Roskosmos» erfährt, und – so muss man folgern – der soliden Vorarbeit in den vorangegangenen Jahrzehnten. Das grüne Stahlgerüst am Startplatz der «Sojus» erhebt sich haushoch in den blauen Himmel. Kurz bevor die Triebwerke gezündet werden, wird es zur Seite geklappt. Gleichwohl bleibt es im Zentrum der Feuersbrunst. In den siebziger Jahren ist die Rampe errichtet worden. Damals meinte man, dass sie nur ein paar Starts überstehen würde. Inzwischen hat sie fast fünfhundert erlebt.

Alexej Wassiljew, ein zarter, schmächtiger Mann, der seine freundlichen Augen hinter einer Brille verbirgt, kann sich von Baikonur nicht trennen, obwohl er längst Rentner ist. Man sieht ihm nicht an, welch große Last an Verantwortung auf seinen schmalen Schultern ruhte. Er war in Baikonur fast von Anfang an dabei. Die meiste Zeit seines Arbeitslebens hat er in Konstruktionsbüros verbracht und sich zum Direktor der «Sojus»- und «Proton»-Programme emporgearbeitet. Aber sein Denken folgt erkennbar eher den Bahnen eines engagierten Wissenschaftlers als denen eines Militärs. Die Eroberung des Weltraums sei damals in den fünfziger Jahren ein ideologisches, ein politisches Ziel gewesen. Es sollte demonstrieren, welches der beiden Systeme das leistungsfähigere sei. «Der 4. Oktober, der Tag des ‹Sputnik›-Starts, war nur mit dem 9. Mai, dem Tag des Sieges zu vergleichen.» Der Wettbewerb mit den Amerikanern habe nie aufgehört, auch wenn man jetzt zusammenarbeite. «Wenn irgendwo anders ein Unglück passiert», er spricht vom Verglühen der Raumfähre «Columbia» über den USA, «dann ist das auch unsere Katastrophe.» Von dieser Startrampe, er weist auf das grüne Gerippe über seinem Kopf, seien in den letzten Jahren nach dem «Columbia»-Unglück die «Sojus»-Raketen gestartet, um die internationale Raumstation zu versorgen. Vielleicht werde man sogar zusammen zum Mars fliegen. Die Startrampen in Baikonur stünden schon bereit. «Ob ich das noch erlebe, weiß ich nicht.» Er jedenfalls hat mit den einstigen Rivalen seinen Frieden geschlossen.

Jenseits der glorreichen Raumfahrterfolge nahm der normale Sowjetbürger gelegentlich Anstoß an dem Aufwand für Abenteuer im Kosmos, wenn ihn die vergebliche Suche nach den Gebrauchsartikeln des Alltags in die Verzweiflung trieb. Wir sprechen von dem endlos karikierten, janusköpfigen Antlitz der Sowjetunion, das der einfache Bürger gelegentlich nur noch als höhnische Grimasse wahrnahm. Die sowjetischen Wunder im Weltraum erschienen in dieser Hinsicht nicht mehr so wunderbar, sondern als abwegiger Luxus. Man fühlte sich in der Rolle des Bürgers eines so stolzen Landes, wohl nicht zu Unrecht, ungeliebt und vernachlässigt vom Staat.

Wir versuchen das Rätsel mit Hilfe von Michail Tarbassanow zu lösen. Er lebt seit fünfundzwanzig Jahren in Baikonur und war Zeuge von Aufstieg und Niedergang. Er ist uns als Führer beigegeben und zeigt sogar die Halle, in der eine «Sojus»-Kapsel für den nächsten Flug vorbereitet wird. Nichts, was dem Laien spektakulär erscheint. Das Weltraumgefährt ist von einem hohen Gerüst umschlossen, zu dessen Füßen Wissenschaftler in weißen Kitteln in kleinen Gruppen an Tischen sitzen und gelassen Gespräche führen. Das Bild entbehrt jeder Anspannung und Hektik. So sitzen auch Rentner im Park beieinander. In Erinnerung bleibt dagegen eine junge Frau, die mit einem großen Wischlappen den grünen Boden feudelt. In weiten Schwüngen führt sie den Lappen hin und her, ohne ihn ein einziges Mal auszuwringen oder abzuspülen. So wird auch in russischen Bahnhöfen oder Abflughallen von Flughäfen der Schmutz umverteilt. Das Bild ist vertraut – wenn auch hier in ungewöhnlicher Kulisse.

Michail, unser Führer, leitet uns ehrfurchtsvoll durch die Halle, wie durch die Gewölbe einer alten Kirche. Eine weihevolle Stille liegt über dem riesigen Raum, in dem die Menschen wie Zwerge erscheinen. Michail berichtet mit ernster Miene, wie teuer es Russland käme, jetzt nach dem Unglück der amerikanischen Weltraumfähre auch noch die Versorgung der internationalen Weltraumstation zu übernehmen. Überhaupt ist er ein ernster Mensch. Aber unsere Frage, die fast jeden in der Sowjetunion lebenden Menschen leidvoll beschäftigte, löst anhaltende Heiterkeit bei ihm aus. Wie also sei das gewesen, der technische Fortschritt einerseits und die Primitivität des Alltags?

Weil wir selbst gelegentlich empört darunter gelitten hatten, schieben wir nach: Das sei doch keine westliche Propaganda gewesen! «Nein», sagt er, «das war keine Propaganda. Bis vor kurzem war es auch hier so, sogar viel schlimmer. Wir haben Raumschiffe und Raketen gebaut und dabei in kalten Wohnungen ohne Strom gelebt.» Er erzählt, dass er sein Essen auf einem Petroleumkocher bereitet habe. Andere hätten an offenen Feuern das Essen warm gemacht. «So ein Leben haben wir hier geführt.»

Eine Antwort auf unsere Frage, die auf den tragikomischen Kern sowjetischer Lebensweise zielt, weiß auch er nicht. Er reiht sich einfach bei den Opfern ein, aus deren Masse sich das Volk der Sowjetunion rekrutierte.

Die Steppe ist ein Grab, das viele Geheimnisse birgt. Ein paar hundert Meter von dem Schotterweg entfernt stemmt sich die Ruine einer Moschee dem Wind entgegen. Das Dach ist längst verweht, ein gelber Solitär in der grau-braunen Landschaft. Keine Steine oder Mauerreste verraten, ob hier einmal eine Stadt existierte. Kein Hinweis, woher sie kamen, die sich hier zum Gebet einfanden. Die Geschichte des Volkes der Kasachen geht Jahrtausende zurück. Aber wann die Geburtsstunde des kasachischen Staatswesens schlug, wird noch nicht einmal in offiziellen Schriften genau datiert. Das Land war Eroberern schutzlos preisgegeben. Sie zogen in Wellen darüber hinweg, bis schließlich Russland als Schutzmacht auftrat. Die Vorgeschichte verliert sich im Ungefähren. Schriftliche Überlieferungen sind rar. Selbst Marco Polo vermochte nichts über das Steppenland erzählen, weil er – wohl aus gutem Grund – für seinen Weg nach China eine Route weiter südlich wählte.

Wir fahren mit Arkadi im Taxi über eine holprige Piste. Er führt uns zu einem der Geheimnisse dieser Einöde, zu einem Schatz in der Steppe. Arkadi stammt aus Korea und spricht noch die Sprache seiner Vorfahren. Nach dem Koreakrieg habe man auch heimatlose Koreaner hier angesiedelt. Er sagt, seine Großmutter sei als Gefangene hierher gekommen. Sie war eines der Opfer aus dem unseligen Kapitel des letzten Jahrhunderts, dem Schicksalszopf, der geflochten wurde aus Vertreibung und Flucht, Verbannung und Verschleppung. Ein Wirbelwind, schlimmer als der Sturm in der Wüste, der die Menschen über Kontinente trieb.

Arkadi fährt uns einen Teil des Weges von Baikonur zum nächsten Ziel. Das liegt fern der Eisenbahn, doch nahe genug, um dorthin eine Tagesreise zu unternehmen: Eine Insel der Deutschen in der Einsamkeit. Ölbohrer haben irgendwo in dieser Öde ihr Lager aufgeschlagen. Schon von weitem sieht man die Flamme lodern, die Erdgas verbrennt. Später hören wir, dass den kasachischen Behörden diese Verschwendung von Energie ein Dorn im Auge ist. Sie drohen mit dem Entzug der Lizenz, wenn ausländische Ölgesellschaften nicht Gasleitungen in die nahe gelegenen Städte bauen, um das Gas kommunalem Nutzen zuzuführen.

Kasachstan will nicht mehr wehrloses Opfer der Konzerne sein. Neben den großen Tanks und der in den Himmel fauchenden Flamme liegt wie eine Wagenburg das aus weißen Containern zusammengefügte Lager von Kazgermunai. Den staubigen Reisenden mutet es erstaunlich an, was aus Containern alles zu bauen ist: Zimmer, Duschanlagen, Büros und eine Kantine, die, wie sich später zeigt, diese eher abfällig klingende Bezeichnung nicht verdient. Der Koch kommt aus Frankreich und hat anscheinend auch die Ölgemälde, die an der Wand hängen, mitgebracht. Denn die Gemüsesorten, allen voran Artischocken, gehören nicht zu den landwirtschaftlichen Produkten, die hier beheimatet sind.

Man könnte den Ort für ein extravagantes Domizil von Abenteuerurlaubern halten – warum soll es nicht auch Liebhaber dieser spröden Landschaft geben? –, wüsste man nicht, dass die hier Beschäftigten ihre Arbeit im Winter bei 50 Grad Kälte und im Sommer bei 45 Grad Hitze verrichten müssen. Fast alle von ihnen kommen aus der ehemaligen DDR. Auch der untergegangene Staat hatte sein Geheimnis in der Steppe.

Mirkos stakkatohafte Sprechweise verbirgt seine sächsische Herkunft nicht, auch wenn er behauptet, nun im Emsland zu Hause zu sein. Er empfiehlt den Salzsee als Ziel einer Exkursion, als handele es sich um einen Ort von besonderem Liebreiz. Mit wehender Staubfahne jagen wir in einem Pick-up durch die Steppe. Der Salzsee ist eine trockene, schmutzig weiße Fläche und appelliert an die Phantasie. Der Gedanke an die Schönheit der Natur ist völlig abwegig. Im Frühling, sagt Mirko, würde hier ein Meer von Tulpen blühen. Mirko fährt weiter zu einer Bohrstation, die von einem polnischen Subunternehmer betrieben wird. «Wo das Öl ist», sagt der jungenhafte Ingenieur mit strahlenden Augen, «da sind auch wir zu Hause.» 70 000 Barrel fördert die kleine Insel der Deutschen pro Tag. Sie gehören als Tochter einem französischen Energieunternehmen und hätten im letzten Jahr fünfhundert Millionen Dollar Gewinn gemacht. Es ändert nichts an der Tatsache, dass die Zukunft des kleinen Lagers ungewiss ist.

Kasachstans Erdölfelder sind ein Schlachtfeld. Hier stoßen russische, kanadische, amerikanische Interessen aufeinander. Und chinesische Unternehmen sind auf dem Vormarsch. Schließlich will auch der Hausherr mehr Einfluss gewinnen. Die kasachische Regierung hat Anfang der neunziger Jahre Lizenzen vergeben, als das Barrel Öl für fünfzehn Dollar auf dem Weltmarkt zu haben war. Heute würde man einen anderen Preis verlangen, und die Begehrlichkeit zu einer Nachbesserung wächst.

Wolf-Peter Wruck, auf dieser Station der Ingenieur für Verfahrenstechnik, kommt aus der Altmark, in DDR-Zeiten eine entlegene Region nordwestlich von Magdeburg. Das war das Stammgebiet des DDR-Kombinats für Erdöl und Erdgas. Das entsandte in den achtziger Jahren Geologen ins ferne Kasachstan, und sie wurden fündig. Zum Teil kannte man die örtlichen Experten vom gemeinsamen Studium in Baku oder Moskau. Dieses Netz von Beziehungen ließ sich nach der Wende in Kapital ummünzen. Westliches Geld und östliches Wissen führten 1993 zur Gründung der Gesellschaft. Nun ist der Kampf um das kasachische Erdöl voll entbrannt, und die kleine Insel in der fernen Steppe ist bedroht. Nachdem ein chinesischer Konzern schon eine kanadische Gesellschaft geschluckt hat, steht auch Kazgermunai vor der Übernahme. Den neuen Buchhalter hatten wir schon gesehen, einen Chinesen, der für sich allein beim Mittagessen seine Suppe löffelte. Wruck erzählt, dass die Furcht umgeht, die Chinesen könnten noch mehr Mitarbeiter aus der Heimat mitbringen. «Und was wird dann», fragt er. «Dann braucht uns keiner mehr hier.»

So droht die kleine deutsche Insel, die eine kurze, aber ruhmreiche Geschichte hat, im internationalen Gerangel von Kapitalverflechtungen und einem brutalen Kampf um die letzten Ressourcen zu versinken. Im Juli, drei Monate nach unserem Besuch, waren es nicht die Chinesen, die obsiegten. Das deutsche Unternehmen landete in den Fängen einer kasachischen Staatsfirma. Sie versprach, wenigstens fünf der deutschen Mitarbeiter noch zeitweilig zu beschäftigen. In den deutschen Zeitungen wurde nicht davon berichtet. Aber irgendwo in der fernen Steppe Kasachstans verschwand ein Stück Hinterlassenschaft der DDR, obwohl es sich nach der Wende so vielversprechend zu behaupten schien.

Aus der Luft betrachtet, gleichen die Züge langen Raupen, die ihren fast schnurgeraden Kurs verfolgen. Im Zug aber ist man ganz den wiegenden Bewegungen des Waggons ergeben, geschützt vor kaltem Steppenwind oder sandigem Sturm. Nur aus dem Fenster möchte man nicht immer schauen, so wenig Trost findet das Auge.

Und doch, so einförmig die Steppe auf den ersten Blick erscheint, verändert sie ihr Aussehen. Am Anfang war es eine endlose Schneewüste, dann zog sich der Schnee zurück und die braune Halbwüste bedrängte den Blick. Jetzt ist das Gebüsch enger geworden, der Graswuchs dichter. Gelegentlich tauchen Schafherden auf oder Scharen von Kamelen, die unverwandt auf den vorbeirollenden Zug starren. Wasserarme durchziehen das Weideland. Wir nähern uns dem Süden des Landes, wo der Boden fruchtbar ist und seit Jahrtausenden Menschen gesiedelt haben.

Turkestan ist die nördlichste Stadt aus dem Einzugsgebiet der Seidenstraße. Von der morgenländischen Geschichte ist im Stadtbild wenig geblieben. Die Hauptstraße trägt den morbiden Stempel sowjetischer Urbanisation. Die drei- und vierstöckigen Wohnblocks sind vom Verfall gezeichnet. Ein Taxifahrer sagt lachend, die Straßen würden aussehen wie ein Minenfeld. Es gebe viel Geld im Land, aber es bleibe in der neuen Hauptstadt Astana. Wenig wäre von dieser Stadt zu sagen, gäbe es nicht in ihrer Mitte ein seltenes Kleinod: das Mausoleum für den islamischen Weisen Achmed Wasawi. Als ein Asket und Humanist wird er in den örtlichen Schriften gepriesen, dessen Aufsätze und Verse immer noch gelesen würden.

Tamerlan, auch unter dem Namen Timur Lenk bekannt, ließ zweihundert Jahre nach dem Tod des Weisen jenes Mausoleum errichten, das heute der Stadt Turkestan zu überleben hilft. Gläubige aus dem In- und Ausland kommen jeden Tag zu Tausenden. Schon morgens um neun sieht man ganze Dorfgemeinschaften über die Treppen des Vorhofes steigen. Die Männer tragen einen weißen Schal um den Hals und weiße Käppis. Sie zwängen sich durch die enge Eingangstür und sinken in der großen Halle nieder zum Gebet. Drei Reisen nach Turkestan seien so gut wie eine Pilgerreise nach Mekka, erklärt listig ein Wärter. Der stete Fluss der Gläubigen, ihre frommen Gebete machen jedenfalls eines deutlich: Alle sowjetischen Kämpfe und Kampagnen gegen die Religion waren vergeblich. In Zentralasien blieb der Islam fest verankert.

Die tragenden Mauern sind bis zu drei Meter dick. Fast vierzig Meter über dem Boden wölbt sich ein große Kuppel über die Halle. Den prächtigsten Anblick bietet das Bauwerk von außen. Die Kuppel schwebt wie ein blauer Himmel über dem Gemäuer. Die Wände sind vollständig mit Ornamenten bedeckt. Die Portalseite wird von einer hohen Mauer gebildet, die dem Mausoleum das Aussehen einer Festung verleiht. Mehr als sechs Jahrhunderte hat das Bauwerk überstanden, Erdbeben und Zeiten des Verfalls. Mit Geldern aus der Türkei gelang in den neunziger Jahren eine komplette Renovierung. Jetzt gereicht das Grabmal der Stadt Turkestan zum großen Glück, denn ohne die Pilger wäre das örtliche Leben längst zum Siechtum verdammt. Deshalb loben sie alle den Bauherrn Tamerlan. Dieses Gebäude sei mindestens ebenso schön wie die Bauwerke, die er in seiner glänzenden Residenz Samarkand habe errichten lassen. Geschichtsbücher schildern den Herrscher als blutrünstigen Feldherrn, der ebenso gegen Christen wie Muslime gezogen sei. In einem alten Brockhaus heißt es nüchtern: «Die kulturelle Bedeutung Timurs wiegt die durch ihn im Vorderen Orient bewirkte Katastrophe bei weitem nicht auf.» In Turkestan erscheint er posthum wie der Retter aus der Not.

Das Mausoleum findet sein Echo auf dem Basar der Stadt, als in Gold gestickte Ikone auf schwarzem Samt. Als Kissenbezug oder Wandteppich hängt das Heiligtum an den Ständen. Und der Basar seinerseits ist ein fernes Echo auf die Zeit, als hier Pelze aus Russland gegen Seide oder Gewürze aus Indien und Teppiche aus Persien gegen Porzellan aus China getauscht wurden. Der Dämmerzustand von Jahrhunderten wurde durch die Sowjetzeit beendet. Eine neue Zeit schwappte über die Stadt. Fabriken entstanden. Aber das war, gemessen an der tausendfünfhundertjährigen Geschichte, auch nur eine Episode.

Allein der Basar ist geblieben. Aber statt der Kostbarkeiten des Orients sind Billigwaren und Imitate im Angebot. Die örtlichen Anbieter stehen im heißen Wettkampf mit chinesischen Importen, die den Markt überschwemmen. «Sehen sie», sagt eine alte Frau, «meine Wiege habe ich selbst gebaut, selbst die Kissen genäht. Und sie ist billiger als die chinesischen dort hinten.» Man sieht, welchen Einfallsreichtum sie hat walten lassen. In der Matratze und dem Unterbett befindet sich ein Loch, sodass der Nachttopf gleich mit eingebaut werden kann. «Das haben die chinesischen Betten nicht», sagt sie, «aber es gibt dennoch zu wenig Käufer.»

Der Handel ist weniger geprägt von der alten Tradition als vom Kampf ums Überleben. Diesen Kampf allerdings fechten sie aus. An den Obstständen erzählen sie, dass sie zweimal die Woche ins südlichere Taschkent nach Usbekistan fahren, um frische Früchte einzukaufen. Das sind gut fünfhundert Kilometer. Eine Frau, die an ihrem Stand üppige Blumenarrangements aus Papier anbietet, sagt, die Blumen habe sie in Almaty gekauft. Das ist ebenfalls eine Reise von fünfhundert Kilometern. Der Internationale Frauentag steht kurz bevor. Danach, wenn der Bedarf an Blumenschmuck zurückgehe, werde sie Sonnenbrillen verkaufen. So schwierig ihre Lage ist, sie alle tragen es mit einer versöhnlichen Heiterkeit. Nur einmal erleben wir eine Stunde der Wahrheit.

Wir sprechen mit einem Bäcker, der Fladenbrote auf seinem Tisch stapelt und dessen volle Wangen die Frage nach dem Umsatz überflüssig machen. So lobt er denn auch die neue Zeit mit dem Ton des erfolgreichen Marktwirtschaftlers – und vielleicht mit einem Unterton, der den Herrn dieser neuen Zeit, Präsident Nasarbajew, in allzu rosigem Licht erscheinen lässt. Eine alte Frau jedenfalls fühlt sich provoziert. Zorn erfüllt ihre Stimme. Man hört sie eher, als man sie sieht, weil sie sich erst durch die Menge der Umstehenden drängen muss. «Früher», ruft sie, «früher gab es jedenfalls ein Gesetz. Heute gibt es keine Rechte und keine Ehrlichkeit mehr. Nur wer heute reich ist, der kann leben.» Männer versuchen sie zu beschwichtigen, aber sie blickt sich herausfordernd um. «Früher hatten die Menschen Arbeit in den Fabriken. Sieh doch, was heute los ist. Die Frauen sitzen auf der Straße und verkaufen irgendetwas, damit sie ihre Kinder ernähren können.»

Alle sind stumm nach dieser Philippika. Wir fragen: «Hat die Frau die Wahrheit gesprochen?» Und alle im Kreis, die vorher des Lobes voll waren über den Gang der Dinge, nicken betreten. Woraus viel zu lernen ist über die sozialen Verhältnisse in der Stadt Turkestan, aber auch über die Schwierigkeiten bei der Wahrheitsfindung im heutigen Land der Kasachen.

In Turkestan Mitte März spüren wir, dass der Frühling naht. Auf dem weiten Feld vor dem Mausoleum treiben die Bäume ihre neuen Knospen. Die laue Luft ist erfüllt von Vogelgezwitscher – was für eine Musik nach den stillen Wochen in der kargen Steppe. Am frühen Morgen, wenn die aufgehende Sonne tatsächlich Wärme verspricht, dringt der Ruf des Mullahs über die Stadt. Kasachstan ist ein säkularer Staat, der, wie ein Führer im örtlichen Museum etwas spöttisch anmerkt, «die Organisation des Islam fest im Griff hat». Die Religion habe nicht die bedrohliche, explosive Kraft wie im südlich angrenzenden Usbekistan. Doch nichts sei auszuschließen. Wo sich der Glaube paart mit sozialer Krise, weil er zur letzten Zuflucht der Hoffnungslosen wird, besonders bei arbeitslosen Jugendlichen, kann ein gefährliches Gemisch entstehen.

Der Schienenstrang fährt nach Süden und dann östlich entlang dem Tianshan, dem mächtigen Gebirgsriegel, der den Weg von der Steppe nach China versperrt. Eine Nacht und einen halben Tag dauert die Fahrt. Der Waggon, in dem vorher eine Horde von Erdölarbeitern zum Schichtwechsel gereist war, ist erfüllt von spitzen Gerüchen: Wodka, Bier, Trockenfisch und manch anderem. Leider hinterlässt gerade der Trockenfisch, der auch in Russland die bevorzugte Beigabe zu Getränken ist, Berge von Müll. Laien finden sogar, dieses Gericht bestehe eigentlich nur aus Abfall. Unverdrossen und sogar fröhlich arbeiten die Zugbegleiter daran, ihr Gefährt wieder präsentabel zu machen.

Und wirklich, nach einer halben Stunde sind sogar die Gerüche verflogen. «Sehen Sie», sagt der junge Mann in Uniform, «bei uns sind Sie gut aufgehoben.» Er hebt den Finger an die verwegen sitzende Mütze, stolz, als könne er sein Reinigungswerk selbst nicht fassen. Auch er vergisst nicht den Hinweis, dass sein Waggon vor fünfundzwanzig Jahren in der DDR gebaut worden sei. Dann erzählt er von ganz eigener Erfahrung: Um den Arbeitsplatz bei der Bahn zu bekommen, habe er einen Abteilungsleiter bestechen müssen. Das sei üblich in Kasachstan.

So schaukeln wir nachdenklich der alten Hauptstadt entgegen. Am nächsten Morgen gleitet auf der linken Seite die Steppe vorüber, die sich hier wellt wie die Dünung des Ozeans. Auf der rechten Seite aber erhebt sich schroff das Gebirge des Tianshan. Schneebedeckte Gipfel glänzen in der Morgensonne.

Es ist ein fürstliches Geleit, das die Berge während der Weiterfahrt bieten, diese in den Himmel ragende Barriere. Noch vor hundert Jahren gab es kaum Kartenmaterial, in dem die Pässe zum Überqueren verzeichnet waren. Die Expeditionen jener Jahre wählten meist eine nördliche Umgehung. Der Weg durch die Dsungarische Pforte war bekannt, weil ihn schon seit Jahrhunderten die Heere aus Ost und West für ihre Eroberungszüge genutzt hatten. Nur wenige Reisende suchten einen Weg durch die Berge und berichteten dann wie der russische Forscher Grum in eher abschreckender Weise: «Bald erschauert die Seele vor Begeisterung, bald vor Angst … Ja, ein finsterer, wilder Ort! Man stelle sich unser Erstaunen vor, als der Pfad, der zum Wasserfall führte, scharf in eben jene Richtung abbog und vor unseren Augen unter der schäumenden Wasseroberfläche verschwand.»

Wenn man aus dem Zug auf die schroffen Hänge blickt, mag man an Wege in diesem wilden Gestein überhaupt nicht glauben. Auch

von Marco Polo ist eine kurze, nicht sehr beflügelnde Notiz überliefert, in der er von den Bewohnern dieser schönen, aber wenig einladenden Landschaft berichtet: «Die Menschen, die im Hochgebirge
wohnen, sind wilde Heiden und leben nur von der Jagd; sie kleiden
sich in Tierfelle. Es ist ein böses Volk.»

Ungleiche Brüder: Almaty und Astana

Das Gebirge zieht sich in milchigen Dunst zurück, als der Zug am Nachmittag Almaty erreicht. Es ist eine Glocke von Rauch und Abgasen, die schwer auf der Millionenstadt lastet. Nur an wenigen Tagen und selbst dann nur stundenweise erschließt sich das Panorama, das vor hundertfünfzig Jahren die russische Schutzmacht veranlasst haben mag, hier ihren östlichen Vorposten zu errichten. Der Platz, zu dem man emporfahren muss, ist bekannt. Und noch vor dreißig Jahren wurde man meist belohnt, wenn man auf den kleinen Hügel oberhalb der Stadt fuhr. Damals pilgerten auch die Hochzeitspaare dorthin, um das festliche Ereignis mit dem Blick auf die Stadt zu krönen.

Heute muss man sich eher auf ein Glücksspiel einlassen: wenn etwa eine Regenfront abgezogen und der Himmel für kurze Dauer rein gewaschen ist. Dann blickt man auf die viertausend Meter hohen, unter Eis und Schnee glänzenden Gipfel. Der Blick schweift über die Hänge, auf denen inzwischen die neue Oberschicht hoch über der Stadt ihre Villen baut, und trifft schließlich im Tal auf das Meer der drei- und vierstöckigen Wohnblocks, aus dem seit jüngster Zeit Wohn- und Bürotürme in den Himmel ragen. Mit blauen Kuppeln und filigranen Türmchen sind sie um eine orientalische Note bemüht. Den neuen Reichtum der Stadt verleugnen sie nicht. Die Erdöldollars haben ihre Spuren hinterlassen. Doch ein besseres Klima haben sie der Stadt nicht beschert. Selbst an diesem klaren Morgen liegt ein feines Gespinst aus Abgasen von Industrie und Autoverkehr über den Dächern.

Der schönste Platz der Stadt ist fern des Geschäftszentrums tief im Tal. Ein grüner Schimmer liegt schon über den Bäumen, weil der Frühling mit Macht die Knospen treibt. Auf den Wegen des kleinen

Parks wandeln die Studenten in Paaren, was wohl auch ein Indiz für die Jahreszeit ist. Inmitten der stillen Insel im Großstadttreiben schimmern zwischen dunklen Tannen gelbe und rosa Farben auf. Alle Wege des Parks führen dorthin, zum kleinen Wunderwerk der Sophienkathedrale, die auch nach dem Ende der Moskauer Herrschaft ganz offensichtlich in Ehren gehalten wird. Ohnehin kamen die Soldaten der Zaren nicht als Eroberer in die kasachische Steppe. Sie wurden von den regionalen Khanen zu Hilfe gerufen, weil diese immer wieder vom wilden Reitervolk der Dsungaren bedroht wurden.

Nach den Soldaten kamen die russischen Siedler. Bis zum Ende des 19. Jahrhunderts zogen eineinhalb Millionen russische Bauern nach Kasachstan. Damals, um die letzte Jahrhundertwende, trug die Siedlung am Fuß des Gebirges noch den Namen «Wernoje», nach dem russischen Wort für Treue. Als die Kirche gebaut werden sollte, war die Stadt gerade von einem Erdbeben fast komplett zerstört worden, weshalb die Bauherren danach trachteten, ein sicheres Gotteshaus zu errichten. Sie fanden das Vorbild der japanischen Pagoden, die ebenfalls in seismologisch gefährdeten Gebieten erbaut wurden. So entstand mit japanischer Bautechnik im Stil des russischen Barocks eine aus Tannenholz zusammengefügte Kathedrale. Schon vier Jahre nach der Fertigstellung überstand sie ihre erste Bewährungsprobe, als wiederum die Erde erbebte. Später gab es Streit, ob diese Widerstandsfähigkeit der feinsinnigen Bautechnik oder eher göttlichem Schutz zu danken sei. Heute jedenfalls möchte keiner das Bild dieser Kirche missen, die wie ein buntes Osterei versteckt zwischen alten Bäumen liegt.

Ein paar Schritte weiter führt eine Fußgängerzone in die Stadt, die spöttisch – nach dem prächtigen Moskauer Vorbild – «Arbat» genannt wird. Dort wie hier dient die breite Promenade den örtlichen Künstlern als Galerie unter freiem Himmel. Wenn die zum Verkauf gestellten Werke auch wenig von einer Verbindung zur internationalen Kunstszene verraten, so sind sie doch ein Spiegelbild der lokalpatriotischen Gefühlswelt. Die Berge mit dem Schnee auf den Gipfeln, die Kiefern, die sich an steile Hänge klammern, reißende Gebirgsflüsse, die sich in schroffe Schluchten stürzen – so schildern die wackeren Maler die Natur, die die Stadt umlagert und die in Szene zu setzen die jeweiligen Künstler alle Hingabe spüren lassen. Was sagen sie dazu, dass ihr Präsident Nasarbajew ihrer Heimatstadt Titel und Rolle der Hauptstadt nahm, um im Norden, inmitten der Steppe, eine neue errichten zu lassen? Sehr bald wird deutlich, dass diese Frage mehr berührt als die verletzten Gefühle von Lokalstolz. Die Antwort will stärker bedacht sein, als es der unschuldig Fragende angenommen hatte. Denn ein Bekenntnis zur Heimatstadt schließt zwangsläufig eine Kritik am Staatsoberhaupt ein. Die aber ist im heutigen Kasachstan auf offener Straße keineswegs selbstverständlich.

Eine ganze Reihe von Befragten mag gar keine Antwort geben und wendet sich verlegen ab. Ein fröhlich blickender Graphiker, der gerade einen ernst blickenden Kunden für ein Porträt geworben hat, spricht ohne Hemmung. Natürlich sei es schade, dass Almaty nicht mehr Hauptstadt sei. Dies sei einfach die bessere Stadt, umgeben von wundervoller Natur. «Nach Astana, in die neue Hauptstadt, da möchte ich noch nicht einmal zu Besuch fahren. Da ist es eiskalt im Winter.» Das ernste Kundengesicht verschließt sich zu einer staatstragenden Maske: «Wir sind ein neues Land», sagt er entschlossen, ohne seine steife Pose vor der Staffelei aufzugeben, «wir brauchen eine neue Hauptstadt.» Ein anderer Befragter baut sich auf zu stolzer Haltung und spricht wie aus dem Lehrbuch: «Es war eine richtige Entscheidung des Präsidenten. Das ist meine ganz persönliche Meinung. Die neue Hauptstadt liegt in der Mitte, wo sich immer alle Wege gekreuzt haben.» Und weil er offensichtlich dem Graphiker zugehört hat – mit oder ohne Auftrag –, fügt er noch an: «Und was die Kälte angeht: Wir Kasachen sind an die Kälte gewöhnt.» Die Ausländer, die wir später in Astana trafen, waren offensichtlich aus weicherem Holz geschnitzt und führten kleinmütig Klage über die winterlichen Schneestürme bei 45 Grad minus.

Nie ist ganz schlüssig geworden, was den Präsidenten 1997 tatsächlich veranlasst hat, in die kalte Steppe umzuziehen. Auf die Erdbebengefahr in Almaty wird verwiesen und auf die bedrohlich nahe Grenze zu China. Auf der anderen Seite ist die nördliche Region, wo die neue Hauptstadt liegt, traditionell stark von Russen besiedelt. Dass ein Teil des Landes sich abspalten könnte, um sich Russland anzuschließen, konnte in den neunziger Jahren nicht völlig ausgeschlossen werden. Oder wollte sich ein Mann, der von Jahr zu Jahr konsequent seine Machtstrukturen ausgebaut hat, einfach einen Traum verwirklichen, eine Hauptstadt nach seinen Vorstellungen? Gemessen an seinen Kollegen, die in den anderen zentralasiatischen ehemaligen Sowjetrepubliken heute am Ruder stehen, erscheint Nursultan Nasarbajew geradezu als politische Lichtgestalt. Während die anderen Staatspräsidenten nahtlos von der sowjetischen Führungsrolle in die des neuen Staatspräsidenten glitten, begann der Aufstieg des Kasachen erst in der späten Perestroikazeit.

Kasachstan war in der Endphase der Sowjetunion ein heißes politisches Pflaster. Die Moskauer Oberherrschaft war schon in den vorangegangenen Jahren im Land nur widerwillig akzeptiert worden. Außer in Georgien hörte man kaum irgendwo so viele abfällige Reden über das Zentrum der Macht. Als im Dezember 1986 das Politbüro erneut einen russischen Kandidaten für die kasachische Parteiführung durchsetzte, kam es zum ersten offenen Konflikt zwischen Volk und Führung. Moskau befahl die Operation «Schneesturm – 86» und die Demonstrationen auf den Straßen der Hauptstadt wurden gewaltsam von KGB und Armee auseinandergejagt. 1989 drängte Nasarbajew den von Moskau eingesetzten Russen aus dem Amt in der kasachischen KP. Ein Jahr später wurde er zum Präsidenten des Landes gewählt. Damals konnte er sich der Sympathie im Land gewiss sein. Unter denen, die nach der Auflösung der Sowjetunion die Führung der souverän gewordenen Republiken übernahmen, war er – den sprunghaften Jelzin eingeschlossen – ganz sicher der Besonnenste.

Nasarbajew tobte vor westlicher Kamera, als er von der rauschhaften Nacht erfuhr, in der Jelzin mit seinen slawischen Kumpanen im Dezember 1991 das Ende der Sowjetunion eingeläutet hatte. Er hielt den Schritt für überstürzt und unbedacht. Seitdem prägte stets kritische Distanz seine Beziehungen zu Moskau. Auch heute scheint er die chauvinistische Entwicklung dort nicht ohne Skepsis zu verfolgen. Etwa Putin, der die Beziehungen zu den anderen Nachfolgestaaten des Imperiums majorisieren möchte. In der Zeitung sind angesichts der Moskauer Interventionspolitik ungewöhnlich offene Töne zu vernehmen: «Nur russische Imperialisten – Präsident Putin ist ihnen ganz sicher zuzurechnen – zeigen Überreaktionen angesichts von Entwicklungen in diesen Staaten.» Der Kommentator spricht von einer grassierenden «Paranoia» in Moskau. Das könnte eine unerhebliche Einzelmeinung sein, aber in Nasarbajews Zeitungslandschaft zählen keine Einzelmeinungen. Auch hier werden heute unabhängige Journalisten verfolgt. Abweichungen von der Regierungslinie in zentralen Fragen gibt es nicht mehr, schon gar nicht in einem so angesehenen Organ wie dem «Almaty Herald». Die gleiche Zeitung huldigt dem Präsidenten, weil er mit «eiserner Hand» zu regieren verstehe.

Als wir in die Stadt kommen, ist sie aufgewühlt von spektakulären Ereignissen. Wenige Tage vor der Ankunft hatten Unbekannte einen Politiker der Opposition ermordet. Es war der zweite Mord an einem Politiker innerhalb von vier Monaten. Eine Gedenkveranstaltung für den Erschossenen versuchte die Staatsmacht zu verhindern, indem sie kurzfristig auf einem nahe gelegenen Platz eine lärmende Sportveranstaltung ansetzte. Die Demonstration mit Gewalt auseinanderzutreiben, wagten die Sondereinheiten der Polizei nicht.

An jenem Tag erhob die Opposition den Vorwurf, der Politiker sei von Geheimdienstkräften ermordet worden. Auch das Programm der Durchreisenden wurde von den Ereignissen berührt. Wir hatten lange im Voraus eine Verabredung mit der Tochter des Präsidenten, Dariga Nasarbajewa, getroffen. Wir wollten sie treffen, weil sie sich ein Presseimperium aufgebaut hat und als eine der einflussreichsten politischen Figuren gilt. «Machthunger» wird ihr nachgesagt, und noch weniger einladend ist der Ruf ihres Ehemanns, der einst stellvertretender Chef des Geheimdienstes war und auch als Stellvertretender Außenminister sein unangenehmes Auftreten bewahrt hat. Die Begegnung wurde von der Präsidententochter kurzfristig abgesagt – vielleicht weil sie Fragen nach den jüngsten Ereignissen in der Stadt aus dem Weg gehen wollte.

Für den Durchreisenden sind solche Affären naturgemäß schwer einzuordnen, zumal ihn die Zeitungslektüre daheim wenig auf die politische Wirklichkeit Kasachstans vorbereitet hat. Von dem Land, das zu den zehn größten der Welt gehört und mit seinen Bodenschätzen gewiss zu den zukunftsträchtigsten, erfährt man wenig. Dabei wäre allein dieser Mordfall einer sorgfältigen Nachbetrachtung wert. Elf Männer wurden der Tat bezichtigt, zehn von ihnen waren Offiziere des Geheimdienstes. Ein ehemaliger Stellvertretender Innenminister gestand, Auftraggeber gewesen zu sein. Alles schien klar. Doch alle Beteiligten widerriefen später ihre Geständnisse und erklärten, diese seien unter Druck oder sogar Folter erzwungen worden. Das Ermittlungsverfahren wird nicht in Almaty, wo der Mord geschehen ist, durchgeführt, sondern in einem kleinen Städtchen dreihundert Kilometer entfernt, sodass Journalisten der Zugang erschwert wird. Sie dürfen die Vorgänge vor Gericht nur auf einem Monitor verfolgen.

Zwiespältig seien die Signale, die vom Präsidenten ausgingen – so beschreiben die Redakteure der Zeitung «Freies Wort» die Lage. Die Redaktion lernt gerade ohne ihre Chefredakteurin auszukommen, weil sie das zweite Gerichtsverfahren innerhalb weniger Tage über sich ergehen lassen muss. Das erste endete mit einer Verurteilung zu fünf Tagen Gefängnis, weil sie die Demonstration nach dem Politikermord mitorganisiert habe. Vor zehn Jahren, erzählen die Journalisten in der Redaktion, seien die ersten unabhängigen Fernsehsender und Zeitungen verboten worden. Und immer wieder würden Journalisten zusammengeschlagen, um sie einzuschüchtern. Natürlich sei der Präsident ein autoritärer Mensch. Aber viel Schaden gehe auch von seiner Umgebung aus. »Diese Menschen haben inzwischen gelernt, von Demokratie zu sprechen. Sie haben sich das Vokabular der Marktwirtschaft angeeignet. Aber ihre Entscheidungen werden von der alten Denkweise der Sowjetunion bestimmt.« Das gelte für die Betrügereien bei Wahlen ebenso wie für die Rechtsprechung.

Seitdem wir Polen verlassen haben, fahren wir ausnahmslos durch Staaten, in denen Journalisten sich an ein gefährliches Leben gewöhnen müssen. So war es in Weißrussland und auch in Russland, wo bald nach unserer Abreise aus Saratow ein Reporter, der an einem Fall von Wirtschaftskriminalität recherchierte, erschlagen wurde. In jedem dieser Länder ist ein Teil der Medien zum Herrschaftsinstrument verkommen, der andere Teil kämpft um Eigenständigkeit, obwohl er sich auf verlorenem Posten weiß. Die Redaktion vom «Freien Wort» hat schlichte Büroräume in einem Hinterhaus im Zentrum der Stadt. Alles wirkt provisorisch. Die Möbel sind wie vom Sperrmüll zusammengesucht. Die jeweilige Adresse ist immer nur eine Übergangsstation. Wenn eine Zeitung verboten wird, sagen die Journalisten vom «Freien Wort», dann würden sie mit einem neuen Titel wieder von vorn anfangen. Es sind imponierende Gestalten, die in diesen Umbruchzeiten bei meist niedriger Bezahlung am Kurs der Pressefreiheit festhalten. «Ein Mensch mit einem ausgeprägten Gerechtigkeitssinn», sagt einer aus der Runde, «der dazu auch noch Journalist ist, dem ist es egal, unter welchem Zeitungsnamen er arbeitet. Er wird immer nach Gerechtigkeit suchen.» Folgt man den Worten eines Geschäftsmannes, den wir treffen und dessen Position hier nicht weiter beschrieben sein soll, um ihn nicht zu gefährden, dann arbeiten die Journalisten in einem Land, das den Gerechtigkeitssinn herausfordert. Clanwirtschaft und Korruption begleiten den Boom. «Man kann hier alles kaufen», sagt der Manager, «jede Entscheidung der Bürokratie kann man kaufen. Das ist beängstigend. So schlimm ist es noch nicht einmal in Russland.»

Dem Durchreisenden bleibt der Blick auf die turbulente Entwicklung der Stadt. Er hat noch das stille, eher verschlafene Nest der sowjetischen Zeit vor Augen. Jetzt drängeln Luxuslimousinen an den Kreuzungen um die besten Startplätze. Keine Luxusfirma von Welt, die nicht mit einer Filiale vertreten ist. Deshalb wirkt eine haushohe Replik des Eiffelturms vor einem französischen Einkaufszentrum keineswegs deplatziert. Am Abend funkelt er mit Lampen überhängt wie ein Weihnachtsbaum. Des Nachts liegt ein Hauch von Las Vegas über der Stadt. Die Straßen sind mit leuchtenden Girlanden geschmückt. Von den einst sechsundsiebzig Kasinos sind nach einer «Säuberung» noch zweiunddreißig geblieben. Das sollte reichen für das Amüsement der neuen Reichen. Und auch für deren Kinder ist gesorgt, die schöne Jugend des neuen Kasachstan.

In der dunklen Ecke eines Parks hört man die dumpfen Techno-Rhythmen schon, bevor das Gebäude zu erkennen ist. Hier hat sich in eher idyllischer Umgebung der Club «Freak» angesiedelt. Vor der Tür wachen strenge Kontrolleure. Waffen sind nicht erwünscht, weshalb auch der Gang durch einen Metalldetektor vorgeschrieben ist. Drinnen geht es freundlich zu, und der erkennbar vom Alter her deplatzierte Ausländer wird sogar in Gespräche verwickelt. Eine geschwungene Bar bietet Labsal für die Nichttänzer. Der Preis der Getränke entspricht dem Tageslohn eines Arbeiters. Über der Tanzfläche schweben zwei Mädchen in einem Käfig und wirken mit ihren vorgeführten Tanzfiguren eher demotivierend auf den älteren Betrachter. So grazil wie im Käfig geht es unten nicht zu. Im flackernden Laserlicht wogt die Masse. Es kann sein, dass sich in dunkleren Ecken ein paar Gestalten nicht ganz legalen Vergnügungen hingeben. Aber das bleibt einer späteren Klärung vorbehalten.

Für die jungen Leute, so ist zu lernen, hat das alles noch Neuigkeitswert. Eine schlanke junge Frau im eleganten grünen Kleid sagt, vor drei Jahren habe es dergleichen in Almaty noch nicht gegeben. Ob sie eine Vorstellung habe, wie das Leben vor zwanzig Jahren hier gewesen sei. «Es war einfach langweilig», antwortet sie lachend, «und überhaupt nicht bunt.» Die Nachgeborenen der Kommunisten sind im Westen angekommen. Ein junger Mann bemängelt vor allen Dingen die Musik von damals. Die sei primitiv gewesen. «Es war mehr Volksmusik. Die richtige Musik kam dann aus England und Amerika.» Eine andere junge Frau, die an der Bar sitzt, jubelt gleich in englischen Tönen, mit amerikanischem Akzent. Dies sei ein toller Treffpunkt. Die Leute hier hätten Stil. «Alle sind hier, haben Spaß, freuen sich am Leben. It is perfect.» Ihre Nachbarin hat schweigend zugehört und fragt in akzentfreiem Deutsch, von welchem Sender wir denn kämen. Manche von ihnen beherrschen Fremdsprachen wie die eigene. Sie sind im Ausland zur Schule gegangen oder haben dort studiert. Kasachstan ist uns näher, als wir ahnten.

Dann werden wir noch mehr Teil dieser fröhlichen Gemeinschaft, als es beabsichtigt war. Während wir mit den jungen Leuten sprechen, schiebt sich der Lauf einer Maschinenpistole zwischen uns. Ein Mann in Camouflage-Kampfuniform weist unmissverständlich mit der Waffe an, zurückzutreten. Unbemerkt sind durch alle Türen Uniformierte in den Saal geschlichen. Sie blockieren die Ausgänge, fuchteln mit den Waffen. Die Musik erstirbt, und nur noch aufgeregtes Gemurmel ist zu hören. Die Polizisten, wenn es denn welche sind, scheinen nach etwas zu suchen und wenden ihre Aufmerksamkeit besonders den dunklen Ecken zu.

Nach einstündiger Fahndung rücken sie ab. Als Beute oder als Beweismaterial tragen sie eine Tablette in einer kleinen durchsichtigen Tüte davon. Die Anwesenden sind sich uneins, was denn der Sinn dieser Machtdemonstration gewesen sei. Die einen sagen, es sei einfach ein Routinebesuch. Andere meinen, vielleicht wollten sie dem Wirt bedeuten, dass er sich großzügiger gegenüber den Aufsicht führenden Behörden zu verhalten habe. In einem Punkt waren sich alle einig: In Russland, in Moskau, wäre eine solche Aktion nicht so sanft abgelaufen. Alle hätten sich auf den Boden legen müssen. Ganz sicher hätte die Polizei dort auch «Schuldige» gefunden, die in Handschellen abgeführt würden. Und ein paar Hiebe und Stöße für die Verbleibenden wären auch fällig gewesen – nur um zu zeigen, wer die Macht im Staat hat. In Almaty nahm der Rhythmus der Nacht gelassen wieder Tempo auf.

Er hat ein schmales Gesicht, und sein langgestreckter weißer Körper verleiht eine graziöse Eleganz. Sein Name ist «Tulpar» und seine Aufgabe kann sehr wohl als staatstragend beschrieben werden, weshalb er seine Kunden mit ungewöhnlichem Luxus verwöhnt. «Tulpar» ist der Nachtexpress, der die beiden Städte Almaty und Astana verbindet. Er ist von allen Zügen, die wir zwischen Berlin und Saigon befahren haben, schon deshalb der am meisten einladende, weil zu jedem Coupé eine eigenes WC mit Dusche gehört. Da auf anderen Teilen der Strecke dieses für eine lange Reise ziemlich essenzielle Thema ausgespart wurde, sei es an dieser Stelle umso nachdrücklicher hervorgehoben. Jeweils am Abend fährt der Zug ab und erreicht am nächsten Morgen zu Beginn der Geschäftszeit das Ziel. In ihrer Jugendzeit verkehrten die Züge auf Spaniens Schienen. Dann hat die kasachische Eisenbahn sie übernommen.

Wer Vorbehalte gegen die Idee einer neuen Hauptstadt hat, wird bei der Abfahrt in Almaty durch das einladende Gefährt zunächst einmal besänftigt. Dem Bordmagazin, das selbstverständlich dem Reisenden angeboten wird, ist zu entnehmen, an welchen Kundenkreis sich dieser Eisenbahnservice wendet. Da wird für den Kauf von Apartments in beiden Städten geworben und dem Käufer als Beigabe ein Porsche Cayenne versprochen. In einer anderen Anzeige wird für den Service von «Festtagsüberraschungen» geworben. Das Angebot reicht vom Auftritt eines Orchesters bis zum Striptease. In diesem Zug fahren weltläufige Menschen. Wir nutzen ihn, um einen Abstecher nach Astana und Semipalatinsk zu machen.

In Almaty hatte am Abend der Abfahrt laue Frühlingsluft die Stadt umfangen. Wer Mitte März nach Astana reist, fährt zurück in den tiefen Winter. Im Morgengrauen gleitet am Zugfenster wieder endlose, von Schnee bedeckte Steppe vorüber. Nur sehr selten sieht man kleine Dörfer, die wie verloren in der frostigen Weite verstreut liegen.

Die Strecke entspricht geographisch einer Fahrt von Florenz nach Dortmund. Aber dies ist ein besonderes Dortmund, das im kontinentalen Klima an den Eiskeller Sibirien angeschlossen ist. Eine unwirtliche Region. In den fünfziger Jahren hat die Moskauer Führung versucht, ihr Leben einzuhauchen, und eine landesweite Kampagne für Neulandgewinnung in der Steppe gestartet. Hunderttausende folgten dem Aufruf und wurden in Sowchosen in der Einöde angesiedelt. Später wurde viel neu gewonnene Ackerfläche buchstäblich vom Wind verweht. Zentrum der von großer Propaganda begleiteten Aktion war das Städtchen Selinograd im Norden des Landes. Auch viele Wolgadeutsche hatten dort nach der Verschleppung aus der Heimat eine Bleibe gefunden.

Nach dem Ende der Sowjetunion setzte eine neue Völkerwanderung ein. Die Deutschen strömten in die Bundesrepublik, aber auch viele Russen verließen Kasachstan, weil sie aufkommenden Nationalismus fürchteten. Der Stadt Selinograd, die inzwischen den angestammten kasachischen Namen Akmola trug, drohte das Schicksal einer Stadt aus dem amerikanischen Wilden Westen, die verödet, weil der Tross weitergezogen ist. In dieser Phase beschloss der Präsident, genau dort seine neue Hauptstadt zu errichten. Nur musste noch ein weiteres Mal der Name geändert werden. Denn Akmola heißt auf Deutsch «weißes Grab». Das war im Hinblick auf die Witterungsumstände im Winter sicher eine zutreffender Name, aber nicht der, den man sich für ein Regierungszentrum wünscht. So wuchs der neue Glanz unter dem Namen Astana, das heißt schlicht «Hauptstadt».

Das Hotel «Intercontinental» bietet von seinen oberen Geschossen den besten Überblick. Wie Spargel schießen die Hochhäuser aus dem Boden. In dreißig Jahren, so der Vorsatz, soll Astana zu den dreißig größten Metropolen der Welt gehören. Wie leicht dieses ehrgeizige Bauprojekt durch kleine Unzulänglichkeiten Schaden nehmen kann, auch dafür ist die moderne Herberge ein Beispiel. Obwohl die Temperaturen auf der Straße sich langsam dem Tauwetter nähern, vermag die Klimaanlage im Zimmer nur heiße Luft zu verströmen, als seien es draußen noch 45 Grad minus. Auch gesunde Menschen haben da Angst zu ersticken. Zur Linderung darf ein Hausdiener für eine halbe Stunde das Fenster öffnen. Er bleibt daneben stehen, weil der Gast ja in einem Anfall von Euphorie den Flug aus dem Fenster versuchen könnte. Fachleute führen ernstere Klagen und verweisen darauf, dass auf Anweisung der Obrigkeit viel zu schnell gebaut würde und nicht immer mit dem angemessenen Material, sodass es sehr wohl geschehen könne, dass eine Reihe der jetzt errichteten Gebäude jenes Zeitalter des Triumphes in dreißig Jahren gar nicht mehr erleben würden. Überhaupt sind an der Vision Zweifel anzumelden. Zumal im Winter laden auch die phantasievollsten Fassaden nicht zum Flanieren ein, wenn über Monate die Schneestürme durch die Straßen peitschen. Ein Diplomat gestand, die Stadt sei zwar besser als ihre Ruf, der anscheinend gar nicht zu unterbieten ist. Aber das einzige Mitglied der Familie, das sich tatsächlich akklimatisiert habe, sei der Hund – ein Labrador.

Ein Turmbau in Gestalt einer haushohen Tulpe, mit Aussichtsplattform und Würdigung des Präsidenten, markiert den Mittelpunkt des Regierungsviertels. Ringsum stehen die bizarren Paläste, in denen der Präsident, das Parlament und die Ministerien Unterkunft gefunden haben. Einzig das Kanzleramt in Berlin könnte hier durch Größe und architektonische Eigenwilligkeit noch mithalten. Orientalische Prunksucht oder nationaler Geltungsdrang – vielleicht ist es eine Mischung von beidem, die man gelassen betrachten würde, hätte man nicht noch das Elend in den Dörfern vor Augen. Auch internationale Beobachter vor Ort sind nicht frei von Zweifeln, ob die Milliarden richtig investiert sind.

In einem Büro hoch über den Baustellen residiert Loup Brefort als Repräsentant der Weltbank. Er hat die feingliedrigen Hände über dem Schreibtisch gefaltet und blickt mit wachen Augen auf den Gast. Zu den Tugenden seines Berufes gehört die Bedachtheit der Formulierung. Er bestätigt, was ja offensichtlich ist – dass Kasachstan gegenwärtig einen Boom erlebe, als ob es das große Los gezogen habe. Denn zu den Bodenschätzen gehören nicht nur Öl und Erdgas, sondern alle Metalle, die an den Börsen täglich teurer gehandelt werden. «Aber die Geschichte lehrt», sagt Brefort mit sanfter Stimme, «dass auf den Boom Zusammenbrüche folgen. Es kann ein paar Jahre gut gehen, aber es dauert nicht ewig.» Dann wird er besonders vorsichtig in der Ausdrucksweise: «Wir sind an einem Punkt, an dem es sehr schwierig zu sagen ist, ob Kasachstan im Aufbau einer Basis für eine künftige Wirtschaft erfolgreich sein wird, oder ob, was im Moment festzustellen ist, die Bemühungen keine ernste Absicht erkennen lassen.» Allein die Einnahmen aus dem Erdöl bieten eine verheißungsvolle Perspektive. Im Vergleich zu Russland oder den arabischen Lagern sind die Ölreserven Kasachstans eher bescheiden. Gegenwärtige Schätzungen sprechen von neun Milliarden Barrel sicherer Reserven. Aber es könnten viel mehr sein. Amerikanische Experten jedoch glauben, dass der Preis für das Barrel auf weit über zweihundert Dollar steigen könnte. Kasachstan sitzt auf einem Schatz. Es bleibt nur die Frage, wie das Land mit diesem Vermögen haushalten wird.

In allen postsowjetischen Staaten Zentralasiens mischt sich die autoritäre Erblast der Kommunistischen Partei mit Gepflogenheiten orientalischer Vorgeschichte. Das wunderlichste Beispiel ist der Staatchef von Turkmenistan, der Lenin vom Sockel holte, um seine eigene Figur, gegossen in Gold, aufzustellen. So weit geht der kasachische Präsident ganz sicher nicht. Auch sagen Beobachter, er habe es wegen seiner Popularität gar nicht nötig, Wahlen fälschen zu lassen. Aber eine einfache Mehrheit sei ihm zu wenig. «Ein Khan braucht fünfundneunzig Prozent Zustimmung.»

Diese Ordnung scheint Sicherheit und feste Konturen zu geben, so wie sie das Präsidentenpalais in Astana in den blauen Vorfrühlingshimmel zeichnet. Aber wie in allen anderen Staaten der einstigen Sowjetunion – mit Ausnahme der baltischen Staaten und der auf wackeligen Beinen stehenden Ukraine – steht mit der Nachfolgefrage eine bedrohliche Unsicherheit vor der Tür. Diesmal ist es ein Geschäftsmann, der ungenannt bleiben möchte, weil er die Rachsucht des Apparates fürchtet, der auf den kritischen Punkt verweist. In keinem dieser Länder, nicht einmal in Russland, gebe es ein verlässliches demokratisches Verfahren, um für den gegenwärtigen Amtsinhaber einen Nachfolger zu finden. «Im schlimmsten Fall», sagt er, «droht Bürgerkrieg, weil nicht einmal eine Partei wie einst die der Kommunisten ein Minimum an Kontinuität garantiert. Im besten Fall sehen wir eine durch und durch korrupte Figur, die nicht einmal durch die Unterdrückungsprozesse der Sowjetunion geläutert wurde.» Ein Übergang zu demokratischen Prozessen – nirgends wird er sichtbar. Im Gegenteil.

Das Höllenfeuer: Semipalatinsk

Die beiden Motoren schnurren wie Nähmaschinen. Die Stadt Astana bleibt tief unten wie ein pockennarbiges Feld in der weißen Steppe zurück. Man liest gelegentlich von Abstürzen des Flugzeugtyps Tupolew 24. Dabei ist das Flugzeug keinesfalls besonders gefährlich. Es gibt nur so viele von ihnen. Unter dem Himmel der ehemaligen Sowjetunion sind sie die – etwas betagten – Lastpferde. Und manchmal, besonders wenn es an der Pflege gebricht, rächen sie sich durch Verweigerung des Dienstes. Wir reisen sechshundert Kilometer weiter nach Osten, wohin kein Zug aus der neuen Hauptstadt fährt, zu einem Ort, der zu einer Teufelsküche der Neuzeit wurde. Der Himmel ist stahlblau und die Luft so klar, dass man weit im Norden am Horizont die Wälder an den Ufern des Irtysch erkennen kann, die einzige Begrenzung der endlosen Ebene. Merkwürdige Formen und Schattierungen zeichnen sich tief unten im Schnee ab. Man sieht verlassene Siedlungen, Wege, die gradlinig und scheinbar ziellos ein großmaschiges Muster markieren. Ein geschultes Auge könnte aus diesen Spuren vielleicht etwas herauslesen. Man sieht Seen und dunkle Vertiefungen in der Weite und wüsste gern, welche Gewässer und welche Löcher durch eine Explosion entstanden sind.

Die Bilder des 29. August 1949, den man wohl zu einem der zufriedeneren Tage im Leben Stalins rechnen kann, sind überliefert. Sie zeigen zunächst, wie am frühen Morgen eine ganze Batterie von Kameras aufgestellt wird, damit keine einzige Sekunde des triumphalen Moments verloren gehe. Kurz vor sieben Uhr nimmt eine Reihe von Offizieren Aufstellung und stülpt sich Masken über das Gesicht. In einem Bunker schwenkt das Objektiv über Männer in Uniform. Sie haben ernste Gesichter und ahnen vermutlich, dass vom Erfolg des Experiments auch ihr eigenes Leben abhängen könnte. Um sieben Uhr drückt ein Offizier auf einen Knopf. Über der Erde zündet der auf einem Gestell angebrachte erste atomare Sprengkörper der Sowjetunion. Das kommunistische Imperium war eine Atommacht geworden und hatte den ersten Schritt getan, um den Vorsprung der Amerikaner aufzuholen. Später wurden noch viele Filme auf dem Testgelände von Semipalatinsk gedreht. Sie dienten als Lehrfilme für die Offiziersausbildung und dokumentieren, wie aufgebaute Siedlungen sich in Staub auflösen, Panzer wie Bälle durch die Luft fliegen oder auch als Versuchstiere angebundene Ziegen und Hunde elendig verenden. Von den Menschen, die damals in der unmittelbaren Nachbarschaft des Testgeländes lebten, zeigen sie nichts.

Die Filmaufnahmen vom August 1949 präsentieren auch nicht den wichtigsten Zeugen des Ereignisses. Lavrenti Berija, Chef des Geheimdienstes und ergebener Scherge unter Stalins Getreuen, saß zehn Kilometer von dem Ort der Explosion entfernt in einem Bunker. Die Überlieferung sagt, dass er nach der Detonation aus dem gesicherten Raum gestürzt sei, um die Wolke, den ersten Atompilz, der sich über sowjetischem Boden erhob, zu bewundern. «Sieht er auch genauso aus wie bei den Amerikanern?», habe er den neben ihm stehenden Vater der sowjetischen Atombombe, Igor Kurtschatow, gefragt. Bis zu 460 000 Menschen, darunter 10 000 Wissenschaftler und Techniker, hatte Berija unter seinem Kommando gehabt, um die ihm von Stalin auferlegte «Aufgabe Nummer 1» zu erfüllen, den Vorsprung der Amerikaner in der atomaren Rüstung aufzuholen. Bis zum Jahr 1989 dauerten die Tests an. Insgesamt rund 500 Bomben wurden gezündet. Dann mussten das russische Militär und die Wissenschaftler das Testgelände räumen. Die Kasachen waren es leid, Land und Menschen von Moskau vergiften zu lassen.

Näher kann man sich dem Schauplatz früherer Explosionen nicht fühlen. Von manchen Häusern sind nur noch die Grundrisse erkennbar. Von anderen stehen noch die Treppenhäuser, die offensichtlich besonders massiv errichtet worden sind. Aber das Ruinenfeld entstand nicht als Folge von Atomwaffentests. Die sowjetischen Truppen haben vor dem Abzug ihre Siedlung gesprengt. Einige Wohnblocks haben der Zerstörungskraft auch standgehalten, jene dreistöckigen Häuser, die noch in Zeiten Stalins von Gulag-Häftlingen solide gemauert wurden. Die leeren Fensterlöcher geben den Blick frei auf eine Ruinenlandschaft, so trostlos wie eine Kulisse für die letzten Tage der Menschheit. Man hört den Wind, der durch die Ruinen streicht, das müde Geschrei der Krähen, die sich mit einigen Flügelschlägen von einem Mauerberg zum anderen schwingen. Von irgendwo her erklingt ein feines «Tak, Tak» durch die Stille, als hätten sich auch Spechte hier eingenistet. Der trockene Schnee knirscht unter den Schritten, als wir in dieser unheimlichen Einsamkeit die Quelle des merkwürdigen Geräusches suchen. Wir sind nicht allein. Hinter einer Hauswand entdecken wir eine Gruppe von Arbeitern. Mit einem Hammer lösen sie Ziegelsteine aus der Wand. Als sie uns sehen, machen sie Anstalten, die Flucht zu ergreifen. Dies ist immer noch gefährliches Territorium.

Die Ruinenlandschaft war einst für sowjetische Verhältnisse eine prächtige Stadt. Ihr Name und ihre Lage waren auf keiner Landkarte verzeichnet. Streng geheim. Dies war die Siedlung der Militärs, die das Kommando über das Atomtestgelände hatten. Vierzigtausend Soldaten und Offiziere haben hier mit ihren Angehörigen gewohnt. An Geld hat es dieser Truppe nie gemangelt. Die Waffen, deren Zerstörungskraft sie hier untersuchten, schufen das Bedrohungspotenzial, um im atomaren Wettlauf mithalten zu können. Ob ihre finanziellen Ansprüche die ökonomischen Möglichkeiten der Sowjetunion überforderten und sie damit letztlich zum Niedergang der Weltmacht beitrugen, kann man diskutieren. Moralische Urteile jedenfalls verbieten sich, es sei denn, man schlösse das Gebaren westlicher Nuklearnationen mit ein. So waren die Zeiten. Wäre da nicht etwas, das damals geflissentlich als Nebensache betrachtet wurde: die Folgen der Tests für die Natur und die in der Nachbarschaft lebenden Menschen.

Ein älterer Mann hat sich aus der Gruppe der kasachischen Mauerspechte gelöst und kommt beherzt auf uns zu. Er hat Anfang der achtziger Jahre in Dresden bei der sowjetischen Armee gedient, wie sich herausstellt. Damit ist eine Brücke des Vertrauens geschaffen, auch wenn er uns seinen Namen nicht sagen will. Er erzählt, dass die Militärs bei ihrem Abzug die ganze Stadt, Haus für Haus, in die Luft gejagt haben. Ihn scheint das Zerstörungswerk nicht einmal zu erregen. «Es hat ihnen doch alles gehört. Wahrscheinlich wollten sie nicht, dass jemand anders diese Gebäude noch nutzen kann. Als die Russen aus Deutschland abgezogen sind, haben sie doch wahrscheinlich auch alles zertrümmert.» Wir entgegnen, dass sie das nicht getan hätten und dass wir eine solche zerstörerische Entladung der Frustration von abrückenden Streitkräften für nicht besonders zivilisiert halten. Er zuckt mit den Achseln. Für ihn und seine Gruppe ist die zerstörte Stadt zum Arbeitsplatz geworden. Sie bringen Mauern zum Einsturz, klopfen die Ziegel sauber, um sie in der Provinzhauptstadt zu verkaufen. Wie ein Schatten gleitet eine schwarze Limousine durch die Trümmerberge. Unser Gesprächspartner duckt sich ein wenig. Das Territorium ist umstritten. Mehrere Abräumgruppen kämpfen um die Ruinen wie um einen Schatz. Er erzählt von der Armut in den Dörfern. «Wir haben dort alle keine Arbeit», sagt er, «aber Geld zum Leben brauchen wir. Deswegen sind wir hier.» So erscheint es, als habe ein Fluch der Geschichte die Stadt getroffen. Dort, wo man danach trachtete, die Bombe für das größtmögliche Maß an Zerstörung zu entwickeln, sieht es heute aus wie nach einem verlorenen Krieg. So sah man es auf den Bildern von Berlin 1945 oder von Grosny im Jahr 2000: Trümmerberge, Skelette von Häusern und hinfällige Ruinen, die ausgeweidet werden auf der Suche nach Baumaterial.

Die sechzig Kilometer entfernte Bezirkshauptstadt Semipalatinsk gab damals ihren unschuldigen Namen für das Versuchsgelände. Die Stadt war 1718 als russischer Vorposten in der Steppe gegründet worden. Heute hat sie den Makel der Vergangenheit aus dem Namen getilgt und heißt kasachisch Semei. Viele Fabriken stehen still, sagt unser Taxifahrer. Aber die Schlote der noch in Betrieb befindlichen reichen aus, um mit vereinter Kraft den Himmel zu verfinstern. Das sei die Bauindustrie, die arbeite für den Aufbau der neuen Hauptstadt, erklärt er und weist dabei auf ein Inschrift an einer Hauswand. Dort steht, geschrieben in frischer Farbe, was zu unterstreichen ist, weil der Inhalt der Worte so unverfroren klingt: «In dreißig Jahren wird das Leben wunderbar.» Das ist die Vertröstung auf eine bessere Zukunft, wie sie in den siebzig Jahren des Sozialismus die Regel war. Die heute hier lebenden Menschen haben wohl Anlass, sich doppelt betrogen zu fühlen, weil die Verheißungen der Vergangenheit nie Wirklichkeit wurden und sie die Verwirklichung der Versprechungen nicht mehr erleben werden.

Taxifahrer in der Provinz sind etwas Besonderes. Man steigt nicht einfach so in ihr meist betagtes Vehikel, um eben zum Rathaus zu fahren oder ins Geschäft. Man sucht ihre Dienste, wenn es um eine Partie über Land geht. Auf solchen Fahrten verschmelzen Fahrer und Passagier zu einer Schicksalsgemeinschaft, weil die Unbilden der Natur, die Tücken des Motors und schließlich die Länge der Strecke Gegner schafft, die man nur vereint besiegen kann. Das gilt für Touren durch die sibirische Wildnis ebenso wie für die Weiten Kasachstans.

Nur 180 Kilometer ist die Entfernung zum Dorf Kainar. Man denkt, selbst wenn es schlimm kommt, kann es nicht länger als drei Stunden dauern. Man fühlt sich bestätigt, weil auf den ersten Kilometern die Straße frei ist von Schnee und der Asphalt ebenmäßig. Doch keiner entgeht seinem Schicksal. Irgendwann reihen sich die Schlaglöcher nahtlos aneinander. Plötzlich peitscht ein Orkan den Schnee über die Straße, und man wähnt sich in einem Boot auf stürmischer See. Spätestens dann ist nicht zu übersehen, dass man sich auf eine nicht enden wollende Reise begeben hat, bei der die Steppe ihre vielen Gesichter zeigt. Das schönste Bild sind die Herden wilder Pferde. In der Ebene vor einem Berg stehen sie beieinander, zottelige Tiere, die mit den Hufen nach Grasresten scharren. Sie heben die Köpfe und schauen unverwandt auf den sich nähernden Menschen. Dann stampft der Hengst zornig auf, und in wildem Galopp jagen sie davon. Nur der

Gesang der Lerchen ist geblieben, wundersame Lieder vom Frühling in einer eisigen Steppe. Haben sie sich bei ihrem Zug nach Norden im Termin geirrt, oder finden sie auch an Winterlandschaft Gefallen? Wir nehmen es als Geschenk auf beschwerlichem Weg.

Es ist fast Mitternacht, als hinter einer Felswand die Lichter des Dorfes auftauchen, das am Rand des ehemaligen Versuchsgeländes liegt. Trotz der späten Stunde empfängt uns der Chefarzt des kleinen Krankenhauses mit einer gastlichen Tafel. Stunden haben sie auf die Ankunft gewartet und waren am Ende schon besorgt, dass die Straße wegen des Sturmes nicht mehr zu befahren war. Fremde kommen selten hierher, dabei ist es ihnen so wichtig, zu erzählen von dem, was war, und wie das Leben heute ist. Akimbei, ein stämmiger Schnurr-bartträger, der hier aus dem Dorf stammt und nach dem Medizinstu-dium hierher zurückkehrte, macht den Eindruck eines unverzagten, entschlusskräftigen Mannes. Jedenfalls weiß er, dass nach der Fahrt ein stärkendes Getränk die beste Medizin ist, um die geräderten An-kömmlinge wieder aufzurichten. Aber gleich nachdem er an die Tafel gebeten hat, bricht der Zorn aus ihm heraus. Er erzählt von der Zeit, als nur wenige Kilometer entfernt die Bomben gezündet wurden. «Manche im Dorf wussten gar nicht, dass die Explosionen gefährlich waren. Man hat ja auch keinen Schmerz gespürt und uns gesagt, dass alles absolut ungefährlich sei. Manche wussten auch Bescheid. Aber sie hatten Angst, darüber zu sprechen. Wirkliche Angst.»

Die Strahlen der Morgensonne fallen erst spät auf die Siedlung, weil sie sich tief in eine Senke schmiegt, die von hohen Felsen umgeben ist. Saubere, weiß getünchte Katen stehen eng beieinander. Am Rand des Dorfes liegt unter kahlen Bäumen das flache, lang gestreckte Kran-kenhaus. Das Geheimnis, mit dem die Dorfgemeinschaft lebte, wurde erst 1990 enthüllt, als ein beherzter Parteisekretär eine Broschüre ver-öffentlichte: «Das Kainar-Syndrom». Da begannen sie zu ahnen, von welcher Art der Staub war, den ihnen der unaufhörlich aus Norden wehende Steppenwind auf die Dächer getragen hatte. Der Zustand des Krankenhauses verrät eine sorgende Hand. Blitzblank sind Flure und Zimmer. Aber dass sein Budget den Arzt Akimbei an der kurzen Leine hält, kann man ebenfalls erraten. Er führt uns auf die Kinderstation, wo ein paar Jungen und Mädchen allmählich ihre Schüchternheit überwinden und unbefangen lächeln. Akimbei erzählt, dass auch die dritte Generation von den Folgen der Tests gezeichnet sei. Er spricht von Blut- und Nervenkrankheiten, Allergien und Krebs. Aber es gibt noch eine weitere Entdeckung, die er zum Kainar-Syndom rechnet: «Die hohe Selbstmordrate unter Jugendlichen. Sie ist charakteristisch für uns. Im vergangenen Jahr haben sich acht junge Menschen das Leben genommen. Im Jahr davor sieben. Bis jetzt zum März des Jahres schon wieder einer, ein Fünfundzwanzigjähriger. Zum Syndrom kommt der Selbstmordfaktor.»

Arm waren die Menschen in Kainar, solange sie denken können. Die Witterung erlaubt keine Felderwirtschaft. Im Sommer die sengende Hitze, im Winter die Schneestürme, die bis in den April über das Dorf ziehen. Deswegen können sie auch keine großen Herden halten. Deswegen zogen ihre Ahnen, die als Nomaden lebten, winters in den Süden. Die ganz Alten im Dorf erinnern sich noch an die Erzählungen ihrer Großeltern. Kulbasch und Kabyken sind inzwischen selbst im Abend ihres Lebens. Sie sitzen zusammen auf dem Sofa und erscheinen als ein Paar wie Philemon und Baucis. Aber sie leben nicht im beschaulichen Frieden des Alters, sondern im Unglück.

Sie bewohnen eine dieser weißen Katen. Im Hof hinter dem Haus stehen eine abgehärmte Kuh und ein paar Schafe. Kulbasch und Kabyken waren Zeugen des Geschehens und wurden wie alle im Dorf als Statisten missbraucht. Manchmal, sagen sie, hätten sie einen rötlichbläulichen Ball über der Erde aufsteigen sehen, und die Wände des Hauses hätten gewackelt. Keiner habe gesagt, dass dieses Schauspiel gefährlich für die Menschen sein könnte. Kabyken hat ein schmales Gesicht. Mit großen, ernsten Augen schaut er auf seine Frau. Die erzählt weiter, wie die Mutter an einer Blutkrankheit gestorben sei und im vergangenen Jahr auch ihr dreißigjähriger Sohn. Dann bricht die Bitterkeit aus ihm heraus: «Jeden Tag hören wir im Fernsehen, wie Nasarbajew sagt, was für ein schönes Land unser unabhängiges Kasachstan ist. Eine Lüge ist das. Was ist schon schön an unserem Leben?» Er sei damals zur Arbeit auf das Testgelände befohlen worden. Vor einer Explosion habe man ihn ins Dorf zurückgeschickt. Aber schon am nächsten Tag habe er wieder auf dem Gelände sein müssen. Er weist auf das Regal hinter dem Sofa, wo einige Arzneien stehen. «Meine Frau und ich sind krank an der Schilddrüse. So leben wir. Und die in der Hauptstadt loben das unabhängige Kasachstan.»

Die kasachische Regierung, auch das erzählen sie, hat in den neunziger Jahren eine einmalige Kompensation von 30 000 Tenge gezahlt. Das sind etwa zweihundert Euro. In Moskau, von wo die Atomtests befohlen wurden, zeigt man an diesem Erbe der Sowjetunion kein Interesse. Akimbei, der Chefarzt, ist kein Diplomat, weshalb er in seiner Erregung von Völkermord spricht: «Warum», fragt er, «traf das ausgerechnet die Kasachen?» Sein Zorn ist verständlich, wenn man hört, wie er von den Krankheiten der Neugeborenen spricht. «Wir schaffen es manchmal nicht, sie bis zu Ende zu untersuchen, weil sie nach drei oder sieben Tagen sterben.» Die Statistik stützt die Behauptungen des Arztes. Die Sterblichkeitsrate bei Kindern – wie bei Erwachsenen – liegt mehr als doppelt so hoch wie in vergleichbaren Dörfern des Landes. Überhaupt ist heute der Schleier des Geheimnisses um die Vorgänge auf dem Versuchsgelände gelüftet.

Das Verdienst daran trägt ein Professor in Almaty, den wir vor unserer Abreise nach Norden getroffen hatten. Saim Balmuchanow ist ein fröhlicher Mann Mitte achtzig, so behänd und schnell im Kopf, dass sich das Attribut rüstig verbietet. Weltweit genießt er Respekt unter seinen Kollegen, vor allem in Japan fanden seine Untersuchungen Beachtung. Er hatte uns in seinem stilvollen Büro im Institut für die Erforschung von Radioaktivität empfangen, dessen Gründer er ist. Er war schon kein junger Mann mehr, hatte im Krieg als Arzt gedient und ein Lazarett geleitet, als er in den fünfziger Jahren in die geheimnisvolle Region reiste. Er verstand sofort, was dort vor sich ging. «Ich wusste», erzählte er, «warum in diesem kleinen Dorf Kainar jedes Jahr fünf bis sieben Menschen an Krebs gestorben sind.» Aber der sowjetische Geheimdienst KGB setzte ihn unter Druck, drohte mit sibirischem Straflager und beschlagnahmte seine Aufzeichnungen. Erst 1991 konnte er beginnen, seine düsteren Erkenntnisse zu publizieren.

Balmuchanow gehört zu den wenigen Menschen auf unserer Reise durch die ehemalige Sowjetunion, die sich im Rückblick auf das vergangene Jahrhundert keine politischen Illusionen mehr machen. Er erzählt von den Tragödien, die das kasachische Volk in der Zeit des Sozialismus durchlitten habe. Die erste Katastrophe sei in der Zeit der Zwangskollektivierung in den dreißiger Jahren über das Land gekommen. Zwei Millionen Kasachen seien damals an den Folgen des mörderischen Wahns verhungert. Und dann Semipalatinsk. Das Versuchsgelände nach Kasachstan zu verlegen, sei reiner Kolonialismus gewesen: «Hauptsache, es passiert nicht bei uns», habe man in Moskau gedacht. «Was können schon hunderttausend Kasachen ausrichten, die vielleicht betroffen sind. Ob sie leben oder nicht. Für Russland hat das keine Bedeutung.» Nach den Unterlagen Balmuchanows wurden über eine Million Kasachen einer Überdosis an Strahlung ausgesetzt. Bei fünfzig- bis sechzigtausend war die Stärke dieser Dosis katastrophal stark, «eine Dosis, die zwangsläufig zur Erkrankung führt», wie er erklärt. «27 000 Menschen haben eine tödliche Dosis bekommen.» Er findet, auch das heutige Moskau habe für die Folgen der Atomtests Verantwortung zu tragen. Aber dort wolle man nichts davon wissen. Die verseuchte Steppe rund um Kainar sei weit entfernt von Moskau. Das war ja auch die Überlegung derer, die das Gelände ausgesucht haben.

Der Zweck heiligt alle Mittel – dieses Motto begleitet uns weiter auf unserer Reise. Nach Hitler und Stalin, die nach dieser unmenschlichen Devise handelten, treffen wir bald auf die dritte Figur, die dem 20. Jahrhundert mit Terror und Massenmord ihren Stempel aufdrückte. Wir nähern uns dem Reich, in dem Mao Tse-tung als weiser Gründungsvater verherrlicht wird.

Aufbruch nach China

Nieselregen fällt am Abend auf den Bahnsteig. Das stimmt melancholisch, weil er an die Küste der so fernen Nordsee erinnert. Selbst zwischen den Zügen kann man den Frühling buchstäblich riechen. Wenn wir noch zwei Tage blieben, stünde die Stadt im Blütenglanz. Die Unwirtlichkeit der winterlichen Steppe liegt weit zurück. Im Bahnhof von Almaty steht der Zug nach Ürümqi bereit, der ersten Großstadt jenseits der chinesischen Grenze. Wieder sind es die vertrauten Waggons aus der DDR. In diesem Fall dürfte es einer der letzten aus der Produktion sein. «Made in GDR 1993» ist auf das Schild geprägt. Insider hatten wegen des größeren Komforts den chinesischen Zug empfohlen, der sich mit dem kasachischen abwechselt. Wir fühlen uns für unsere Treue belohnt.

Die Zugkommandantin Kulasch Tulebajewa, klein, aber energisch, ist von unserem Erscheinen zunächst wenig begeistert. Ausländisches Fernsehen verheißt nur Ärger, mag sie denken. Aber dann nimmt sie uns doch unter ihre mütterlichen Fittiche und lädt ins Dienstabteil. Seit 1992 leistet sie ihren Dienst auf diesem Zug. Sie berichtet, wie glücklich die Menschen damals auf beiden Seiten der Grenze gewesen seien, denn hier wie dort lebten doch Kasachen, getrennte Familien, die sich nie hätten besuchen können. Und nicht nur Kasachen – auch andere Minderheiten wie die Uiguren lebten diesseits und jenseits der Grenze. «Wissen Sie», sagt sie in stockendem Ton, weil sie nicht weiß, wie sie die delikate Lage beschreiben soll, «vor 1992 war es sehr schwierig zu reisen. Das Problem mit dem Visum, und überhaupt, es gab keine Verbindung.» Sowjetunion und China pflegten eine von Misstrauen und Rivalität geprägte Nachbarschaft. Die Grenze war so undurchlässig wie der «Eiserne Vorhang» im Westen des Imperiums. Mit dem unabhängigen Kasachstan änderte sich die Situation. Jetzt diene der Zug, der immerhin zwei Tage unterwegs ist, dem «kleinen Grenzverkehr», wie sie es nennt. Kulasch bedauert, nicht Chinesisch sprechen zu können. «Heute müssten wir die chinesische Sprache kennen, damit wir schnell gute Kontakte knüpfen können.» In ihrer Jugend, gesteht sie, sind ihre Träume noch in eine ganz andere Richtung geflogen, Richtung Westen. Sie hat sogar am Sprachinstitut Französisch gelernt. Das war einmal das Land ihrer Sehnsucht. Heute empfehle sie allen, die Sprache des großen Nachbarn zu lernen. China hat auch Kulasch in seinen Bann gezogen. Wir gehen in unsere Abteile und lernen Chinesisch. «Nin hao» heißt «Guten Tag». Aber dann …

Draußen wird es Nacht und wieder Tag. Grau-braune Steppe begleitet den Weg. So wiegt der Zug zwar nicht stürmisch, aber beharrlich der Grenze entgegen. Die einzige große Bahnstation an der Strecke, Aktogai, grüßt mit Ruinen und nie vollendeten Neubauten. Eine Ansammlung von Hütten eher als von Häusern. Der Wind wirbelt Staub auf und verhüllt das Elend. Hier verlässt der Zug die Trasse der Turk-Sib-Eisenbahn, die den Süden Kasachstans mit Sibirien verbindet. Der Weg nach China führt nach Osten – durch die Dsungarische Pforte. Die hat ihren Namen von einem wilden Reitervolk. Wer hier zu Hause ist oder auch nur je zu Pferd die schmale Hochebene überquerte, verdient es wahrlich, der Nachwelt in Erinnerung gebracht zu werden.

Hier drangen in der Zeit der Tang-Dynastie (eine Zeitrechnung, die dem mäßig gebildeten Europäer Rätsel aufgibt, wenn sie nicht durch Jahreszahlen ergänzt wird: 618 bis 906 nach Christi Geburt) chinesische Reiterheere bis nach Zentralasien vor und errichteten dort ein Militärprotektorat. Später zogen die Horden von Dschingis Khan in östlicher Richtung und unterwarfen ganz China. Das war die Zeit, in der Marco Polo China bereiste. Sein Loblied auf das umsichtige chinesische Staatsgebilde galt streng genommen einem Nachfahren der Goldenen Horde, Kublai Khan, der in der chinesischen Geschichtsschreibung keineswegs als Held geschildert wird. Die Namensgeber für diesen geschichtsträchtigen Korridor, das Volk der Dsungaren, haben den bewegten Lauf der Dinge nicht überlebt. Der chinesische Kaiser Quianlong (1793–1838), der letzte große Herrscher vor dem im 19. Jahrhundert einsetzenden Niedergang des Reiches, führte Kriege im Nordwesten, in deren Folge das Reitervolk ausgerottet wurde. Nur im abenteuerlich-romantischen Namen «Dsungarische Pforte» lebt es fort.

Der Zug scheint zu beben unter dem Aufprall der Windböen. Die Ausläufer des Tianshan lassen schneebedeckte Gipfel bis in die Wolken wachsen. Auch auf der anderen Seite der Schienen ist die Hochebene von einem Gebirge gesäumt, den Ausläufern des Altai. Ein immerwährender gewaltiger Sturm tobt durch diese Enge. Er ruckelt am Zug. Trotz des heftigen Windes sind Hirten mit Schafen und Kühen auf den Weiden. Einsame Dörfer kauern sich unter bizarr gewachsene Bäume.

Dies also war einst der Weg für die Karawanen der Seidenstraße. Die Kaufleute damals müssen beherzte und kräftige Männer gewesen sein. Aber das gilt auch für die, die heute diese Strecke meistern. Fjodor, der Lokführer mit dem großen Schnauzbart, hat auf seinen Führerstand gebeten. Selbst für die schwere Eisenbahn ist dieser Teil der Strecke nicht ungefährlich. «Die Bergzüge sind wie ein Windkanal», sagt er. «Hier stürmen Orkane bis zu Windstärke 12. Es kommt vor, dass ganze Waggons und Container von den Schienen geweht werden. Meistens, nicht immer, werden wir gewarnt. Dann gehen wir runter mit der Geschwindigkeit auf 15 Kilometer.» Ob er manchmal Angst habe angesichts solcher Naturgewalt? «Ja, natürlich. Im Winter, wenn der Buran, der Schneesturm, kommt, dann sieht man überhaupt nichts mehr. Man spürt nur noch das Rütteln, als ob eine gewaltige Faust nach dem Zug greift.» Das wäre die richtige Gegend für Windkraftwerke, denkt der energiebewusste Reisende. Und tatsächlich: Später auf der chinesischen Seite findet er seine Idee schon umgesetzt. Fjodor hat nichts gegen diese Landschaft, sondern hängt an ihr wie der Seemann am Meer: «Wir sind diese Landschaft

Der steinerne Gast. Der Kulturpalast im Zentrum von Warschau war ein Geschenk Stalins, der damit der Stadt seinen autoritären Stempel aufdrückte. Nach 1990 wollten viele Warschauer diese Spur der Vergangenheit aus dem Stadtbild tilgen. Aber der Koloss durfte bleiben – als Erinnerung an die Zeit der Unterdrückung durch Moskau.

Ein Veteran und seine zarten Betreuerinnen. Irina und Uljana aus Weißrussland rühmen ihren deutschen, zu DDR-Zeiten in Görlitz gebauten und inzwischen betagten Schlafwagen.

Ein Juwel, das die Schlachten überstand. Dem Reisenden aus dem Westen entbietet die Kathedrale von Smolensk einen Willkommensgruß von atemberaubender barocker Schönheit.

Abschied von Russland. Die Dreifaltigkeitskirche von Saratow an der Wolga bezaubert nicht nur durch grazile Architektur, sondern auch durch ein Geläut, das lange im Ohr nachklingt.

Die Grenze zweier Welten. In Dostyk, einer Siedlung im Grenzgebiet von Kasachstan und China, werden die Züge auf die chinesische Spurweite der Eisenbahn umgerüstet.

Ausharren auf dem Eis. Die Fischer auf dem Aralsee hoffen, dass mit einem Damm wenigstens der nördliche Teil des Gewässers gerettet werden kann.

Aufbruch zum Fischfang. Mit betagten Motorrädern fahren die Fischer aus ihrer Siedlung viele Kilometer, um zu ihren Netzen im Aralsee zu gelangen.

Ziel für muslimische Pilger. Das Heiligtum in der kasachischen Stadt Turkestan ließ Tamerlan, der legendäre Herrscher des Orients, für einen Lehrer des Islam erbauen.

Protz in der Steppe. Der kasachische Präsident Nasarbajew verordnete seinem Land eine neue Hauptstadt. Astana soll zu einer der größten Metropolen der Welt werden.

Scharf gewürzt. In den Garküchen des Basars von Ürümqi im Nordwesten Chinas speist man nicht chinesische Kost, sondern die Gerichte der Uiguren, die einst die Herren in dieser Region waren.

Die Silhouette einer Metropole. Mit großen Investitionen versucht die Regierung in Peking, dem Nordwesten des Landes, etwa hier in Ürümqi, ihren Stempel aufzudrücken. Die muslimischen Minderheiten drängen auf Unabhängigkeit von China.

Tradition, die überlebt hat. Wie seine uigurischen Vorväter heilt Abdullah Yimin Krankheiten mit Kräutern aus seinem Garten. Während der Kulturrevolution gehörte er zu den Verfolgten.

Kasachische Gastfreundschaft. Der russische Samowar darf nicht fehlen, wenn die Kasachen, die im Nordwesten Chinas als Minderheit leben, zu Tisch bitten.

Chinesischer Ordnungssinn. Das Vertrauen in die Überzeugungskraft von Parolen ist groß. Über den Häuptern der Reisenden schwebt die Losung: «Unter keinen Umständen rauchen!»

Das schmalbrüstige Ende. In Jiayuguan, wo die fast siebentausend Kilometer lange Chinesische Mauer im Westen ihren Endpunkt hat, hat sie ihre Wucht verloren.

Bollwerk der Natur. Wie ein gewaltiger Riegel erhebt sich das Gebirge des Tianshan entlang der westlichen Grenze Chinas.

Harmonischer Tagesanfang. Im Stadtpark von Mianyang versammeln sich jeden Morgen Hunderte von Bürgern zu Tanz und Musik.

Auftakt zum Bühnenzauber. Darsteller der Sichuan-Oper brauchen viel Zeit, um sich für ihre historischen Rollen herzurichten. Sie erzählen von Verfolgung während der Kulturrevolution.

Weihnachtssterne zu allen Jahreszeiten. Die Stadt Chengdu ehrt Mao Tse-tung immer noch als Säulenheiligen. Nach offizieller Lesart hat der Große Führer zu siebzig Prozent Gutes getan.

Der standhafte Riese. Seit über tausend Jahren blickt der Buddha von Leshan über den Fluss. Mit mehr als siebzig Metern Höhe gilt er als der größte auf der Welt.

Das Tor in die Tropen. Der Weg nach Vietnam führt über die Brücke am Roten Fluss. Die Hilfe beim Transport des Gepäcks wird dankbar angenommen.

Charme des kolonialen Erbes. Im 19. Jahrhundert baute Frankreich das vietnamesische Eisenbahnsystem. Für Touristen gibt es Luxuszüge – schöner ist das Reisen in der «Holzklasse».

Der Zauber von Hanoi. In dichten Schwärmen gleiten die Grazien auf Motorrollern durch den Stadtverkehr. Die vietnamesische Hauptstadt ist zu einem Dorado der Eleganz erwachsen.

Das Glück in den Serpentinen. Der spektakulärste Abschnitt auf der Eisenbahnfahrt von Hanoi nach Saigon ist die Fahrt über den Wolkenpass. Ein Gebirgsriegel zwingt den Zug zu steilem Anstieg.

Die steinernen Wächter. Die alte Kaiserstadt Hue hat im Krieg zwischen Nord- und Südvietnam schweren Schaden genommen. Die Gräber der Kaiser blieben jedoch unversehrt.

Lockruf des Meeres. Hinter der Idylle des Fischereihafens bei Hoi An verbirgt sich ein harter Kampf um das wirtschaftliche Überleben.

Frei, aber gefesselt. Die Salzbauern im Süden Vietnams bewirtschaften Becken von nur weni-gen Quadratmetern Größe. Die Erträge sind so gering, dass sie fast ein Sklavendasein führen.

Der Traum von den Tropen. Vom Dach der Terrasse des legendären Hotel Majestic fällt der Blick auf den Saigonfluss, auf dem an jedem Abend die Vergnügungsdampfer kreuzen.

gewöhnt», sagt er und grinst fröhlich, «wenn wir die Berge, die Seen oder die Steppe sehen, bekommen wir sofort gute Laune.» Wir haben ihn nicht gefragt, vielleicht hat er dsungarische Vorfahren.

Auf den letzten Kilometern begleitet die Grenze den Bahndamm. Auf der kasachischen Seite stehen hohe Wachttürme, die in sowjetischen Zeiten errichtet wurden. Denn der Kalte Krieg hatte auch eine abgewandte Seite: zwei sozialistische Lager, die sich in herzlicher Abneigung begegneten. Die Grenzstadt Dostyk war unter ihrem russischen Namen Druschba äußerster Vorposten gegenüber dem ungeliebten Nachbarn. In der Umgebung der Siedlung, selbst in der Ortsmitte, stehen noch heute eingegrabene Panzer, deren Rohre nach Osten gerichtet sind. 1969, als die latenten ideologischen Spannungen und ein uralter Grenzstreit sich in heißen Gefechten entluden, wurde auch in Dostyk mit schwerer Artillerie geschossen. Alte Hütten erinnern noch an die Zeit, als man in Moskau mit diesem Ort ausschließlich militärische Interessen verband. Wenn es zu einem großen sowjetisch-chinesischen Krieg gekommen wäre, hätten die chinesischen Panzer den Weg über Dostyk genommen. Es ist der einzige Weg, der nach Westen führt. Inzwischen sind neue, bunt gestrichene Wohnhäuser dazu gekommen und ein großes Verwaltungsgebäude für den Bahnhof. Denn Dostyk ist für den Handel zwischen Ost und West ein wichtiger Brückenpfeiler geworden.

Der Zug wird Waggon für Waggon hydraulisch aufgebockt. Die Fahrgestelle werden ausgetauscht, weil in China die europäische Spurweite üblich ist. Es ist die gleiche Prozedur wie in Brest. Nur fehlt hier die Halle, in deren Schutz die Eisenbahner die schweren Schrauben drehen. Dreißig Züge innerhalb von vierundzwanzig Stunden, Tag und Nacht, rechnet uns ein Arbeiter vor. «Im Winter ist es schrecklich», sagt er. «Der Sturm, der treibende Schnee. Man kann die Hand nicht vor Augen sehen.» Doch irgendetwas bewegt ihn zu sagen: «Die Natur musst du nicht fürchten. Es sind die Menschen, die du fürchten musst.» Das klingt wie eine Warnung griechischer Götter. Er meint etwas Profaneres. Er deutet auf die hässlichen Plastiktüten, die der

Wind in wildem Spiel verweht. Vielleicht meint er auch noch mehr. Die anderen Kasachen gehen stumm ihrer Arbeit nach.

In Dostyk kommt der Sturm mit seinem Geheul nie zu einem Ende. Er treibt den Unrat über die leeren Straßen, durch die ganz unberührt ein paar Kühe schaukeln, um Futter zu suchen. Auch wenn jetzt große Fernsehantennen vor den Häusern stehen, die das Steppeneiland mit der weiten Welt verbinden – dies ist nicht ein Ort, wo man lange verweilen möchte. Der Direktor des Güterbahnhofs sieht das ebenso. Wenn man hier arbeite, müsse man sich Vergnügungen leisten, und er deutet auf seine große, neue japanische Limousine. Die Gehälter der leitenden Angestellten scheinen nicht schlecht zu sein. Anders als man es wohl in Russland hören würde, spricht er von den chinesischen Nachbarn in höchster Anerkennung und schwärmt vom glänzenden Aussehen der benachbarten chinesischen Grenzstadt Alaschankou. «Sie haben eben eine völlig andere Geschichte.»

Wind weht überall, auf dem Bahnsteig, auf den Straßen, ein Gegner, dem man nirgendwo entgeht. Der Zug zittert unter den Stößen, als sei er in wilder Fahrt. Dabei steht er seit Stunden auf dem Bahnsteig. Es wird Nacht über der sturmumtosten Steppe. Die alten Rituale verlangen ihre Zeit. Die Männer der Sicherheitskontrolle sind freundlich und nehmen gerne eine Packung Zigaretten. Dann schauen sie, sowjetischer Routine folgend, unter der Sitzbank, ob dort wohl jemand nach China geschmuggelt wird. Aber sie lachen dabei.

So vergeht ein halber Tag, um von einer Welt in die andere zu gelangen – das ist nicht zuviel und kann nur den ungeduldigen Reisenden erzürnen. Dann, Mitternacht rückt näher schon, setzt sich der Zug in Richtung China langsam und würdig in Bewegung. Vorbei gleitet er an viel Stacheldraht und dann – wie für eine Filmkulisse gebaut – an einem verwinkelten riesigen Betonklotz mit einem Wachtturm. Das war der östlichste Vorposten der Sowjetunion und eine Versetzung hierher war sicher keine Belohnung. Er sollte das Heranrücken der gelben Heerscharen melden. Still ist es heute, nur der Wind heult und rüttelt den Wagen.

Schnurgerade Lichterketten durchziehen die Finsternis. Der erste Gruß aus dem Reich der Mitte. Noch vor der Stadt sind die Öltanks zu sehen, die neuerdings direkt von einer Pipeline aus Kasachstan gefüllt werden. Dann, während der Zug in den Bahnhof von Alaschankou einrollt, erklingt draußen fremde Marschmusik. China heißt den Zug willkommen. Soldaten heben die Hand zum zackigen Gruß an die Mütze, was aber in der Dunkelheit nur wahrzunehmen ist, weil sie weiße Handschuhe tragen. Auch das Bahnhofspersonal hat zur Begrüßung in einer Reihe Aufstellung genommen. Der erste Eindruck, der nicht trügen wird: dieses Land hat einen Sinn für Uniformen. Im Hintergrund aber greifen unbeeindruckt von dem Zeremoniell Arbeiter zur Schaufel, obwohl es Mitternacht ist.

Wir sind angekommen in China. Von hier an gilt die Zeitrechnung Pekings. Doch bei aller strengen Form der Begrüßung zeigt sich das Land geneigt. Die Grenzsoldaten mit den weißen Handschuhen tragen das Gepäck aus dem Abteil auf den Bahnsteig. Mehr kann man bei der Ankunft in einem fremden Land nicht verlangen.

Dritter Teil **Aufbruch in eine neue Zeit: Chinas Westen**

Im Land der Uiguren: Xinjiang

Wer das Büro betritt, blickt zunächst auf eine große gläserne Wand, wie sie in Tiefseeaquarien zu finden ist, damit sich der Besucher den exotischen Fischen näher fühlt. So ergeht es uns, als wir den Arbeitsraum von Ma Hongjun betreten. Der großgewachsene, schlanke Mann ist der Bahnhofsdirektor von Alaschankou. Unser Blick durch die Fensterwand fällt auf eine Spielzeugwelt, die so aufregend ist, dass wir dem im dunklen Anzug gekleideten Herrn hinter dem Schreibtisch nur schwer die gebotene Aufmerksamkeit widmen können. Man erkennt, dass die Bahnstation, die wir nachts erreicht haben, eine Marginalie ist – daneben erstreckt sich über viele Kilometer das verwirrende Schienenlabyrinth eines Güterbahnhofs. Ma Hongjun thront hoch über allem wie am Schaltpult einer Modelleisenbahn. Von den Scheiben gedämpft, erklingen die Pfiffe der Rangierloks. Man sieht die Güterwagen hin- und herrollen, die Containerkräne, die ihre Last von einem Waggon auf den anderen setzen. Als Erstes möchte man Herrn Ma fragen, wie er denn hier die Ruhe zu konzentrierter Arbeit finde. Aber sein freundlich-seriöser Habitus vertreibt solche Gedanken. Schließlich ist er der erste Repräsentant des neuen China, den wir treffen, und wir wollen nichts falsch machen, also verbeugen wir uns tief. Der Stolz auf sein Werk, den er dezent spüren lässt, gebietet den Rückzug auf das Zeremoniell, das Chinareisenden in vorbereitender Lektüre empfohlen wird.

Dieses Labyrinth von Schienen, der Wald von Kränen und Hebebrücken ist in den letzten fünfzehn Jahren entstanden. «Vor zwanzig Jahren gab es hier in Alaschankou fast nichts», sagt er. «Es gab einen Militärstützpunkt und eine Wetterstation. Alles andere ist danach entstanden.» Herr Ma jongliert mit Zahlen und zeigt dabei ein bescheidenes Lächeln. Er ist Herr eines wundersamen Wachstumsprozesses. In zehn Jahren hat sich der Warenumsatz verzehnfacht. In diesem Jahr sollen vierzehn Millionen Tonnen Waren über die Grenze gehen, in den nächsten Jahren noch viel mehr.

Alaschankou ist Chinas Tor zum Westen: für den Import von Rohstoffen aus Kasachstan und für den Export von Konsumgütern. Wenn man den Bahnhofsdirektor sprechen hört, fühlt man sich an die Tonnenideologie der Sowjetunion erinnert. Dort sah der jeweilige Fünfjahresplan die Steigerung der Stahlproduktion oder der Ernteerträge vor und benannte imposante Zahlen als Zeichen des Fortschritts. Doch jeder wusste, was von diesen Zahlen zu halten war – sie schlossen die Phantasie der Planer und große Mengen Ausschuss mit ein: Produkte, die zu nichts taugten, Ernteerträge, die auf dem Weg zum Verbraucher verrotteten.

Die Zahlen von Herrn Ma geben aber keinen Anlass zu zweifeln. Man sieht die Mengen an Güterwaggons, die Tankzüge – dieses Wachstum ist real. Der Stadt an der Grenze, die aus dem Nichts entstand, ist eine goldene Zukunft beschieden, zumal auch die erste Erdölleitung aus Kasachstan hierher führt, die gerade eröffnet wurde und jährlich zehn Millionen Tonnen Öl nach China pumpt. Bis zum Jahr 2011 soll das Volumen verdoppelt werden. China bereitet sich vor auf wachsende Nachfrage. Ein kluger Kollege vom «Spiegel» analysierte den künftigen Bedarf und kam zu einem verblüffenden Ergebnis: Wenn das Land den Lebensstandard der USA erreichen will, braucht es täglich mehr Öl als die Tagesproduktion der gesamten Erde. Fern von Europa wachsen Bedürfnisse, entwickeln sich Märkte, werden neue Handelswege erschlossen. In diesem Prozess fällt dem kleinen Grenzort eine Schlüsselrolle zu. Bahnhofsvorsteher Ma sprach sogar von der Idee, eine Eisenbahnlinie mit chinesischer Spurbreite durch Kasachstan in den Iran zu verlegen, um auch diese Quellen anzuzapfen.

Die Entwicklung der Stadt Alaschankou hat mit dem raschen Wachstum des Verkehrsstroms nicht ganz mithalten können. Einige Banken haben feudale Niederlassungen errichtet. Aber noch heult der Wind, der uns von Kasachstan hierher begleitet hat, über viele leere Flächen. Immerhin – zu erkennen ist der Zuschnitt einer modernen kleinen Stadt, auf die die kasachischen Nachbarn in Dostyk nicht ohne Grund neidvoll schauen. Es ist dieser Sinn für Perfektion, die rasante Anpassung an eine neue Entwicklung, die den ersten Eindruck prägt. Dazu hat das Empfangskomitee, das uns noch in der Nacht am Bahnhof begrüßt hatte, nicht wenig beigetragen. Da waren Vertreter des lokalen Außenministeriums, des Informationsministeriums und Entsandte aus der Provinzhauptstadt Ürümqi versammelt. Alle jung, alle sehr freundlich, stießen am nächsten Morgen wieder zu uns und ließen Zweifel aufkommen, ob denn in so großer Begleitung das Land gelassen zu betrachten sei. So ist es denn ein ganzer Konvoi von Autos, der sich in Bewegung setzt, um in ein Dorf von Kasachen zu fahren, die auch diesseits der Grenze seit vielen Generationen ihre Heimat haben.

In der schmalen Gasse zwischen den flachen Bauernhäusern steht schon ein Polizeiauto. Das örtliche Fernsehen hat sich eingefunden. Auch die Vertreter des Landkreises und der Dorfverwaltung haben sich noch dazugesellt. Der Auftritt der Fremden ist nicht ganz so unauffällig, wie sie es sich wünschen. Die Begegnung mit den Einwohnern gerät eher zu einer Demonstration von Völkerfreundschaft als zu einer intimen Erkundung der Lebensverhältnisse.

Der Einzug der Journalisten auf dem Bauernhof des Kasachen Adzhad Han, des Abkömmlings einer alten Nomadenfamilie, gleicht einer Prozession, in der – je nach Rang – jeder seinen angemessenen Platz findet. Die würdigeren Teilnehmer des Ereignisses zwängen sich dann auch in das Bauernhaus und dürfen in der festlich gerichteten Wohnstube Platz nehmen. Die anderen bleiben auf dem Hof. Im Inneren erstreckt sich eine üppige Tafel über die Länge des Raumes, dessen Wände mit Teppichen bedeckt sind. Teppiche liegen auch auf dem Boden, wo sich die große Runde niederlässt. Das Gespräch kommt schleppend in Gang. Denn der Gastgeber spricht kein Chinesisch und schon gar nicht Russisch, weshalb die Übersetzung den Umweg über den lokalen Vertreter des Volkskongresses nehmen muss, der des Kasachischen und des Chinesischen mächtig ist. An diesem Punkt kann dann unser Dolmetscher Marc übernehmen, der ebenfalls in Alaschankou zu uns gestoßen ist. Jeder in Worte gefasste Gedanke nimmt einen langen Weg, bis er den Adressaten erreicht. Für die Richtigkeit der empfangenen Botschaft kann deshalb keine Gewähr übernommen werden. Da die meisten Äußerungen des Bauern in einem Lob auf die Partei gipfeln, kann so viel Falsches nicht übermittelt worden sein – jedenfalls aus Sicht des beifällig nickenden Begleitkommandos.

Die Bauern des Dorfes seien alle wohlhabend, lernen wir. Jeder habe einige tausend Schafe, die fern des Dorfes in den Bergen weiden. Die Regierung habe Strom und fließendes Wasser in jedes Haus legen lassen. «Er hat nicht daran gedacht, nach drüben zu fahren, da er hier sehr gut lebt», übersetzt der lokale Dolmetscher die Gedanken des kasachischen Hausherrn und zerstreut jeden möglichen Zweifel an dessen Loyalität gegenüber dem Staat. «Seine Kinder und Enkelkinder leben alle hier – unter der Führung der Partei.» Auch der Kindersegen sei ganz legal. Jede Familie von Viehzüchtern dürfe drei Kinder haben und nicht nur eines wie in den Ehen der Han-Chinesen, des Staatsvolks. Die Politik der Regierung ziele darauf, dass die Bauern reich werden, «noch reicher als jetzt».

Zu diesen Worten werden Suppe, Reis und Berge von Fleisch gereicht, für die sicher mehr als ein Schaf sein Leben lassen musste. Allerdings werden im chinesischen Siedlungsbereich der Kasachen nicht mehr alle Sitten der Väter gepflegt. In Kasachstan würden dem Ehrengast auf einem Extrateller die rohen Augen des Schlachttieres gereicht – nicht zur gegenseitigen Betrachtung, sondern als Delikatesse zum Verzehr. Man kann nicht sagen, dass die Gäste diese Geste sonderlich vermissten.

Das Mahl wäre ohne jede Dissonanz zu Ende gegangen, hätte sich nicht einer der Gäste bemüßigt gefühlt, taktlos von den Glücksgefühlen der Kasachen in Kasachstan zu berichten, die sich der Fesseln

Moskaus entledigt hätten. Da zögerte der örtliche Übersetzer. Und was er dann ins Kasachische übertrug, blieb sein Geheimnis. In Peking, so lernen wir später, grassiert immer noch die Furcht vor den nationalistischen Tendenzen unter den muslimischen Volksgruppen in der nordwestlichen Provinz Xinjiang. Es ist eine Region, in der die Han-Chinesen in der Minderheit sind. Der Volkskongress hatte schon 1992 in der Hauptstadt ein Förderprogramm für die wirtschaftlich rückständige Region beschlossen, um separatistischen Tendenzen zu begegnen, was darauf schließen lässt, dass der geschilderte Wohlstand der kasachischen Viehzüchter annähernd den Tatsachen entspricht.

Oberhalb des Dorfes erheben sich die Gipfel des Tianshan. Wir fahren bergauf, durch gebirgige Wüste und Steppe. Dort sollen an einem See die Schafherden weiden. Doch die Seeufer sind noch von Schnee und der See selbst von Eis bedeckt. Auf einer Insel im See, die sich wie der Rücken einer Schildkröte über die weiße Fläche hebt, zeichnen sich die geschwungenen Dachlinien einer Pagode ab, als habe ein feiner Pinsel in die abstrakten Schattierungen von glänzendem Weiß einen Hauch von Gegenständlichkeit zaubern wollen. Weidende Tiere oder die Zelte von Hirten sind nicht zu entdecken. So bleibt nur die Bewunderung für eine Landschaft, die ihre Entsprechung allenfalls noch in den wunderlichen Gebilden von weißen Wolken findet, die unter dem tiefblauen Himmel segeln.

Jeder Reisende, der ein fremdes Land betritt, ist zumal in den ersten Tagen von gespannter Aufmerksamkeit erfüllt. Welche Klischeevorstellungen gilt es zu korrigieren? Wie ist umzugehen mit Vorurteilen und angelesenen Beschreibungen? Kaum ein Land aber könnte fremder sein als dieses. Mit einer langen Geschichte, die aus den Reichtümern einer frühen, ganz anderen Kultur schöpft. Wir können in Schleswig-Holstein staunend vor den Resten der Wikinger-Siedlung Haithabu stehen. Aber wie schlicht und primitiv wirkt sie gegenüber dem, was uns von den zeitgleich existierenden großen chinesischen Städten durch Marco Polo übermittelt ist! Die Bewunderung trägt auch Züge des Befremdens, wenn man lernt, welche Rolle die Kommunistische Partei heute spielt, wo doch im Land selbst ein brutaler Kapitalismus die Wirklichkeit regiert.

Und schließlich ist dies ein Land, in dem die Presse- und Meinungsfreiheit nichts gilt, in dem Andersdenkende verfolgt werden und Journalisten im Gefängnis landen. Wir aber kommen als Journalisten, von denen man nicht annehmen kann, dass sie die Welt so sehen, wie die Offiziellen sie gerne dargestellt wissen möchten. So deuten wir denn auch den Umfang des Begleitkomitees als eine Geste freundlicher Umarmung, die wenig Spielraum für eigene Bewegung gibt. Wir malen uns schon aus, wie behütet wir die nächsten Wochen verbringen werden – mit fatalen Folgen für den Versuch, der Wirklichkeit des Landes näher zu kommen. Doch trägt solche Überlegung immer auch einen Hauch von Unrecht. Die Ausländer sind auch Gäste. Die üppige Komparserie von lokalen Würdenträgern soll vielleicht der Ehrung der Gäste dienen. Denn sie kommen in eine Region, in die Fremde selten gelangen, weil die Regierung wegen der delikaten politischen Verhältnisse kein Interesse daran hat. Für die ausländischen Korrespondenten in Peking ist Xinjiang ein selten genehmigtes Reiseziel.

Das heikle Territorium im Nordwesten ist die größte Verwaltungsregion des Landes. Sie umfasst ein Sechstel der Gesamtfläche Chinas. Ihre Sonderrolle wird schon aus ihrer Lage deutlich. Sie grenzt an Indien, Pakistan, Afghanistan, Tadschikistan, Kirgisien, Kasachstan, Russland und die Mongolei. Seit mehr als zweitausend Jahren gilt diese Wüsten- und Hochgebirgsregion als strategisch wichtige Brücke zum Westen, über die die Heere der Eroberer hinwegtobten. Von allen Nachbarvölkern leben Minderheiten im Land. Das Hauptvolk bilden die Uiguren, die mit sieben Millionen Menschen die größte Bevölkerungsgruppe repräsentieren. Die vorherrschende Glaubensrichtung ist der Islam. Bis in das letzte Jahrhundert hinein war das Gebiet umkämpft. Und obwohl die Revolutionsregierung seit den fünfziger Jahren Chinesen in Xinjiang ansiedelte, um die fremden Nationalitäten unter Kontrolle zu bringen, kam es selbst noch in den neunziger Jahren zu Aufständen gegen die Regierung in Peking.

Am Abend, so war diskret angedeutet worden, würde es zu einer freundschaftlichen Begegnung kommen. Das verhieß Ehrung, aber – wenn man russische Erfahrungen zugrunde legt – auch eine Kraftprobe, ob die Angereisten sich den Gesetzen der Gastfreundschaft tatsächlich als würdig erweisen. In dem Nebengemach eines Restaurants hatte der örtliche Vertreter des Informationsministeriums zum Mahl gebeten. Es ist die erste Begegnung mit chinesischem Tafelritual und Stäbchen, die einer groben holsteinischen Hand nicht so recht folgen wollen. Im Mittelpunkt des großen runden Tisches ruht eine runde Platte, die auf Handdruck wie ein Karussell rotiert. Darauf werden in unendlicher Reihe gefüllte Schalen und Schälchen gestellt. Als Getränk für die Toasts – sie sind ja der eigentliche Zweck eines solchen Treffens – wird chinesischer Wein oder ein Schnaps gereicht, der einen von Wodka gezeichneten Gaumen beim zweiten Glas an die Zartheit einer aufblühenden Blume erinnert. Dazu erklingen wilde Gesänge eines Damen-Duos in Nationaltracht, das von einem bärtigen Künstler auf der Gitarre begleitet wird.

Die Runde hat zwei Mitglieder, die dem Treiben mit besonderem Interesse folgen. Aus Peking ist Wang Yan zu uns gestoßen. Sie arbeitet als Producerin beim staatlichen Fernsehen und hat den amtlichen Auftrag übernommen, uns auf dem Weg durch China zu begleiten. Ihr Kommen haben wir nicht ohne Sorge betrachtet, weil es sicher auch ihre Aufgabe ist, uns zu kontrollieren. Dies ist die erste Bewährungsprobe, der die Gäste sich auszusetzen haben. Und auch Marc Buchmüller, der als eine Art Pfadfinder aus Schanghai zu uns gestoßen ist, will wissen, ob die Angereisten schon am ersten geselligen Abend die Haltung verlieren.

Das Willkommenheißen der Gäste, der Dank für die Begrüßung, die Freude über die Begegnung, das Gelingen des Projektes und der daraus erwachsene Segen für alle damit verbundenen Länder – Anlässe, das Glas zu erheben, gibt es reichlich. Und wenn nicht ein verschmitzt lächelndes Mongolenmädchen in der Uniform eines Pagen ein Einsehen hätte und nur mäßig das Glas nachfüllte, würden die Gastgeber am Ende vielleicht einen einfachen Triumph erleben. So aber finden sie auch noch aufmerksame Zuhörer, als sie selbst schon bewegt Gesänge aus der Heimat vortragen. Auch der Anfang der weihevollen Mao-Hymne «Der Osten ist rot» wird zu Gehör gebracht. Der Gesang endet vorzeitig in fröhlichem Kichern und Gelächter. So ernst wird es mit der Ideologie wohl nicht mehr genommen. Sie bringen uns noch mit an den Zug, tragen die zweihundert Kilo Gepäck bis an den Waggon. Als der Zug anruckt und aus dem nachtdunklen Bahnhof gleitet, sind wir fast sicher, tatsächlich bei Freunden gewesen zu sein. Vielleicht verbirgt sich ja doch nicht alle Regung von Gefühlen hinter der so oft beschriebenen Maskierung undurchdringlichen Lächelns.

Der erste chinesische Zug, in dem wir reisen und der uns durch die Nacht nach Ürümqi, in die Provinzhauptstadt, tragen soll, ist wunderbar – selbst für Reisende, die durch die Solidität der alten DDR-Waggons verwöhnt sind. Natürlich müssen wir Abstriche machen. Das sanfte, beruhigende Wiegen der Waggons, die gemächlich ihres Weges rollen, ist einem schwebenden Gleiten gewichen. Das Gleisbett in China ist moderner und für höhere Geschwindigkeiten ausgelegt.

Dazu hat der Schlafwagen eine verführerische Konstruktion. Die Schlafabteile sind im ersten Stock untergebracht. Unter ihnen erstreckt sich ein langes Restaurant, das die meisten Anwesenden, soweit es ein flüchtiger Blick erkennen lässt, allerdings nur als Trinkstube benutzen. Die Freuden des Reisens schlagen dort hohe Wellen. Und wenn nicht zuvor der Abend der amtlichen Begrüßung die Kräfte gefordert hätte, wäre es wohl ein Vergnügen gewesen, in diese Wellen einzutauchen. Scheint doch die Szene jener Annahme zu widersprechen, der «Chinese als solcher» sei stets kontrolliert und nichts läge ihm ferner als öffentlich dargebotene Vergnüglichkeit. So viele Stereotype über dieses Land sind in Umlauf, so unsinnige. Und es bleibt in den folgenden Wochen viel Gelegenheit, über die Herkunft dieser Klischees nachzudenken. Denn in der westlichen Betrachtung Chinas in den letzten zweihundert Jahren führten sie abwechselnd zu Überheblichkeit, Verachtung, Sorge oder gar Angst.

Sonne flutet am nächsten Morgen über schmutzig-graue Neubausiedlungen. Verkommene Hütten, Berge von Müll säumen den Bahndamm. Dahinter aber erhebt sich im Dunst die Silhouette einer aufstrebenden Stadt. Die Morgenröte spiegelt sich in hohen gläsernen Fassaden. Rauch und Dämpfe steigen über Fabriken auf. Man ahnt, dass der Dunst über der Stadt auch am Tag nicht weichen wird. Schneebedeckte Berge gruppieren sich wie riesige Wächter um das Häusermeer. «Schönes Grasland» ist die Übersetzung des Namens. Davon lässt die Stadt Ürümqi heute nichts mehr erahnen. Sie war ein wichtiger Stützpunkt auf dem beschwerlichen Weg der Seidenstraße und erhielt ihr Stadtrecht vor fünfzehnhundert Jahren. Heute ist sie nichts als ein gewaltiger urbaner Moloch.

Der Zug gleitet in einen riesigen Bahnhof, groß genug, dass er auch Flugzeuge aufnehmen könnte – aber dennoch so überschaubar, dass die Waggonschaffnerin über Treppen und Gänge atemlos hinter den Ausländern herläuft, um ihnen eine Tasche nachzutragen, die in der Aufregung der Ankunft im Zug liegen geblieben war. Solche Fürsorge hinterlässt einen nachhaltigen Eindruck. Die Tasche enthielt essenzielle Dokumente. Ihr Verschwinden hätte eine mittlere Katastrophe ausgelöst.

Das also ist China. Die Menschen wogen über den weiten Platz vor dem Bahnhof. Sie schleppen Gepäck. Sie drängen sich in Busse. Wie betäubt schaut man auf den Wirbel des dichten Verkehrs, auf das Treiben in den Straßenschluchten, über die sich die Hochhäuser recken. 1992 sei das erste Taxi zugelassen worden, erfahren wir später. Jetzt seien es sechzigtausend. Auf riesigen Plakatwänden blickt man verwirrend tief in das Dekolleté einer Blondine, die für ein französisches Parfüm wirbt. Italienische Herrenmode, englische Schlagworte wie «Fashion in the City» sind unverzichtbare Attribute des Stadtbildes. Wie im Märchen vom Gestiefelten Kater möchte man fragen, wem das alles gehören mag, was in sich überstürzender Entwicklung entstanden ist: die Bankhäuser, die Hotels, die Büropaläste – in einem Land, in dem vor kaum dreißig Jahren noch mit dem Tode bedroht war, wer als «Rechtsabweichler» galt oder von «falscher» Herkunft war.

Nein, es ist nicht China, weder das glänzende, das die farbigen Fotos von Schanghai zeigen, und noch viel weniger das alte, dessen architektonische Umrisse aus sehnsuchtsvollen Kinderträumen vertraut sind. Xinjiang ist die jüngste Eroberung Chinas, und die Hauptstadt Ürümqi ist trotz ihrer langen Vorgeschichte als Karawanserei an der Seidenstraße die jüngste chinesische Großstadt. Noch vor fünfzig Jahren bildeten die Chinesen in der Stadt eine fast verschwindende Minderheit. Heute haben sich die Verhältnisse umgekehrt. Von den rund zwei Millionen Einwohnern sind rund fünfundsiebzig Prozent Chinesen, während die einstigen Herren des Landes, die Uiguren, nur noch dreizehn Prozent der Bevölkerung bilden. Aber immer noch werden ganze Stadtviertel – und zwar die ärmeren – vom uigurischen Lebensstil geprägt. Wie bei den muslimischen Nachbarn in Zentralasien erwacht der Basar erst um zehn Uhr zum Leben. In den chinesischen Städten, so lernen wir später, fängt der Tag viel früher an. Die Mehrheit der Männer trägt wie in Kasachstan weiße Käppis auf dem Kopf, was sie als gläubige Muslime kennzeichnet. Die Frauen verhüllen ihr Haar mit einem Tuch, oder sie sind sogar tief verschleiert. Ürümqi ist die Hauptstadt einer Region in labilem Gleichgewicht. In platter Sprache nennt man einen solchen Ort ein politisches Pulverfass.

Eine Begegnung lehrt uns, weshalb die chinesische Regierung versprochen hat, die Region zu fördern. Es ist der zweite Tag unseres Aufenthaltes. Wir haben am Vorabend Usman kennengelernt und als Steuermann gewonnen. Er fährt eines von den kleinen dreirädrigen Fahrzeugen, die von einem Mopedmotor angetrieben werden und wie Bienen durch den dichten Verkehr surren. Sie versorgen Geschäfte mit

Waren und dienen, wie wir erleben, auch dem Transport von Passagieren. Usman ist ein zierlicher, schmaler Mann in den Dreißigern mit einem offenen Gesicht. Er hatte bis dahin nur Kisten befördert und in das lukrativere Taxigeschäft noch nicht einsteigen können. Wir baten ihn, sein Gefährt so umzurüsten, dass er uns mitnehmen könne. Bis zum nächsten Morgen hatte er eine Fußleiste angeschweißt und sogar einen Teppich über die Ladefläche gelegt – froh über die Aussicht auf einen kleinen Verdienst. Sein Dreirad verträgt nur eine kleine Besetzung, so konnten wir mit dem Hinweis auf Platzprobleme unseren begleitenden Tross zurücklassen. Wir wollten unkontrolliert mit Usman sprechen und uns von ihm den Basar zeigen lassen.

Die Fahrt beginnt an einer großen Moschee, deren Minarette hoch über die Häuser ragen. Sie führt durch schmale Gassen, in denen Garküchen auf der Straße gerade den Herd anheizen. Obst- und Gewürzhändler sortieren ihr Angebot. In einer stillen Ecke bitten wir Usman um eine Pause. Wir wollen ihn fragen, wie sein Auskommen ist, was er über das Leben denkt. Aber kaum steht das Dreirad, schart sich eine wachsende Gruppe von Männern um uns. Und anders als auf mancher späterer Station der Reise machen sie aus ihrem Unmut keinen Hehl: Keine Arbeit, kein Geld, keine Aussicht auf ein Leben in sozialer Sicherheit. «Es gibt zu viele Arbeitslose», sagt einer von ihnen. «Keine Arbeit und Kinder zu Hause. Dann musst du dich anstrengen.»

Während wir mit den Männern sprechen, schaut Usman sich immer wieder besorgt in alle Richtungen um, als fürchte er unerwünschten Besuch. Uns war schon aufgefallen, dass im Basar bewaffnete Polizisten in Vierergruppen patrouillieren. Dennoch erzählt Usman aus seinem Leben. Er arbeite den ganzen Tag, aber mehr als umgerechnet einen Euro bringe er nicht nach Hause. Er hat zwei Kinder, die zur Schule gehen, und schafft es kaum, genug Geld für das tägliche Brot zu verdienen. Die anderen nicken. So geht es ihnen allen. Dabei hat Usman noch Glück, nicht nur sich, sondern auch sein Gefährt auf dem Markt anbieten zu können. Es ist fünfzehn Jahre alt. Er meint, irgendwann würden auch Reparaturen dessen Leben nicht mehr verlängern können.

Die Fahrt mit Usman ist ein Blick hinter die glitzernden Fassaden. Der Basar ist kein Ort für Händlerstolz und Orientromantik. Überdachte Gänge, die man nur zu Fuß durchstreifen kann, führen tief ins Innere des Viertels. Schleier, Kleider und Teppiche stehen zum Verkauf. Dies ist nur noch ein schlichter Abglanz des orientalischen Basars. Aber da gibt es doch etwas, was an die alte Zeit erinnert. In einem Gang reihen sich Läden aneinander, die Messer anbieten. Sie sind zum Teil so groß wie Schwerter. Ein Händler beteuert, seine Ware komme nicht aus der Fabrik. Die Klingen seien noch so gut und scharf, wie sie vor Hunderten von Jahren gewesen seien. «Es gibt immer noch die alten Orte», sagt er, «wo man weiß, wie eine gute Klinge geschmiedet wird. Die Kunden kaufen hier und verkaufen sie weiter auf den Dörfern.» Er lacht und sagt, so sei es früher zu Zeiten der Seidenstraße auch gewesen. Auf der Straße tritt ein alter Mann mit einem Lächeln in seinen mongolischen Gesichtszügen auf uns zu. Er legt freundschaftlich beide Arme um mich. Er spricht, aber nicht einmal der Dolmetscher versteht ihn. Er kann kein Chinesisch. Aber seine Geste ist zu verstehen. Der Alte ist auf den Fremden zugegangen, um zu zeigen, dass der sich hier nicht unerwünscht fühlen soll. Welche herzliche Art, Ausländern zu begegnen.

Auf dem breiten Bürgersteig der Hauptstraße, die den Stadtteil durchzieht, drängt sich die Menge. Dort stehen Kinder und versuchen Plastiktüten zu verkaufen. Frauen bieten Lose einer Lotterie an. Es ist ein Markt der Armen. Die Wohnblöcke in der Nachbarschaft sind im Zustand des Verfalls. Lieblos haben die Bauherren des Sozialismus sie dort hingeklotzt. Jetzt strafen sie die Stadt mit Bildern einer Untergangsstimmung. Dazwischen stehen ärmliche, schmutzige Hütten. Diese Ansichten sind es wohl, die man in Peking fürchtet und nicht gerne zeigt. Dahinter steht die Sorge, dass soziale Wut und verletzte Nationalgefühle sich zu einem gefährlichen Gemisch vereinigen können. Der letzte Aufstand liegt keine zehn Jahre zurück.

Mit Wirtschaftsprogrammen soll der Westen des Landes weiter entwickelt werden. Bislang sind die Erfolge nur im Geschäftsviertel der Stadt ablesbar. Dort aber sind die Chinesen und nicht die Uiguren die Herren. Ihnen bleibt das Elend.

Oder die Kunst. Ausgerechnet im alten Haus des russischen Generalkonsulats, erbaut im grauen Kolonialstil, haben die Botschafter der Uiguren ihr Büro eingerichtet. Auf einem mit Blumen bewachsenen Rondell vor dem Eingang hält ein grimmig blickender Lenin Wache. Dies ist der Sitz des nationalen Tanzensembles der Uiguren. Aus einem Nebengebäude erklingen exotische Weisen. Dort üben die Musiker des Orchesters, das zum Ensemble gehört. Dort ist auch der große Probensaal. Nur eine Handtrommel gibt den Rhythmus vor. Ihm folgen die Tänzerinnen und Tänzer mit feinen Schritten oder weiten Sprüngen, mit den Gesten der Hände, dem Wiegen des Körpers. Sie sind ganz in Schwarz gekleidet, die Frauen mit langen, weiten Röcken. Wie eine Flockenherde schweben sie über das Parkett, als sei Leichtigkeit und Grazie ihnen angeboren. Aber so selbstverloren ist ihr Tanz nicht.

Neben dem Trommler gibt es noch eine weitere Autorität. Vor der Tanzgruppe steht eine schlanke, wohl sechzigjährige Dame, gekleidet in ein graues, elegantes Kostüm. Mit einem Zeichen des kleinen Fingers unterbricht sie den Tanz. Auf hochhackigen Schuhen tanzt sie ein paar Schritte vor, und nur mit einem kurzen Blick sendet sie Pfeile in Richtung einiger kichernder Mädchen. Das ist das Ensemble mit seiner Meisterin Hailitianmu Sidike. Sie ist weit gereist und erzählt von Tourneen, die sie bis nach Europa geführt haben. Sie schwärmt vom jüngsten, mit einem Preis gekrönten Auftritt ihres Ensembles in Pjöngjang, der Hauptstadt Nordkoreas. Politische Hemmungen liegen ihr fern. Natürlich zeigt sie, dass sie auch selbst noch tanzen kann. Ihre Schülerinnen und Schüler danken es ihr mit Blumensträußen und Ovationen. Die große Künstlerin, von der man sagt, sie habe schon die Parteielite in Peking begeistert, versteht sich auch auf die Regie für die Selbstdarstellung vor westlicher Kamera.

Später treffen wir die gestrenge Künstlerin in ihrer nahe gelegenen Wohnung. Alles ist schon vorbereitet. Kuchen und Gebäck, Zuckerwerk und Tee werden gereicht. Immerhin lässt sich das Gespräch auch auf die weniger erfreulichen Zeiten der jüngeren Geschichte lenken. Die Kulturrevolution – jene Jahre seien schwierig und unangenehm gewesen. Aber von Details will sie nicht sprechen. «Es war wie der Donner schnell vorbei. Wir denken nicht daran. Aber diese Zeit hat mich natürlich gestählt. Sowohl in der Politik, aber auch in allen anderen Bereichen.» Diese Bilanz will man ihr gerne glauben. Sie ist eine geballte Ladung Energie, voller Selbstsicherheit. «Man weiß, was schwarz und was weiß ist, was ist richtig und was falsch.» Ihr Unterscheidungsvermögen ist so fein gestimmt, dass ihr jedes oppositionelle Denken fremd ist. «Die Partei war gut zu mir», sagt sie und erzählt freimütig von den Privilegien, die sie jetzt genieße, von dem Einfluss, den sie in Xinjiang und in Peking habe. Nie würde sie den Gedanken äußern, dass die Partei Fehler gemacht hat, viele und fürchterliche. In der Figur von Frau Sidike finden sich Partei und Kunst zu gelungener Symbiose, das Tanzensemble gilt ihr als Beispiel für die Harmonie im Land. Nur die Unschuld der jungen Adepten macht die Lektion erträglich.

In einer Probenpause stehen wir im Kreis dieser jungen Geschöpfe. Selbst die Männer sind von zierlichem Wuchs. Die Frauen wirken so, wie man sich Elfen vorstellen möchte. Sie schauen aus großen, braunen Augen auf den Besucher, und man begegnet einem strahlenderen Gesicht der Uiguren, als wir es auf den Straßen des Basars getroffen haben. Sie sprechen vom Tanz und was er ihnen bedeutet: «Ich hoffe, einmal eine so berühmte Tänzerin zu werden wie meine Lehrerin», sagt eine mit bescheidenem Augenaufschlag. «Wir sind uigurische Künstler. Der Tanz bedeutet nicht nur Unterhaltung für uns. Wir wollen mit unserer nationalen Kunst das ganze Land und die ganze Welt erreichen.»

Am Abend erleben wir die praktische Anwendung uigurischer Tanzkunst. Mit ihr werben nicht nur das große Staatstheater, sondern auch kleinere Bühnen in Restaurants. An den Tischen stehen ausladende, mit rotem Samt bezogene Sessel. An der Decke hängen goldene Lüster. In einer großen Nische ist über zwanzig Meter ein riesiges Büffet aufgebaut, zu dem der Gast mit seiner Eintrittskarte das Recht auf Selbstbedienung erworben hat. Auf die Frage, weshalb überwiegend Männer hier seien, sagt der Wirt, die meisten Gäste kämen wegen des Essens. Und wenn man sieht, mit welchen Bergen sie vom Büfett an ihren Tisch gehen, will man ihm fast Glauben schenken.

Besonderer Beliebtheit erfreuen sich große Rinderknochen, die die Gäste mit beiden Händen fassen, um sie abzunagen. Später tauchen angesichts des Programms Zweifel an jener These auf, den Gästen gehe es vorwiegend um den kulinarischen Genuss. Über der Bühne hängt in chinesischen Schriftzeichen der Spruch «Bring Träume zum Publikum». Sie tun ihr Bestes. Die Tänzerinnen, von weißen Schwaden künstlichen Nebels mystifiziert, sind von Auftritt zu Auftritt leichter gekleidet. Zwar fehlen nicht Zugeständnisse an gängige Folklore, aber mit der Darbietung eines Bauchtanzes war die Hauptlinie des Programms hinlänglich markiert. Wie gut, dass wir am Nachmittag bei den unschuldigen Elfen waren, wir hätten sonst die Hauptstadt der Uiguren mit einem irregeleiteten Verständnis der Landeskunst verlassen.

Auf einem baumbestandenen Hügel inmitten der Stadt thront eine Pagode. Mit blauen Dachziegeln und roten Säulen erhebt sie sich wie eine Blume über die Bäume. Tritt man näher, so erkennt man, dass das stolze Gebäude keineswegs Teil der vieltausendjährigen Geschichte ist, sondern erst in jüngerer Zeit errichtet wurde. Die Friese unter dem Dachrand mit Bildern von Drachen und Sonnen sind auf Beton gemalt.

Hier haben sich die chinesischen Hausherren ein Denkmal gesetzt. Dies ist ein programmatischer Ort, wofür auch die Schilder sprechen, auf denen die zukünftigen Ziele der Stadt vorgegeben werden. Eine «Gartenstadt» soll hier entstehen, eine «moderne Geschäfts- und

Handelsmetropole». Wer vom Hügel auf die dichte Ansammlung der Hochhäuser blickt, die Ströme des Verkehrs, die die Stadt wie dicke Adern durchziehen, all das gewachsen in den letzten fünfzehn oder zwanzig Jahren, der hat keine Zweifel am Erfolgswillen. Das Menetekel allerdings schwebt über den Häusern: die dicke Wolke aus Abgasen und Industrierauch. Es ist mehr als ein Gebot sozialer Gerechtigkeit, für alle Arbeitslosen einen Platz zu schaffen. Der soziale und politische Friede verlangt eine solche Entwicklung. Doch das in der Luft schwebende Gift zeigt, dass dem Wachstum Grenzen gesetzt sind.

Im Schatten der Flammenden Berge: Gansu

Wenn man Ürümqi in Richtung Osten verlässt, folgt man dem Korridor zwischen Gebirgen und Wüsten, durch die in den vergangenen Jahrtausenden die Händler und die Heere zogen. Die Ausläufer des Tianshan im Süden werden flacher. Zu ihren Füßen erstreckt sich nach Norden eine braune, steinige Wüste, so weit das Auge reicht. Dieses Weges zogen im 19. Jahrhundert auch die Karawanen der Forscher, die von Europa aus nach China und Tibet aufbrachen. Mit Pferden, Kamelen, Schafen und Hunden quälten sie sich durch Sand und Staub. Wir fahren in einem kleinen Bus, der uns zu einem muslimischen Dorf am Rande der Tiefebene von Turufan bringen soll. Über dem Asphalt der Straße flimmert schon Sommerhitze. Unvermittelt tauchen wir ein in heißes Wüstenklima.

Bei einer Pause am staubigen Straßenrand, vor Augen rote Felswände, die seit je die «Flammenden Berge» heißen, fliegt taumelnd ein Schmetterling durchs Bild. Schmetterlinge – wo auch immer – rufen Vladimir Nabokov ins Gedächtnis, der berühmt ist als Schriftsteller, aber mindestens ebenso erfüllt sich der Schmetterlingsforschung hingab. Nabokov hat, damals im Berliner Exil, die Schriften der russischen China-Forscher gelesen und fand für ihren klaren Stil die Bezeichnung von der «erstaunlichen Musik der Wahrheit». Er studierte die Reiseberichte in der Staatsbibliothek Unter den Linden so sorgfältig, weil er selbst die – fiktive – Geschichte eines Forschungsreisenden erzählen wollte.

Mit seinem Helden reist er den gleichen Weg, den wir genommen haben. Nabokov will jene Zeit der Abenteurer nachempfinden, die über Jahre andauernden Reisen ins Reich der Mitte, ihre Beschwerlichkeit und Gefahr, das Sandmeer der Wüsten, die schroffen Gebirge und die Stürme, die über sie hinwegziehen. Er erwähnt darin sogar zwei amerikanische Radfahrer, die um 1893 diese Region durchfuhren. Diese Begebenheit, die, wie er selbst sagt, als Trugbild erscheinen konnte, war keine Fiktion, sondern die reine Wahrheit. Thomas Allen und William Sachtleben veröffentlichten 1894 ein Buch über ihre Reise «Quer durch Asien auf dem Fahrrad». Darin vermerken die mutigen Abenteurer, was angesichts der Verhältnisse, die wir erleben, nicht besonders überraschen kann: «Diese schrecklichen Winde, die wir natürlich gegen uns hatten, machten uns im Verein mit den tiefen Wagenspuren das Radfahren gewöhnlich unmöglich.»

Nabokovs Erkundungen aber führten dazu, dass er die Landschaft zu beschreiben weiß, als sei er selbst dort gewesen, wo der «rötlichbraune Lehm der Wüste stellenweise vollkommen mit grobem Kies bedeckt» ist. Im Gegensatz zu den in unserem Auto Reisenden kannte er auch die spärlichen Pflanzen mit Namen, die als trockenes Gesträuch der gleißenden Sonne ihre dünnen Äste entgegenstreckten. Die Berichte der Forscher jedoch, die Nabokov seiner Erzählung zugrunde legte, trugen dazu bei, dass im 19. Jahrhundert China in einem wenig einladenden Licht erschien. Ihr Blick, so würde man heute sagen, war eurozentriert. Von «schmutzig übelriechenden» Gasthäusern ist dort geschrieben, die man lieber nicht betreten möchte. Habgierig, den Eindringlingen feindlich gesinnt, seien die Dorfbewohner. Küchendünste und der Qualm brennenden Viehmists erfülle die Luft. «Viel Lärm und Geschrei, aber überhaupt kein Lachen – dies ist die charakteristische Eigenheit jeder chinesischen Menschenmenge.» Dies schrieb der russische Geograph Grigorij Grum-Grshimajlo (1860–1936). Das Land und seine «minderwertige Bevölkerung» waren frei zur Eroberung. Großbritannien griff zu. Kaiser Wilhelm II. kommentierte auf unrühmliche Weise.

China galt in jener Zeit als eine «orientalische Despotie», deren Rückständigkeit angeblich jede Intervention und Waffengewalt rechtfertigte. Das Bild der Menschen wurde mit dem Regierungssystem gleichgesetzt – eine Unart, die sich keineswegs überlebt hat. In der Erinnerung tauchen die Heerscharen chinesischer Kulis auf,

die beim Bau der amerikanischen Eisenbahn als Lohnsklaven eingesetzt wurden – und die Bilder suggerierten, dass sie zu anderem auch
nicht taugten. In den Augen der Welt schien sich Chinas ruhmvolle
Geschichte zu erschöpfen, bis es unter Mao Tse-tung als roter Phönix
aus der Asche auftauchte. Die Demütigungen, die dieser Wiederge-
burt vorausgingen, und die blinde Überheblichkeit gegen die älteste
Kulturnation dieser Welt damals, sie wirken nach. Der ehemalige
deutsche Botschafter in Peking Konrad Seitz schreibt in seinem Buch
über China: «Das Trauma des Sturzes in Armut und Schande und
die Demütigung durch die Ausländer sind unauslöschlich in das Gedächtnis jedes einzelnen Chinesen eingebrannt.»

Die Hinweisschilder in dem weitläufigen Netz der Straßen tragen
auch arabische Schriftzeichen. Wir fahren durch die Senke von Turufan, die einhundertfünfzig Meter unter dem Meeresspiegel liegt.
Schon jetzt, im April, ist die Hitze unerträglich. Dort, wo Brunnen
Wasser heranschaffen, erstrecken sich weite Felder mit Weinstöcken.
«Habt ihr die kleinen Hütten am Rand der Felder gesehen?», fragt
uns später flüsternd ein Ortskundiger. Dort seien die Wanderarbeiter
untergebracht, die die Ernte einbringen und die Trauben in kleine
Betonkästen sortieren, wo sie zu Rosinen trocknen. Zu zwölft auf
ein paar Quadratmetern schliefen sie dort gestapelt und verdienten
kaum einen Euro pro Tag.

Weniger die misslichen Lebensverhältnisse der Wanderarbeiter
überraschen uns. Davon konnte man lesen, von den zweihundert
Millionen Unglücklichen, die durch das Land fluten auf der Suche
nach Arbeit. Dass aber der Fremde davon erfahren soll und die Menschen es ihm erzählen, das ist die wichtige Botschaft. China ist keine
verschlossene Welt, und man stößt auf Vertrauen.

Die Dörfer, Ansammlungen von kubischen Lehmhäusern, erinnern an Afghanistan. In einem großen Haus mit einem saalähn-
lichen Wohnzimmer werden wir zur Rast geladen. Der robuste und
etwas grobschlächtige Mann, der uns empfängt, sei der Besitzer
dieses Hauses. Wir staunen. Das Mobiliar ist gediegen. Es fehlt nicht

einmal ein Breitwandfernseher, so groß wie ein kleines Auto. Später lassen wir uns übersetzen, dass eine Schrift vor dem Haus von einem «Gästehaus» spricht, das normalerweise vermutlich durchreisenden Parteikadern zur Verfügung steht. Das chinesische Fernsehen zeigt in synchronisierter Fassung den «Untergang der Titanic». Wir sind unsicher, ob das Schicksal auf diese Weise das Projekt dieser Reise kommentiert. Mengen von Speisen werden aufgetragen. Draußen auf der überdachten Terrasse vor dem Haus versammeln sich schon die Männer des Ortes, die nur darauf warten, dass wir endlich ab-fahren. Es bleiben ihnen noch genug Tafelfreuden, als wir wieder ins Auto steigen.

Der Gedanke an Untergang kommt nicht von ungefähr. Ganz all-gemein bedrängt uns in jenen Tagen die Frage, wie eine Annäherung an das Land während der Reise gelingen könnte – in Unkenntnis der Sprache und Gepflogenheiten. Sehen, aber nicht begreifen, weil dem Blick das Wissen fehlt. Aber neben den grundsätzlichen Bedenken gibt es auch einen sehr konkreten Hinweis, dass die Reise scheitern könnte. Die Provinz Gansu, die als Nächstes auf unserer Strecke liegt, hat eine Genehmigung zur Durchreise noch nicht erteilt. Unsere sehr engagierte Begleiterin Wang Yan, die das chinesische Fernsehen uns mit auf den Weg gegeben hatte, kann in Peking die richtigen An-sprechpartner nicht erreichen. Und in der Provinzhauptstadt Lan-zhou geht nur der Stellvertreter vom Stellvertreter ans Telefon, der nichts zu entscheiden vermag. Solche Situationen sind aus der sowje-tischen Vergangenheit vertraut, und sie verheißen nichts Gutes. Ohne die Provinz Gansu gibt es für uns keine Chinesische Mauer, keine Wüste, keine erste Begegnung mit dem wirklichen China. Denn hier sind wir immer noch in einem kolonialisierten Teil des Landes mit blutiger Aufstandsgeschichte. Die Ungewissheit hält über Tage an.

Das Ziel des Ausfluges ist ein kleines muslimisches Dorf, das seit Jahrhunderten sein Aussehen nicht verändert hat. Die Lehmhäuser schmiegen sich an die Hänge aus glutrotem Fels. Zierliche Minarette ragen über die flachen Dächer. Ein Netz von kleinen Kanälen führt

Schmelzwasser aus den Bergen ins Dorf. An den Hängen wächst Wein, in den Gärten stehen frisch erblühte Obstbäume. Nach unserer Reise durch Staub und Geröll verstehen wir, dass man sich an einem Anblick laben kann wie an erfrischendem Quellwasser. Wir sind verabredet mit dem Arzt Abdullah Yimin Aji. Sein Heim ist das größte Haus im Dorf, ein zweistöckiger Lehmbau mit überdachtem Innenhof, in dem eine Plattform aus Holz steht, die mit Teppichen ausgelegt ist. Das ist in ganz Zentralasien das traditionelle Möbelstück für Terrassen. Dort sitzt der Arzt, ein etwas gebrechlicher alter Mann, dessen Augen wach ins Leben sehen. Er hat nie an einer Universität studiert, sondern praktiziert mit den Mitteln der Natur, wie es in seiner Familie seit Generationen üblich ist. Als Erstes schickt er seine Frau ins Haus, um Kissen zu bringen, damit auch der Gast es bequem habe.

Wir sind nicht aus medizinischem Interesse in das Haus von Aji gekommen. Bei einem früheren Treffen mit meinem Kollegen Marc, der einzelne Stationen unserer Reise vorher besucht hat, war Aji sehr gesprächig gewesen. Er hatte von den Torturen der Kulturrevolution erzählt, von den Schwierigkeiten eines islamischen Lebens in China. Jetzt sitzt er vor uns, ein zarter alter Mann, und erzählt mit blitzenden Augen von den Vorzügen der Naturmedizin – nicht wie im Vorgespräch von den Schreckenszeiten in seinem Leben, als er verfolgt wurde, weil er ein Mann des Glaubens war, ein Besitzender, ein Rechtsabweichler. Seine Frau hört mit Sorgen zu, als wir auf diese Dinge zu sprechen kommen. Begleitung aus der Kreisstadt ist mit uns gekommen, eine junge Frau, die im Auftrag des Informationsministeriums arbeitet. Sie sitzt ein wenig abseits, aber überblickt die Situation. Der jungen Dolmetscherin, die eigens zu uns gestoßen war, um aus dem Uigurischen ins Chinesische zu übersetzen, stockt der Atem vernehmlich schon bei den Fragen. Aber die Antworten des Alten bleiben einsilbig. Die Beauftragte aus der Kreisstadt hatte ihrerseits wohl mit Aji geklärt, was heute zu erzählen sei und was nicht.

Als wir mit ihm allein in seinen Garten gehen, wo er uns sein

Heilkräuterbeet zeigen will, spricht er und macht dazu ein ernstes Gesicht. Aber es ist keiner da, der seine Worte übersetzen kann. Die Dolmetscherin ist eine kluge, sympathische Frau. Auf der Weiterfahrt sitzt sie mit gequältem Gesichtsausdruck im Bus, der sich erst beim Abschied aufhellt, als wir ihr unser Verständnis für die Zwangslage bekunden.

Auf der Fahrt zum nächstgelegenen Bahnhof spielen die «Flammenden Berge» eine tonlose Abschiedsmusik. Die Abendsonne gießt ein samtenes Rosa über die steilen Hänge. Im dunstigen Licht scheinen die weißen Gipfel des fernen Tianshan durch den bläulichen Abendhimmel im Norden. Wir glauben, dies sei der letzte matte Gruß der Kälte und des Winters, der uns entgegenfliegt. Aber auf der Suche nach dem Bilderbuch-China, den Lotusblüten und hingetuschten Teichen und Hügeln, ist man vor Überraschungen nicht gefeit.

Wer im Schlafwagen des Nachts denkt, der nächste Morgen würde endlich die süßlich verklärenden Ansichten dieses Landes offenbaren, wacht auf in Enttäuschung. Immer noch nimmt der Zug seinen Weg durch endlose graue Steinwüste. Die abgewandte Seite des Mondes könnte kaum einladender erscheinen. Dann hat die Natur endlich ein Einsehen und wartet mit einer Variante auf – schiere Wüste, spärlich bewachsen mit Büscheln von Trockenpflanzen, deren Geflecht aus Ästen und Wurzeln. So viel Fläche das Reich der Mitte auch bietet, nach Berechnungen der allwissenden CIA sind nur etwa vierzehn Prozent landwirtschaftlich zu nutzen. Der Rest sind Wüste, Steppe oder schroffe Gebirge. Und neuerdings schrumpft diese Fläche noch mehr, weil das schnelle Wachstum der Städte, der Industrie, des eindrucksvollen Autobahnnetzes immer mehr Land raubt.

Hier aber, wo der Schöpfer die Chinesen mit grenzenlosen Flächen gesegnet hat, drängt sich kein Nutzen auf. Vielleicht ist es das, was einmal bleiben wird nach Zersiedelung und Ausbeutung der Natur, fragt sich der Reisende. Zugfahrten durch die Wüste laden nicht ein zu Optimismus und Fortschrittsglaube. Die verschwenderische Gabe des Nutzlosen, die schiere Grenzenlosigkeit der Öde lassen eher End-zeitstimmung aufkommen.

Die nächste Station Liuyuan ist ebenso grau wie die sie umgeben-den Steinfelder. Irgendwo wird eine Quelle gewesen sein, die dem Ort die Rolle einer Karawanserei vorgab. Deren Konturen haben sich ver-loren. An den Straßen stehen einförmige zwei- oder dreigeschossige Betonklötze, die auch durch aufgespannte Reklameschilder nicht an Charme gewinnen. Dies ist Chinas wenig geachteter Hinterhof, und doch ein wichtiger Anlaufpunkt für Touristen. Von hier aus fahren schnittige, mit allem Komfort ausgerüstete Busse in die legendäre, am Rande der große Wüste gelegene Stadt Dunhuang. Auch sie war im 19. Jahrhundert Ort eines blutigen Aufstands der Ureinwohner gegen die chinesische Herrschaft. Heute ist sie eine der größten Tou-ristenattraktionen im Land.

Wir fahren mit dem Taxi und lassen uns von Guo, dem Fahrer, eine Lektion aus dem Alltagsleben erteilen. Er habe sein Glück schon in Peking gesucht, aber er sei aus der Stadt wieder in seine Heimat geflüchtet. Zu groß, zu wild und seinen kleinen Geschäften, wie er sagt, nicht wohl gesonnen. Vorne am Spiegel hängt eine aus Steinen gefertigte Gebetskette: «Sie bringt Sicherheit und Frieden», erklärt er. «Buddha sagt, wenn man mit ganzem Herzen betet, dann können auch Wunder geschehen.» Die Partei mische sich normalerweise in Glaubensdingen nicht mehr ein. «Er ist eine kleine Stütze und Trost für die Menschen, er bietet Hoffnung und Zuflucht.» Nur die Sekten, wie die Falun Gong, würden verfolgt, weil sie die Menschen mit Aberglauben lockten. Mehr als Schlagworte vermag er zu diesem Thema nicht einzubringen. Später lernen wir mehr über die Grenzen religiöser Freiheit. Aber schon fällt auf, dass viele Menschen, auch jene, die uns in offizieller Funktion begegneten, sich mit berührender Ernsthaftigkeit zu ihrem Glauben bekennen.

Oberhalb von Dunhuang erheben sich wie Riesenwellen eines Ozeans die gelbbraunen Wüstendünen, gegen die jedes deutsche Mittelgebirge zwergenhaft erscheinen würde. Es ist, als ob man die

Ewigkeit mit Händen greifen könne, so zeitlos und mächtig türmen sie sich auf. Am Fuß dieser Dünen aber hat sich der Tourismus festgesetzt – mit einer so perfekten Organisation, dass man zunächst an eine Fata Morgana glauben möchte. Luxushotels mit Swimmingpools stehen wie aufgereiht. Die Kette von Souvenirgeschäften und Restaurants erstreckt sich wohl über einen Kilometer.

Hunderte von Kamelen lagern in Ställen, um rund um die Uhr im Stundentakt die Touristen einen Teil des Weges empor zum Gipfel der vorderen Dünen zu tragen. Jetzt ist noch Vorsaison. Aber doch ziehen schon Karawanen mit vierzig Kamelen oder mehr die Hänge hinauf und hinab. Wie an einem Faden aufgezogen, schreiten sie hintereinanderher. Im dunstigen Sonnenlicht sieht man sie als fernen dunklen Schattenriss auf dem hellen Sand und fühlt sich in die Träume von «Tausendundeiner Nacht» zurückversetzt.

Dies ist die Wüste, von der Marco Polo berichtet, wer in einer Karawane zurückbleibe, würde Rufe und Gesänge hören, die den Kamelreiter in die Irre lockten. Solchen Gefahren sind die heutigen Besucher nicht ausgesetzt. Jedes Kamel wird von einem Führer geleitet. Als sie näher kommen, ist zu erkennen, dass dies anscheinend die Aufgabe für die einheimischen Frauen ist. Sie tragen Tücher vor dem Mund, um sich vor dem Sand zu schützen, und scheinen nicht recht begeistert von ihrer Arbeit zu sein. Früher, erzählen sie stockend, hätten sie vom Ackerbau gelebt. Aber immer habe es an Wasser gefehlt. Für die Hotels gebe es nun genug. Und die Arbeit jetzt? Sie antworten ganz ehrlich: «Es bringt keine Freude. Die Tage sind hart, besonders im Sommer», sagt eine, von deren vermummtem Gesicht nur die dunklen, runden, so gar nicht chinesischen Augen zu sehen sind. «Es macht müde, den ganzen Tag die Berge hinauf und hinunter zu gehen.»

Die Begeisterung der Kunden jedoch kennt kaum Grenzen. Die Ursprünglichkeit der Landschaft, die Romantik des Reitens – die weite Reise hat sich gelohnt. Nur eine junge Frau gesteht, sie habe sich auf dem Kamel zu Tode erschrocken. Tausende von Kilometern sind sie angereist. Eine Gruppe von Ärzten kommt aus der Nachbarschaft Pekings. Sie haben sich hier zu einem Kongress versammelt und verbinden – wie es gelegentlich auch in unserer Heimat vorkommen soll – das Nützliche mit dem Angenehmen. Man ist verblüfft, wie schnell liebe Gewohnheiten von anderen Ländern adaptiert werden. In dieser Tourismusfabrik ist jedoch unübersehbar: Es hat sich ein Mittelstand etabliert, dem von Staats wegen auch die Möglichkeit gegeben wird, sein Geld auszugeben.

Als wir zur Bahnstation zurückkehren, ist die kleine Stadt Liuyuan schon in Dunkelheit gehüllt. Auf die Straßen fällt nur so viel Licht, wie die offenen Kneipentüren und Fenster es hergeben. Das bestärkt nicht gerade das Gefühl von Sicherheit, und fast verlangt es Mut, in eine der Garküchen zu treten, wo dann auf fürsorglichste Weise wundervolles Essen bereitet wird. Am Nebentisch sitzt eine Gruppe von Männern, deren Kleidung und Mienenspiel jedem Kriminalfilm alle Ehre gemacht hätte. Lärmend führen sie ihre temperamentvolle Unterhaltung im örtlichen Dialekt. Aber friedlich und freundschaftlich sind ihre Gesten, mit denen sie schließlich auch die Fremden begrüßen. Wenn man später hinaustritt, umfängt nur noch dunkle Nacht die Gassen, in der sich die Schatten der späten Passanten kaum abzeichnen. Vom nahen Bahnhof dringen die sehnsuchtsvollen Pfeiftöne der Lokomotiven durch die laue Luft und erinnern daran, dass wir für die Weiterreise nur ihnen vertrauen sollen und nicht den Kamelen.

Zu den weichen Klängen einer zärtlichen Melodie rollt der Zug am nächsten Tag auf dem Bahnsteig ein. Jede Etappe zeigt neue Varianten des chinesischen Reiselebens. Dies ist kein eleganter Fernexpress, sondern eher ein Arbeitspferd, das seinen Kunden die Holzklasse bietet. Die Großraumwagen sind voll mit Wanderarbeitern, die die Suche nach Arbeit durch das Land spült. Im Gepäcknetz über den Bänken liegen einfache Säcke und karierte Kunststofftaschen. Sie sind die Merkmale des armen Reisenden.

Der Zugchef selbst legt Hand an und verwandelt unseren chaotischen Gepäckhaufen in einen geordneten Stapel, der jedem Feldwebel gefallen hätte. Ordnung soll sein. Für uns wird gewischt und aufgeräumt, für die Gepäckberge werden zu unserem Entsetzen auch einige Mitreisende einfach davongejagt. Sie gehen ohne Widerworte. Offenbar sind sie es gewohnt, gejagt und missachtet zu werden. Müde, verhärmte Gesichter von Menschen, denen das Leben in existenzieller Not zur Gewohnheit geworden ist. Die unterste Kaste, die Betrogenen des neuen Wirtschaftssystems. Mitten im Wagen hängt über dem Gang ein rotes Banner mit einer Anweisung für den haltlosen Reisenden: «Unter keinen Umständen im Waggon rauchen.» Leider gibt es keine Parole, die vom Spucken abrät.

Junge, adrette Mädchen in weißen Uniformjacken schieben Servierwagen durch den schmalen Gang und bieten zum Frühstück Nudelsuppe an. Andere jonglieren Tabletts mit dem gleichen Gericht auf der Suche nach Kunden. Diese Art von Frühstück ist gewöhnungsbedürftig, und wir beginnen die chinesischen Touristen in Europa zu bedauern, die ohne Nudelsuppe den Urlaubstag in Paris oder Berlin beginnen müssen.

Die Landschaft vor dem Fenster betäubt durch ihre Einförmigkeit: endlose braune Wüste bis zum Horizont, manchmal durchsetzt mit Flecken einer Salzkruste, die glänzt wie ein letzter Hauch von Schnee. Irgendwo nördlich liegt der chinesische Weltraumbahnhof, wo – wie die Amerikaner befürchten – an einer neuen Mission zum Mond gearbeitet wird. 2003 erlebte China seinen Jungfernflug ins All. Für das Jahr 2008 ist eine Reise mit möglicherweise sogar vier «Taikonauten», die chinesische Bezeichnung für das Gewerbe im Weltraum, geplant, um den dann in Peking stattfindenden Olympischen Spielen die höheren Weihen zu geben. Das Raketengelände bleibt uns verschlossen. Anders als das russische Baikonur huldigt man hier noch eisern den probaten Regeln absoluter Geheimhaltung.

Nur sehr selten zeigen sich Inseln einer Besiedelung, eine Oase an einem Fluss, der tatsächlich Wasser führt, Schmelzwasser aus den Gebirgen. An seinen Ufern liegen wie ein Schachbrettmuster kleine Felder, die von Dämmen gerahmt sind. Auf einigen ist schon das zarte Grün junger Halme zu erkennen, andere sind noch geflutet, und die Wolken finden im Wasser ihr Spiegelbild. Pappeln stehen an breiteren Wegen, als seien sie Soldaten, angetreten, um ihr Reich zu verteidigen. Seitab am Fuß der Berge verläuft eine Landstraße, die offensichtlich noch nicht asphaltiert ist. Monströse Lastwagen fahren darauf, die wie gewaltige Ungeheuer aussehen, und wie einen Drachenschweif ziehen sie gewaltige Staubfahnen hinter sich her.

Ein lang gestreckter Bergkamm rückt näher, der mit seinen Zacken auf dem Kamm und tief gefurchten Hängen wie ein schlafender Dinosaurier aussieht. Immer mehr solcher Bergrücken kommen in Sicht, sodass am Ende das Bild einer ganze Herde von Dinosauriern erscheint. Schlafen sie oder sind sie auf der Flucht zusammengebrochen, die Panzer versteinert? Verirren wir uns in der an Märchen reichen Mythologie des Landes, oder gestalten hier die Märchen die bizarren Formen der Natur? Gleichwohl ist die Begegnung eine Annäherung an die Wirklichkeit. Denn mit der nächsten Station erreichen wir einen Ort, wo sich Mythos und Wirklichkeit begegnen, den westlichen Endpunkt der Chinesischen Mauer.

Der Sturm aus dem Westen: Lanzhou

Schon von weitem sind Gesprächsfetzen und das Gelächter der jungen Leute zu hören. Man sieht, wie sie auf der Spitze des Berges eine Kette bilden und Ziegelsteine weiterreichen. Die Mauer schlängelt sich den Berg hinauf. Dort auf dem höchsten Punkt bauen Arbeiter einen Wachtturm wieder auf. Das Bauwerk soll nicht mehr wilde, barbarische Reitervölker abschrecken, die von Norden und Westen einst das Land bedrohten. Dies soll eine Touristenattraktion werden. Überhaupt hat die Mauer an ihrem westlichen Ende wenig von den imponierenden Dimensionen, die man auf Bildern aus der Region nördlich von Peking bewundern konnte. Nie könnte hier eine mehrspännige Kutsche auf der Mauerkrone fahren, wie es von dort gesagt wird. Sie ist vielleicht fünf Meter hoch und maximal zwei Meter breit. So kommt an dieser Stelle keine angemessene Rührung auf, als wir den westlichen Endpunkt des 6700 Kilometer langen Wunderwerks menschlicher Kraftanstrengung zum ersten Mal sehen.

Auch muss nachträglich ihr militärischer Nutzen in Frage gestellt werden. An einer – allerdings prächtigen – Festung erreicht sie schlicht ihr Ende. Wer wollte, hätte seine Reiterkohorten einfach südlich davon durch die Ebene führen können. Vielleicht hätten sie auch in stiller Bewunderung des Forts verharrt. Sandgelbe zehn Meter hohe Mauern sichern die Gebäude im Inneren, über die sich in wunderbarer Harmonie zwei pagodenartige Türme erheben. Hölzerne Säulen tragen die geschwungenen Dachabsätze. In den beiden oberen Stockwerken schließen filigrane Holzgitter die Räume. Grüne, blaue und rote Felder mit Ornamenten umkränzen die Absätze. So leicht, so schwebend sehen die Türme aus, als würden sie mit einem kräftigen Windstoß in die Lüfte steigen wie der Drachen, den ein kleiner Junge auf dem Feld vor der Festung im Wind tanzen lässt.

Alle Gebäude machen einen sehr gepflegten Eindruck, und das Endstück der Mauer sieht aus, als sei es gerade erst errichtet worden. Vernachlässigt in vorangegangenen Jahrzehnten, ist sie nun wohl das Werk der Maurerbrigade, deren lärmenden Frohsinn wir von weitem bewundert hatten. Sie schauen verwundert auf die Fremden, die ihre Baustelle betreten, und schieben sich gegenseitig fröhlich die Aufgabe zu, mit ihnen zu sprechen. So erzählt erst einmal ein älterer Arbeiter, wie stolz sie seien, an diesem ehrwürdigen Bauwerk Hand anlegen zu dürfen. Alle nicken beifällig.

Doch auf der anderen Seite des Hügels, die vorher nicht einzusehen war, sehen wir leibhaftig die Schatten der fernen Vergangenheit. So mag es ausgesehen haben, als die Mauer vor sechshundert Jahren gebaut wurde. Auf einem steilen Pfad schleppen Männer in einer lang gestreckten Kette auf dem Rücken Zementsäcke zur Baustelle hinauf. Auch Halbwüchsige sind unter ihnen. Vierzig oder fünfzig Kilo wiegt so ein Sack. Sie ächzen bei jedem Schritt. Sie setzen sich auf einen Stein, um neue Kraft zu schöpfen, und steigen dann weiter bergauf. Oben angekommen, sind sie dem Zusammenbruch nahe. Die Maurer greifen zu, um sie von der Last zu befreien, und hängen den Sack an eine Waage. Bezahlt werden die Träger nach dem Gewicht, das sie schleppen. Bei einem schweren Sack bekommen sie gut einen Euro. Der Rekord, so sagt man uns, liege bei einem Mann, der an einem Tag neunzehn Mal den Berg bestiegen habe. Die meisten würden es nicht mehr als zehnmal schaffen. Der Zement, die Steine, das Wasser, alles wird von den Trägern auf die Baustelle gebracht.

Die Vorarbeiterin ist eine junge Frau. Sie trägt einen weißen Strohhut und verbirgt ihr Gesicht hinter einer Maske, die sie vor Staub schützen soll. Ein dunkles Augenpaar funkelt energisch aus der Vermummung heraus. An den Händen trägt sie geblümte Schutzhandschuhe. Aber ihre Worte sind ganz nüchtern. Natürlich sei dies alles eine ermüdende Schinderei: «Es ist ein großes Wunder, dass das chinesische Volk damals diese Mauer gebaut hat. Aber wir verstehen inzwischen, was das für eine Knochenarbeit gewesen ist. Denn das ist es heute auch.» Damit wir nicht denken, in ihren Worten klinge Selbstmitleid an, macht sie eine gebieterische Geste und sagt burschikos: «Los, tretet zurück. Wir müssen weitermachen.» Sie reiht sich ein in die Kette der Steinewerfer und würdigt uns keines weiteren Blickes. In der Ferne zeichnen sich die Konturen des neuen China am Horizont ab. Die Stadt Jiayuguan mit den zahllosen Schloten eines gigantischen Stahlwerks. Zwei ganz unterschiedliche Beispiele für die Kraft des Landes.

Am nächsten Tag haben uns die schwarzen Wolken, die im Westen über den Bergen lagen, eingeholt. Mit einem tiefen Brausen tobt der Sturm aus dem Nordwesten heran. In seinem Gefolge treibt feiner Wüstenstaub, der durch alle Kleidungsstücke hindurchdringt. Ein Staub, nicht spürbar auf der Haut, der sich wie ein materalisierter Schatten über die Menschen legt. Die großen roten Lampions, die am Abend zuvor in lauer Frühlingsluft dem Hof des Hotels ein warmes Licht gaben, tanzen und taumeln wild an der Halterung. Der Sturm biegt die Bäume, fegt den Unrat über die Straße. Nur schemenhaft sind die Häuser zu erkennen.

Auf den Schienen verkehren nur noch Güterzüge. Langsam, fast im Schritttempo schieben sie sich als eine einzige dunkle Masse durch die Dämmerung, die über dem Land liegt. Mit trüben Scheinwerfern an der Lokomotive bieten sie dem Unwetter die Stirn. Die Personenzüge haben einstweilen den Verkehr eingestellt. Der Fahrplan, der sonst so akkurat eingehalten wird, ist durcheinandergeraten. Wir beschließen, im Auto nach Lanzhou zu fahren, in die Hauptstadt der Provinz Gansu, in der Hoffnung, dem Sturm entkommen zu können. Denn bisher hatten wir nur seine vorderste Front erlebt und waren nicht erpicht, ihm in seinem wütenden Kern zu begegnen. In der kleinen Stadt auf dem Weg zur Autobahn haben die Geschäfte und Werkstätten am Straßenrand die Rollläden heruntergelassen. Auf den Straßen herrscht noch hektisches Treiben, bevor das Leben zum Stillstand kommt. Traktoren, Radfahrer, Fußgänger sind in wilder Eile, um das schützende Heim zu erreichen. Nur ein paar Frauen, die an ihren Ständen Obst verkaufen, halten noch stand. Die Köpfe mit Tüchern verhüllt, sodass nur noch ein schmaler Schlitz für die Augen bleibt.

Später lesen wir, dass der Sturm über Tausende von Kilometern bis nach Peking tobte und dorthin die unvorstellbare Menge von dreihunderttausend Tonnen Sand und Staub ausgeschüttet haben soll. Er habe die Stadt in eine Landschaft aus Dreck verwandelt, schrieb ein Korrespondent. «Das ist die Quittung für die blinde Zerstörung der Wälder», kommentierte ein Unbekannter im Internet das angeblich schlimmste Unwetter seit Jahrzehnten.

In unserer kleinen Stadt erweisen sich manche Anwohner als abenteuerlustig. Frei von Berührungsängsten gesellen sie sich zu den Fremden, die mit erstaunten Augen an einer Straßenkreuzung stehen. Sie erzählen in vergnügtem Durcheinander, dass der Sandsturm aus der Mongolei komme. Dass er kalte Luft aus Sibirien mitbringe, und dass die Geschäfte zumachten und die Arbeit für Tage zum Erliegen komme. Ein Alter aber weiß mehr und erzählt freimütig, was lange Zeit als Tabu galt: «Der Sandsturm ist das Ergebnis einer vom Menschen erzeugten Naturkatastrophe. Wir haben alle Wälder abgeholzt. Wir haben selber Schuld. Wenn wir mehr Bäume pflanzen, wird es auch keine Sandstürme mehr geben.» Auf der Landstraße sehen wir, wie der Sturm über die Felder tobt, an den Planen zerrt, mit denen die Bauern die Jungpflanzen schützen. Die Pappeln biegen sich wie Peitschen. Er heult durch die Schlucht, die sie für die Straße geschlagen haben. Der Himmel ist mit einem fahlgelben Schleier verhangen, durch den die Sonne nur noch wie ein blassgelbes Mondgesicht erscheint.

Acht Stunden Fahrt durch die Düsternis der verhüllten Landschaft. Manchmal greift eine Böe zu, dann schaukelt das Auto wie ein Schiff auf hoher See. Der Sturm folgt uns bis nach Lanzhou. Er biegt die Bäume und lässt die Planen an den Baugerüsten flattern. Auch dort sagen sie, es sei das schlimmste Unwetter, an das sie sich erinnern könnten.

Lanzhou, das bleibt unter diesen Umständen bei unserer Ankunft verborgen, ist eine glitzernde Millionenstadt. An diesem Abend sind die Straßen verlassen. Wir werden seit Stunden in einem Restaurant erwartet, das berühmt ist nicht der Küche, sondern der Köche wegen. Der Wirt wirbt damit, sein Küchenpersonal unter den Taubstummen zu suchen. Das schien uns ungewöhnlich, weil Behinderte auch in kommunistischen Gesellschaften kaum unterstützt werden. Als wir das Foyer betreten, sehen wir die Köchinnen und Köche zur Linken hinter einer Glaswand an einem langen Tisch vereint, an dem sie ihre Spezialitäten bereiten. Sie verbeugen sich zum Gruß und lächeln gewinnend. Das soll – wie wir später lernen – auch den Umsatz steigern.

Es ist ein gediegenes Restaurant, denken wir, als wir den Gastraum betreten. Wir wollen mit Gästen sprechen und Hymnen hören auf die Feinheiten der örtlichen Menüs. Die Begrüßung durch Herrn Sun, den Hausherrn, an der Schwelle zum Speisesaal folgt durchaus dem erwarteten Protokoll. Mehr als das, Herr Sun gibt sogleich zu erkennen, dass er im Lauf seiner langen gastronomischen Karriere auch schon für ein paar Jahre in Deutschland gearbeitet habe. Aber dann kommt alles ganz anders.

Anstatt unsere Fragen zum angeblich wichtigsten Thema in China, dem Essen, zu stellen, sind wir es plötzlich, die Fragen beantworten müssen. Der Wirt hatte, mit wahrhaft verblüffendem Geschäftssinn, die Journalisten von Zeitungen und Fernsehsender der Stadt zu einer Pressekonferenz gebeten. Das Thema: weit reisende Fremde und die Menschenliebe eines örtlichen Gastronomen. Jetzt verstehen wir auch, weshalb der Hausherr uns während der Fahrt immer wieder auf dem Mobiltelefon angerufen hatte und um pünktliche Ankunft bat. Mit dem Zug wären wir am späten Nachmittag gekommen. Mit dem Auto in Begleitung des Sturmes war es später Abend geworden, und so lange hatte er die örtlichen Journalisten bei Laune halten müssen. Sie hatten geduldig stundenlang auf uns gewartet. Um sich dann allerdings mit einer Verve auf uns zu stürzen, als hätten wir an diesem Abend die Lösung für alle Probleme dieser Welt parat.

Fotoapparate klicken, Kameras bleiben beharrlich auf uns gerichtet, und zierliche junge Journalistinnen und Journalisten halten einen nicht enden wollenden Fragenkatalog bereit: etwa zu den Zielen unserer Reise. Die sind zwar einfach zu beschreiben. Doch der intellektuelle Reiz, durch die Reiche ehemaliger fürchterlicher Diktaturen zu fahren, verlangt für die Beschreibung schon eine delikate Wortwahl, weil wir nicht wissen, welches klare Wort einen Skandal entfesseln könnte. Natürlich sollen wir auch freundliche Worte über ihre Heimatstadt finden, die wir zu diesem Zeitpunkt nicht besonders gut kennen. Und schließlich sind die guten Werke des Wirts zu kommentieren. Von den Delikatessen, die er hat anrichten lassen, können wir wenig probieren. Und noch viel weniger ist von normalen Gästen des Lokals in Erfahrung zu bringen, welche lokalen Spezialitäten denn besonderen Genuss versprächen. Es gibt keine normalen Gäste. Der Wirt hat sein Lokal für die Pressekonferenz geschlossen. Immerhin lernen wir noch an jenem Abend, dass viele, durchaus bedenkenswerte Wege zur Nächstenliebe führen. Als die Journalisten endlich abgezogen sind, erklärt der Wirt seine Geschäftsphilosophie: «Der Hauptgedanke war zunächst, dass Taubstumme, wenn sie einmal einen Arbeitsplatz gefunden haben, nicht oft die Stelle wechseln. Wenn sie hier arbeiten, werden sie nicht woanders hingehen», erklärt er etwas ernüchternd. Später allerdings habe ihn der Umgang mit seinen Arbeitnehmern sehr berührt, besonders, als sie ihm einen Brief geschrieben hätten, in dem sie sich für die Aufnahme bedankten.

Ob die Journalisten aus Lanzhou über Stunden so geduldig auf den Auftritt der Fremden gewartet hatten, um die Wohltätigkeit des Wirtes bestätigt zu sehen, oder ob sie einfach an einer exotischen Begegnung interessiert waren, haben wir nicht erfahren. Als ihre Artikel erschienen und ihre Fernsehbeiträge ausgestrahlt wurden, hatten wir die Stadt schon wieder verlassen. Wir aber bedauerten, dass der Abend keine Zeit bot, um sie nach ihren Arbeitsbedingungen zu fragen, die sich, internationalen Zeitungsberichten zufolge, von Monat zu Monat verschlechtern, weil staatliche Zensur immer häufiger eingreift. Vielleicht wäre es auch nicht fair gewesen, solche Fragen an die jungen und sichtlich begeisterten Kolleginnen und Kollegen zu stellen. Ausländische Korrespondenten, die festgehalten und bedroht werden; chinesische Mitarbeiter von Korrespondentenbüros in Peking, die mit Gerichtsverfahren überzogen und wegen Nichtigkeiten zu Gefängnisstrafen verurteilt werden; immer wieder neue Gummiparagraphen, welche die Berichterstattung erschweren – es gibt vieles, nach dem wir gerne gefragt hätten.

Für Herrn Sun jedenfalls ist der Abend ein voller Erfolg. Nie habe er so viele Journalisten in seinen Räumen gesehen. Und vielleicht bringe es ja den Taubstummen ein wenig Glück, wie die Werbung dem Restaurant neue Kundschaft zutreibt. Eines jedenfalls wurde deutlich: die Pfiffigkeit des Wirtes, einen potenziell lästigen Besuch in einen geschäftlichen Vorteil umzumünzen. Das war eine Art Überfall, aber so gewitzt eingefädelt und so freundlich dargeboten, dass man es als Beispiel für chinesische Geschäftstüchtigkeit gern stehen lassen will. Und so ist es vielleicht ein Geschenk des Zufalls, dass wir noch am gleichen Abend zwei Kaufleute treffen, die offensichtlich weniger in Glücksgefühlen schwelgen.

An der Bar im Hotel sitzen zwei Russen aus St. Petersburg, die zum Großeinkauf nach Lanzhou gekommen sind, stämmige Burschen, die sich gleichwohl in weltschmerzähnlichem Zustand in den Armen liegen. Das mag zu einem guten Teil dem chinesischen Schnaps geschuldet sein, dessen Wirkung sie in einem selbstlosen Mengentest ausprobieren. Sie hadern mit dem Schicksal, das sie in diesem fremden Land in die Hände von Geschäftsleuten getrieben hat, die ihnen an Taktik und Strategie anscheinend überlegen sind. Jedenfalls klagen die beiden im Duett, dass an die erhofften Gewinnmargen bei dem geplanten Importhandel gar nicht zu denken sei.

Respekt oder gar Angst vor den Chinesen haben in Russland eine lange Tradition. Stalin hat seinen revolutionären Kollegen Mao stets gefördert, nutzte aber auch jede Gelegenheit, ihn zu demütigen. In Moskau fürchtete man damals, Peking könne der sowjetischen

Hauptstadt als Zentrum der Weltrevolution den Rang ablaufen. 1969 eskalierten die Spannungen zu bewaffneten Grenzkonflikten. Zu Breschnews Zeiten kursierten in Moskau Witze zum Thema «gelbe Gefahr». Geheuer sind sich die Nachbarn nie gewesen.

Die beiden Petersburger erzählen freimütig, wie sehr sie vom Wachstum in der Stadt überwältigt seien. Sie treffen damit einen Punkt, der die aktuelle russische Angst berührt: die wirtschaftliche Überlegenheit Chinas. Russische Politiker unken seit Jahren, dass der Ferne Osten Sibiriens in die Hände der Chinesen fallen könne. Es ist die Region am Pazifik, die am weitesten von Moskau entfernt liegt und eine lange Grenze mit China teilt. Doch weit entscheidender: Dort liegt das am meisten heruntergewirtschaftete Territorium Russlands. Schon jetzt strömen hunderttausende Chinesen ins Land. Nach Schätzungen leben derzeit mehr als drei Millionen Chinesen in Russland.

Zeitgleich mit unserer Reise besuchte eine deutsche Korrespondentin aus Moskau chinesische Geschäftsleute in St. Petersburg. Die wussten zu berichten, dass der Überlebenskampf von Unternehmen in Russland viel härter sei als in China, die Bürokratie unberechenbarer, die Konkurrenz erbarmungsloser. Die Korrespondentin erzählt von einer Geschäftsfrau, die ihr sagte, sie habe in St. Petersburg eine «gute, weil harte Schule durchlaufen». Im Übrigen zeige sie die gleichen Empfindungen, Sympathien und Antipathien, die andere Ausländer in Russland hegen. Sie bewundert die Tatkraft der russischen Frauen und hält weniger vom männlichen Geschlecht: dessen Geldgier und Arbeitsscheu, gepaart mit einer ausgeprägten Neigung zum Alkohol.

Das mögen Stereotype sein. Aber wer den Zustand russischer Provinzstädte mit den Metropolen vergleicht, die in chinesischen Provinzen entstanden sind, kann die russischen Selbstzweifel nachvollziehen. Schon jetzt grenzt an die sibirischen Elendsgebiete die drittgrößte Volkswirtschaft der Welt. Ökonomen schätzen, dass China in spätestens zwanzig Jahren an der Spitze stehen wird. Dies verträgt sich nicht mit den hochfliegenden Weltmachtambitionen des Kreml. Auch die beiden Petersburger Geschäftsleute waren schon in Demut verfallen ob des fabelhaft ausgebauten Straßensystems hierzulande. Wer jemals in St. Petersburg Auto gefahren ist, kann die nächtlichen Depressionen verstehen.

Es mag Rache sein für die Schmähungen des vorangegangenen Abends – am nächsten Morgen erreichen uns Liebesgrüße aus Sibirien. Dem Sandsturm war eine Kältewelle gefolgt. Schon seit Tagen fegte ein harter Wind durch die Straßen. Aber jetzt wirbelt er Schneeflocken vor sich her. Am Ufer des Gelben Flusses hängen dicke Eiszapfen an großen hölzernen Wasserrädern, die dort als Dekor aufgerichtet sind, im modernen Stadtzentrum die einzige Erinnerung daran, dass auch diese Stadt eine lange Geschichte hat und schon vor 2000 Jahren eine Metropole war. Eine Seilbahn trägt bunte, schwankende Gondeln über den Fluss ans andere Ufer. Man blickt auf den Strom, an dessen Ufern die Wiege der chinesischen Kultur vermutet wird, und sieht endlich die «Deutsche Brücke», auf die schon die Lokaljournalisten als ein Bindeglied beider Nationen verwiesen hatten. In ausladenden, eisernen Bögen schwingt sie sich über den Strom, das erste moderne Bauwerk in der Stadt, 1907 von deutschen Ingenieuren errichtet.

Im Park am Ufer leuchten zarte gelbe Flecken, die Blüten der Forsythiensträucher, die sich unter dem kalten Atem des zurückgekehrten Winters ducken. Dahinter aber erheben sich die stattlichen Konturen des Geschäftsviertels, Hochhäuser, die wie Orgelpfeifen in den grauen Himmel ragen. Wir lernen später, wie austauschbar diese Silhouette ist, mag sie auch von Stadt zu Stadt mehr oder weniger elegant ausfallen. Sie ist ein Zeichen des Booms, der sich unbändig entwickelt, seitdem Gründungsvater Mao die Zügel aus der Hand geben musste.

Die Rechnung, die ihm von Historikern heute präsentiert wird, verzeichnet bis zu siebzig Millionen Opfer, Folge seiner wahnhaften und gewaltsamen Modernisierungspolitik. Die letzte von ihm gezündete Explosion destruktiver Gewalt war die Kulturrevolution, als er die Jugend zur Hysterie aufpeitschte, um im Namen der Revolution alle überkommenen Werte zu vernichten. Das liegt kaum dreißig Jahre zurück. Der in Paris lebende chinesische Literaturnobelpreisträger Gao Xingjian schrieb ihm einen bitteren Nachruf: «Sie (Mao) haben seit Ihrer Jugend Gedichte geschrieben, und man kann zugeben, dass Sie einen großartigen Stil haben. Aber Ihre Machtgier war beispiellos in der ganzen Geschichte und Sie haben sämtliche Literaten in China vernichtet, auch das ist ein Teil Ihrer Größe.» Man hat all das gelesen und kann den schnellen Wechsel von einer Zeit in die andere nicht fassen.

An einer Uferstraße liegt, versteckt hinter einem großen, grauen gemauerten Portal, eine Tempelanlage. Der aufsteigende Rauch aus den steinernen Opferbecken vermischt sich mit den treibenden Schneeflocken. Der Tag ist tiefgrau und lädt nicht ein zum berauschten Schwelgen in feiner Kunst und Kultur. Doch kann, selbst unter novemberähnlichen Umständen, sich der Betrachter dem Zauber dieses Ortes nicht entziehen. Die geschwungenen Dächer der Gebetshäuser werden von schmalen roten und blauen hölzernen Säulen getragen. Aus der Tiefe des Raumes erklingt ein Trommelschlag, an den sich ein Wirbel anschließt, der jedem Drummer zur Ehre gereicht hätte. Das feine Klingeln von Glöckchen legt sich über das Grollen der Trommel. Immer wieder treten einfache Menschen von der Straße ein, auch junge Männer und Frauen, stecken vor dem Altar im Freien Räucherkerzen an und fallen vor dem Tempel zum Gebet in die Knie.

Dies ist die Gegenwelt zur molochhaften Großstadt, die hingebungsvolle Verehrung einer überirdischen Macht. Aber es ist nicht nur die Hinwendung zur Religiosität, die überrascht. Dies ist ein Kloster der Daoisten, die – ursprünglich jedenfalls – mit ihrem Glauben und ihrer Philosophie im krassen Gegensatz zur kapitalistischen Geschäftigkeit stehen. Der Daoismus ist nur eine der dominierenden Glaubensrichtungen im heutigen China, aber wohl diejenige, die der

Entwicklung im Land am meisten entgegensteht. Der Mensch solle im Einklang leben mit der Natur, sagt das daoistische Gebot: «Die Abwesenheit von Wünschen führt zur Ruhe. Die Welt wird, von selbst, ihr Gleichgewicht finden.» So predigen die Daoisten seit 2000 Jahren. Das musste den Kommunisten wie böser Anarchismus erscheinen. Und auch um das moderne China zu errichten, können solche Gedanken kaum die passenden Bausteine sein.

Dem Durchreisenden ist das Rätsel dieser Kultur schwer zu erschließen. Er steht vor den goldenen Götterfiguren im Tempel, deren lange Bärte bis in den Schoß fallen. Manche schauen gütig, andere grimmig. Einer trägt eine Schriftrolle in der Hand. Alle tragen über ihren Köpfen einen Heiligenschein oder eine Pyramide von Flammen. Die Wände sind bedeckt mit Malereien von Königen mit ihrem Hofstaat, von Kämpfern und engelsgleichen Frauen. Misst man die Religion am Wert ihrer kulturellen Wertschöpfung, dann war es Hybris, die den Westen in den letzten Jahrhunderten veranlasste, Missionare nach China zu schicken. Aber vielleicht erscheint selbstgewissen Christen die kunstgeschichtliche Betrachtungsweise in diesem Zusammenhang nicht angemessen. Wir versuchen in einem Gespräch zu erkunden, welche Rolle der Daoismus im modernen China spielt.

Meister Wang hatten wir schon auf einem Foto gesehen. Da trug er die prächtige Festtagstracht, einen weiten, mit vielen Ornamenten geschmückten blauen Umhang, der ihn als höchsten Meister im Kloster kennzeichnet. Jetzt tritt er in einem schlichten seidenen Kittel heran. Ein schütterer grauer Bart fällt auf die Brust. Aus seinem schmalen, asketischen Gesicht schauen freundliche Augen, ganz so, wie es sich für einen weisen alten Mann geziemt. In den siebziger Jahren sei er in das Kloster gekommen, erzählt er. Damals sei es schon nicht mehr von den Roten Garden der Kulturrevolution besetzt gewesen. Die Tempel hätten damals, nach der «chaotischen Zeit», traurig ausgesehen. Aber fortan habe der Staat viel Geld für die Renovierung gegeben. Auf Staat und Regierung lässt er nichts kommen, was verwunderlich ist, weil der Daoismus allein schon die mit der Modernisierung einhergehende Zerstörung der Umwelt nicht billigen kann. Meister Wang ficht das nicht an, jedenfalls nicht in der Stunde unseres Gespräches: «Man soll dem Gesetz des Staates folgen und nicht dagegen verstoßen», sagt er ganz prinzipiell. «Egal wer, keiner darf sich gegen den Staat richten.» Und dann fügt er hinzu: «Unser Daoismus wird von Generation zu Generation weitergegeben. Es gab glückliche, aber auch trostlose Zeiten.» Wo die Gegenwart einzuordnen ist, lässt er offen. Doch waren die Zeiten Maos offensichtlich eine Leidenszeit, demgegenüber erscheint die Praxis der heutigen Regierung als geradezu tolerant. Keiner verfolgt und bespuckt die Gläubigen, wenn sie heute die Tempelanlage betreten. Vielmehr sieht es so aus, als habe sich die Kommunistische Partei mit der religiösen Verwurzelung so vieler Menschen abgefunden und nutze sie als Instrument einer nationalen Selbstfindung.

Ein jüngerer Kollege des alten Meisters hat sich uns genähert. Er scheint im Kloster die Rolle des Außenministers zu spielen. Er wirft ein Schlaglicht auf die widersprüchliche Situation und antwortet auf unsere Frage mit fast dialektischem Scharfsinn: «Wenn man die Geschichte aus der politischen Perspektive betrachtet, hat die Entwicklung des Staates ihren Ursprung in der Religion. Und die Religion hat ihre Grundlage im Staatswesen.»

Man hat sich arrangiert – vielleicht in der Gewissheit, nach einer so langen Geschichte doch die stärkere Kraft zu sein. Bleibt der Lehrsatz der Daoisten, dass der Mensch nur glücklich leben könne im Einklang mit der Natur. Doch gegen kaum ein Gebot wird so verhängnisvoll verstoßen.

«Stadt der Sauberkeit»: Mianyang

Von Lanzhou aus führt der Weg bis Saigon in fast gerader Linie nach Süden. 2000 Kilometer bis zur Grenze nach Vietnam und dann nochmal ungefähr dieselbe Distanz. Man könnte von der Zielgraden sprechen, wenn es denn das Bedürfnis gäbe, so schnell wie möglich ans Ziel zu kommen.

Die Strecke, die wir fahren, liegt nicht auf der üblichen Route der Chinatouristen, die sich meist von den hoch entwickelten Zentren in den östlichen, küstennahen Regionen beeindrucken lassen. Nachdem er den wie vom Geist preußischer Tugendhaftigkeit gepflegten Bahnhof verlassen hat, gleitet der Zug durch die Vorstädte von Lanzhou. Morbide Mietskasernen stehen aufgereiht. Dann folgt eine Industrielandschaft, in der Verfall und Aufbruch eng beieinander liegen. Je weiter wir uns von der Stadt entfernen, desto düsterer werden die Werksruinen an der Strecke. Man lehnt sich zurück im Abteil wie in einer «guten Stube», die für einen Moment eine heile Welt erzeugt. Häkeldecken liegen auf dem Tisch und auf der Rückenlehne. Dem Sinn für Gemütlichkeit ist auch eine Vase mit Kunststoffblumen zu danken. Unter dem Tisch steht praktischerweise ein Papierkorb.

Eine ältere Frau in blauer Uniform bringt eine Thermoskanne mit heißem Wasser, damit der Gast seinen Tee bereiten kann. Thermoskannen aus Kunststoff, haben wir inzwischen gelernt, sind ein solch unverzichtbarer Bestandteil chinesischen Alltaglebens, dass man sich fragt, wie sie denn ohne diese hässlichen Gefäße, die nichts von dem Schönheitssinn verraten, der durch Form und Material des alten Porzellans überliefert ist, die Jahrtausende haben überleben können. So freundlich die Schaffnerin des Waggons auch ist, so barsch bescheidet uns die Kommandantin des Zuges, dass wir auf ihrem rollenden Territorium nicht arbeiten dürften – obwohl die zentrale Verwaltung in

Peking sogar schon ihre Zustimmung gegeben hatte. Die Schaffnerin erzählt uns später, dass angeblich ein japanisches Kamerateam eine unvorteilhafte Reportage über den Zustand der Eisenbahntoiletten in China gedreht habe. Deshalb seien ausländische Kameras nicht wohlgelitten.

Draußen senkt sich eine schwere, bräunliche Dämmerung langsam über eine Landschaft, die man wohl auch hellichten Tages nur zerstört nennen könnte. In diesem Licht aber verstrahlt sie Endzeitstimmung. Tief eingefressen in die Erde wühlt sich in einer Schlucht der Gelbe Fluss durch ein enges Bett. Einen Großteil der Geschichte Chinas könnte er erzählen, weil an seinen Ufern alles begann – aber auch, was dann kam, die Sünden wider die Natur, die Abholzung der Wälder. Gelb ist der Fluss, weil er den Lehm von den Hügeln davonspült, die wie ausgelaugt schattenhaft sein Tal begleiten. Und zu befürchten ist, dass seine Last nicht nur aus dem Lehm der Hügel besteht. Längst hat die Verschmutzung ein Ausmaß angenommen, das nicht mehr zu beschönigen ist. Ein rühriger Vize-Umweltminister in der Hauptstadt versucht – bislang vergeblich –, Politik und Wirtschaft von dem alarmierenden Zustand der Umwelt zu überzeugen. Neunzig Prozent aller durch Städte fließenden Flüsse (dazu gehört auch der Gelbe Fluss, der mit uns die Industriestadt Lanzhou hinter sich lässt) seien von Industrie und Kommunen vergiftet. Dreihundert Millionen Bauern hätten keinen Zugang zu sauberem Trinkwasser, erklärte Pan Yue in Peking: «Wassermangel und Wasserverschmutzung bedrohen die Wirtschaftsentwicklung, die Stabilität der Gesellschaft und die Gesundheit der Menschen.»

Minister Pan Yue hat den Ruf eines engagierten Grünen. Und wie Kassandra warnt er vor drohendem Untergang. Bis zum Jahr 2020 wird sich die Bevölkerung Chinas auf eineinhalb Milliarden Menschen vergrößern. Das stellt die Regierung vor ein schweres Dilemma. Nur mit industriellem Wachstum können die sieben Millionen neuen Arbeitsplätze entstehen, die das Land pro Jahr braucht, um Massenarbeitslosigkeit und sozialen Aufruhr zu verhindern. Ganz offensichtlich wird die sich abzeichnende Katastrophe jedoch nicht durch sozialpolitische Überlegungen der Regierung verhindert. Wenn man den Berichten von vertuschten Unglücksfällen und lokalen Aufständen in Dörfern und Städten glaubt, dann sind es schierer Zynismus und Profitgier, die die Welt der Chinesen bedrohen. Selbst als im November 2005 im Norden Chinas hundert Tonnen hochgiftiger Stoffe in einen Fluss gelangten, ließen die Behörden neun Tage verstreichen, bis sie die Öffentlichkeit mobilisierten. Sie wollten «eine Panik vermeiden», wie sie später sagten. Diese rücksichtsvolle Haltung hat die Millionenstadt Harbin in größte Gefahr gebracht.

So muss man annehmen, dass der mythische Gelbe Fluss, der uns tief im Tal begleitet, auch manches düstere Geheimnis mit sich trägt. Hier hat ganz offensichtlich die Zerstörung der Natur schon in früheren Jahrhunderten mit der Abholzung der Wälder begonnen. Nun nimmt sie Rache an den Nachgeborenen.

Die ärmlichen Dörfer aus Lehmhäusern kleben wie Schwalbennester an den steilen Hängen. Das Land im Tal ist zu kostbar, um darauf Häuser zu bauen. Schnee liegt auf den Feldern, inzwischen zentimeterhoch. Dennoch tragen die Bauern, die sich durch die Rückkehr des Winters nicht von der Feldarbeit abhalten lassen, runde Strohhüte, die sommers vor glühender Hitze schützen sollen. An den Häusern stehen weiß blühende Obstbäume, auf die sich nun die weiße Decke des Winters legt. Die noch höher gelegenen Obstgärten versinken im Schnee. Zypressen und Koniferen biegen sich tief unter der Last, als trügen sie Trauer.

So hatten wir uns den Frühling in China nicht vorgestellt. Wir hatten uns blühende Tulpen- und Mandelbäume ausgemalt. Oben auf den Bergspitzen haben sich Raureif und Eis wie ein Panzer um die Bäume gelegt. Wenn der Drache Frost über Nacht ins Tal kriecht, wird er den armen Bauern großen Schaden zufügen, ohne dass sie auf Hilfe der Regierung rechnen können. Im kargen Nordwesten hatten wir am Straßenrand einen Bauern getroffen, der mit einer Kuh nach Hause schritt, die ihm beim Pflügen als Zugtier gedient hatte. Schon das ein Ausdruck von Armut. Er erzählte, wenn zu große Trockenheit seine Ernte vernichte, dann müsse er als Wanderarbeiter in die Stadt ziehen. Anders könne er seine Familien nicht ernähren.

Plötzlich ist es finstere Nacht geworden. In den Dörfern ist kein Licht mehr zu sehen. Nur noch ein matter Schimmer des Schnees, der auf den Dächern liegt, lässt ihre Silhouetten erahnen. Was für ein Leben hat sich hier in den letzten hundert Jahren abgespielt? Aus einer Zeit des tiefen Feudalismus fielen die Menschen in die Wirren des 20. Jahrhunderts. Erst der Umsturz, dann die Besetzung durch die Japaner. Krieg und Bürgerkrieg und dann die Schreckensherrschaft von Mao, der die Bauern in große Kommunen sperrte und die Städter gleich mit, wenn sie nicht in einem Umerziehungslager landeten. Wenigstens ist es jetzt ein Leben ohne Angst vor dem Terror.

Die nächtliche Fahrt streift das chinesische Kernland an seiner westlichen Seite, wo weiter flussabwärts die alte Hauptstadt Xi'an liegt. Elf Dynastien hatten dort ihren Regierungssitz. Berühmt ist sie vor allen Dingen als Heimat der legendären Terrakotta-Armee, die sich der erste Kaiser Quin am Grab aufstellen ließ. Daneben hat er die zweifelhafte Ehre, Urheber der ersten «Bücherverbrennung» in der Geschichte zu sein. Das war im zweiten Jahrhundert vor Christi Geburt. Um seine Autorität zu wahren, ließ er alle Bücher außer landwirtschaftlicher und medizinischer Literatur verbieten. Immerhin gab es damals in China überhaupt schon Bücher. Seine Methode war, so wird übermittelt, eine «Regierung durch Furcht». Nicht auf das Wohlleben der Menschen, auf die Stärke des Staates kam es ihm an. Schon nach wenigen Jahren wurde seiner Dynastie der «Auftrag des Himmels» entzogen. Das Volk begehrte auf. Doch ausgerechnet jenen frühen Herrscher hatte sich der kommunistische Führer Mao zum historischen Vorbild erkoren.

Der erste Blick aus dem Fenster am nächsten Morgen zeigt, dass wir dem Zugriff des Unwetters noch immer nicht entkommen sind. Der Wind zaust die Bäume, und graue Wolken hängen über dem Tal. Der Auftritt einer Morgengöttin lässt das Wetter vergessen: Ein uniformiertes junges Mädchen mit strahlenden Mandelaugen und Grübchen auf den Wangen sagt «nice to meet you». Sie lächelt auch weiter, als ich ihr Warenangebot, chinesische Zeitungen und Zeitschriften – vorschnell und unüberlegt – dankend ablehne. Sie verbeugt sich und tritt rückwärts mit weiteren Verbeugungen aus dem Abteil. Wie strahlend wäre das Lächeln erst geworden, wenn ich wenigstens eine Zeitschrift gekauft hätte. Verdient hätte sie es.

Die späteren Angebote aus der Schar der Bediensteten, mit einer Nudelsuppe zum Frühstück den Tag zu beginnen, waren leichter zurückzuweisen.

In Mianyang sind wir dem Süden näher gekommen. Aus dem Hotelfenster blickt man auf Höfe, die mit grünen Bäumen bestanden sind und sogar Palmen. Auf den Dächern sind Terrassen eingerichtet, auf denen ebenfalls grüne Büsche stehen. Ein Café wirbt in englischer Sprache mit «Coffee and Reading Room». Sind wir in einer Stadt für Intellektuelle gelandet? Mindestens scheinen hier Rentner einen erfüllten Lebensabend zu genießen. Oder – so fragt sich der Betrachter misstrauisch gegenüber so viel Glückseligkeit – werden wir Zeuge einer gewaltigen Inszenierung eigens für die Fremden?

Die Stadt Mianyang hat den Ruf, «Stadt der Sauberkeit» Chinas zu sein. Gemessen an der üblichen blumigen Ausdrucksweise, für die unsere Bewunderung keine Grenzen kennt, fällt diese Bezeichnung ungewöhnlich nüchtern aus.

Wir würden Mianyang «Stadt der tausend Melodien» nennen. Um dies zu verstehen, muss man sich im Morgengrauen in den Stadtpark begeben, der im Zentrum liegt. Er ist bevölkert, als werde an einer versteckten Ecke Freibier ausgegeben. Doch dem Publikum geht es um höheren Genuss. Unter einem Baum steht ein kleines Musikensemble. Aber vernehmlicher als die Streich- und Zupfinstrumente sind die durchdringenden Lieder einer Sängerin. Um sie herum scharen sich hundert oder mehr alte Männer. Sie sitzen auf einer Mauer, die unverzichtbare Thermosflasche zu Füßen, und lauschen mit erkennbarem Sachverstand den verfliegenden Klängen.

Nur fünfzig Meter entfernt steht die Konkurrenz. Eine andere Sängerin schmettert beherzt, unterstützt von einer Lautsprecheranlage, muntere Melodien in den Morgen, allerdings ohne dass sich ein Auditorium um sie versammelt. Sie, so hören wir von einem ortskundigen Experten, verfüge als Repertoire nur über die Parteigesänge vom Langen Marsch und zu Ehren der Revolution. Die seien bei den alten Leuten nicht so populär. Die meisten aber sind im Park dort versammelt, wo sich das Publikum auch betätigen kann. Frauengruppen, die sich in graziösem Fächertanz üben. Auf einer großen Terrasse tanzen andere zu Hunderten nach einer Musik, die sowohl zu eleganten Tangoschritten wie auch zu schlichteren Bewegungen auffordert. Ein altes Paar gibt sich einem langsamen Walzer hin, selbstvergessen und ganz nahe einer ewigen Jugend. Tanze mit mir in den Morgen ... Eine ungewöhnliche Art, den Tag zu begrüßen. In jedem Fall – der Stadtpark von Mianyang ist zu kakophonischem Leben erwacht.

Am Rand des Parks ist ein Frauenorchester in lindgrünen Uniformen aufmarschiert. Sie sind alle in den besten Jahren und demonstrieren ungewöhnliche Regsamkeit. Sie schreiten aus und drehen sich zu einem Rhythmus, den sie selbst auf Handtrommeln begleiten. Den Takt, den die großen Pauken vorgeben, bestimmen allerdings Männer, die noch ein bisschen älter sind. Ein Mann geht vorbei und schwenkt seine Arme, als wolle auch er auf die Trommel schlagen. Sein ausdrucksloses Gesicht verrät nicht, ob ihn der Funken der Inspiration beflügelt oder ob er den stolzen Tanz des Orchesters zu persiflieren sucht. In einer Pause erklärt uns eine der Amateurkünstlerinnen ihr Werk. Sie hätten eben den Hüfttrommeltanz aus dem Norden Chinas aufgeführt: «Wir möchten alte Traditionen des chinesischen Volkes weiterführen.» Das gehöre zu den chinesischen Tugenden. Dazu lacht sie ganz überraschend tief und hintergründig, als habe sie einen unanständigen Scherz gemacht. Ob die morgendliche Aufführung auch der Gesundheit diene? Sie sagt, ohne zu zögern: «Der Tanz ist gut für den Körper. Es ist eine Art Selbstfindung. Wir machen das, um unser Selbstwertgefühl zu heben.» Wieder ergänzt sie ihre Worte durch ein geheimnisvolles Lachen.

Nebenan heben vierhundert Kinder zur Tanzgymnastik ihre Ärmchen und werden dazu mit Schlagermusik beschallt. Etwas abseits sitzt eine alte Frau mit einer Erhu, einem Saiteninstrument, das Tonlagen von der Geige bis zum Cello zu beherrschen scheint. Weil sie der Kraft ihrer zarten Klänge nicht traut, hat sie eine Lautsprecheranlage angeschlossen. Auch hier fällt eine Sängerin in die melodischen Klänge ein – aber selbst der unkundige Europäer erkennt, dass dies eine andere Art von Musik ist. Sie sammle, sagt die Frau, als sie den Bogen für eine Pause von den Saiten nimmt, die alten Lieder der Bergvölker. Viele Texte und Melodien seien in den wirren Zeiten verloren gegangen. Aber sie dürften nicht in Vergessenheit geraten. Von der Konkurrenz am Teich, von wo die Heldenlieder herüberwehen, hält sie nicht viel. «Schlampig gesungen», sagt sie. Über die Inhalte verliert sie kein Wort.

Nur noch für sensible Ohren wahrzunehmen: das zwitschernde Rufen, das aus zwei geflochtenen Käfigen dringt, die einander zugewandt an zwei Bäumen hängen. Ein alter Herr, der an einem Tisch die Zeitung liest, erklärt uns, er führe jeden Tag seine Vögel aus. Die frische Luft tue ihnen gut, und die von den Menschen erzeugte Lärmkulisse habe sie nur am Anfang eingeschüchtert. Bei all dem vielstimmigen und dissonanten Getöse liegt eine verblüffende Gelassenheit über dem Park. Boote gleiten über einen kleinen See. Auf einer Wiese am Rand treffen sich junge Leute unter rosa blühenden Bäumen zum Frühlings-Flirt. Am Teich drängeln sich in einer Ecke die Goldfische zu einem dichten Schwarm, weil eine alte Frau zur Fütterung gekommen ist.

Um den Park herum rauscht inzwischen der Verkehr. Dies ist keine gewöhnliche Stadt in China. Die Passanten auf den breiten Straßen wandeln unter den hohen Platanen, als befänden sie sich in einem Kurort. An den Magistralen sind Geschäfte mit internationalen Nobelmarken zu entdecken, in den Nebenstraßen werben Tür an Tür

Kleidungs- und Schuhgeschäfte um Kunden. Meist stehen lachende und schwatzende junge Mädchen vor den Waren und mustern dabei mit gleich bleibender Neugierde die vorbeiflutenden Fußgänger.

Mianyang liegt am Fluss Fu Yiang. Am Uferstreifen lassen alte Männer und kleine Jungs ihre Drachen steigen. Dahinter erheben sich auf dem anderen Ufer dreißigstöckige Wohnhäuser zu einer eleganten Kulisse. Von Politik ist hier so wenig zu spüren wie in einer deutschen Stadt. Verdrängt ist die Zeit der Hungersnöte, der Umerziehungslager, der wahnwitzigen Modernisierungskampagnen, die gleichwohl vor gar nicht langer Zeit in die Finsternis des Mittelalters führten. Niemals in der vieltausendjährigen Geschichte des Landes, so schreiben auch chinesische Schriftsteller, die das Exil dem Leben im Land vorziehen, sei es den Menschen so gut gegangen wie in der Gegenwart. Jedenfalls sahen wir nirgendwo so viele zufriedene alte Menschen, nicht in China oder sonst irgendwo.

Auch wenn der Besucher nun schon mehr als zwei Wochen das Land bereist, konfrontiert ihn der Lebensstil immer noch mit Überraschungen. Das Hotel, wahrscheinlich ist es nicht das feinste, besticht gleichwohl wie stets durch sein elegantes Foyer, in dem livrierte Pagen die Drehtür bedienen und ein Empfangschef in der Uniform hochrangiger Militärs die Honneurs macht. Als die Ausländer nach einem befriedigend verlaufenen Arbeitstag am Abend Erkundigungen einziehen, wo sie denn noch ein erfrischendes Getränk bekommen könnten, empfiehlt die Dame an der Rezeption mit der Miene größter Unschuld, in den vierten Stock zu fahren, dort sei eine Bar. Der Fahrstuhl öffnet sich in der vierten Etage. Dort steht schon ein Empfangskomitee bereit und versucht die Fremden in Zimmer zu lotsen, deren Türen offen stehen. Der Frage nach einem Getränk quittieren sie mit Verwunderung. Dies scheint nicht der Ort zu sein, um solche einfachen Bedürfnisse zu befriedigen. Schließlich landen wir beide in einem großen Salon, der offenbar gehobenen Besuchern vorbehalten ist. Der versprochene Bourbon erweist sich als nachgemachter Fusel. Die Fremden gehen. Ein Missverständnis – die Enttäuschung liegt auf beiden Seiten. Vielleicht soll man das Abenteuer auch nur als ein Beispiel umsichtiger Geschäftigkeit betrachten, bei der sich der Sinn für Profit mit den Bedürfnissen des Marktes paart. Die Zielgruppe der abendlichen Trinker war im Geschäftsplan nicht vorgesehen.

Jenseits der Strecke erheben sich im Westen die Gebirge – eine unwegsame Landschaft, von der chinesische Schriftsteller schwärmen als dem fast unberührten Teil Chinas, dort, wo in entlegenen Dörfern noch am ehesten eine Ahnung von der Seele des Landes zu spüren sei. Gipfel bis zu siebentausend Meter hoch, enge Täler, in die nur schmale Pfade führen. Selbst im Vorfeld des Hochgebirges liegt Schnee auf den Kämmen der schroff ansteigenden Berge. Kiefer und Bambus klammern sich an die Klüfte. Wasserfälle stürzen in den schmalen Fluss in der Talsohle. Dies ist die Heimat der Pandas – oder das, was von der Heimat geblieben ist.

Ein Schild am Woolong-Reservat, das am Fuß eines Gebirgszuges mit einem kleinen Hotel und einer Zuchtstation seinen Stützpunkt hat, verkündet einsichtig: «Pandas waren seit vielen Millionen Jahren in China und weiten Gebieten Asiens bis hin nach Burma verbreitet. Durch die Menschen wurde ihre Lebenswelt immer mehr eingeengt. Jetzt leben in dem Reservat mit 23 000 Quadratkilometern noch 1590 Tiere in großer Gefahr.» Einige der großen schwarz-weißen Tiere mit den unschuldigen Knopfaugen werden zu Zuchtzwecken in Käfigen gehalten. Das Bild der Tiere, die hinter Maschendraht träge Bambus kauen, ist nicht ermutigend. Wohl ist die letzte Schlacht dieser Tiere, die mit ihrem treuen Gesicht als Symbol für alle untergehenden Arten werben, verloren. Sie werden am Leben erhalten, doch es ist kein Leben mehr. Der Versuch, sich dem Untergang dieser Tierart entgegenzustemmen, erscheint als Paradox in einem Land, das hinnimmt, wie ein großer Teil seiner Bevölkerung täglich vergiftet wird.

Tin-Tin gibt sich unbekümmert von den Nöten seiner Gattung. Er hat das Privileg einer unbeschwerten Jugend und ist erkennbar Teil der «Spaß-Generation». Tin-Tin lebt nicht weit von den heimatlichen Bergen entfernt in einem Außenbezirk der Großstadt Chengdu, im zentralen Zuchtzentrum für Pandas, das die Regierung schon in den achtziger Jahren eingerichtet hat. Damals war die Tierart akut vom Aussterben bedroht, und China fürchtete, sein Markenzeichen zu verlieren. Tin-Tin hat sogar eine Gespielin, die mit ihm durch das Gehege tollt. Sie dreht ihn auf dem Holzkarussell, bis er taumelnd abspringt, und lockt ihn über steile Leitern. Ihr gehört seine ganze Liebe. Aber sie ist kein Pandamädchen, sondern die Pflegerin Li, die, bekleidet mit einem blauen Kittel, den acht Monate alten Bären zur Bewegung animiert. Denn Bewegung schafft Muskelkraft, und die ist wichtig für Tin-Tin, falls er in reiferem Alter doch einmal Gefallen an einer Gefährtin finden sollte. Die Zucht ist schwierig, weil Pandas zum Eigensinn neigen, auch in der Erotik. Tin-Tin wäre sicher bekümmert, wenn er hören würde, was der für sein Gehege verantwortliche junge Zoologe von ihm und seinesgleichen erzählt: «Wir nennen ihn das Tier mit den drei Schwierigkeiten: Schwierig bei der Brunst, bei der Besamung und bei der Geburt. Wir wissen immer noch nicht genug darüber. Man bräuchte mehr Geld für Forschung, damit die Zahl der Riesenpandas vergrößert werden kann. Wenn wir viele von ihnen gezüchtet haben, werden wir sie wieder in die Natur entlassen. Das ist unser Ziel.»

Tin-Tin, der eine so enge Freundschaft mit Li eingegangen ist, erweckt nicht den Eindruck, als ziehe es ihn zurück in die Natur, wo das Leben eines Pandas beschwerlich ist. Er, den der liebe Gott eigentlich als Fleischfresser ins Leben gesetzt hat, muss den halben Tag lang Bambus sammeln und fressen, um genug Nährstoffe aufzunehmen. Die Pandafrauen sind spröde und möchten nur an fünf Tagen im Jahr eine Beziehung eingehen. Wie viel angenehmer ist das Leben mit Li. Da nimmt er auch in Kauf, dass sich vor seinem Spielplatz jeden Tag viele hundert Touristen drängen und Kameras auf ihn richten. Immerhin geht es ihm noch besser als Onkel und Tante, die weiter oben auf dem Hügel, um den sich die Zuchtstation mit Glaskäfigen und Freiluftgelände gruppiert, mit den Touristen sogar zum Gruppenfoto posieren müssen. Für umgerechnet 40 Euro können Besucher sich neben den dicken Panda stellen und ablichten lassen. Dem wird als Darstellerhonorar unentwegt Bambus ins Maul gesteckt, damit er nicht etwa auf den Gedanken kommt, die freundlichen Gäste mit seiner krallenbewehrten Tatze zu tätscheln.

Die Pandas haben sich auf der Zuchtstation im Zusammenleben mit den Menschen gut akklimatisiert. Vielleicht verstehen sie sogar, dass sie als erbauliche Ausstellungsstücke zu ihrem eigenen Unterhalt beitragen sollen. Denn das Publikum ist begeistert. In dichtem Strom ziehen die Touristendelegationen durch die Gassen, die in dem hohen Bambushain angelegt sind. Touristen aus aller Welt. Auf dem Parkplatz stehen die Kolonnen der Reisebusse aufgereiht, wie es sich für eine einmalige Weltattraktion gebührt. Dagegen ist die Rüdesheimer Drosselgasse eine dörfliche Idylle.

Dort am Eingang zur Zuchtstation trifft man auch jene Verwandten von Tin-Tin, die ganz ausgezeichnet für das Zusammenleben mit Menschen ausgestattet sind. Sie stehen auf Hunderten von Regalen und tragen einen kleinen Motor im Bauch, der ihnen den Antrieb verleiht, sogar korrekt über einen Zebrastreifen zu watscheln. Diese kleinen Pandas sind pflegeleicht und ganz sicher nicht vom Aussterben bedroht.

Große Oper: Chengdu

Der Schriftsteller Gao Xingjian hat von einer Reise durch diesen Teil Chinas berichtet. Der Held seines Buches «Der Berg der Seele», ein alternder Schriftsteller, durchwandert die Täler und Dörfer und trifft auf einen alten Botaniker, den er nach den Chancen für das Fortbestehen der Pandas fragt. Der antwortet traurig und nüchtern: «Das ist bloß symbolisch, eine Beruhigung – der Mensch braucht diese Selbsttäuschung. Einerseits rettet er eine Art, die die Fähigkeit zu überleben verloren hat, andererseits beschleunigt er die Zerstörung der Umwelt, die es ihm selber erst erlaubt zu überleben.» Ist dieses Land also eine Inszenierung der Zufriedenheit, so wie die Aufzuchtstation eine Inszenierung glücklichen Pandalebens ist? Auf seiner melancholischen Wanderung kommt der Schriftsteller zu dem Schluss, dass China eine Nation sei, «die ihre Seele verloren hat». Wo kann man nach dieser Seele suchen in einer Großstadt wie Chengdu?

Allein die Anfahrt mit dem Auto ist ein Lehrstück. Neben den Reisfeldern stehen zweigeschossige Bauernhäuser aus Beton. Zwischen Mianyang, unserer «Stadt der tausend Melodien», und Chengdu wachsen die Vorstädte und gigantischen Industrieansiedlungen immer weiter ins Land. Das Netz der Autobahnen und Überlandstraßen ist eng und mag die Herzen von Autofahrern erfreuen. Dazu tragen die Hinweisschilder bei, die sogar in englischer Sprache auf Ortschaften verweisen. Aber man kann buchstäblich sehen, wie das Land der Bauern unter Asphalt versiegelt wird. Chengdu, die Hauptstadt der Provinz Sichuan, hat das Format einer Weltstadt. Fünf Millionen Einwohner leben in dem Ballungsgebiet. Dabei ist sie alt und stilbewusst genug, um sich eine eigene Operntradition zu leisten, die im Wettkampf steht mit der Oper in der Hauptstadt.

Der Hinterhof in einem Arbeiterviertel hätte Zille für eine Milieustudie dienen können. Zwei kleine Mädchen spielen in einer Ecke Gummi-Twist, jenes noch aus der Kindheit vertraute Spiel. Andere Kinder amüsieren sich auf einer kleinen Rollschuhbahn und ziehen zur Schlagermusik aus dem Radio verwegene Kreise. Viele alte Leute sind zusammengekommen, Männer zumeist, und stehend rauchend und spuckend in Gruppen zusammen. Sie haben die unvermeidliche Thermosflasche unter den Arm geklemmt. Viele tragen die alten Mützen und verwaschene Jacken der Einheitsuniform aus der Revolutionszeit, mit der sich auch der Große Vorsitzende kleidete. Sie bilden das ergebene Stammpublikum. Vor der Kasse, die auf einem kleinen Holztisch steht, wartet schon eine kleine Schlange. Umgerechnet nicht einmal 50 Cent kostet die Karte für das Programm, das vier Stunden dauern soll.

Jeden Mittag um 14 Uhr wird hier Sichuan-Oper aufgeführt. Aber dies ist nicht das prächtige städtische Opernhaus. Hier residierte früher der Club der Eisenbahner, der sich eine eigene Opernbühne hielt. Seitdem die Gesetze der Marktwirtschaft gelten, versucht das Ensemble auf eigene Rechnung als Vorstadtbühne zu überleben. Die alten Männer halten ihm die Treue. Sie gestikulieren und streiten selbstbewusst. Dies ist ihr Terrain. Der Impresario, ein untersetzter liebenswürdiger Mann, gibt vor dem Eingang eine kleine Einführung. Vier Stücke werden heute aufgeführt. Das erste sei ein Drama aus der Epoche der Han-Dynastie. Deren Blütezeit liegt gut zweitausend Jahre zurück. Der Dichter sei Guan Haning. Er muss ein Shakespeare seiner Zeit gewesen sein. Denn sein Stück erzählt vom Sturz eines Königs und dem Wechsel von einer Dynastie zur nächsten. Dann werde auch noch von der schönsten Frau Chinas berichtet. Sie heiratet, um den Erhalt des Landes zu sichern, den Fürsten eines barbarischen Reitervolkes. Die lange Geschichte des Landes bietet offensichtlich viel Stoff, um auch heute noch die Gemüter zu erhitzen. Die Darbietung aber, das versprechen die Schauspieler, folgten in Kostüm, Gestik und Ton den Traditionen der alten Zeit.

In einem lang gestreckten Hinterraum stehen vor einer Spiegelwand die Schauspieler und Schauspielerinnen, um ihre Gesichter der Jetztzeit den Dämonen, Helden und Übeltätern der Vergangenheit anzugleichen. Das ist eine lange Prozedur, bei der die ganze Palette von Farben zum Einsatz kommt. Im Nachhinein erscheint es, als bot der Aufenthalt im Schminkraum sogar mehr Kunstvergnügen als die Aufführung selbst. Einer, der offensichtlich einen bösen Geist darstellen wird und sich deswegen hohe, teuflische Augenbrauen zieht, erzählt, dass ihr Theater schon einmal am Ende war, während der Kulturrevolution: «Die aufgehetzten Roten Garden haben die Bühne gestürmt. Sie verstanden nichts und wollten nichts verstehen.» Er selbst sei damals ein junger Schauspieler gewesen und von den gleichaltrigen Revolutionären verprügelt worden. Der Sieg über die Zerstörer der Kultur war, wie es scheint, ein Pyrrhus-Sieg. Die Schauspielerin neben dem bösen Alten, die selbst ein schöne Prinzessin zu werden verspricht, klagt über das anhaltende Desinteresse der Jugend. «Die jungen Leute interessieren sich nicht mehr für unsere Oper. Damals wurde unser Spiel als Werk des Teufels geächtet, die Aufführungen verboten. Wenn man die Oper sang, wurde man als Teufel bezeichnet und geprügelt. Heute versteht die Jugend uns nicht mehr. Sie kennen die historischen Figuren nicht mehr. Deshalb mögen die Jungen uns nicht.»

Die Ouvertüre erklingt mit kräftigem Schlagzeugeinsatz. Dann tritt mit grimmiger schwarz-goldener Maske ein Feuerspeier auf. Man fragt sich unwillkürlich, wie sie diese Kapriole vor Jahrhunderten bewerkstelligen konnten. Aber das Vertrauen in chinesischen Erfindungsgeist ist längst grenzenlos. Beim folgenden Spektakel schaut das westliche Auge bewundernd auf die prächtigen Gewänder und Masken. Das westliche Ohr dagegen fühlt sich eher strapaziert. Und der ausländische Besucher bewundert jene Pensionäre im Publikum, die wohlig die Geräuschkulisse nutzen, um ein kleines Nickerchen zu machen. Die landesübliche Fähigkeit zum Genuss überschreitet unser Vorstellungsvermögen. Deshalb wenden wir uns, um ein Gutachten über die Inszenierung zu erlangen, in der Pause vertrauensvoll an die kundigeren Besucher.

Der erste Veteran, den wir ansprechen, äußert sogleich – nicht ganz unberechtigt – seine Besorgnis, dass wir in Unkenntnis des dramatischen Geschehens vielleicht Opfer unserer von keinerlei Bildung getrübten Vorurteile werden könnten. «Ihr braucht unbedingt einen Dolmetscher», ruft er aufgeregt und offensichtlich in Angst, dass die sprichwörtlichen Perlen bei Unwürdigen gelandet seien. «Ihr müsst die Handlung verstehen und die Zeit, aus der sie stammt. Dann könnt ihr alles verstehen.» Richtig ist, dass das ritualisierte Spiel, der fremde Gesang, dem uneingeweihten Gast nur Rätsel aufgibt. Aber wir sind unbesehen geneigt, einem anderen Bewunderer der Sichuan-Oper zu folgen, der einfach festhält: «Einige tausend Jahre Tradition hat unsere Oper. Sie wird geliebt von den Menschen in Sichuan. Alle mögen sie. Mir gefällt sie, seitdem ich ein Kind bin.» Sein Verweis auf tausendjährige Tradition verrät die Freude an blumiger Übertreibung. Aber dreihundert Jahre sind auch schon eine lange Zeit, wenn man sich vorstellt, unsere jungen Regisseure müssten sich bei ihren Inszenierungen an die Vorgaben der Goethe-Zeit halten.

Doch so viel war an jenem Nachmittag deutlich geworden: Die Kinder von heute haben von jener Welt Abschied genommen. Als wir das Theater verlassen, hat sich die Rollschuhbahn mit Jugendlichen gefüllt. Sie sind ganz hingegeben den Schlagern aus den Lautsprechern, die auch unseren Ohren vertrauter erscheinen. Aber mit der alten Kunsttradition haben die seichten Gesänge, die über den Dächern verwehen, nichts mehr zu tun. Zwei Welten Chinas, die sich auf einem Hinterhof begegnen, aber wie Parallelgesellschaften nebeneinander existieren. Aber das sind nur zwei von vielen Gesichtern des neuen China. Ein drittes erblickt man am frühen Morgen.

In Armeestärke rücken die Scharen der Radfahrer aus den Außenbezirken gegen das Zentrum vor. Lautlose, von Elektromotoren angetriebene Motorroller unterstützen die Heerschar. An der Kreuzung reihen sie sich in breiter Front auf. Eine Hilfspolizistin mit Trillerpfeife wacht darüber, dass keiner einen Frühstart wagt und bis zum

Zeichenwechsel hinter einer weißen Linie zurückbleibt. Auch kleine Überschreitungen werden nicht geduldet. Leuchtet das Grün auf, gerät der riesenhafte Pulk wie eine Welle in Bewegung. Sie fahren so eng beieinander, dass nur Zentimeter sie voneinander trennen. Und doch kommt es zu keiner Rempelei oder gar zu Stürzen. Komisch finden sie es allerdings auch nicht. Es ist nahezu die einzige Situation, die wir erlebten, in der die sonst so fröhlich erscheinenden Kinder des Landes sich kein Lächeln abgewinnen konnten. Mit ernsten Gesichtern blicken sie über den Lenker und lassen sich auch von den mitten im Gewusel stehenden Fremden nicht irritieren. Die wiederum fragen sich, wie das Bild aussehen würde, wenn – wie im Westen üblich – sie alle mit dem Auto zur Arbeit fahren würden.

Im Stadtkern stehen die Hochhäuser dicht gedrängt. Sie scheinen sich in Formgebung und Höhe in permanentem Wettkampf zu befinden. Die verspiegelten Fassaden werfen das Sonnenlicht in die Straßenschluchten. Fußgängerbrücken, die nicht nur über die Straße hinwegführen, sondern sie auf einer zweiten Ebene begleiten, entflechten den Verkehr. Einkaufsstraßen sind schwarz von Menschen. Im Getriebe aber sieht man Bauern, die auf einer Tragestange zwei Körbe balancieren, aus denen sie Maulbeeren, Orangen und Himbeeren verkaufen. Ein alter Mann trägt schwer an seiner Last und muss es sich gefallen lassen, dass die Passanten zwar sein Angebot probieren, aber niemand kauft. Erschöpft setzt er sich auf eine Bank. Auf einem riesenhaften Plakat, mit dem man früher wohl die lichten Höhen des Kommunismus dargestellt hätte, wirbt nun ein deutscher Fußballspieler für eine deutsche Sportartikelfirma. Zu seinen Füßen flanieren die Menschen in Mengen, als sei dies der Tag, an dem der Winterschlussverkauf beginnt. Aber es ist nur ein gewöhnlicher Wochentag. Sie strömen durch eine Stadt ohne Schmutz. Nicht einmal eine Zigarettenkippe liegt am Boden. Kaufhäuser, elegante Modegeschäfte, Supermärkte, die zu Ketten gehören und in ihrem Sortiment alles bieten, was irgendwo auf der Welt produziert wird, stehen dicht an dicht. Natürlich haben auch hier die Bankhäuser die teuersten

Fassaden. Das Leben ist bewegter als auf den Avenuen New Yorks. Aber auch das ist nur ein Teil der Wahrheit.

Direkt in der Nachbarschaft des Hotels ist das Leben wohnlicher. Dort führt sogar eine schmale Gasse in die Geheimnisse der hochgerühmten örtlichen Küche, weil dort alles angeboten wird, was man für den täglichen Bedarf braucht und was nach zurückliegenden Hungerjahren unerlässlich erscheint. Auch hier strömen die Käufer in dichten Scharen, aber das Tempo ist gemächlicher. Üppige Stände mit Gemüse und exotischem Obst reihen sich aneinander. Dann folgen die Geschäfte mit Fleisch. Nicht alles, was man sieht, möchte man sogleich probieren. Aber alles hat der Reisende sicher schon einmal gegessen, weil er ja im Restaurant das Menü nicht selbst zusammenstellen kann. Da liegen gar niedlich anzuschauende Schweinenäschen neben Innereien, die eine genaue Kennzeichnung nicht zulassen. Ein possierliches schneeweißes Kaninchen wird aus dem Käfig genommen und mit festem Griff zur Hinrichtung getragen. Daneben erleiden Fische, die sich immer wieder vergeblich bemühen, aus den Schüsseln und Eimern zu springen, das gleiche Schicksal. Ein Bauer trägt auf einer Stange zwei Eimer mit Wasser, in denen Schildkröten schwimmen.

Die Stimmung – nicht bei den Opfern – ist von gelassener Heiterkeit. Eine mollige Fleischverkäuferin preist ihre Produkte. Sie seien eingelegt in die «fünf Gewürze». Das sei eine Spezialität in Sichuan. «Hier sind Enten in fünf Gewürzen, dort Hasen und Schweineschnauzen.» Es gebe auch einen Salat «prickelnd scharf». Der sei besonders beliebt. Es ist also alles da, was das Herz begehren kann. Von Hunden und Pferden war Gott sei Dank nicht die Rede. Am Abend sitzen sie am Straßenrand alle zusammen, die Köche der kleinen Garküchen, die Verkäufer und Besitzer der Geschäfte. Sie schwatzen und rauchen. Ein geradezu dörflicher Friede legt sich über das Stadtviertel. Zu der Zeit geht anderswo das Abendgeschäft erst richtig los.

Es ist nicht so, dass Lektüre aus dem Abendland niemals Nutzen bringen würde zum Verständnis des fernen Orients. Da gibt es eine

Geschichte, von der ihr Verfasser sagt, es sei gut, sie zu hören, «bevor sie ganz vergessen wird». Das ist nicht geschehen; und manchmal erweist sich, dass alte Geschichten sogar ihrer Zeit weit vorauseilen. Diese erzählt vom prächtigen Leben am Hof des chinesischen Kaisers und wie man dort einer künstlichen Nachtigall, deren goldenes Kleid mit Edelsteinen besetzt war, den Vorzug gab gegenüber dem schlichten Vogel aus dem Wald. Man zeigte den künstlichen Vogel, der ein Geschenk des Kaisers von Japan war, sogar dem Volk, das darüber in Begeisterung verfiel. Hans Christian Andersens Märchen von der chinesischen Nachtigall hat unvorhersehbare Aktualität gewonnen.

Im Rahmen des gewaltsamen Aufbruchs in die Neuzeit und angesichts der im Wildwuchs gedeihenden Pflanze Kapitalismus hatte man in vielen Städten Chinas übersehen, dass es die Nachwelt schätzen würde, noch ein Stück Altstadt vorweisen zu können. Viele Sehnsüchte der Menschen zielen anscheinend auf die Wiederbegegnung mit der alten Welt. Die aber ist längst abgerissen, verdrängt von Hochhäusern und vielspurigen Autobahnen. Also gilt es das Alte neu zu errichten.

So findet man im Stadtzentrum von Chengdu in der dritten Etage eines hypermodernen Betonbaus eine Dorfgaststätte. Sie lässt es an Intimität missen, weil sie die Dimensionen des Münchner Hofbräuhauses hat, dafür verfügt sie über alle anderen notwendigen Accessoires. Die Decken sind mit Holz verschalt. Unzählige Lampions hängen über den Tischen. In einem Seitengelass sind Mobiliar und altes landwirtschaftliches Gerät als Requisiten zu besichtigen. Höhepunkt aber ist ein kleiner Teich, in dem sich zwei Enten tummeln. Man möchte ihnen wünschen, dass sie auf Lebenszeit engagiert sind und nicht bei Bedarf zur Ergänzung der Speisekarte herhalten müssen.

Die großen runden Tische im Saal sind bis auf den letzten Stuhl besetzt. Die Platten oberhalb der Tische, die sich drehen wie ein Karussell und auf denen die Gerichte abgestellt werden, sind überladen mit Schüsseln und Schälchen. Man kann sich die gewünschte Speise in

Reichweite drehen. Vorzugsweise stehen die Gäste auf und langen mit dem Stäbchen auch diagonal über den Tisch. Essen ist eine Wonne, die Jung und Alt vereint. Dieses Dorfrestaurant versammelt alle Vorzüge. Es liegt mitten in der Stadt und kann ganze Hundertschaften von Kunden aufnehmen. Und will doch das Gefühl dörflicher Idylle vermitteln – so wie die künstliche Nachtigall schöner erschien als ihr schlichtes Vorbild im Wald.

Den besten Platz in der Morgenstunde, wenn sich der Himmel im Osten rot färbt, hat er selbst, der Große Vorsitzende, dem am Rande des einstigen Paradeplatzes ein weißes Denkmal errichtet wurde. Überlebensgroß, riesenhaft schaut er in Richtung der Morgenröte und wird dabei übersehen, dass im Vorfeld keine Fahnen schwenkenden Bataillone mehr aufmarschieren, weil der dafür vorgesehene Platz eine Baustelle ist – Chengdu leistet sich eine U-Bahn, die eine französische Firma durch den Untergrund bohrt. Er wird erkennen, dass die Konturen der Stadt nicht mehr von einfältigen Planern des Sozialismus gestaltet werden. Zu dicht sind ihm die Geschäftshäuser gerückt. Es mag ihn trösten, dass wenigstens zu seinen Füßen Festtagsstimmung herrscht. Die Stufen, die zum Denkmal hinaufführen, sind von einem Meer roter Weihnachtssterne bedeckt. Solch schönes und üppiges Rot haben wir auf der ganzen Reise nie wieder gesehen.

Die Kommunistische Partei Chinas gefällt sich immer noch in der Rolle von Maos Erben. Anders als in Russland, wo bei der Diskussion über sowjetische Geschichte selbst Historikern stets der vage Hinweis entfährt, es sei nicht alles schlecht gewesen, haben die Chinesen eine präzise Vorgabe, um die Rolle des Vorsitzenden Maos einzuordnen. Fünf Jahre nach seinem Tod, als sich das Land von der Schreckensherrschaft zu erholen begann, befand sein Nachfolger Deng Xiaoping, Mao sei «zu siebzig Prozent als gut und zu dreißig Prozent als schlecht» einzustufen. Die Fehler, die er begangen habe, seien «die Fehler eines großen proletarischen Revolutionärs». Das liest man und fragt sich, wie die Gewichtung zustande kam. Denn der, der sie vorgenommen hatte, war selbst Opfer der Verfolgungen geworden und erschien dann wieder als Retter Chinas auf der politischen Bühne.

Dengs Wort gilt bis heute, mit verhängnisvollen Folgen. Der Mann, der auf dem Sockel steht, der sich einst vor der Filmkamera zeigte mit einem Buch Stalins in der Hand, aber der Stalin als viel zu weich bezeichnete, wirft einen langen Schatten auf die Gegenwart: Bücherverbote, ins Exil getriebene Schriftsteller, Journalisten im Gefängnis, Polizeiübergriffe, die Herrschaft einer Partei-Nomenklatura, die sich des Landes bemächtigt hat. Westliche Korrespondenten aus der Hauptstadt berichten gelegentlich von Fortschritten im Kampf für die Meinungsfreiheit. Aber häufiger noch schreiben sie über die Verfolgung von Zeugen, die von der Polizei verprügelt werden, weil sie Skandale aufgedeckt haben. Das Prinzip ist aus Zeiten des Sowjetimperiums nur allzu vertraut. Eine Partei, die sich nicht demokratisch konstituiert und zugleich die alleinige Führungsrolle im Staat beansprucht, verliert sich – selbst wenn man guten Willen unterstellt – in Byzantinismus und Korruption. Ein früher Weggefährte Maos fand später die bündige Formel: «Wer die Korruption nicht bekämpft, zerstört China; wer sie bekämpft, zerstört die Partei.»

Die Studenten, die wir auf dem Campus der Universität von Sichuan treffen, erzählen als Erstes, wie schwer die dortige Aufnahmeprüfung sei. Wir sitzen im Kreis auf einem Stück Rasen. Um uns herum blüht der Rhododendron. Pärchen schmusen auf Bänken, die unter Bäumen stehen. Die Lehrgebäude machen eine gepflegten Eindruck. Man könnte sich auch in Berkeley oder auf einem anderen amerikanischen Campus wähnen.

Das ist ein Platz, an dem Elite ausgebildet wird, eine der führenden Universitäten Chinas. Damit wir keine falschen Vorstellungen bekommen, sagen sie auch, dass die Zimmer nicht sehr groß seien und sie sich mindestens zu viert den Raum teilen müssten. Einige von ihnen, nicht alle, sind für diese Begegnung ausgesucht. Sie studieren Umweltschutz, was sicher kein Zufall ist. Sie können dem Fremden erklären, dass die Lage zwar beklagenswert sei, aber die Regierung alles Erdenkliche tue, um sie zu verbessern. Auf die Frage, warum das Unglück im Norden so lange verschwiegen worden sei, antwortet einer, man habe es doch immerhin nach neun Tagen gemeldet. Das sei eine Verbesserung gegenüber früheren Zeiten, in denen solche Vorkommnisse einfach ganz verschwiegen worden seien. Vielleicht haben sie recht, auf solche Fortschritte zu bauen.

Ein anderer mit kluger Brille und langer Mähne preist die Vorzüge des Internets, das jedem den Zugang zu allen Informationen ermögliche, der Austausch mit dem Ausland sei intensiver geworden. Wir entgegnen, dass das Internet der Zensur der Regierung unterworfen sei. Er zögert einen Moment. Dann fällt ihm die richtige Antwort ein. Mit einem fröhlichen Lächeln sagt er: «Ich habe heute morgen im Internet gelesen, dass die Chinesen jetzt mehr Zugang haben zu Informationen als jemals zuvor.» Dem ist sicher nicht zu widersprechen.

Sie sind die Enkel der Kulturrevolution. Die junge Garde der Gegenwart hat offensichtlich genug von der Revolution, obwohl sie in jeder Woche noch Pflichtstunden in Marxismus-Leninismus absolvieren. Aber die Isolation, in der sich ihre Eltern bewegten, ist aufgebrochen. Eine Studentin erzählt in perlendem Englisch, dass sie für ein Jahr an einer amerikanischen Universität studiert habe. Ihr Fach ist Kunstgeschichte, und sie träumt von einem Platz an einem archäologischen Institut oder an einer Ausgrabungsstätte. Ob ihre Generation politisch interessiert sei? Sie schaut auf mit ihren charmanten, ehrlichen Augen und sagt lächelnd: «Nehmen Sie mich zum Beispiel. Obwohl wir Politunterricht haben und wir dazu erzogen werden, politisch zu sein, spielt das in unserem Leben keine besondere Rolle.» Aber sie müsse doch eine gute Kommunistin werden. Sie lacht: «Ich bin eine Kommunistin. Ich denke, ich bin sogar gut.» Das Lachen war so schön und vieldeutig, dass wir es lange im Ohr behielten. Vielleicht lag in dem Lachen etwas von Chinas Seele. Wir suchen weiter.

Der Vorteil des nächsten Zieles liegt in der Bootstour, mit der wir das letzte Stück der Reise absolvieren. Nur gut eine Stunde Autofahrt von Chengdu entfernt, wartet einer seit Jahrhunderten auf Besucher, der seinesgleichen nicht hat: der sitzende Buddha von Leshan, über siebzig Meter hoch. Die uralten Motorschiffe für Touristen legen in der Stadt ab, kämpfen sich durch eine Stromschnelle flussaufwärts. Sie fahren entlang einer steilen roten Felswand und liegen dann in stillem Wasser dem Buddha zu Füßen. Er hat seinen Sitz in einer tief in den Felsen gehauenen Nische. Ein grüner Schleier von Moos, der ihm einen Hauch von Leben gibt, bedeckt seine Schultern und Arme. Aber er schaut unberührt über den Fluss – seit 1200 Jahren. Zu seiner Linken und Rechten stehen jeweils furchterregende Wächter. In der Zeit der Kulturrevolution musste die Armee die steinerne Wache unterstützen, weil die Rote Garde auch dieses Heiligtum bedrohte. Dann wäre es ihm ergangen wie seinen Brüdern in Afghanistan, in Baminyan, die von den Taliban mit Artillerie beschossen wurden, bis sie in Trümmern lagen. So aber blieb er erhalten und dient den Touristen als Attraktion und in seiner grenzenlosen Würde auch als Ort der Einkehr.

Sie kommen in zahllosen Booten herangefahren. Wer genug Geld hat, mietet sich einen flotten Flitzer mit brüllendem Außenbordmotor, der offenbar das dynamische Lebensgefühl der neuen Oberschicht ausdrückt. Selbst auf dem Wasser ist die Ruhe dahin.

An Land aber schlängelt sich eine lebende Girlande um seine Gestalt. Auf der einen Seite führen Treppen auf die Sohle der Nische, auf der anderen Seite wieder hinab. Diesen Weg nehmen die Touristen in einer nicht endenden Prozession. Aus der Ferne, vom Wasser aus gesehen, entbehrt dieser große Reigen nicht einer gewissen Würde. Oben auf dem Felsen, wo der Abstieg beginnt, herrscht ein Gewühl wie auf dem Rummel. Dort liegt auch ein buddhistischer Tempel, durch den die Scharen der Neugierigen von Reiseführern geleitet werden. Sie tragen Fähnchen, damit sie ihre Schäfchen im Gewühl nicht verlieren. Vor den goldenen Figuren der Heiligen bleiben sie stehen und erklären deren Bewandtnis. So weit wurden die Menschen schon von der Religion entfremdet, dass sie jetzt durch die Gänge wandeln wie durch ein Museum. In der großen Halle beten still vier Mönche, in gelbe Gewänder gehüllt. Ein lautes Gebet wird von einem Band zugespielt und über große Lautsprecher verstärkt, damit der Ton im Trubel nicht untergeht. Wenn nicht alles täuscht, liegt eine gewisse Abgestumpftheit im Blick der Mönche. Mag sein, dass diese Begegnung mit der Geschichte bei manchem Besucher auch eine religiöse Anwandlung stiftet und der museale Rundgang zur Religionsstunde wird. Einzelne lösen sich sogar aus ihrer Gruppe und lassen sich auf gelben Kissen nieder zum Gebet. Aber in all dem Gewimmel wird Religion zum bunten Schauspiel mit großem Unterhaltungswert. Allein in dem über alle Zeiten hinweg gerichteten Blick des sitzenden Buddha, in der Anmut seiner aufrechten Haltung, scheint etwas von Chinas Seele zu entdecken zu sein. Jedenfalls möchte man unter dem sanften Blick seiner Augen verweilen.

Nur wenige Kilometer entfernt erhebt sich vor den großen Gebirgsmassiven im Westen der Berg Emei Shan. Die mythische Beziehung, die in China zu Bergen gepflegt wird, kann auch einem oberflächlichen Betrachter nicht verborgen bleiben. Die Erhabenheit des Höhenblickes, die Nähe zum Himmel, die Reinheit der Luft – das alles mag dabei eine Rolle spielen.

In diesem Fall wird die Bedeutung des Ortes dadurch untermauert, dass die Regierung am Fuß des Berges in einem Park ein Luxushotel errichtet hat, das sich mit zurückhaltender Eleganz bescheiden in die hügelige Landschaft schmiegt. Es war das einzige Hotel, das ich jemals sah, in dem auf dem Schreibtisch im Zimmer Bleistifte nebst Anspitzer und sogar ein Tintenfass standen. Man mag daraus auf ein konservatives Publikum schließen, das Wert legt auf Ordnung und vielleicht auch am Abend noch Aktenstudium betreibt, die besseren Kreise also aus dem Partei- und Regierungsapparat. Ein Blick auf den Parkplatz, wo sich die schwarzen Luxuskarossen drängten, schien diesen Eindruck zu bestätigen.

Aber lange vor den gewendeten Asketen der Revolution haben andere die Schönheit des Ortes entdeckt. Morgens, noch bevor die

Vögel erwachen, hallen Gongschläge durch den hochstämmigen Wald. Dessen uralte Bäume sind wie durch ein Wunder von dem landesweiten Kahlschlag verschont geblieben. Wenn die Gongschläge verhallen, lässt dies die Nacht noch stiller erscheinen. Hinter hohen Mauern stehen die alten Gebäude eines Klosters.

Das große Tor ist noch verschlossen. Wir finden Zugang durch eine Hintertür. Über einen kleinen Hof, der voll gestellt ist mit kräftigen Geländewagen, die offensichtlich für modernes klösterliches Leben unverzichtbar sind, gelangt man auf einen weiten Innenhof, der nur vom Schein gelben Lichtes beleuchtet wird, das geheimnisvoll aus dem Inneren des Tempels dringt. Schattengleich schreiten die Mönche zum Morgengebet. Schließlich sind es hundert Männer und Frauen, die im Inneren versammelt sind, die Hälfte von ihnen im gelben Gewand der Mönche. Vor dem goldenen Buddha stehen Blumenschmuck und eine Pyramide von Äpfeln als Opfergabe. Golden sind auch die achtzehn Jünger des Heiligen, die an den Seitenwänden aufgereiht sind. Trommelwirbel, gemurmelte Gebete – schließlich schreiten sie in einer langen Prozession durch die Halle. Die Hände tragen sie vor der Brust, die Handflächen in Demut aneinandergelegt. Es ist ein berührendes Bild schon dieser Geste wegen, die seit Jahrtausenden in vielen Kulturkreisen die Hinwendung zu Gott symbolisiert. Wie betäubend ist der Rhythmus der monotonen Gebete, der Rauchgeruch von verbrennenden Kräutern und Opferkerzen. Man fühlt sich einem Geheimnis des Landes nahe. 2500 Jahre Buddha – gegen kaum fünfzig Jahre Kommunismus.

So weit dann doch nicht. Der Berg Emei Shan, zu dessen Füßen das Kloster Baoguo liegt, ist einer der vier heiligen buddhistischen Berge. Zwei Tagesmärsche seien nötig, um ihn zu besteigen und die Gipfelsicht genießen zu können, so war uns gesagt worden. Das verhieß eine romantische Pilgerschaft in die kontemplative Einsamkeit. So ähnlich hatte man es in Büchern der chinesischen Literatur gelesen. Doch diese Information über den beschwerlichen Aufstieg erweist sich nicht ganz zutreffend. Auf einem großen Parkplatz sind die Autos abzustellen. Dort kauft man auch die Eintrittskarte, deren jede mit einem Foto des Besuchers versehen ist, damit bei der Einlasskontrolle nicht etwa gemogelt werden kann. Dann schaffen große Gondeln einer Seilbahn die Menschenmassen nach oben, gedrängt wie im städtischen Berufsverkehr.

Der Gipfel ist eine große Baustelle, weil gerade ein Tempel neu errichtet wird. Bleibt zu hoffen, dass die Bauherren auch an sanitäre Anlagen denken, denn die Höhenluft auf 3000 Meter entspricht nicht der dort erwarteten Reinheit. Dafür ersannen die Organisatoren andere Möglichkeiten, ihre Gäste zu verwöhnen. Sie haben Schilder postiert, auf denen nicht nur auf Chinesisch, sondern sogar auf Englisch zu lesen steht: «This is the best place to take a picture.» An anderer Stelle: «Sunrise at the golden Summit.» Für alle, die zu dieser frühen Stunde noch nicht zur Stelle sind, wird der Vorgang des Sonnenaufgangs auf dem Schild in blumigen Worten beschrieben. Wer das Wort von der «Dienstleistungsgesellschaft» im Munde führt, sollte sich an chinesischen Vorbildern orientieren.

Angesichts des bewegten Treibens erübrigt sich die Anmerkung, dass auch der Ausblick über die Gipfelwelt hinter den Erwartungen zurückbleibt. Das ist der dichten Wolkendecke geschuldet, die das Geschehen umhüllt. Hinfort verzichten wir auf den Versuch, den spirituellen Geheimnissen des Landes auf die Spur zu kommen.

Abschied von China: Am Roten Fluss

Der Zug folgt einem Flusstal in Richtung Süden. Zu beiden Seiten erstreckt sich am Ufer trostlose Industrielandschaft, nur die zerklüfteten Felsen bleiben verschont. Die Bauern werden buchstäblich an den Rand gedrückt. Seit Lanzhou fahren wir durch eine Dunstglocke, die nur trübes Novemberlicht verbreitet. Aber es ist Frühling. Schon nach zwei Wochen ahnt man, was es heißen könnte, die Sonne nie wieder zu sehen.

Man hat die Tuschezeichnungen vor Augen und träumt von frischer Natur als Spiegelbild der Seele. Aber all das scheint in Dunst und Trockenheit erstickt zu sein. Vielleicht ist es die Natur, die keine Rechnung offen lässt. Die Mega-Citys breiten sich aus, dazwischen liegen die kleinen Provinzstädte, die die Lücke bis zur nächsten Millionenstadt füllen und vielleicht selbst bald Millionenstädte werden. Leshan, die Stadt des Sitzenden Buddhas, hat 550 000 Einwohner, aber einen Einzugsbereich von drei Millionen. Flüsse, die einst klares Wasser führten, schleppen eine trübe Brühe mit sich. Auf einem der Hügel steht eine alte Pagode. Sie wird überragt von Fabrikschloten.

Riesige Autobahnbrücken überspannen das Tal. Unübersehbar ist in den letzten zwanzig Jahren eine Infrastruktur entstanden, die sich am amerikanischen Muster orientiert. Der Vergleich zu Russland drängt sich auf: Dort schauen manche neidvoll auf China, wegen des industriellen Booms und wohl auch wegen der Demokratiedefizite, die in Teilen der russischen Elite eher als Vorzug verstanden werden. Man spricht in Moskau gern vom «chinesischen Weg» als einem möglichen Vorbild. Mal abgesehen davon, dass Russland mit seinen Mängeln an Rechtsstaatlichkeit und Demokratie inzwischen durchaus chinesische Vorgaben zu übertreffen scheint – ein vergleichbarer wirtschaftlicher Erfolg will sich nicht einstellen. Es bleibt also die

Frage, ob zentralistische Führung und autoritärer Staat zwangsläufig den Weg zu einem Wirtschaftswunder weisen. Die Realität Russlands spricht eher dagegen.

Nach einer Nacht im Zug zeichnen sich zum ersten Mal seit Wochen morgens am Himmel rosa Wölkchen ab, die am nachtblauen Firmament den Sonnenaufgang ankündigen. Zum ersten Mal Farben. Nach der langen Düsternis ein erlösendes Gefühl. Der Zug folgt in engen Kurven einem zwischen den Hügeln eingegrabenen Flussbett. Es wird gesäumt von steil ansteigenden, tief gefurchten Hügeln. Kein Baum blieb hier stehen. Nackt und ausgewaschen zeigt sich die Erde.

So eng ist der Weg, dass der Zug immer wieder in Tunnels eintaucht. Dann öffnet sich plötzlich die Schlucht zu einem weiten Tal, in dem Reisfelder gebettet sind wie ein Teppich, der sich in lauter Grüntönen gefällt. Hineingewebt sind auch spiegelnde Wasserflächen, die den rötlichen Glanz des Morgens einfangen. Schon früh stemmen sich Wasserbüffel in die Seile und ziehen beharrlich ihre Pflüge durch den Schlick. Manche sind auch vor zweirädrige Karren gespannt, die noch auf dem Weg zu den Feldern sind. An den Rändern der Ebene stehen Bäume mit rostroten Blüten.

Wir sind im Süden angekommen. An den Talhängen, die sanft zu roten Bergen aufsteigen, heben Agaven ihre spitzen Blätter, und Bambussträucher wiegen sich im Wind. Unter hohen Bäumen, die im Sommer Schatten spenden, rücken die kleinen weißen Häuser zusammen, jedes von einer braunen Lehmmauer umgeben.

Der Marktflecken Yanmou ist in keinem Reiseführer verzeichnet. Keine Touristen kommen hierher. Die meisten, die mit uns den Zug verlassen, haben noch viel mehr Gepäck als wir. Sie heben schwere Säcke aus den Abteilfenstern und tragen sie tief gebeugt über den Bahnsteig. Auch Hühner sind mitgereist. In Käfigen waren sie eng zusammengepfercht und werden, ohne erkennbares Mitgefühl, in Säcke gestopft. Eines hat die Tortur, die wohl ohnehin in einem Kochtopf enden wird, nicht überlebt und landet in der Gosse. Wir sind angekommen im ländlichen China.

Es ist früh am Morgen, doch auf dem Bahnhofsvorplatz herrscht hektisches Treiben. Eselskarren schaffen in großen Körben Tomaten heran, die gewogen und zu den Zügen gebracht werden. Yanmou ist ein Umschlagplatz für Gemüse, das von hier seinen Weg bis nach Peking findet. Gleich in Bahnhofsnähe stoßen wir auf einen überdachten Markt, so groß wie ein Fußballfeld, auf dem nichts als Zwiebeln gehandelt werden. Der Zwiebelmarkt hat einen eigenen Gleisanschluss.

Zum Zeitpunkt unseres Besuches im April ist Bohnenernte. Mit kleinen Traktoren, auf Karren, auf Mopeds, die zu beiden Seiten mit schweren Körben beladen sind, steuern die Bauern durch eine schmale Gasse, an deren Ende sich ein weiter, überdachter Platz öffnet. Hier gelten nicht mehr die Vorgaben der Planwirtschaft, sondern die Gesetze des Marktes. Und man merkt schnell, wer von der Veränderung am meisten profitiert. Die Bauern scharen sich um die Einkäufer, die an einer Waage stehen und mit spitzen Fingern den Inhalt der Kiepen prüfen.

Es wird nicht viel gefeilscht, denn fast erscheint es wie ein Akt der Gnade, wenn der Bauer seine Kiepe über dem großen Haufen Bohnen ausleeren darf, der schon neben dem Händler liegt. Er ist ein stattlicher Mann, wohl einen Kopf größer als die Schar der Anbieter, die ihn umgibt. Streng weist er einen Jungen an, seine Bohnen wieder zurückzunehmen, weil sie ihm doch nicht gut genug waren. Seine Miene heitert sich auf, als er die Fremden erblickt. Ganz fotogen lächelt er plötzlich und beteuert, dass er natürlich nicht mehr verdiene als die Bauern auch.

Damals, als alle noch das Gefühl von Hunger im Bauch hatten und die Planwirtschaft das Land zu ersticken drohte, habe er erkannt, dass es Händler geben müsse, die dafür sorgten, dass die Waren vom Land in die Stadt kommen. Damals habe sein Aufstieg begonnen. Auch für ihn sei der Anfang hart gewesen. «Als der freie Handel anfing, mussten wir alle Lasten auf den Schultern tragen. Es gab keine Autos. Jetzt gibt es Autos und Züge, überhaupt alles.» Er lächelt. Sein Gesicht ist rundlicher als das seiner Geschäftspartner. Aber das Trauma jener Notjahre ist auch ihm noch gegenwärtig: «Wir hatten nicht einmal etwas anzuziehen. Und oft waren wir hungrig. Ich sage die Wahrheit. Wir haben alles gegessen, nur keinen Reis und keinen Weizen. Jetzt ist es gut. Man hat Geld. Man kann leben.»

Über dem Marktplatz liegt Heiterkeit. Männer rufen sich Scherze zu, flirten ein wenig mit den Frauen, die die Bohnen sortieren. Aber der Frohsinn ist vielleicht uralter Überlebenskunst gedankt. Ein Bauer macht sich mit seinem Eselskarren auf den Heimweg. Seine Körbe sind leer. Ob er genauso viel verdiene wie die Händler? Nein, natürlich nicht, antwortet er. Mit dem Einkommen im letzten Jahr sei er gerade über die Runden gekommen. Wie es in diesem Jahr werde, das könne er erst am Ende sagen. «Die Preise auf dem Markt sind nicht stabil. Es bleibt nicht viel Gewinn übrig.» Aber immerhin sei das Leben besser als damals, als alle in großen Kommunen zusammenleben mussten. Keiner redet gerne darüber, aber die düsteren Jahre leben in der Erinnerung fort.

Vor der Stadt erstreckt sich das weite Tal wie ein großer Garten. Die Felder werden für die zweite Aussaat bestellt. Wasserbüffel stapfen durch den schlammigen Grund und ziehen den Pflug hinter sich her. Das Klima und der Boden bescheren den Bauern drei Ernten, aber kaum einer hat mehr als sechshundert Quadratmeter zu beackern. Und der Boden gehört nicht ihnen, sondern wird vom Staat zugeteilt – unter dem Gesichtspunkt der Effizienz betrachtet, macht er das beste Geschäft. Zur Zeit der Kollektivierung, die in den fünfziger Jahren begann und mit grausamer Konsequenz durchgeführt wurde, lebten bis zu zwanzigtausend Bauern in einer Kolchose. Damals konnte die Regierung die Bauern zwar nicht einmal vor dem Hungertod bewahren, doch sie hatte moralisch die Verantwortung für die Misswirtschaft. Nach Maos Tod wurde die Landwirtschaft wieder in die Hände der Bauern zurückgegeben. Aber frei waren sie damit noch lange nicht. Sie tragen das Risiko einer schlechten Ernte, und eine gute reicht gerade zum Überleben.

Der Bauer Wang Hu trägt einen stolzen Namen. Ins Deutsche übersetzt heißt das «König der Tiger». Er ist ein hagerer, großer Mann, der zunächst einmal seinen Hund an die Kette legt, als wir seinen kleinen Hof betreten. Wohnung und Stallungen sind nicht unter einem Dach, was schon im Landesmaßstab für einen gewissen Wohlstand spricht. Ferkel quieken hinter einem Gitter, und ein stolzer Hahn, der den Hund weniger fürchtet als wir, sitzt auf dem Dach der Hundehütte. Mit zwei Brüdern hat er sich den Bauernhof vor zehn Jahren gebaut. Er erzählt von schweren Jahren, in denen die Ernte schlecht war – trotz aller Arbeit. Sein freundliches Lächeln weicht nicht aus seinem Gesicht. Man könnte meinen, dass dies ein glücklicher Bauernhof ist.

Die Frau vom König der Tiger ist noch auf dem Feld, das unterhalb des Dorfes in der Ebene liegt. Li Huilian trägt einen Strohhut mit bunter Schleife und blickt aus munteren Brombeeraugen auf die Fremden. Selbst in ihrer nicht sehr eleganten Arbeitskleidung wirkt sie schön wie eine Blume. Sie und ihr Mann, erklärt sie, seien keine Chinesen, sondern gehörten zum Volk der Yi. Nicht einmal die Alten könnten die Sprache noch sprechen. Sie steht fast bis zu den Knien im Wasser des Reisfeldes. Man sieht ihr die Strapazen des Tages nicht an, der in der Morgendämmerung begann. Wir wundern uns, dass auf den Feldern ringsum nur Frauen zu sehen sind. Sie sagt wie selbstverständlich, dass Männer keinen Reis pflanzten. Natürlich sei das eine Knochenarbeit. Die Frage ist taktlos, aber die zarte Figur von Frau Li legt sie nahe: Ob sie sich auch ein Leben in der Stadt vorstellen könne? Das sei nicht geplant, antwortet sie. «Ich würde dort keine Arbeit finden. Junge Leute, die achtzehn oder zwanzig sind, haben dort eine Chance. Wenn man über dreißig ist, findet man nichts mehr.» Wir insistieren: Ob sie gerne im Dorf bleibe? «Es ist nicht so, dass ich hier gerne bleiben möchte. Ich habe einfach Angst, in der Stadt keine Arbeit zu finden.»

Dies sind keine Bauern, die mit ihrer Scholle verwurzelt sind. Denn die Scholle gehört ihnen nicht. Ihr Leben ist ein Kampf, der ihnen gerade mal das Existenzminimum einbringt. Die Ernten waren gut, aber es hat nicht viel gebracht. Wang Hu und seine Frau sitzen nebeneinander auf der Schwelle ihres Hauses. Sie sind stolz auf das, was sie erreicht haben. Dazu gehört ein eigener Brunnen, den sie sich gebaut haben, um selbst über sauberes Wasser verfügen zu können. Man könnte annehmen, die Schufterei diene wenigstens dem Ziel, dem Sohn eine gute Hinterlassenschaft zu bereiten. Aber da sind sich beide einig: «Wir hoffen, dass er fortgeht von hier und nicht auf dem Dorf bleibt. Er soll nicht diese Arbeit machen. Wir selbst haben schon keine Wahl mehr.» Frau Li bekräftigt: «Ich hoffe, dass er fortgeht und nicht hier bleibt.» Ihr Kind soll es einmal besser haben, das ist die Botschaft der Stunde. Dabei ist der Fortschritt schon in unmittelbarer Nachbarschaft angekommen. Eine Autobahn wird quer durchs Tal gebaut. Aber davon will der König der Tiger auch nichts wissen. Dieses Bauwerk verschmutze den Fluss und zerstöre kostbares Land. Für die Bauern würde es nichts bringen.

Ein weißblauer Himmel wölbt sich über das Tal. Das Licht der Abendsonne hat das leuchtende Rot der Berge purpurn eingefärbt. Auf die grüne Ebene fällt ein samtiger Schatten. Wolken, die das letzte Licht des Tages zurückwerfen. Die Natur entfaltet eine fast schmerzliche Schönheit. Und dann – man muss schon sagen zu allem Überfluss – erklingt auch noch der Ruf eines Kuckucks. So betörend können vertraute Töne die exotische Ferne spürbar machen.

Wir fürchten, noch einen schweren Gang gehen zu müssen. Das Dorf, von der Obrigkeit über die Ankunft von Fremden informiert, hat zum Essen geladen. Das kann nach herkömmlicher Erfahrung aus zurückliegenden sowjetischen Jahren nur zweierlei bedeuten: entweder eine sorgfältig eingefädelte Propagandaveranstaltung oder die freundschaftliche Vernichtung der Gäste durch ein Gelage – oder beides. Solche Erwartung kann auch den Ausblick auf schönste Landschaft vergällen. Aber es kommt ganz anders, und man wird beschämt für den Gedanken, sich der Einladung irgendwie entziehen zu wollen.

Vier Mann stehen vor dem großen Herd in der Küche, auf dem Gerichte brutzeln. Aus Töpfen steigen Wolken von Dampf auf. Nicht auszudenken, was geschehen wäre, wenn die Fremden nicht gekommen wären. Der Abend ist zwar vom Dorfvorstand organisiert. Aber es herrscht eine geradezu überschäumende Freude über das Erscheinen der Ausländer. Die Gäste werden an mehrere Tische verteilt, die unter einem Baum stehen. Dann wird aufgetragen, bis jeder der Tische bis auf den letzten Millimeter mit Schalen und Schälchen bedeckt ist.

«Wer nicht bei Bauern gegessen hat», sagt der Gastgeber, «hat in China überhaupt noch nicht gegessen.» Der Hausherr sorgt auch dafür, dass der neben ihm sitzende Gast das Beste bekommt, die Leckerbissen der Tafel. Das ist zunächst der Kopf eines Fisches, der als Delikatesse gilt. Aber auf der Tafel kann der leidgeprüfte Gast noch anderes erspähen. Über den Rand einer Schüssel reckt mit erblindeten Augen und frittiertem Kamm ein Hahn seinen Kopf. Ganz versteckt gelten ihm immer wieder besorgte Blicke, weil seine Annäherung zu fürchten ist. Aber er bleibt an seinem Platz. Den Durst löscht bekömmliches, leichtes chinesisches Bier. Später wird auch selbstgebrannter Schnaps aus einem großen Kanister angeboten. Doch keiner verübelt es den Gästen, als sie den Kelch nicht bis zur Neige trinken. Vorherrschend war nicht der Gedanke, die Gäste zu besiegen, sondern mit ihnen zu reden.

Wie es den Bauern in Deutschland gehe, ob sie die Eigentümer der Felder seien? Das Gespräch nimmt sehr offenherzige Formen an. Einer, der allzu heftig gegen die Regierung wettert, wird vom Vorsitzenden des Dorfrates der Tafel verwiesen. Aber irgendwann ist der Vorsitzende der ernsthaften Gespräche überdrüssig und wendet sich an den Tisch, wo der Kanister mit dem Selbstgebrannten kreist. Es stellt sich heraus, dass sie ihrer Regierung keineswegs in Demut ergeben sind. Sie schimpfen, dass sie als Bauern keine günstigen Kredite bekommen, und sie fluchen auf das System der Vermarktung, bei dem der Großhändler den Gewinn einstreicht. Natürlich wären sie gerne

Besitzer ihrer Felder, schon, um in der Lage zu sein, sie notfalls verkaufen zu können, um in die Stadt zu ziehen. Zur Kommunistischen Partei hegen sie kein besonderes Vertrauen. Geradezu höhnisch erklären sie, es seien von siebenhundert erwachsenen Dorfbewohnern gerade siebzehn in der Partei. Und von diesen siebzehn seien auch noch fünf hauptamtlich tätig, also als freiwillige Mitglieder nicht mitzuzählen.

Die Mitgliedschaft, das bringe doch nichts, sagt ein Vater zweier Kinder. Er hat ein schmales, asketisches Gesicht. Er hätte gern einen Arbeitsplatz zusätzlich zu seinem Bauernhof, damit er mehr Geld verdienen könne. Man kann es kaum glauben, wenn man das einfache Dorf sieht und die Runde der Bauern. Aber der asketische Vater erzählt, einer seiner Söhne studiere Anglistik und der andere sei im Begriff, Rechtsanwalt zu werden. Deshalb brauche er mehr Geld für die Ausbildung seiner Kinder.

Wir erzählen von einem Bauern, den wir im Nordwesten Chinas getroffen haben, dessen Ernten wegen der Trockenheit in fast jedem Jahr so schlecht ausfallen, dass er als Wanderarbeiter Geld verdienen müsse, um seine Familie vor dem Hunger zu bewahren. Sie hören die Geschichte ohne einen Ausdruck des Mitgefühls. Das, sagen sie, müssten sie gelegentlich auch.

So nimmt das Bild von der Idylle Schaden. Aber auch ein anderes Klischee wird untergraben. Die angebliche Unnahbarkeit der Landeskinder, die Verschlossenheit gegenüber dem Fremden erweist sich als Mythos. Herzlicher hätte ein Bauernfest nirgendwo anders sein können. Als sich der Abend unter einem Himmel voller funkelnder Sterne dem Ende zuneigt, nimmt das Herzen und Umarmen kein Ende. In vielen Figurationen müssen Erinnerungsfotos aufgenommen werden. Und ohne das Versprechen, wiederzukommen, würden die Fremden wohl nicht vom Hof gelassen. In der kühlen Abendluft aber ruft immer noch der Kuckuck.

Durch enge Täler schlängelt sich am nächsten Tag der Zug weiter nach Süden. Gleich Diamanten funkelt das Wasser in den gefluteten

Reisfeldern in der Morgensonne. Wie schmale Treppen, die in die roten Berge getrieben sind, steigen die Terrassen an den Hängen empor. Manchmal sind die Felder nicht breiter als einen Meter. Jedes Stück Erde wird genutzt, egal, welche Anstrengungen es die Menschen auch koste, Anstrengungen, die häufig auch noch vergeblich sind, wenn – wie in diesem Jahr – der Frühjahrsregen ausbleibt. Die auf diesen Feldern arbeiten, sind nicht selbstbestimmt, sondern Gefangene der Umstände, Opfer des Wetters und des Marktes. Und selbst wenn das Jahr günstig war – die Bauern am Abend nannten einen Betrag von umgerechnet rund dreitausend Dollar –, reicht es gerade, um die Familie zu versorgen. Kein Wunder, dass die Stadt als Verlockung erscheint, die Arbeit in einer Fabrik, in der die Arbeiter zwar auch ausgebeutet werden, aber wenigstens nicht mehr abhängig von der Witterung sind.

In Serpentinen hat sich der Zug bergauf gekämpft. Kunming, die Hauptstadt der südlichen Grenzprovinz Yunnan, liegt auf fast 2000 Meter Höhe über dem Meeresspiegel. Selbst die schmutzigen Vororte, in denen Industrie angesiedelt ist, wirken unter dem blauen Frühlingshimmel erträglicher als im düsteren Norden. Im Hintergrund zeichnen sich die glänzenden Konturen des Zentrums ab. Wie eine Symphonie von Farben und Licht tanzen die Reflexe über den Dächern. Die Architekten haben dem Licht der Sonne viel Spielfläche eingeräumt.

Kunming rühmt sich, die «Stadt des ewigen Frühlings» zu sein. Und die Söhne der Stadt tragen dem Rechnung. Nirgendwo auf unsere Reise sahen wir so extravagant errichtete Hochhäuser: Dächer in der Form eines riesigen gläsernen Schiffes, Spiegelflächen, die – gegeneinander verkantet – das Bild der Stadt zerlegen wie ein Kaleidoskop. Dies ist nicht die Stadt, in der ein Raucher seine Zigarettenkippe einfach auf den Boden werfen würde. Die Sauberkeit wirkt erzieherisch. Dazu haben sie die Stadtlandschaft noch mit ein bisschen Wasser garniert, Teichen, Brunnen und Kanälen. Und überall stehen die Büsche üppig rosa blühender Bougainvilleen. Die Stadt mit vier Millionen Einwohnern liegt am 25. Breitengrad, der führt mitten durch die Sahara. So weit sind wir also gekommen.

Es ist Sonnabendnachmittag, weshalb auch der Verkehr eine angenehm spielerische Note hat. Wir haben einen Geschäftstermin. In einem der Hochhäuser hat Yang Hungyang sein Büro. Er gehört zu denen, die es nach oben geschafft haben, ziemlich weit nach oben. Herr Yang ist Bauunternehmer, und markante Teile der Stadt sind unter seiner Federführung errichtet worden. Man rechnet mit einem satten Immobilienmogul mit Ringen an den Fingern und einer teuren Uhr am Arm.

Der junge Mann im schlichten grauen Anzug, der die Tür öffnet, ist nicht der Sekretär, es ist der Chef selbst. Er führt durch leere weitläufige Büroräume, die durch Glaswände voneinander getrennt sind. Am Sonnabend werde bei ihm nicht gearbeitet, erklärt er entschuldigend. Auch sein eigenes Zimmer ist einsehbar wie ein Aquarium. Ein gebogener Schreibtisch, hinter dem ein Bücherregal steht – im Deutschen nennt man eine solche Einrichtung gediegen. So könnte auch ein hanseatischer Reeder seinen Arbeitsplatz einrichten. Der Globus, der im Regal steht, fügt sich in dieses Bild, wäre er nicht aus kostbaren Halbedelsteinen, blaue Ozeane aus Lapislazuli. Daneben steht ein kleiner Buddha aus grüner Jade. Diese Kostbarkeiten sind der einzige Schmuck im Raum, in dem kein einziges Dekor der Partei eine Ehre erweist.

Herr Yang hat Sinn für unprätentiösen Stil. Er sagt von sich, er gehöre einer glücklichen Generation an. «Als ich noch auf der Universität war, begann bei uns die Marktwirtschaft. Und als ich mit dem Berufsleben anfing, standen alle Möglichkeiten offen.» Während er spricht, sitzt er mit ernstem und offenem Gesicht hinter seinem Schreibtisch. Allein die geballten Fäuste verraten etwas von angespannter Energie und Willenskraft.

Wie er nun tatsächlich die ersten Schritte ins Geschäftsleben gemacht hat, wird dann doch nicht ganz verständlich. Protektion von Staat oder Partei habe er nicht gehabt, betont er. Seine Eltern seien arme Leute gewesen, die immer noch auf dem Dorf lebten. Beziehungen, üblicherweise der Treibstoff, mit dem man in einer Gesellschaft der Gleichen nach oben schnellt, habe er nicht gehabt. Von der Partei hält er sich immer noch fern, sagt er. Sie sei ihm einfach nicht wichtig. Er habe sein eigenes Lebensmotto: «Ich liebe die Arbeit, ich will Verantwortung.» Heute sei jeder frei, sein Glück selbst zu suchen – er benutzt dabei unbewusst ein Schlüsselwort amerikanischer Denkweise: «pursuit of happiness». An einer der gläsernen Wände stehen großflächige Zeichnungen. Das sind die Visionen einer entstehenden Mittelstandsgesellschaft, für die Bauunternehmer Yang die ersten Fundamente legen will: eine Wohnsiedlung vor der Stadt. Obwohl wir als Kunden wohl nicht in Frage kommen, legt er Wert darauf, zu zeigen, dass das alles keine Hirngespinste sind, keine blumigen Träume von einem besseren Morgen.

Vielleicht liegt es daran, dass die Hauptstadt Peking so fern ist, vielleicht verlangt der Alltag so viel Kraft und Zuwendung – die Partei hat äußerlich ihre prägende Rolle darin eingebüßt. In das Land, in dem bei politischen Demonstrationen die Menge in Millionen Menschen gezählt wurde, die sich auf Anordnung der kommunistischen Führung zum Jubeln oder zum Protest versammelten, ist die Ruhe eines funktionierenden Systems eingekehrt, das sich den Luxus theatralischer Massenauftritte nicht mehr leisten mag. Wie die Bauern, die wir in ihrem Dorf bei Yanmou trafen, so hat auch bei unserem Bauunternehmer die Partei jeden enthusiasmierenden Einfluss verloren. Alle – jeder in seinem Bereich – erwarten praktische Verbesserungen im Leben oder wenigstens, dass sich der Staat heraushalten möge.

Nur in Chengdu, im Haus eines Veteranen, der an Maos «Langem Marsch» teilgenommen hatte, hing das Bild des Staatsoberhauptes Hu Jintao. Allerdings auch die Porträts aller anderen kommunistischen Führungspolitiker seit Mao, weil sie alle dem Veteranen schon einmal die Ehre erwiesen hatten. Im Alltag scheint die Partei ohne jeden Pomp auszukommen. Aus der fernen Provinz betrachtet – das ist während der Reise auch unsere Sicht auf Peking –, regiert in der

Hauptstadt eine Kaste von Herren, die, wenn sie im Fernsehen auftritt, stets in korrektem Anzug gekleidet ist und für das Gedeihen der Wirtschaft und die Ordnung im Land zu sorgen hat. Wobei das Letztere bedeutet, das eigene Herrschaftsmonopol zu sichern. Partei- und Staatschef Hu Jintao nennt das die Entwicklung einer «harmonischen Gesellschaft». Das ist keine geringe Aufgabe, wenn auf der einen Seite 200 Millionen Menschen mit weniger als einem Dollar am Tag auskommen müssen und andere, wie unser Bauunternehmer, uns zu einer Fahrt im Luxusauto einladen können. Allein im Jahr 2005 meldete die chinesische Polizei in Dörfern 87000 Protestaktionen gegen die Regierung, die zum Teil gewaltsam verliefen. Wir hingegen blicken mit Herrn Yang auf die Lebensperspektive des gehobenen Mittelstands.

In einer in Deutschland gebauten Limousine, die dann doch etwas von Statusbewusstsein verrät, gleiten wir in Richtung Stadtrand. Er erzählt, wie traurig es ihn mache, dass durch den Bauboom in seiner Heimatstadt vom alten China nichts mehr zu finden sei: «Alle alten Gebäude wurden abgerissen.» Aber er ist überzeugt von der historischen Chance, die seinem Land gegeben sei. Es gehe nicht nur um die Befreiung von kommunistischer Planwirtschaft. In seiner langen Geschichte habe China die Modernisierung verpasst. Deshalb sei jetzt die Entwicklung so rasant.

Längst liegt die Stadt hinter uns, Reisfelder bedecken die Ebene. Wenn hier eine vierspurige Autobahn gebaut wird, wie unser Fahrer für sein Projekt werbend erklärt, werden wieder Bauern ihr Land verlieren. Auch der Hügel, auf dem die Eigenheimsiedlung mit insgesamt dreitausend Wohnhäusern entstehen soll, war einst Bauernland. Die Gemeinde, sagt Herr Yang, habe es ihm verkauft. Die Straße schlängelt sich bergauf. Vor einem großen künstlichen Teich, aus dem ein Drache drohend sein Betonhaupt erhebt, stellt er das Auto ab. Als Erstes ist offensichtlich der Glaskasten für den Sicherheitsdienst entstanden. Ein junger Mann in roter Uniform lehnt dort am Schlagbaum.

Einige Straßenzeilen sind schon fertig. Der Grund ist das Kostbarste, weshalb sich die Häuser fast aneinanderlehnen. Sie sind schmal und schwingen sich über drei Stockwerke in die Höhe. Im Musterhaus ist reger Betrieb. Noch hat man aus fast allen Räumen einen Blick auf die bewaldeten Berge. Viel Holz, viel Glas, zu jedem Schlafzimmer ein eigenes Badezimmer – auch für Mitteleuropäer ist das ein einladendes Angebot. Eine Familie kehrt vom Rundgang zurück. Vater, Mutter und Tochter sinken auf ein monströses Sofa, das sich so gar nicht in die Leichtigkeit des Hauses fügt, und werden von zwei grazilen Hostessen über die Konditionen informiert. Neunzigtausend Dollar kostet das Haus. Herr Yang gewährt auch Kredit für sechs Prozent Zinsen. Der Familienvater strahlt, als er das Haus verlässt: «Ein hübsches Haus. Aber für uns ein wenig zu teuer.» Ob es nicht doch ziemlich verlockend sei? Der Mann zögert mit der Antwort. Dafür antwortet seine Frau umso schneller und dies gleich auf Englisch. Sie sagt ein klares «No», das viel über kommende Dispute verrät. Denn er ergänzt: «Ich möchte ganz gerne kaufen. Aber wir müssen erst einmal beraten.» Sie wenden sich dem Ausgang zu. Selbst von weitem kann man hören, dass dies der Beginn einer langen Unterhaltung sein wird.

Auch für Herrn Yangs Vermögensverhältnisse ist dies ein großes Projekt. Er weist auf die Umgebung, auf die Bananenstauden, die Büsche mit verführerischen roten Blüten und die mit Wald bewachsenen Hügelkuppen. Er ist überzeugt, dass für Menschen, die ihr Leben in der Enge der Stadt verbracht haben, die ihrem Kind «etwas Besseres» gönnen, diese nach amerikanischem Muster entwickelte Vorstadt eine verlockende Alternative ist. Ein neuer Lebensstil. Ein kaufmännisches Risiko? «Nein», sagt er mit tiefer Überzeugung in der Stimme, «der Boom geht weiter. Der Markt in China ist groß. Bei den Menschen wachsen Bedürfnisse. Ich habe keine Angst.» Das ist der Schritt, mit dem sich China den westlichen Lebensbedingungen annähert. Wie in den USA wird die Familie zwei Autos brauchen, sie wird ihr Haus mit Klimaanlagen temperieren. Anstelle des kleinen

Landgasthofes, in den Herr Yang zu einem Imbiss bittet, wird hier ein teures Restaurant stehen. Die Oberschicht zieht sich zurück in die Exklusivität der Vorstadt. Aber wer draußen in Suburbia wohnt, verpasst den Rausch des südländischen Abends in der Stadt.

Wie Glühwürmchen flirren Schwärme von jungen Männern auf Motorrollern durch die Straßen, die Begleiterin im eleganten Damensitz an den Rücken des Kavaliers gelehnt. Am Abend genießt man in besonderer Weise, dass fast all diese Gefährte von Elektromotoren angetrieben werden. Alle akustisch vermittelten Männlichkeitsrituale des Südens, das Aufheulen hochtouriger Motoren, bleiben aus. An vielen Ecken findet man Cafés, die ihre Tische auf die Straße gestellt haben.

Diese Sitte, aus dem Ausland übernommen, gebe es erst seit ein paar Jahren, aber die jungen Leute seien begeistert, erklärt ein junger Kellner, der den Cappuccino auf die Straße bringt. Zwar werden alte Lampions überstrahlt von billigen Lichterketten, doch bleibt ein Zauber. Die laue Nacht, das Spiel der Lichter in Kanälen und Teichen, die Grazie und Schönheit der jungen Leute, die leise, aber bestimmt ihrer Wege ziehen. Man meint die Stimmung des italienischen Piazzalebens zu spüren – nur geht es leiser zu.

Kunming war in der kolonialen Welt Frankreichs einst der nördlichste Vorposten der Besitzungen in Indochina, weshalb die Franzosen den Schienenweg für eine Schmalspurbahn von Hanoi bis dorthin verlegten. Diese legendäre Strecke, die allein schon, wie Eisenbahnliebhaber versichern, die weite Reise gelohnt hätte, ist auf der chinesischen Seite stillgelegt. Erdrutsche haben sie immer wieder verschüttet. Sie gilt als zu gefährlich. Auf dem Weg zur Grenze nach Vietnam sind wir also auf die Landstraße verwiesen.

Bei unseren Exkursionen vor Ort haben wir im Laufe der Reise viele Autofahrer, die uns durch Schnee, Eis, Sandsturm und Wüsten steuerten, kennen- und lieben gelernt. Sie wissen von ihrem Land zu erzählen, ihrem Leben und Hader mit der Obrigkeit, und sind zugleich unendlich leidensfähig und hilfsbereit. «Keck-Keck», wie wir unseren neuen Steuermann nennen, fällt in jeder Hinsicht aus dem Rahmen. Seinen Spitznamen verdiente er sich mit ungewöhnlichen Lachlauten, die ein bisschen an das Meckern einer Ziege erinnern. Er sucht die Kommunikation. Da es aber Verständigungsprobleme gibt, versucht er sich auf einer ganzen Skala sonderlichster Geräusche, die – wenn sie ihm gelingen – ihn selbst zu stolzem Lachen bringen. Nicht alle davon würden in europäischem Kontext als salonfähig gelten, das tut – im Sinne der Völkerverständigung – der allgemeinen Freude keinen Abbruch. «Keck-Keck» ist als Gesellschafter unverzichtbar, in seiner Rolle als Fahrer legt er einen befremdlichen Stil an den Tag. In jedem Fall kann auch er als Beweis dafür gelten, wie offenherzig Fremde im Land aufgenommen werden.

Jenseits der Städte, die Respekt und Bewunderung hervorrufen, erliegt der Reisende im Süden des Landes der betörenden Landschaft, in die sich Dörfer und kleine Städte – noch – harmonisch einfügen. Die Täler sind grün. Scharen von Bauern arbeiten auf den Feldern, die alle den traditionellen kegelförmigen Strohhut tragen. Sie arbeiten, als gelte es, jede einzelne Pflanze durch Zuspruch und Handreichung zu besonderer Leistung anzuspornen. An den Hügeln staffeln sich die terrassenartig angelegten Felder bis an die Spitzen.

«Haltet die großartige Fahne Maos stets im Gedenken hoch, schreitet nach vorn im Kampf»: So steht es in verblichenen Schriftzeichen über dem Kaufmannsladen. Der Satz trifft umso unvermittelter, weil das Geschäft mit hölzernen Säulen und Fensterläden ganz offensichtlich eine längere Geschichte hat als die des kommunistischen China. Das ganze Dorf, in dem wir Station machen, schaut aus wie ein vergessenes Schmuckkästchen, an dem die Entwicklung vorübereilte. Es hat ein paar Schrammen abbekommen, aber verrät doch seinen alten Glanz.

Am Dorfeingang steht ein altes, gemauertes weißes Torhaus. Es erfüllte seinen Zweck wohl in der Zeit, als man abends die schweren hölzernen Türflügel verrammelte, um Banditen abzuwehren. Die dicken Hauswände tragen elegant geschwungene Dächer. Durch die schmalen Gassen zwischen den Hofmauern trippeln alte Frauen, denen noch in der Kindheit in stupider Grausamkeit die Füße gebrochen wurden, damit sie den Schönheitsidealen ihrer Zeit entsprachen. Junge Mädchen mit Wassereimern, die sie an Tragestangen balancieren, tänzeln über das Kopfsteinpflaster. Der Fuß will behutsam gesetzt werden, denn über die abschüssigen Wege rieselt das Abwasser aus den Häusern in den Fluss im Tal.

Die Stürme der Zeit gingen über die geduckten Häuser hinweg. Eine junge Frau, die eben noch anmutig ihre Wassereimer vorbeigetragen hat, kehrt zurück und bietet sich an, den Tempel zu zeigen. Er liegt am Rande des Dorfes neben sattgrünen Reisfeldern, in denen die Frösche einen ohrenbetäubenden Abendgesang angestimmt haben. Vor dem alten hölzernen Tor hängt ein schweres Vorhängeschloss. Sie erzählt, wie während der Kulturrevolution die Roten Garden ins Dorf eingedrungen seien und im Tempel gewütet hätten. Später haben dann die Dorfbewohner die Anlage eigenständig wieder aufgebaut. Ohne Geld und Hilfe vom Staat, wie sie betont. Buddha und seine Gefährten sitzen im Abendlicht und geben Ruhe auch dem, der sie nur als Kunstwerk bewundert. Die Figuren aus Holz sind geschnitzt und bemalt. Zu ihren Füßen verglimmen Räucherstäbchen, die Spuren des letzten Gebets.

In der Mitte des – so scheint es – etwas morbiden Kleinods chinesischen Landlebens liegt der Dorfplatz. Unter den weiten Zweigen eines Nussbaums sitzen vier alte Männer und spielen rastlos, nur von gelegentlichen Erfolgsrufen unterbrochen, eine Art von Dominospiel. Die Anwesenheit von Ausländern oder gar die Kamera irritiert sie nicht im mindesten. Vielleicht achtzig ist der Älteste von ihnen. Er raucht eine lange Pfeife, in deren Spitze eine Zigarre steckt. Er spielt nicht mit, sondern blickt aus seinem schmalen Gesicht mit klaren Augen in die Ferne. Die anderen sind nicht wesentlich jünger: eine Gruppe von Männern, die ein fürchterliches Jahrhundert überlebten. Wir fragen sie, was wir daheim von ihrem China erzählen sollen. Der Alte nimmt die Pfeife aus dem Mund und sagt mit bedachten Worten. «Unser Leben ist jetzt nicht mehr trostlos. Wir haben zu essen und Kleidung. Unter der jetzigen Führung ist das Leben friedlich geworden.» Sie denken nicht an Vorwürfe, an Schuldzuweisung. Sie sind angekommen in einem Zustand des Friedens.

Lauter letzte Bilder einer Reise durch China. Selbst wenn man es nicht plant, so geschieht es doch: Bei einer so langen Tour durch so viele Länder, Landschaften und Regionen ist es unmöglich, nicht in Zuneigung zu verfallen. Kein Land, das nicht dazu verführt, Empfindungen auszulösen, die den Abschied schwer machen. Und dies sind Abschiedsbilder, die seelenvoller nicht sein können. Auch in tropischen Gefilden kann den rastlos Reisenden die Melancholie einer «Winterreise» ereilen – er ist als Fremder gekommen und zieht als Fremder weiter.

Wohl weil die Region im Süden so entlegen ist, blieb hier in Dörfern und Städten erhalten, was anderswo längst geschleift wurde – von wahnhaften Revolutionären oder von fortschrittsbesessenen Technokraten. In Jianshui, der letzten Station vor der Grenze, erhebt sich ein weiß getünchtes Stadttor, so gewaltig wie ein Fels. Auf dem First ist es von einer kleinen Pagode gekrönt. Zu Füßen des Mauerwerks erklingt ein vielstimmiger Gefangenenchor.

In Dutzenden von geflochtenen Körben sitzen Vögel und erheben ihre Stimmen. Ist es Gesang oder lautes Fluchen über ihr Dasein hinter Gitterstäben? Die Männer, die den Stimmen mit stolzer Andacht lauschen, verlieren offensichtlich keinen Gedanken an solche skrupulösen Fragen. Jeden Morgen, so erklärt einer von ihnen, würden sie sich hier treffen, um ihren Schützlingen etwas frische Luft zu gönnen und vielleicht auch einen Tausch zu wagen.

Wieder fühlen wir uns wie durch ein fernes Echo an die Reiselektüre erinnert – Andersens Märchen, das vom chinesischen Kaiser und einer Nachtigall erzählt. Der Kaiser allerdings, wenngleich er zeitweise einem künstlichen Modell den Vorrang gab, ließ der echten Nachtigall die Freiheit. Die Männer in Jianshui wollen von belehrenden Märchen nichts wissen. Für sie ist klar, dass, anders als im Märchen, ihre Drossel nie wieder käme, stände ihr die Tür zur Freiheit endlich offen.

So bleibt es dem letzten Tag vorbehalten, diejenigen Bilder von China zu zeigen, die am eindrücklichsten von der langen Geschichte zeugen. Die Stürme der Zeit sind über die kleine Stadt hinweggerauscht, ohne sie zu zerbrechen. Ganze Ladenstraßen im Zentrum bestehen aus dreistöckigen Holzhäusern mit geschnitzten und bemalten Fassaden, über die sich geschmückte Dächer schwingen. Nicht weit entfernt vom Zentrum liegt ein konfuzianischer Tempel, der alle Eruptionen der Gewalt überlebte. Eine Oase der Stille, die Zeitlosigkeit atmet. Man geht durch Tore, über die steinerne Drachen wachen. Die Wege des Parks gewähren immer wieder einen Durchblick auf kleine Pavillons und Tempelanlagen, die sich zwischen den Bäumen erheben.

Von irgendwoher erklingen zarte, aber fremde Klänge. Unter einem Portal hat sich ein Streichquartett gefunden. In einer Pause erklären sie bescheiden, dass sie natürlich keine guten Musiker seien und sich erst neuerdings an klassischer Musik versuchten. Wir beruhigen sie mit dem Hinweis, dass für unser ungeübtes Ohr auch ein Fehlgriff auf den Saiten kaum zu entdecken sei. Auch sie fragen wir, was das Wichtigste sei, was wir nach unser Heimkehr von ihrem Land berichten sollten. «Berichten Sie von der chinesischen Kultur, damit die Welt unsere Kultur kennenlernt», sagt spontan ein älterer, grauhaariger Mann. Seine Nachbarin lacht und fügt dann ernst hinzu: «Vergessen Sie nicht unsren Konfuzius-Tempel. Alle in China hören auf das Wort von Konfuzius. Seine Worte weisen uns den Weg. Sie sagen uns, wie wir uns verhalten sollen.» Vom großen technischen Fortschritt oder gar von der Partei hat keiner gesprochen. Wenigstens hier hat es den Anschein, als sei harmonische Gelassenheit in das Land eingekehrt. Sie versprechen noch ein Abschiedsständchen, und die fremde Melodie, deren Wohlklang so verschlüsselt ist, begleitet uns auf dem Weg bis zur Grenze.

Über einen Pass des Ailao-Gebirges führt die Straße in engen Ser-

246

pentinen durch ein schmal geschnittenes Tal hinab zum Roten Fluss. Die steilen Abhänge sind von Koniferen und Kiefern bewachsen. In das Gezwitscher der Vögel mischt sich zum letzten Mal der Ruf eines Kuckucks. Der Pass, vielleicht 1500 Meter hoch, markiert die Grenze zwischen dem Land des ewigen Frühlings und den Tropen. Unser kühnes Vorbild unter den Reisenden, Marco Polo, hatte vor «drachenähnlichen Tieren und Schlangen» gewarnt, die in dieser Landschaft beheimatet seien. «Sie sind so unvorstellbar groß», schreibt er, «dass die Menschen nicht aus dem Staunen herauskommen.» Sie seien «dick wie ein Fass». Man weiß nicht, ob es solche Beschreibungen waren, die damalige Leser veranlassten, den Autor als Lügner abzustempeln. Oder waren es Beschreibungen wie jene von den lockeren Sitten in Kunming, das er Jaci nennt. Von dort kam er mit der Erkenntnis heim: «Die Ehesitten sind recht locker. Niemand hat etwas dagegen, wenn einer des anderen Frau begehrt, vorausgesetzt, die Frau ist damit einverstanden.» Wir jedenfalls können dergleichen nicht bestätigen und müssen konstatieren, dass sein Buch als Reiseführer nicht in allen Details hilfreich war, ein Schicksal, das der Verfasser freilich mit Autoren der Gegenwart teilt. Gleichwohl müssen wir nun auch von ihm Abschied nehmen. Denn weiter in den Süden ist er nicht gelangt. Was er von dort beschrieb, beruhte auf Hörensagen.

Je weiter die Straße hinabführt, desto heißer und feuchter wird es im Auto. Hoher Bambus, Bananenstauden und Mangobäume beginnen die Straße zu säumen. Im Flusstal angekommen, überfällt uns unvermittelt eine Hitzewelle, als sei die Tür eines Ofens geöffnet worden. Träge zieht der Strom seines Weges nach Osten. Irgendwann wird er Grenzfluss zwischen China und Vietnam, um schließlich ganz den Vietnamesen zu gehören. Er streift in seinem Lauf die Hauptstadt Hanoi und mündet in den Golf von Tonking. Der Weg Richtung Vietnam ist jetzt vorgegeben. Noch aber lässt uns China nicht los.

Nach kurzer Fahrt auf der Straße, die den Windungen des Flusses folgt, stehen wir vor einem Schlagbaum, der die Weiterfahrt versperrt. In unserer auch von sowjetischen Zeiten geprägten Einfältigkeit halten wir die Wegsperre für den Beginn des Grenzgebietes: ein Vorzeigen der Dokumente würde – vielleicht erst nach genauer Kontrolle – die Weiterfahrt ermöglichen. Aber schon der Anblick des jungen Mannes, der auf einem Stuhl schaukelnd neben dem Schlagbaum sitzt, hätte misstrauisch stimmen sollen. Er trägt zwar einen blauen, uniformähnlichen Anzug, aber so kann in China kein wacher Grenzsoldat aussehen. Freundlich und fast ein bisschen mitleidig blickt er uns an. Unsere Begleiterin Wang Yan, deren schöner Name in deutscher Übersetzung «Königin der Schwalben» heißt, wie sie erst spät bekannte, begibt sich zum Wächter, und offensichtlich beginnt eine lange, ergebnislose Verhandlung. Das überrascht uns, denn von der Furchtlosigkeit und dem Durchsetzungsvermögen der jungen, zierlichen Frau mit ihrem wallenden Pferdeschwanz hatten wir uns in den vorangegangenen Wochen hinlänglich überzeugen können.

Schließlich dringt zu den Ausländern durch, dass hinter dem Schlagbaum eine Baustelle beginnt – aber nicht eine, die deutschen Dimensionen entspricht, keine Reparaturstelle, kein kurzes zu asphaltierendes Teilstück. Über eine Strecke von fünfzig Kilometern soll die schmale Landstraße in eine vierspurige Autobahn verwandelt werden. Eine Durchfahrt könne erst nach dem Ende der Arbeitszeit, 20 Uhr abends, gestattet werden. Jetzt war gerade die Mittagszeit gekommen, und ein Ausharren an diesem ungemütlichen Ort scheint schwer erträglich.

Weil alle Beteiligten sich das Ende der Reise herbeiwünschen, die einen, weil sie die Gäste endlich loswerden wollen, die anderen, weil das nächste Reiseziel in greifbarer Nähe zu liegen scheint, beginnt ein Feilschen darum, die Passage doch früher zu erreichen. Gegen Abgabe einer zweisprachigen Erklärung mit englischem Text und chinesischen Schriftzeichen und Draufgabe einer Schachtel Zigaretten lässt sich der freundliche Wächter schließlich bewegen, seinen Schlagbaum zu öffnen. So beginnt die Weiterfahrt. Sie erweist sich als Fehler. Denn einen friedlicheren, schattigeren Ort haben wir in den folgenden Stunden nicht gefunden.

Die letzte Gelegenheit zur Einsicht bietet sich, als wir im nächsten Dorf, das schon in der Sperrzone liegt, eine Mittagsmahlzeit einnehmen. Das einfache, aber blitzsaubere Restaurant liegt auf einer steilen Klippe über dem Roten Fluss. Das Essen ist wunderbar. Und die Männer am Nachbartisch lassen die Fremden kameradschaftlich an ihrem wohlschmeckenden, selbst gebrannten Obstschnaps nippen. Es hätte ein toller Tag werden können. Aber blinder Eifer treibt voran.

Nach wenigen Kilometern findet jeder Ehrgeiz, die Strecke bei Tag zu bewältigen, sein Ende. Hoch über der Straße bahnen schwere Bagger der neuen Autobahn den Weg, indem sie riesige Steine, Erde und Geröll auf die tiefer liegende Landstraße herabfallen lassen. Aus dem Hintergrund des Tales ertönen dumpfe Explosionen, die dafür sprechen, dass die Berge über den Ufern des Flusses dem modernen Wegebau nachhaltigen Widerstand leisten, dem nur mit Sprengstoff beizukommen ist. Dass es sich dabei um Dynamit handelt, verrät der schwer beladene Lieferwagen neben uns, auf dem die Beschriftung der Kartons vor Explosionsgefahr warnt. Der Transport ist mit uns im Stau vor der Baustelle stecken geblieben. Keine besonders angenehme Nachbarschaft, die aber weder den rauchenden Fahrer noch sonst irgendjemanden zu beunruhigen scheint.

Erst lange nach Einbruch der feucht-heißen Nacht setzt sich der Konvoi in Bewegung. Die Weiterfahrt auf der nur oberflächlich freigeräumten Piste bietet einen Blick auf die Kehrseite des explosiven Wachstums chinesischer Infrastruktur. Im Schritttempo bewegen sich schwere Lastwagen voran, deren hohe Ladung neben Dreiradfahrzeugen und Motorrädern bedenklich schwankt. Am Straßenrand stehen die Hütten der Wanderarbeiter, die aus dem ganzen Land zu solchen gigantischen Baustellen zusammenströmen. Sie sind die Elenden im Land. Für Monate trennen sie sich von ihren Familien, arbeiten zwölf Stunden am Tag und hausen in Hütten oder unter Zeltplanen direkt auf der Baustelle. Ganze Städte aus solchen Slumsiedlungen sehen wir im Dunkeln liegen. Die ausgemergelten Gestalten waschen sich am Straßenrand, hocken dort mit einer Schüssel Reis in der Hand und haben als einzige Abendunterhaltung den staubigen vorbeizottelnden Verkehr. Dreißig Euro im Monat verdienen sie, und Kenner sagen, sie müssten auch noch froh sein, wenn ihnen dieser Lohn tatsächlich ausgezahlt würde. Aber das Heer der Bedürftigen ist landesweit so groß, dass sich für jede Arbeit genügend Bewerber finden. Sie sind der verborgene Teil vom Wachstumsmotor des chinesischen Wirtschaftsbooms.

Natürlich sind auf beiden Seiten der Baustelle die Konvois der Wartenden losgefahren, und eine Begegnung ist unausweichlich. Zunächst schieben sich die Kolonnen bedenkenlos zu einem schier unentwirrbaren Knäuel zusammen, in dem der Raum zwischen den Fahrzeugen in Millimetern zu messen ist. Jeder hofft noch einen Ausweg in dem Gewoge zu finden. Auf der einen Seite der aufsteigende Berghang, auf der anderen Seite steiler Abgrund, unter dem das Wasser des Roten Flusses hungrig gurgelt. Schließlich kommt keiner mehr voran. Alle Räder stehen still.

Unseren deutschen, aus dem Badischen stammenden Begleiter hält es nicht auf dem Sitz. Er ist einer, der Ordnung schaffen will und es – kraft energischer Gestik und in überzeugendem Chinesisch – auch schafft. So beharrlich sich die LKW im Schneckentempo verknäult haben, so behutsam setzen sie jetzt mit ihren haushohen, schwankenden Gefährten, neben denen unser Kleinbus wie ein verletzliches Spielzeug aussieht, Millimeter um Millimeter zurück, hart am Abgrund entlang. Das alles geschieht in tiefer, schwarzer Nacht, die nur strichweise vom Licht der Scheinwerfer beleuchtet wird. Und es geschieht mit lächelnden Gesichtern aller Beteiligten, ohne lautes Geschrei und schon gar nicht im Zorn über die verlorene Zeit.

Es ist weit nach Mitternacht, als wir endlich, nach einer Fahrt über Schotterhalden und Irrwege der Baustelle, die Lichter der Grenzstadt Hekou erblicken. Trotz der späten Stunde empfängt uns die Promenade am Flussufer mit bewegtem Leben. In der sanften Luft der Nacht gleiten Mopeds über die Straßen. Aus den Restaurants umschmeichelt Schlagermusik das Ohr. Über den Kesseln der Garküchen steigt in dichten Schwaden der Dampf auf, als liefe ein Schiff auf voller Fahrt.

Hekou verströmt das leichte Flair einer mediterranen Stadt, aber wenn man etwas genauer hinschaut, ist nicht zu übersehen, weshalb dieser Ort keinen besonders guten Ruf genießt. Und dass gerade junge Männer aus Japan diesem Ruf folgen. In dieses Bild fügt sich auch das Hotel, das wir endlich finden. Manche Zimmer bieten einen Blick auf den Grenzfluss. Damit erschöpfen sich auch die Vorzüge der Herberge.

Vierter Teil **Erwachen in den Tropen: Vietnam**

Eine seltsame Wiederbegegnung: Hanoi

Schon am frühen Morgen strömt uns schwüle Hitze entgegen, als wir die Straße betreten. Weißes, dunstiges Licht liegt auf der von Palmen bestandenen Uferpromenade. Wie in einem ständigen Strom gleiten Motorräder über den Asphalt, meistens von jungen Frauen gelenkt. Männer stehen in kleinen Gruppen zum Plausch beieinander. Die Leichtigkeit südlichen Müßiggangs – von dieser Seite haben wir China bislang nicht erlebt.

Der Rote Fluss ist die Grenze, am anderen Ufer liegt Vietnam. Aber nur eine niedrige Balustrade, kein Stacheldraht begleitet den Fußweg. Keine Grenzsoldaten patrouillieren am Ufer, keine Wachttürme mit bewaffneten Posten repräsentieren staatliche Hoheitsansprüche und Verteidigungsbereitschaft. So sehr haben die Eindrücke des sowjetischen und russischen Grenzregimes unsere Erwartung geprägt, dass die zivile nachbarliche Nähe überrascht. Dabei war dies vor nicht langer Zeit Kriegsgebiet. 1979 griff das rote China das rote Vietnam über den Fluss hinweg an und zerstörte benachbarte Dörfer und Städte. Wie schon andere Kriegsgegner erfahren mussten, war der Verteidigungswille der Vietnamesen unerschöpflich, weshalb jedenfalls der militärische Konflikt bald beigelegt wurde. Doch die Beziehungen blieben lange gestört. Erst 1998 wurde der normale Briefverkehr wieder aufgenommen. Aber da hatten die beiden Grenzstädte Hekou und Lao Cai längst entdeckt, welcher Nutzen in guter Nachbarschaft liegt.

Eine Turmuhr hoch über den Dächern schlägt die Stunde an. Um zehn Uhr werden wir auf der anderen Seite erwartet. Eine Stunde ist für die Formalitäten der Grenzabfertigung einkalkuliert. Das ist nicht viel, angesichts des umfangreichen Gepäcks. Nicht ohne Sorgen und in einer Demutshaltung, die aus der Erfahrung erwächst, dass ein pflichtbewusster Grenzbeamter immer einen Vorwand finden kann, die Reise mindestens um Stunden zu verzögern, machen wir uns auf den Weg. Im schlimmsten Fall moniert er das Fehlen von Zolldokumenten, die nur in der Hauptstadt ausgestellt werden können, oder er konfisziert technisches Gerät, weil bei der Einfuhr eine Deklaration nicht amtlich gestempelt wurde. Der Wechsel von einem Land ins andere kann zu Situationen führen, die die Höflichkeit des Reisenden schwer auf die Probe stellen.

Die chinesische Abfertigungshalle gleicht einem prächtigen Palast. Ein modernes Hotel hätte sich kaum eine elegantere Fassade geben können. Dahinter also würde das Schicksal über den Antritt zur letzten Etappe entscheiden. Zunächst begrüßt eine Klimaanlage den Eintretenden, was mit Dankbarkeit wahrgenommen wird. Die Begegnungen, die dann folgen, erinnern in keiner Weise an das Reisen in den «guten alten» sozialistischen Staaten.

Kein Versuch der Schikane, kein harscher Ton. Die zuvor bewunderte Fassade des imponierenden Gebäudes prägt auch den Umgangston im Inneren. An mancher Hotelrezeption daheim wird der Gast weniger freundlich empfangen. Ein gelbes Formblatt, ein Hygienezeugnis, das wegen der Vogelgrippe und anderer Seuchen ausgefüllt werden muss, wird danach achtlos zur Seite gelegt. Da die Fremden der chinesischen Sprache nicht mächtig sind, sagt der freundliche Beamte, wo Kreuze zu machen seien. Ausländer aus Europa tauchen hier wohl selten auf, und es wird als durchaus angenehm empfunden, dass man sie durch schlichte Freundlichkeit und nicht durch aufgesetzte Strenge staatlicher Würdenträger zu beeindrucken sucht. Wie oft war im früheren Europa zu erleben, dass die «Grenzorgane» den Einreisenden die Aversion spüren ließen, die sie gegenüber Staatsfeinden zu hegen hatten.

In der Halle müssen die Gepäckberge noch eigenhändig bewegt werden, von der Pass- zur Zollkontrolle und dann wieder durch ein großes Portal hinaus ins Freie. Allgemeine Erleichterung. Wer würde denn darauf kommen, dass der Übergang von einer Welt in die nächste so reibungslos funktioniert. Nun ist eine Strecke von hundert Metern über die Grenzbrücke zu überwinden. Aber auch dafür ist Vorsorge getroffen. Einheimische dürfen hier Dienstleistungen übernehmen. Ein zartgliedriger Chinese steht mit Fahrrad und Anhänger bereit, um den Transport des Gepäcks zu übernehmen. Er weist uns den Weg über die Brücke und führt uns auf der vietnamesischen Seite zu einem Gebäude, das – kaum weniger imposant als beim chinesischen Nachbarn – dem eigentlichen Überschreiten der Grenze dient. Mit Handschlag verabschiedet sich unser chinesischer Helfer. Das war das Ende einer langen Reise durch das Reich der Mitte.

Wenn es denn ein System gäbe, nach dem weltweit Grenzübergängen Sterne zu verleihen wären, wie es in der Gastronomie üblich ist, so rangierten Hekou und Lao Cai beide in der höchsten Kategorie. Wir jedenfalls treffen das Begrüßungskommando in Vietnam deutlich vor der Zeit und in gelassener Stimmung.

Vor Antritt der Reise hörten wir viel von den schwierigen Arbeitsbedingungen ausländischer Journalisten im Land. Man müsse sich genau an die vorher festgelegte und in Hanoi genehmigte Route halten. Journalistische Arbeit sei nur zulässig, wenn sie sich im vorher festgelegten Rahmen bewege. Kein Raum bleibe für spontane Entscheidungen. An der Grenze wartet eine Dame vom Ministerium für Information auf uns. Sie würde uns auf der ganzen Reise begleiten – als Helferin oder als Zensurinstanz, weshalb wir der Begegnung nicht ohne Bangen entgegensehen. Da steht eine junge Frau, bewaffnet mit einem Sonnenschirm, und blickt freundlich amüsiert aus braunen Samtaugen auf die Anreisenden. Wenn Dinh Huyen Tram, so heißt die junge Frau, der Begegnung ebenfalls voller Bangen entgegengesehen hat, vermag sie es gut zu verbergen.

Ungeduldig, wie ausländische Journalisten manchmal sein können, wollen wir sogleich die Grenzen der Freiheit ausloten, einfach um Klarheit über den Spielraum zu schaffen. Schon vor dem Zollhaus bietet sich die Gelegenheit. Dort steht eine Reihe von elektrisch angetriebenen Kleinbussen, die sich als Taxis anbieten. Wir weisen darauf und erklären, wir würden gerne eine Rundfahrt durch die Stadt machen und auch den Fahrer interviewen. Das ist in unserem Drehplan nicht vorgesehen. Unverzüglich wendet sich Frau Tram den wartenden Gefährten zu, verhandelt über den Preis, und schon gleiten wir auf dem lautlosen Vehikel durch die Straßen von Lao Cai.

Der Fahrer erzählt, dass eine staatliche Firma diesen Fahrzeugtyp in China erworben habe. Im Staatsbetrieb seien die Fahrzeuge wegen schlechter Wartung dauernd zusammengebrochen. Sie standen zum Verkauf und er habe zugegriffen. Zusammen mit seiner Frau, die einen Stand auf dem Markt betreibe, komme er auf ein Monatseinkommen von über dreihundert Dollar. So gewinnen wir – dank der Mitarbeit unserer Begleiterin – die ersten Eindrücke von vietnamesischem Unternehmergeist.

Die Stadt an der Grenze wird von einem hohen Kasinopalast überragt, von dem gesagt wird, er locke reiche Chinesen an, denen in der Heimat das Glücksspiel verboten ist. So wandelt sich das Antlitz der kommunistischen Welt. Nicht weit davon entfernt hebt ein Kirchturm sein Haupt über die Dächer. Und als sich am Abend um sechs in den von Musik gesättigten Lärm der Stadt das Läuten der Kirchenglocken mischt, will fast ein Gefühl der Geborgenheit aufkommen. Doch der erste Tag in Vietnam lehrt auch, dass gefühlte Nähe auf einem Irrtum beruhen kann. Mit großer Erleichterung hatten wir wahrgenommen, dass Mitteilungen an Geschäften oder auf Reklametafeln nicht mehr mit geheimnisvollen Schriftzeichen zur Kenntnis gegeben werden. Wir blicken auf vertraute lateinische Buchstaben. Aber nicht nur vermitteln sie ihre Botschaft in einer fremden Sprache. Auch die Buchstaben sind fremden Lauten zugeordnet. Nie würde uns jemand verstehen, wenn wir versuchten, vietnamesische Worte vom Blatt zu lesen. So lernen wir, dass unsere neue Freundin Frau Tram nur reagiert, wenn wir sie Frau Tscham nennen. Die Vertrautheit des Schriftbildes erweist sich als schöner Schein.

Auch eine Herausforderung bringt der erste Tag, die allerdings auch an allen folgenden nicht bewältigt wird. In einem Restaurant finden wir eine Gruppe fröhlicher Männer an einem Tisch, für die der Tag schon zu früher Stunde den Höhepunkt überschritten hat. Sie trinken aus kleinen Gläsern ein gelbliches Getränk, das sofort Neugierde weckt. Einer Einladung an den Tisch mögen wir nicht folgen, weil der Vorsprung, den die Runde hat, uns entmutigt. Auf dem Tresen des Restaurants steht eine Reihe dickbäuchiger Flaschen, deren Inhalt gelblich, aber auch grünlich schimmert. Tritt man näher, kann man am Boden der Flaschen zusammengerollte Schlangen sehen. Ihre Augen sind dem Betrachter zugewandt und funkeln, wenn Lichtstrahlen durch das Glas der Flasche fallen. Wir werden belehrt, dass dieser Hochprozentige eine gepriesene Spezialität des Landes sei, die man unbedingt probieren müsse. Wir spüren noch immer den Blick der Schlange auf uns ruhen, und das Angebot zu einer Degustation erscheint als die Einladung zu einem Kuss des Todes.

Hoch über der Stadt, in den dreitausend Meter hohen Bergen, hatten schon die französischen Kolonialherren einen Erholungsort mit luxuriösen Hotels angesiedelt. In die frische Bergluft flüchteten sie, um der Schwüle des Tropensommers in Hanoi zu entgehen. Heute betreiben dort ausländische Unternehmen Ferienhotels. Zwei Nachtzüge, deren Komfort gerühmt wird, verkehren deswegen täglich mit der Hauptstadt. Der brave Reisende hält sich an einen der vier Züge, die am Tag verkehren. Sie brauchen zehn Stunden für die dreihundert Kilometer lange Strecke. Aber wie sich erweist, ist diese Fahrzeit ein Schätzwert, der kaum jemals eingehalten wird. Aber wer rechnet kleinlich in Stunden, wenn die Mühen auf so mannigfaltige Weise entgolten werden.

Am frühen Morgen liegt schwüle Hitze über der Stadt. Einige Tropfen fallen aus dem grauen Himmel, der von Feuchtigkeit übersättigt ist. Doch für einen erfrischenden Regen sind selbst die Wolken zu erschöpft. An der Spitze des Zuges steht eine betagte, kleine Rangierlok aus tschechischer Produktion, die als Ausdruck «brüderlicher Solidarität» ihren Weg nach Vietnam gefunden hat. Das sei über zwanzig Jahre her, erklärt der Lokführer, der sich interessiert aus dem Fenster lehnt. Man traut seiner Maschine nicht zu, dass sie den langen Zug in Bewegung setzen wird. Aber der Chef meint, bei guter Pflege werde sie noch lange ihren Dienst tun. Eine bunte Mischung: das Schienenbett der Schmalspurbahn aus französischer Kolonialzeit, die Lok als Freundschaftsgeschenk aus Zeiten, als die sozialistische Welt noch in Ordnung war. Die Waggons, in denen wir Platz nehmen, stammen aus Indien und bestechen durch Einfachheit. Die Bänke sind aus Holz. Doch von der Decke fächern Ventilatoren frische Luft über die Köpfe.

Zur Rechten gleitet der Rote Fluss am Fenster vorüber, der seit der ersten Begegnung am Oberlauf zu einem breiten, behäbigen Strom gewachsen ist. Ein feingliedriges Schachbrettmuster von Reisfeldern schmückt das Ufer. Über den Dörfern wiegen Palmen ihre Köpfe. Aber die aus Lehm errichteten Hütten sehen noch ärmlicher aus als in China. Blätter von Bananenstauden decken die Dächer. Die tschechische Lokomotive lässt in einem fort ihren gellenden Ruf erschallen. Sie quält sich im Schneckentempo in engen Kurven mitten durch die Dörfer, deren Bewohner und Viehzeug das Gleisbett als ihren Lebensraum betrachten und ihn keineswegs der Eisenbahn überlassen wollen. Nutzbarer Platz ist ein kostbares Gut in Vietnam, wo achtzig Prozent der Bevölkerung auf dem Land leben. Die Impressionen dieses Landlebens, dessen Gerüche und Geräusche ihn in Empfang nehmen, erblickt der Reisende in einem Rasterbild. Denn die Fenster sind durch Bleche abgedeckt, in die der Transparenz wegen Löcher gestanzt wurden.

Der Zugchef Don Luan hat sich mit einem Tablett voller Teetassen, das er eigenhändig heranbalancierte, zu den Fremden gesellt. Die Sache mit den Fenstern macht ihn ein wenig verlegen. «Ich weiß natürlich», sagt er etwas verschämt, «dass vergitterte Zugfenster in anderen Ländern nicht üblich sind.» Aber es habe Zeiten gegeben, in denen die Leute immer wieder mit Steinen und Schlamm nach den

Zügen geworfen hätten. «Sogar ich wurde schon einmal über dem Auge getroffen.»

Don Luan erinnert ein wenig an den einst berühmten französischen Schauspieler Fernandel, der beim Lächeln seine Vertrauenswürdigkeit unterstrich, indem er sein Pferdegebiss entblößte. Er erzählt, dass er zwei Töchter habe, und zeigt sofort wieder seine Zähne. Es gilt in seinem Land nicht als besonders erstrebenswert, Töchter in die Welt zu setzen. Dass er ungefragt davon erzählt, ist ein Beweis seiner familiären Solidarität. Und unter Freunden kann man über so heikle Themen sprechen, will er wohl bedeuten.

Es stellt sich heraus, dass der Chef der Deutschen Bahn Hartmut Mehdorn, dessen Sympathisantenkreis im eigenen Land überschaubar ist, im fernen Vietnam einen Bewunderer hat. Don Luan las in einer Zeitschrift von den Meriten der Bundesbahn. «Klar», sagt er, «das würde ich mir gerne einmal anschauen.» Er ist nicht der Letzte auf unserer Reise durch Vietnam, der unaufdringlich, aber ernsthaft um ausländischen Beistand bittet. Er klagt über zu wenig qualifizierten Nachwuchs und sagt: «Wir können nur unsere Erfahrungen einbringen. Aber die sind begrenzt. Wir brauchen neue Ideen und Techniken.» Die angestammte Freundlichkeit, die in seinem Reich auf Rädern den Passagieren zukommt, entschädigt vielfach für Defizite bei der Modernisierung.

Später haben wir vom Hubschrauber aus den Weg des Zuges verfolgt. Er schlängelt sich durch die Ausläufer der Gebirge. Die nackten, braunen Berghänge zeugen von den Wunden, die über Generationen hinweg die Menschen durch Kahlschlag gerissen haben. Doch selbst aus der Luft ist zu erkennen, dass die Regierung durch Aufforstung der Erosion entgegenarbeitet. Der Rote Fluss, nachdem er die Vorgebirge zurückgelassen hat, mäandert träge durch eine weite Ebene, die von einem dichten Adernetz von Kanälen durchzogen ist. Dörfer stehen zusammengedrängt wie auf kleinen Halligen im Meer der grünen Reisfelder. Meistens reckt sich ein Kirchturm über die Dächer und Palmen.

Im Zug ist der Blickwinkel begrenzt. Gelegentlich kommt es zu einem Stopp, weil ein von Wasserbüffeln gezogener Karren die Gleise viel zu langsam überquert. So berichtet es der treue Zugkommandant, der bemüht ist, die Reisenden auf dem Laufenden zu halten. Im Gang zwischen den Holzbänken wandert die endlose Kette der Verkäuferinnen mit Kunststoffeimern, in denen sie eisgekühlte Getränke tragen. Mit Wagen und Tragetaschen offerieren sie eine weite Palette exotischer Gerichte, deren Angebot die Stimme des Magens mit Zurückhaltung kommentiert. Die höfliche, aber bestimmte Ablehnung der Speisen ändert nichts am freundlichen Lächeln der Anbieterinnen. Ob sie mich aus Ehrfurcht vor dem Alter «Onkel» nennen dürfe, fragt eine. Etwas betroffen wird eingewilligt. Sie spürt die Ursache der Melancholie und beginnt sogleich mit strahlendem Lächeln an den Händen vorzurechnen, dass so groß der mögliche Altersunterschied wohl doch nicht sei.

Nicht alle diese Marketenderinnen arbeiten legal. Als ein Schaffner kommt, verstaut eine junge Frau ihre Waren geschwind unter dem Sitz neben mir und nimmt dort mit verschmitztem Blick, der das Einverständnis sucht, Platz. So sitzen wir da, als seien wir ein langjähriges Ehepaar auf einem gemeinsamen Ausflug. Leider endet das Familienglück, als die Luft wieder rein ist. Es ist – in einem Wort – eine der charmantesten Reisen, die man sich vorstellen kann.

Die Nacht hat sich längst über die Ebene gesenkt, als der Zug kurz vor Hanoi über den Roten Fluss rattert. Die Brücke ist eine Hinterlassenschaft der Kolonialmacht. Der französische Ingenieur Eiffel, der sein Lebenswerk mit dem Turmbau zu Paris krönte, hatte sich zuvor als Brückenbauer bewährt und auch in Hanoi ein technisches Kunstwerk errichtet, das das kriegerische Jahrhundert überdauerte.

Gleich hinter der Brücke taucht der Zug in die Stadt ein. Eine schmale Schneise ist ihm gelassen im engen Labyrinth der Straßen. Vom Zugfenster aus kann man Anteil nehmen am Familienleben in den Wohnungen, deren Türen und Fenster weit offen stehen. Selbst die Mahlzeiten, zu denen sich die Familien am Tisch versammelt haben, meint man riechen zu können. Eine Show im Fernsehen lässt sich von Fenster zu Fenster weiter verfolgen. So eng sind die Tische eines Restaurants an die Gleise gerückt, dass man ein Glas vom Tisch nehmen könnte. In der Altstadt von Hanoi ist die Eisenbahn Teil des urbanen Mobiliars.

Wo der Schienenstrang aus der Häusergasse auftaucht und eine Straße kreuzt, stauen sich die Motorroller und Mopeds wie ein dichtes Heer von Glühwürmchen. Offensichtlich reicht es nicht, einfach die Schranke zu schließen, um den Verkehrsfluss zu stoppen. Zu viert stehen uniformierte Frauen auf der Fahrbahn, um den ungebärdigen Strom der Zweiradfahrer aufzuhalten.

Das Bild huscht schnell vorüber, dann taucht der Zug wieder in die schmale Gasse ein. Aber das Schauspiel vom Aufeinandertreffen zweier Verkehrswege und der Zähmung des widerspenstigen Individualverkehrs ist so verlockend, dass wir später zurückkehren. Da stehen sich die Ordnungshüter der Staatsgewalt und Volkes Masse unmittelbar gegenüber. Welche Einsicht in die menschliche Natur im Land vermittelt dieses Bild, welche Lehre vom unbändigen Vorwärtsstreben des Einzelnen, der sich in der Vielzahl zu einer kaum zu bändigenden Menge vereinigt? Wie mag diese Konfrontation ausgesehen haben, als noch Elefanten auf den Straßen den Transport von Personen und Lasten übernahmen?

Die Frage, wie der Vorfahrtsstreit bei Elefanten und Zug ausgegangen ist, vermag Thi Huong auch nicht zu beantworten. Sie trägt erst seit zwanzig Jahren die Uniform der Eisenbahn, und seit sie denken kann, spielten die mächtigen Vierbeiner im Verkehrswesen der Stadt keine Rolle mehr. Aber die Vorstellung der grauen Riesen im leichtfüßigen Stadtverkehr erheitert sie. Dann werden wir Zeugen eines Dressuraktes, bei dem mit sanfter, aber nachdrücklicher Autorität vier Frauen sich dem Katarakt des wirbelnden Verkehrsflusses entgegenstellen. Der nahende Zug wird per Telefon angekündigt. Thi Huong schwenkt eine rote Lampe, die an einem langen Arm hängt, über die Straße. Das beeindruckt niemanden im Strom der dahingleitenden Zweiräder. Dann schieben sie eine auf einem Fahrgestell rollende Schranke auf die Straße. Bis zum letzten Moment gleiten noch die Motorroller durch die verbleibende, immer schmaler werdende Lücke. Die Frauen arbeiten wie Dompteure. Sie blicken ihrem Gegner direkt ins Auge und verschaffen sich mit knappen Gesten Geltung. Aber dieses Mittel, Autorität durch Würde, scheint zumal bei jüngeren Verkehrsteilnehmern wenig Wirkung zeigen. Die schlängeln sich auch noch an Thi Huong vorbei, wenn zwischen den Barrieren gerade noch Platz für den Lenker ist.

Schließlich kommt doch alles zum Stillstand. Selbst Fußgänger sehen schließlich davon ab, mit einer Flanke die Gitter zu überwinden. Dann erfüllt ein Pfeifen und Donnern die Luft, und der Zug zuckelt in gemächlichem Tempo seines Weges. Ein wenig erinnert er an eine Spielzeugeisenbahn, betagt und zerbrechlich. Man ahnt, weshalb es so schwierig ist, ihm den gebotenen Respekt zu verschaffen. Als der letzte Wagen vorüber ist, geht ein Ruck durch die Menge. Alle bereiten sich auf den Start vor.

Der letzte Akt folgt den Gesetzen eines Dammbruchs. Durch die erste kleine Lücke der zurückweichenden Schranken beginnt der Verkehr als kleines Rinnsal, das sich immer mehr weitet, bis die Straße wieder ganz das Bett ist für den tosenden und wirbelnden Strom der Zweiräder. Thi Huong ist die Erleichterung anzusehen, als der Akt der Dressur vorüber ist. Sie kennt diese Kreuzung von Schienenweg und Straße seit ihrer Kindheit. Aber damals, sagt sie, standen nur Radfahrer vor den Barrieren. Und die waren gehorsam.

Thi Huong wohnt selbst in einer dieser schmalen Schneisen, die dem Zug bei seiner Fahrt in die Stadt belassen wurden. Die Eisenbahn, das kann man ohne Übertreibung sagen, ist fester Bestandteil ihres Lebens. Links und rechts der Gleise führt ein schmaler Fußweg zu den Haustüren. Als sie uns zu ihrer Wohnung führt, kommt wieder ein Zug, und wir lernen ein Stück Überlebenstechnik in der schmalen Gasse. Man stellt sich mit dem Rücken an die Hauswand und spürt den Luftzug, wenn Lok und Waggons vorbeiziehen. Mit

Mann, Tochter und Sohn wohnt sie in zwei Zimmern direkt an den Gleisen. Auf der Türschwelle sitzt eine Katze. Selbst die habe sich an die Züge gewöhnt, sagt unsere Schrankenwärterin. «Wenn sie das Geräusch hört, geht sie wie wir auch ins Haus.» Natürlich sei diese Nachbarschaft gefährlich, sagt sie, aber irgendwie hätten sich alle daran gewöhnt. «Bevor die Babys das Laufen lernen, wissen sie schon, wann die Züge kommen.»

Es ist ein Viertel der armen Leute, in dem Thi Huong mit ihrer Familie lebt. Eng hausen die Menschen beieinander. Und wenn gerade kein Zug fährt, hört man aus allen offenen Fenstern die Fanfare eines Fernsehprogramms, das sich auch hier großer Beliebtheit zu erfreuen scheint: «Wer wird Millionär?» auf Vietnamesisch. Aber fort von hier möchte Thi Huong trotzdem nicht. Mehr Wohnraum, das wäre gut, sagt sie. Vielleicht auch ein wenig mehr Entfernung zur Eisenbahn. «Hanoi ist eine große Stadt geworden. Aber hier kennt jeder jeden. Man hilft sich und steht sich bei.»

Wie um das Bild familiären Miteinanders zu illustrieren, hat sich der Nachbar dazugesellt. Er bittet in deutscher Sprache zum gemeinsamen Schnaps. Ganz gerührt ist er angesichts der Fremden aus Deutschland, weil er in Erfurt zum Ingenieur für Landmaschinenbau ausgebildet wurde. Der Einladung mussten wir uns versagen. Auch so ist der Abend berauschend. Die Glühwürmchenströme auf den Straßen, und daneben die enge Nachbarschaft, in der die Menschen das Nachlassen der Tageshitze auskosten, indem sie in plaudernden Gruppen beieinandersitzen.

So gelassen, so friedfertig – das also ist die Ankunft in Hanoi, der Hauptstadt eines Landes der Kämpfer, die sich in zwei opferreichen Kriegen gegen Fremdherrschaft und Okkupation zur Wehr gesetzt hatten, der militärische Zwerg, dem es gelang, sogar die allmächtigen USA zum Rückzug zu zwingen.

Die gelassene Heiterkeit des Abends nimmt ihren Fortgang in frühester Morgenstunde. Die Sonne schickt ihre ersten Strahlen über die Köpfe der Palmen auf den Ba-Dinh-Platz im Zentrum der Stadt. Es ist fünf Uhr und – wie wir bald lernen – die angenehmste Stunde des Tages, weil die schwüle Hitze der Tropen noch nicht über den Straßen liegt. Die Luft ist von seidener Klarheit, in der sich rötlicher Morgenglanz und der bläuliche Schimmer der weichenden Nacht vermengen. Der Platz spielt eine stolze Rolle in der jüngeren Geschichte des Landes. Aber zu dieser Stunde nutzen ihn viele hundert Menschen für ihre Gymnastik. Von der lassen sie auch nicht ab, als eine Kompanie Soldaten in operettenhaft weißen Uniformen aufmarschiert. Erst als die Hymne erklingt und an einem Fahnenmast die Nationalflagge emporgezogen wird, halten sie inne. So wird jeden Morgen der Vater der Republik, Ho Chi Minh, geehrt.

Der Staatsgründer ruht in einem Mausoleum, dessen graue Säulen sich gegenüber dem Fahnenmast erheben. An diesem Platz hat er im September 1945 das Ende der französischen Kolonialherrschaft ausgerufen. Ho Chi Minh führte sein Land auf den Weg in die Unabhängigkeit, der im sozialistischen Lager endete. Nach dessen Regeln wurde er auch zum Ausstellungsobjekt in einem Mausoleum. Das Pathos heute hält sich zumindest in Grenzen und ist fern jener grimmigen, militärischen Akkuratesse, die zu Sowjetzeiten im Lenin-Mausoleum zelebriert wurde. Wenn noch heute jemand den Roten Platz in Moskau zu individueller Morgengymnastik nutzen wollte, würde dies zu schnellem Zugriff der Ordnungskräfte führen. Kaum ist in Hanoi der letzte Ton der Hymne verklungen, setzen die Menschen ihre Freiübungen fort. Der Hauptstadtalltag nimmt seinen bewegten Lauf.

Man hat so seine Vorstellungen von sozialistischen Metropolen, der von Ideologie geprägten Renommierarchitektur, dem Imponiergehabe der Partei. Jenseits des Regierungsviertels, für das die Kolonialherren den Ton im Jugendstil vorgaben, beherrschen vier- und fünfgeschossige Häuser das Straßenbild. Oft sind sie nur so breit wie ein Zimmer. Aber sie offenbaren eine Vorliebe der Landeskinder für freundliche Gesten. So schmalbrüstig könnte ein Haus gar nicht sein, als dass es sich nicht in jedem Stockwerk mit einem stolzen Balkon zur Straße wenden würde. In manchen Straßen wähnt man sich in Südfrankreich, zumal vor den Haustüren überall kleine, baguette-ähnliche Weißbrote verkauft werden. Die Franzosen waren als Kolonialherren ungeliebt, aber sie haben ihre Spuren hinterlassen. Nicht nur in der Architektur, auch in Gestalt von Straßencafés. In den Häuserschluchten aber flutet auf den Straßen ein Verkehr, der uns den Atem stocken lässt.

Mit lautem Hupen, aber fast lautlosen Maschinen gleiten Motorroller und leichte Motorräder wie dichte Fischschwärme über den Asphalt. Sie wechseln an Kreuzungen im Gleichklang die Richtungen und halten vor den Ampeln. Manchmal mutiert ein Fisch auch zum Schmetterling und schert eigenwillig aus dem Schwarm aus, ändert schwungvoll die Richtung und steuert gar in die geschlossene Wand der Entgegenkommenden hinein. Es kann nicht gut gehen. Und doch geht es gut. Dazu die Busse, die wie schwere Schiffe mit lautem Tuten durch das Gewirr kreuzen. In der offenen vorderen Tür des Busses steht meist ein verwegen aussehender junger Mann, der mit gebieterisch erhobenem Arm im dichten Verkehr die Rolle des Lotsen übernimmt. Mit fliegender Mähne halten diese Männer den Busfahrern die Flanken frei.

Selbst die zartesten Mädchen steuern ihr Gefährt mit kühlem Pokergesicht durch das Verkehrsgewühl. Sie tragen meist feine, weiße Handschuhe, die bis über den Ellbogen reichen. Ein Tuch, das die untere Hälfte des Gesichts bis zu den Augen verdeckt, verleiht ihnen ein besonders verwegenes Aussehen. Die Kleidung besteht aus einem Gewand, das jede Einzelne dieser jungen Frauen wie eine Prinzessin erscheinen lässt. Wie einfallslos sind westliche Modeschöpfer, die sich in der Bloßstellung des weiblichen Körpers übertreffen, angesichts des Ao Dai. So nennen sie diese Tracht. Über weite, seidene Hosen fällt ein an der Seite bis zur Hüfte geschlitztes Oberteil, das den Hals mit einem Stehkragen umschließt. Man möchte meinen, dies sei das Land, in dem das Märchen von Schneewittchen ersonnen wurde.

Der Verkehr ist bedrohlich, und doch lernt man irgendwann, dass in diesem wilden Treiben sogar der Fußgänger noch eine Chance hat – wenn er einfach den Mut aufbringt, sich in die Fluten der Vorbeifahrenden zu stürzen, um auf die andere Straßenseite zu gelangen. In Russland kann man sich nicht einmal auf den Schutz eines Zebrastreifens verlassen. Auch in China schien es nicht so, als habe der Fußgänger wenigstens einen Anspruch auf Gnade. Wenn man hier einmal den ersten Schritt getan hat, dann lernt man, dass die Gesetze des innerstädtischen Dschungels dem verlorenen Fußgänger ein Überlebensrecht zubilligen. Die geschlossene Formation der Fahrzeuge bricht auf, schafft Freiraum, damit er Schritt für Schritt ans andere Ufer gelangen kann.

Am besten natürlich, man gleitet gleich selbst auf einem solchen Gefährt durch die Stadt, wozu der furchtlose Sebastian Fellmeth, unser Pfadfinder in Vietnam, eingeladen hatte. Das ist wie das Schwimmen im Meer. Man ist Teil des unendlichen Schwarms der Fische, der ruhelos durch die Straßen zieht. Auf diese Weise gelangen wir auch in die Gassen der Altstadt, wo immer noch, nach Zünften getrennt, in kleinen Werkstätten oder auf der Straße gefertigt und verkauft wird. Von Musikinstrumenten bis zu politischen Devotionalien ist alles zu haben.

Am Nachmittag geht ein schwerer tropischer Regen nieder. Blitze zucken über der Stadt. Donner grollt, als ritten die Götter des Zorns eine Attacke. Die schweren Tropfen peitschen das Wasser in einem der Seen auf, mit denen die Innenstadt sich wie mit Oasen schmückt. Manche sind in Legenden mit der Geschichte der Stadt verbunden. Inmitten des Hoan-Kiem-Sees steht auf einer künstlichen Insel eine Pagode, die an eine Schildkröte erinnert, die dem Land im Kampf gegen chinesische Besatzer beistand. Fast verschwindet sie jetzt im Regenschleier. Noch heute ist dieser Mythos lebendig, und alle, die wir sprachen, wollten beschwören, dass im See immer noch Schildkröten beheimatet seien. Man weiß nicht, ob man angesichts der trüben Brühe ihnen das tatsächlich wünschen soll. Am Rande des Sees steht der Jadeberg-Tempel, der ebenfalls an die Verteidigung des Landes erinnert, in diesem Fall an einen General, der die Heimat erfolgreich gegen die Nachfahren von Dschingis Khan verteidigte. Im grünen Gewand mit goldenem Kopfschmuck sitzt der Retter in der Haupthalle. Ein hölzernes Schlachtross hat sich zu ihm gesellt. Pelikane stehen auf Schildkröten. Jedenfalls ist dieser Retter der Nation nicht so einsam wie Onkel Ho in seinem Mausoleum.

Längst sprechen viele der jungen Leute Englisch, allemal die Kellner des Cafés, in das wir uns vor dem Regen gerettet haben. Bestimmender als das französische Erbe erscheint in der Gegenwart der amerikanische Einfluss, selbst auf den Speisekarten vieler Restaurants, die in den letzten Jahren entstanden. Im Krieg vertrieben, aber im Frieden eine bestimmende Macht.

Uns fällt auf, dass wir diese Stadt nicht nur mit den Augen des neugierigen Reisenden betrachten, den es in exotische Breiten verschlagen hat. Etwas verbindet uns mit Hanoi. Aber das liegt lange zurück. Das war die Zeit der Proteste gegen den Krieg in Vietnam. Ich weiß nicht mehr, wie wir uns damals die Menschen vorstellten, die hier lebten. Wir hatten damals die Bilder vom Krieg vor Augen, Szenen des Schreckens, die alle Nationen, die später Angriffskriege führten, dazu veranlassten, solche Berichterstattung zu unterbinden. Bilder von der amerikanischen Kriegsmaschine, die sich an einem kleinen Land erprobte. Wir hatten im Ohr die Theorie von den Dominosteinen: Wenn Vietnam den Kommunisten in die Hände fällt, dann fällt ganz Asien und bald auch der Rest der Welt.

Wir skandierten auf Demonstrationen den Kampfruf «Ho-Ho-Ho-Chi Minh» und wussten doch so gut wie gar nichts von der Wirklichkeit des Landes. Wir rangelten mit der Polizei in West-Berlin, wo diese Demonstrationen besonders ungern gesehen wurden, weil die USA Schutzmacht waren. Und jene, die damals demonstrierten, wurden deshalb gerne den Kommunisten zugeordnet.

Vielleicht hat sich in jener Zeit das Klischee festgesetzt, die Vietnamesen, mindestens die im Norden, seien die Spartaner Ostasiens: eine Kriegerkaste von bedingungslosen Kämpfern, die keine Entbehrung scheuten, schmale, sehnige Gestalten, die über unerschöpfliche Kräfte verfügten. Zum Kampf geboren, aller Lebenslust und Lebensfreude abhold. Sie hatten 1954 die französischen Kolonialherren aus dem Norden des Landes verjagt und später der Militärmacht USA standgehalten. Sie haben für das sozialistische Lager den letzten Triumph errungen. Hanoi aber, die damalige Hauptstadt Nordvietnams, war die Befehlszentrale dieser Gesellschaft der Kämpfer. Später trug die Flüchtlingswelle der «Boat People», die nach dem Sieg des Nordens im Süden vor Kommunismus und Umerziehungslager flohen, dazu bei, in der furchtlosen Kaste der Krieger auch noch die herzlosen Unterdrücker zu entdecken.

Die DDR stand auf der Seite des Nordens. Schon in den fünfziger Jahren bot sie Waisenkinder in Sachsen ein Dach und eine Ausbildung. Zehntausende Studenten kamen aus Vietnam, um in der DDR zu studieren. Der gegenwärtige deutsche Botschafter in Hanoi ebenso wie der Leiter des Goethe-Instituts klagen, dass es ihnen an Mitteln fehle, um an diese Tradition der Unterstützung anzuknüpfen. Das Land ist unübersehbar im Aufbruch. Nirgendwo außer in China sind die Wachstumsraten derart groß. Bis zum Jahr 2020 soll Vietnam zu einem modernen Industriestaat mutieren. Es gibt kein Geld für Stipendien, sagt der Botschafter, die demokratische Entwicklung der Bundesrepublik sei doch auch nicht denkbar gewesen ohne die Vielzahl von Programmen, mit denen Schüler, Studenten, Journalisten und Politiker in die USA eingeladen wurden. Vielleicht ist das westliche Interesse erlahmt, seitdem es nicht mehr um den Wettkampf der Systeme geht, sondern nur noch um Beistand für eine bessere Zukunft. Der aber ist geboten, denn hinter der Kulisse der beschwingten Stadt in den Tropen ist das letzte Kapitel der Nachkriegszeit noch nicht abgeschlossen.

Auf der gegenüberliegenden Seite des Hoan-Kiem-Sees im Zentrum der Stadt hängt am alten französischen Postamt ein riesiges leuchtend rotes Plakat mit Hammer und Sichel. Damit wirbt die Kommunistische Partei, die kurz vor unserer Ankunft einen Parteitag

abgehalten hatte und mit den Ergebnissen viel Enttäuschung hervor-
rief. Der Entwicklung Richtung Marktwirtschaft zum Trotz mochten
sich die Kader zu einem großen Schritt im politischen Erneuerungs-
kurs nicht entschließen.

Sie halten fest an der Alleinherrschaft der Partei und dem Prinzip
des «demokratischen Zentralismus». Und dennoch ist in Hanoi viel
in Bewegung gekommen. Die Nachbeben des Parteitages reichen bis
in die Tage unseres Aufenthalts. Vom zornigen Auftritt des legendären
Generals Vo Nguyen Giap wurde berichtet. Der hatte als glänzender
Stratege den Franzosen die entscheidende Niederlage in der Schlacht
um Dien Bien Phu 1954 beigebracht und auch den Krieg gegen die
Amerikaner siegreich beendet. Nun war er gegen die Parteispitze in
den Kampf gezogen.

Ein zentrales Thema des Parteitages war die um sich greifende Korruption. Journalisten hatten nicht nur aufdecken, sondern auch darüber berichten können, dass Mitarbeiter im Transportministerium
sieben Millionen Dollar veruntreut hatten, um ihrem Vergnügen an
europäischen Fußballwetten zu frönen. Der Partei selbst ist das Thema Korruption zutiefst unangenehm. Eine westliche Untersuchung
berichtet von einer Umfrage, die die Partei in Auftrag gegeben hat:
Danach haben sechzig Prozent der Befragten angegeben, selbst schon
einmal für Dienstleistungen des Staates Bestechungsgelder bezahlt
zu haben. In einem armen Land reicht das, um die Seele kochen zu
lassen. So war es auch beim General. Auf dem Parteitag meldete er
sich zu Wort und warf der Partei vor, sie sei zu einem Schutzschild
für korrupte Kader geworden und deshalb für den Kampf gegen die
Korruption nicht geeignet.

Einer, den wir zufällig in Hanoi treffen und der das Glück hatte,
mit General Giap ein Gespräch zu führen, erzählt, dieser sei nach
dem Parteitag keineswegs besänftigt. Die Rede, die Giap dort gehalten habe, sei vor der Veröffentlichung in den Zeitungen über-
dies zensiert worden. Unser Informant ist Egon Bahr, der Veteran
der Entspannungspolitik in Deutschland, der in nie erschöpfender

Neugierde eine Informationsreise durch Vietnam unternimmt. Da auch sein Bild vom «real existierenden Sozialismus» von SED und KPdSU geprägt wurde, empfindet er die Signale in Hanoi gleichwohl als vielversprechend. In der Tat haben sich die Zeiten gewandelt. Eine kommunistische Partei, die öffentlich ihr mangelndes intellektuelles Niveau beklagt, wie in Hanoi unverschnörkelt in der Zeitung zu lesen war, ist in einem Lernprozess – auch wenn der vielleicht viel zu langsam vonstattengeht. Man stelle sich nur ein solches Eingeständnis im damaligen Zentralorgan der SED «Neues Deutschland» vor.

Am Ufer des Hoan-Kiem-Sees machen wir auf einer Bank die Bekanntschaft von Dr. Le Dang Doanh. «Senior Economist» steht auf seiner Visitenkarte. Die Bezeichnung ist eine Untertreibung. Er gilt als Berater der Regierung und vertritt sie auf internationalen Konferenzen. Und er hat seine späte Kindheit und Jugend in Deutschland verbracht. 1956 kam er als sogenannter «Moritzburger» nach Sachsen, wo vietnamesische Kinder in Moritzburg Aufnahme fanden. Es ist der westdeutschen Öffentlichkeit aus nahe liegenden Gründen entgangen, dass die DDR damals in großem Umfang humanitäre Hilfe leistete und Kinder aus Vietnam, die im Krieg ihre Eltern verloren hatten, zur Ausbildung ins Land einlud. Während die westdeutsche Unterstützung Südvietnams («Die Freiheit Berlins wird in Vietnam verteidigt») politisch eher folgenlos blieb, hat die DDR über Jahrzehnte hinweg ein festes Fundament deutsch-vietnamesischer Beziehungen hinterlegt. Unser Gesprächspartner ist dafür ein lebender Beweis.

Dr. Doanh kommt mit schnellen Schritten zu unserem Treffpunkt geeilt – ein kleiner, untersetzter älterer Herr mit dicker Brille, dem man seine herausragende Bedeutung nicht ansieht. Für hiesige Verhältnisse ist seine Erscheinung leger. Er trägt ein klassisch gestreiftes Hemd und nicht einmal eine Krawatte, was ihm – gemessen an den Sitten des Landes – fast schon das Flair eines Aufrührers verleiht. Denn weißes Hemd und bürgerlicher Schlips scheinen ansonsten bei vietnamesischen Spitzenpolitikern als unverzichtbarer Ausweis ihrer Seriosität zu gelten.

Er war vierzehn Jahre alt, als er in Ost-Berlin eintraf, und blieb elf Jahre. Ob er Angst gehabt habe, in diese fremde Welt zu kommen? Er wehrt lachend ab: «Nein, nein. Das war ein Abenteuer. Ich hatte große Lust, war neugierig. Ich wollte alles lernen, die Sprache, dann die Musik und dann die Wissenschaft.» Er war auch dabei, als der DDR die letzte Stunde schlug, im Oktober 1989 zum 40. Jahrestag, als jeder, der es wollte, die Zeichen des Untergangs schon erkennen konnte. «Ich war traurig, in dem Sinne, dass ein Vorhaben nicht geglückt ist. Aber dass es so kam, war auch ein Schritt in die Zukunft.»

Dem Staat seiner ehemaligen Gastgeber weint er kaum eine Träne nach. Die DDR habe auf zentraler Wirtschaftsplanung bestanden, weder Privatwirtschaft noch ausländische Investitionen geduldet. In Vietnam sei das anders, weshalb der Sozialismus hierzulande noch eine Zukunft habe. Dr. Doanh ist trotz seiner Lehrjahre in der DDR keineswegs ein Dogmatiker geworden. Und er deutet an, welchen Weg das Land nehmen könnte. Unbedingt müsse der Reformprozess weitergehen: «Die Menschen fordern weitere Reformen.» Aber der Prozess habe sich verlangsamt, klagt er, besonders der Umbau der Verwaltung und die Reform des politischen Systems. Die Korruption im Land könne fatal werden.

Er rühmt die wachsende Bedeutung der Presse, die krasse Fälle aufgedeckt habe. Auch der Schlüsselfrage nach der Einparteienherr-schaft durch die Kommunisten weicht er nicht aus. Keiner verzichte freiwillig auf seine Privilegien oder auf die Macht: «Aber die Ent-wicklung wird zeigen, dass man mehr Demokratie entwickeln, un-terschiedliche Meinung dulden muss.»

Ist dies der Schwanengesang eines alternden Politikberaters, oder bricht tatsächlich ein politischer Frühling an – die Zeit wird es zei-gen. Dr. Doanh ist jedenfalls zuversichtlich. Listig empfiehlt er der Partei, zu ihren Wurzeln zurückzukehren. Staatsgründer Ho Chi Minh habe die Worte der amerikanischen Unabhängigkeitserklärung in die Verfassung Vietnams aufgenommen, die jedem Bürger «Leben, Freiheit und das Recht auf Lebensglück» versprach. So könnte es denn sein, dass der Verfasser dieser Erklärung, Thomas Jefferson, ein Gründungsvater der Vereinigten Staaten, auch in Vietnam zu neuen Ehren kommt.

Die Sonne senkt sich über die Dächer und wirft einen roten Schimmer wie von Samt über den See. Mittlerweile ist das Gespräch zwanglos geworden – dieser jugendliche Alte, der dem Geist der Aufklärung mindestens so verbunden ist wie dem «Kommunistischen Manifest», lädt dazu ein. Er erzählt von seinem ersten Besuch in der Bundesrepublik. 1969 habe er Spenden für die Opfer der Bombenangriffe auf Vietnam abgeholt. «Ich kannte die unterschiedlichen Systeme», sagt er, «und wusste, dass man voneinander lernen muss.» Ich bekenne, dass auch ich damals auf Westberliner Straßen gegen den Krieg protestiert habe. Er blickt auf und sagt knapp: «Vielen Dank.» Zum ersten Mal in vierzig Jahren findet ein Mann in Amt und Würden etwas Positives an den damaligen Aufzügen.

Am Rande der französischen Altstadt residiert in einer gelben Kolonialvilla das Reisebüro «Vidotour». Man sieht dem Haus nicht an, dass sich auf seiner Rückseite ein kleiner gepflegter Garten erstreckt, der von einer gläsernen Veranda begrenzt wird. Dort nehmen wir Platz und warten auf die Chefin des Unternehmens, mit der wir verabredet sind.

Tourismus ist eine der größten Wachstumsbranchen im Land. Schon in den ersten vier Monaten dieses Jahres steigerte sich die Zahl der Besucher gegenüber dem Vorjahr um fast sechzehn Prozent. Frau Nguyen Tuyet Mai hat auf das richtige Pferd gesetzt. Sie ist Generaldirektorin der Agentur und gilt als eine der erfolgreichsten Geschäftsfrauen des Landes. Dazu, so munkelt man in der Stadt, sei sie ein Spross aus der Dynastie der letzten Kaiser. Die Aura von kaiserlicher Herkunft und Geschäftssinn in einem kommunistischen Land erscheint so ungewöhnlich, dass wir es genauer wissen wollen. Doch zunächst einmal erscheint sie nicht.

Schnell wird deutlich, dass dies nicht ein einfaches Reisebüro ist, wo man ein Zugbillet kauft oder einen Familienflug bucht. «Vidotour» ist Partner großer westlicher Reiseunternehmen und organisiert im großen Stil. In den lichten Räumen des Erdgeschosses sitzen junge Leute hinter Computern, und eine zarte junge Frau im apricotfarbenen Seidenanzug bringt Tee. Sie begrüßt die Gäste auf Deutsch. Sie habe ein paar Jahre ihrer Kindheit in Deutschland verbracht, erzählt sie. Nun sei sie froh, wieder daheim zu sein.

Weil die Herrin des Hauses noch immer auf sich warten lässt, gibt sie uns einen kurzen Einblick in praktizierten Glauben. Sie erklärt den Hausaltar, der an der Seite der Eingangstür steht. Vor zwei auf Holz gezeichneten Figuren stehen frische Rosen, Obst und ein vergoldetes kleines Bäumchen, an dem ein roter Lampion hängt. Einmal am Tag, so hören wir, werden Räucherkerzen angezündet. «Die guten Geister schützen uns dann», sagt sie, «so denken wir jedenfalls. Dann haben wir mehr Selbstbewusstsein, um besser arbeiten und leben zu können.» Die Europäer in ihrer provinziellen Überheblichkeit fragen, ob sie wirklich daran glaube. Sie schenkt uns ein nachsichtiges Lächeln. «Ich weiß nicht, ob zu hundert Prozent. Aber fast alle Vietnamesen glauben daran.» Auch zu Hause habe sie ihren Altar, um der Ahnen zu gedenken. So also begrüßt uns der vietnamesische Kapitalismus, zu dessen junger Unternehmenskultur sich wie selbstverständlich die alten Götter gesellen.

Schließlich erscheint Frau Nguyen. Keine in Ehren ergraute Parteifunktionärin, sondern eine energische junge Frau, der die Verabredung spürbar ungelegen kommt. Sie erzählt in fließendem Englisch, dass der sechsjährige Sohn krank sei, erkältet, weil es in Hanoi gerade kühl geworden sei. Dazu erwarte sie ihr nächstes Kind und fühle sich nicht wohl und nicht schön genug.

Ihr Blick ist anfangs nach innen gekehrt, als sie die Fremden in der kühlen Veranda ihres Büros begrüßt. Sie hat in Dartmouth studiert, einer der Elitehochschulen der USA, und schwärmt von Neuengland. Dabei entspannt sich ihre Miene, und mit glänzenden Augen beginnt sie zu erzählen. Als junges Mädchen, in der frühen Phase der Öffnungspolitik im Land, habe sie erkannt, dass Tourismus eine große Chance für Vietnam sei.

Schon ihre ersten Worte machen deutlich, wie sehr sie die alte Kultur schätzt – nicht als Museumsstück, sondern im täglichen Leben. Selbst wenn man im Ausland studiere, dürfe man die alten Traditionen nicht verlieren. Auch wenn jetzt viele Touristen ins Land strömten, müsse das Land wenigstens einen Teil seiner Ursprünglichkeit bewahren. Unter dem Dach einer Firma, die ihr Geld mit Touristen verdient, ist dies eine bemerkenswerte Feststellung. Mit politischen Äußerungen hält sich die adelige Geschäftsfrau vornehm zurück. Die große Wende sei die Politik des «Doi Moi» gewesen, der Beschluss der Partei in den achtziger Jahren, das Land zu öffnen. Sie gesteht ein, dass der Privatsektor noch immer etwas stiefmütterlich behandelt werde, aber im Prinzip sei er willkommen. Mit der Meinungsfreiheit sei es noch nicht so wie in den USA, aber jeden Tag werde es besser: «Die Presse spielt eine wichtige Rolle. Ich bin glücklich über die Entwicklung.»

Wir staunen über die Offenheit einer der erfolgreichsten Frauen des Landes, die von sich sagt, es sei ihr Glück, einer Generation anzugehören, der sich große Möglichkeiten eröffnet haben. Die größte Überraschung aber folgt noch. Sie lädt zum Treffen in ihr Haus. Auf der Fahrt dorthin, zurückgelehnt im ledernen Sessel einer in Deutschland gefertigten Limousine – kein Mercedes, das sähe nach Regierung aus, und sie wolle nicht dazugerechnet werden –, erzählt sie von den Bombennächten in Hanoi, die sie als Kind noch erlebt habe. Selbst heute könne sie noch kein Gefallen am Feuerwerk finden. «Wir haben vergeben», sagt sie, «aber nicht vergessen.» Der Wagen gleitet behutsam durch die Schwärme der Zweiräder, ohne mit den vielen Pferdestärken unter der Haube ein Vorfahrtsrecht zu erzwingen. Der Weg führt aus dem Zentrum Hanois nach Westen, wo an einem großen See die Wohlhabenden sich eingerichtet haben. Hinter einem Tor aus schwerem Holz ruht am Seeufer das Haus.

Im Garten rauscht ein kleiner künstlicher Wasserfall. Durch Büsche erblickt man am anderen Ufer die Umrisse der Stadt – die drei- und viergeschossigen Häuser direkt am Wasser wie eine Mauer, dahinter die gläsernen Hochhäuser. Auch vom Haus fällt der Blick auf dieses Panorama der aufstrebenden Stadt. Dunkelbraune Säulen tragen ein schweres hölzernes Dach. Säulen aus Holz sind auch im Inneren die tragenden Elemente. So entsteht eine weite, königlich anmutende Halle, von der verschiedene Gänge zu den Nebenflügeln führen. In der Mitte ein kleiner Teich mit Goldfischen. Die stolze Herrin des Hauses erweist sich als Patriotin, die den Blick weit zurück lenkt. Ihre ganze Liebe gilt den Wurzeln der vietnamesischen Kultur. Sie sammelt kostbare Antiquitäten aus der Zeit der ersten Kaiser. Das Prachtstück ihrer Sammlung ist eine alte Trommel aus Bronze, die gut 2500 Jahre alt ist, eines der frühen Zeugnisse vietnamesischer Geschichte. Frau Nguyen sagt, sie sammle diese Dinge, damit sie nicht über den «schwarzen Markt» ins Ausland gelangten. Das Haus sei übrigens nach ihrem Entwurf gebaut worden und folge dem Muster althergebrachter Bautradition: «Die bestimmenden Elemente sind Feuer, Erde, Metall, Wasser und Holz. Die müssen sich im Gleichgewicht befinden.» Jetzt sieht Frau Nguyen wirklich aus wie eine Prinzessin, von der Art, die hinter edlen Zügen großes Durchsetzungsvermögen verbergen. Dabei trägt sie, auch das kann dem Auge des aufmerksamen Betrachters nicht verborgen bleiben, das eleganteste Schuhwerk, das er je aus der Nähe zu Gesicht bekam. Wenn Vietnams demokratische Zukunft auch noch nicht gesichert ist, eine neue Oberschicht hat das Land schon gefunden.

Am Abend klingt das Rauschen des Verkehrs über die Dächer der Stadt, ein erfrischender Wind streicht durch die Blätter der Palmen. Über den Straßen werben Leuchtreklamen für Handys und Parfum und spiegeln sich im Wasser des Sees. Die jungen Leute – über die Hälfte der Bevölkerung ist unter 30 Jahre alt – sind ohne Krieg aufgewachsen. Scheinbar ziellos treiben sie mit ihren Motorrollern in

Schwärmen über die Kreuzungen. Die kleinen Restaurants in den schmalen Gassen sind voll besetzt. Sie sitzen beieinander und scheinen sich schon allein am Dasein zu vergnügen. Und keine Bomber am Himmel bedrohen ihr Lebensglück. Junge Europäer und Amerikaner – mit und ohne Rucksack – haben die Reize der Stadt entdeckt und werden wie selbstverständlich von den Gleichaltrigen aufgenommen. Vor fünfzehn Jahren noch war jeder Kontakt mit Ausländern für die Menschen hier verboten.

Reise auf die Schlachtfelder: Khe Sanh

Die Züge in Richtung Süden, die den Reisenden in einem komfortablen Schlafwagen wiegen, tragen den programmatischen Namen «Vereinigungsexpress». Sie verlassen Hanoi am Abend und treffen dreißig Stunden später in Saigon ein. Aber welch ein Verlust wäre es, das Land im Tunnel der Nacht zu durchfahren. Zu früher Stunde, im rötlichen Glanz der erste Morgenröte, sind die Menschen auf dem Bahnhofsplatz ganz dem Moment des Erwachens hingegeben. Eine junge Verkäuferin, die Kosmetika anbietet, sitzt in der Menge und versucht die Wirkung der Schönheitsmittel an sich selbst zu ergründen. Augenbrauenstift, ein wenig Puder – auch Schneewittchen braucht Vorbereitung, um den Tag zu beginnen. Um sie herum hocken Männer und schlürfen die erste Nudelsuppe. Und als gnädige Morgengabe für Europäer wird auch französisches Weißbrot und Kaffee angeboten.

Vertraut ist auch das Ambiente der Waggons: Holzbänke, an der Decke Ventilatoren, aber diesmal unvergitterte, offene Fenster, durch die urbane Gerüche hereindringen, die zum Abschied die Nase mehr strapazieren als umschmeicheln. Mühsam sucht sich der Zug seinen Weg durch schmale Gassen, die sich ihm nur widerwillig öffnen. Kaufleute nehmen die Gitter von ihren Schaufenstern und hängen Schals und seidene Anzüge für Damen vor die Tür. Im Tischlerviertel blickt man in Skulpturenwerkstätten und schaut auf die Hände eines Schnitzers, der dem Gewand eines Buddha die Falten glättet. Komplette Altäre mit Göttern, Phönixe auf Schildkröten verweisen auf jenseitige Welten. Auch ein Sargtischler stellt sein vielfältiges Angebot zur Schau. Daneben hat praktischerweise ein Steinmetz seine Grabsteine aufgereiht. Wenn der Zug bei seiner langsamen Fahrt aus der Stadt zwischendurch Pausen einlegen würde, könnte man sich mit allem Notwendigen versorgen. Fast jedes Handwerk ist vertreten. Schmiede, Schneider, Schnitzer, Korbflechter. Dazwischen liegen direkt an den Gleisen auch Wohnquartiere, in denen die Ärmsten der Armen wohnen – Menschen, Hühner und Schweine auf engstem Raum. An den Schranken aber stauen sich wie Reiterhorden die Heere der Motorrollerfahrer, die zur Arbeit streben.

Draußen vor der Stadt erstreckt sich im Morgendunst die weite Ebene mit tiefgrünen Reisfeldern bis an den Horizont. Immer wieder blickt man auf Kirchtürme, die die Dächer und Palmen der Dörfer überragen. Längst haben die Bauern ihr Tagewerk begonnen. Fischteiche werden mit großen Netzen abgefischt. Wasserbüffel stampfen stolzen Schrittes ihren Herren voran. Wenn etwas in dieser friedlichen Welt noch an die Zeiten der Kriege erinnert, dann ist es die Kopfbedeckung der Männer. Sie bevorzugen die grünen Helme der Befreiungsarmee als Sonnenschutz.

Von Westen her schieben sich die Hügelketten des Hochlandes heran. Das Land ist nun ein schmaler Streifen zwischen Gebirge und Meer, an seiner engsten Stelle keine fünfzig Kilometer breit. Je weiter wir nach Süden kommen, desto sandiger und trockener wird der Boden. Am Rand der verdorrten Felder zeichnen sich immer noch Laufgräben und Bombentrichter ab. Neben den Dörfern liegen Soldatenfriedhöfe. Wir nähern uns den Schlachtfeldern des Vietnamkrieges, wir nähern uns dem 17. Breitengrad.

Der war im April 1954, am Ende des französischen Kolonialkrieges, als zeitweilige Demarkationslinie zwischen Nord- und Südvietnam festgelegt worden. Der Norden wurde von Kommunisten unter der Führung von Ho Chi Minh regiert, im Süden etablierte sich eine von den USA gestützte Diktatur mit Saigon als Hauptstadt. In seinem Roman «Der stille Amerikaner» beschreibt Graham Greene eindrucksvoll, wie sich in Saigon der Übergang von der französischen Kolonialherrschaft zur amerikanischen vollzog. Regierung und Militär waren so korrupt, dass die USA am Ende selbst dafür sorgten, dass ihre Marionette, der erste Präsident der Republik Südvietnam, Ngo Dinh

Diem, 1963 erschossen wurde. Gleichzeitig gewann der kommunistische Widerstand an Boden. Die USA fanden schließlich 1964 einen Vorwand, um den offenen Krieg zwischen Nord- und Südvietnam zu entfachen. Schon vier Jahre später zwangen die Kämpfer Nordvietnams die amerikanischen Truppen zum Rückzug. Im Hochland von Khe Sanh, dem wir uns jetzt nähern, tobte eine der blutigsten Schlachten. Wir verlassen den Zug zu einer Erkundungsreise mit dem Auto. Wir wollen sehen, welche Narben der Krieg hinterlassen hat.

Der Weg ins Hochland führt durch sanft aufsteigende Hügel. In den Tälern erstrecken sich weite Plantagen von Gummibäumen. Über fernen Bergen steigt Rauch auf. Als wir näher kommen, entdecken wir Bauern bei der Brandrodung. Der Boden ist knapp. Sie kämpfen um jeden Quadratmeter auch am steilen Hang, um Kaffee anzupflanzen. Die Rauchsäulen sind das Einzige, was das Bild der Landschaft stört, diese mächtigen grünen Wogen, die sich als Bergland an der Grenze zu Laos auftürmen. Dichte Hecken von üppig blühendem Hibiskus säumen die Straße. Die Häuser der kleinen Stadt sind weiß gestrichen. Wir sind in Khe Sanh. Nichts lässt erahnen, dass hier eine der fürchterlichsten Schlachten nach dem Zweiten Weltkrieg stattfand. An diesem Ort hatten die amerikanischen Streitkräfte zeitweilig ein Viertel aller in Südvietnam stationierten Truppen zusammengezogen. Von hier aus glaubten sie, den Ho-Chi-Minh-Pfad, den Nachschubweg der Nordvietnamesen durch den Dschungel, kontrollieren zu können. Die Schlacht von 1968 führte zu einer katastrophalen Niederlage, der ein ungeordneter Rückzug der Amerikaner folgte.

Das Rollfeld, auf dem damals die Versorgungsflugzeuge der amerikanischen Luftwaffe aufsetzten, ist längst überwachsen. An einem kleinen Museumsbau stehen nur ein alter Hubschrauber und leere Hülsen großkalibriger Artilleriegeschosse. Sie sollen an das Inferno erinnern, in dem die Hochebene von Khe Sanh damals versank. Mit allem, was moderne Kriegstechnik zu bieten hatte, versuchten sich die amerikanischen Truppen der Angreifer zu erwehren. Die aber lagen schließlich am Stacheldraht vor den amerikanischen Linien und feuerten direkt in deren Stellungen. Die Broschüre, die im örtlichen Museum ausliegt, rühmt die Weisheit der nordvietnamesischen Führer. Von der Zahl der Opfer spricht sie nicht. Westliche Beobachter gehen davon aus, dass bis zu fünfzigtausend Nordvietnamesen bei dem rücksichtslos vorangetriebenen Ansturm ums Leben kamen.

Vor der Stadt, auf der Hochebene und den steilen Hängen, erstrecken sich die Kaffeeplantagen. Wie in Weinbergen stehen die Sträucher in langen Linien auf den Terrassen. Aus der Ferne leuchten die weißen Blüten der Pflanzen wie Schmetterlinge. Am Weg sieht man auf Pfählen die armseligen Holzhütten der Minderheiten, deren Heimat diese Hügellandschaft ist, die aber von der wirtschaftlichen Entwicklung an den Rand gedrängt werden. Sie sind die «Indianer» des heutigen Vietnam. Manche Region des Hochlands dürfen Ausländer nicht besuchen, weil es dort immer wieder zu Aufständen kam. Kinder in zerlumpter Kleidung spielen vor den Häusern. Frauen, ebenfalls in grobem Gewand, schauen neugierig aus der Tür. Männer sieht man nicht. Am Ende des Weges treffen wir schließlich doch auf einen. Er gehört zum Volk der Van Kieu. Er erzählt uns, dass die meisten Männer in die Stadt geflüchtet seien, weil es hier keine Arbeit mehr für sie gebe.

Damals, als sich die Kaffeeplantagen ausdehnten, begann die Verdrängung der Minderheiten. Er sagt, er habe sich nicht übertölpeln lassen. «Mein Land ist im Roten Buch eingetragen», betont er, was hier wohl so viel ist wie der Eintrag auf dem Katasteramt. Dies sei das Land seiner Väter. Auch er baut jetzt Kaffee an. «Nach Abzug aller Unkosten bleiben mir fünfzehn bis achtzehn Millionen Dong im Jahr», sagt er stolz. Das entspricht umgerechnet nicht einmal tausend Euro. Immerhin ist seine Holzhütte gestrichen. Und seine Kinder, von denen er sagt, sie würden ihm bei den Pflanzen helfen, laufen nicht in Lumpen herum. Entscheidend für den Erfolg des ganzen Jahres sei die Erntezeit von August bis Oktober, wenn auch die Regenzeit beginnt. Seine Felder sind entlegen, und die Wege dorthin verwandeln sich in ein Schlammbad, sodass Lastwagen nicht mehr heranfahren können. Und wenn dann der Kaffeepreis auf dem Weltmarkt auch noch falle, wolle ihm sowieso keiner mehr die Ernte zu einem guten Preis abnehmen. Der Schritt in die Moderne erfolgt nach den gleichen Regeln wie in China. In den Städten zeigt der Kapitalismus stolze Konturen, aber auf dem Land ist die neue Marktwirtschaft nur ein feinerer Begriff für Selbstausbeutung.

Wir treffen ein junges vietnamesisches Paar, beide gehen neben einem Moped her, weil der Weg selbst in Zeiten der Trockenheit nicht befahrbar ist. Auch sie sagen, sie hätten ihr Land gekauft: «Wir versuchen wieder Geld zusammenzukratzen, um hier oben noch mehr Grund zu kaufen. Hier oben ist das Land besser als im Tal.» Dort bewirtschaften sie auch noch ein Reisfeld, weshalb sie zwischen Bergland und Tiefebene hin- und herpendeln müssten. «Ich mache das ja nur für die nächste Generation», sagt er, «damit sie bessere Möglichkeiten hat als wir.» Wir werden diesen Satz, den wir schon von den Reisbauern in China kennen, auch in Vietnam noch oft hören. Sie spüren die Ausbeutung am eigenen Leib und wünschen den Kindern ein besseres Leben. «Die Kinder», sagt er, «werden in der Stadt leben, nicht hier oben. Wir arbeiten nur so hart, um ihnen eine bessere Zukunft zu bieten.» Fast siebzig Prozent der vietnamesischen Bevölkerung arbeitet in der Landwirtschaft – und das mit großem Erfolg: Vietnam ist einer der größten Exporteure von Kaffee und Reis geworden. Mit dem Export von Pfeffer liegt Vietnam sogar an der Spitze. Den Preis für den Erfolg zahlen die Bauern jedoch mit ihrem mühseligen Leben.

Es soll an dieser Stelle nicht verschwiegen werden, dass auch die Deutschen den Kaffeeanbau forcierten. Wenn schon nichts anderes, dann drohte wohl der Mangel an genießbarem Kaffee die DDR in eine Staatskrise zu stürzen. Die Ostberliner Regierung glaubte in Vietnam eine Quelle gefunden zu haben, wo das kostbare Gut ohne die übermäßige Verwendung rarer Devisen zu beschaffen sei, wenn dort die

Ernte nur groß genug ausfiele. Deshalb entsandte sie Entwicklungshelfer, die die Anbaumethoden verbessern sollten. Die damaligen Anstrengungen zeigen, wie an der heutigen Exportquote abzulesen ist, Früchte. Doch der lange Atem, den es braucht, um den Nutzen langfristiger Investitionen auskosten zu können, war dem Land der passionierten Kaffeetrinker nicht gegeben.

Zu Füßen der Berge von Khe Sanh liegt auf einem flachen Hügel der größte Soldatenfriedhof in Vietnam. Über zehntausend Gräber sind in kleinere Areale aufgeteilt. Hohe Bäume erheben sich über den Steinfeldern. An jedem Grab sind auf einem Stein an der Stirnseite die Namen und die Lebensdaten des Toten vermerkt. Auf einer Platte steht ein Schälchen mit Steinen und ein Becher für Räucherkerzen. Eine Gruppe von Vietnamesen ist mit einem Bus gekommen. Sie verteilen Räucherkerzen auf den einzelnen Gräbern und entzünden sie. Der Rauch legt sich wie ein feiner Schleier über die grauen Steine. Manche beten, manche gehen mit einem Zettel in der Hand die Reihen der Gräber entlang und machen Notizen. Manchmal hört man einen unterdrückten Aufschrei und dann eilen andere hinzu. Das Klischee von den vietnamesischen Kampfmaschinen ohne Seele – es wird hier auf berührende Weise widerlegt.

Der Tod der Millionen ist noch lange kein abgeschlossenes Kapitel für die Menschen in Vietnam. Eine Zeitung berichtet von einer Offiziersfrau, die eine Dienststelle gegründet hat, um sterbliche Überreste von Kriegstoten aufzuspüren und den Angehörigen zu übergeben. Anhand der Orte, durch Fotos oder Dokumente oder selbst durch kleine Fundstücke versuchen sie die Identität der Toten zu klären, um aus dem namenlosen Opfer wieder ein Einzelschicksal zu machen. Das ist nicht selbstverständlich. Die Sowjetunion zum Beispiel hat das gar nicht erst versucht. Dort pflegte man die andere Tradition, nämlich die Massengräber für sowjetische Soldaten, vor denen ein Stein verkündet, dass die Toten zu Ehren des Vaterlandes im Kampf gegen den Faschismus gefallen seien. Aber dem Vaterland waren sie nicht einmal so viel wert, dass es ihre Namen nannte.

Vielleicht versiegelte das Trauma zweier verlustreicher, unter ungeheuren Entbehrungen durchlebter Kriege ja die Seele, und das Leid fand lange Zeit keinen Ausdruck. Während unserer Reise behauptete über Wochen das Tagebuch einer jungen vietnamesischen Ärztin, die 1970 im Krieg umgekommen war, die Spitze der Verkaufsliste. Dang Thuy Tram, die selbst nur siebenundzwanzig Jahre alt wurde und vor ihrem Tod drei Jahre lang in einem Lazarett direkt hinter der Front gearbeitet hatte, beschreibt den Krieg aus einer Perspektive, die in den herkömmlichen heroischen Darstellungen offizieller Geschichtsschreibung nicht vorkommt. Sie schildert die Grausamkeit, die Einsamkeit und die Sehnsucht nach Liebe, ebenso wie das fürchterliche Schicksal der einsam Sterbenden. «Im Krieg zählt nicht das Schicksal des Einzelnen», klagt sie und beschreibt ihre Tränen über den Tod eines jungen Soldaten, der in ihren Armen starb. Und wie sie sich in ihrer Verlassenheit den Trost ihrer Mutter herbeiwünscht. Ein amerikanischer Soldat einer Aufklärungsabteilung, der beauftragt war, gefundene Dokumente zu sichten, hatte das Tagebuch vor der Vernichtung bewahrt und kürzlich einem Archiv übergeben. Mitarbeiter des Archivs machten die heute einundachtzigjährige Mutter ausfindig. Auf einem Zeitungsfoto sieht man die alte Frau mit einem Bild ihrer Tochter in der Hand, es zeigt eine strahlende, bildhübsche junge Frau.

Wenn man gehalten ist, das Ziel zügig zu erreichen, dann haftet einer Reise zwangsläufig ein Anstrich von Banausentum an. Denkmäler von Kunst und Kultur, hehre Zeugnisse der Geschichte, die man gerne bewundern würde, sind im Programm nur in sehr begrenztem Rahmen vorgesehen, nur dort, wo sie für die Betrachtung der gegenwärtigen Verhältnisse im Land von Bedeutung sind. In der Kaiserstadt Hue ist die Flüchtigkeit besonders schmerzlich. Denn kaum irgendwo auf unserer langen Reise war die Verlockung so groß, sich dem Lebensgefühl einer untergegangenen Kultur ganz zuzuwenden. Die Kaiserstadt Hue ist zugleich die Begegnung mit der kaiserlichen

Glanzzeit Vietnams wie auch mit ihrem Niedergang unter dem Erstarken der französischen Kolonialherren.

Über den Fluss der Wohlgerüche, kurz auch «Parfumfluss» genannt, gleiten bunt illuminierte Boote, und am Horizont gehen die Blitze eines Tropengewitters nieder. Das Gewitter will nicht näher kommen, sondern verharrt in den Bergen. Aber auch ohne dieses elementare Naturschauspiel bietet die sich an den Fluss schmiegende Stadt eine großartige Bühne für die Inszenierung historischer Pracht. Wir fühlen uns um ein «Extra-Erlebnis» betrogen.

Spätestens in Hue lässt man sich von der Annehmlichkeit der vietnamesischen Tageseinteilung überzeugen. Wer um fünf aufsteht, erlebt nicht nur den Sonnenaufgang über dem Fluss, er kann auch um sechs bereits vor dem Eingang der alten Kaiserstadt stehen, wo schon Einlass zur Besichtigung gewährt wird. Neben den Abendstunden ist dies die erträglichste Zeit. Vor dem Palast weht eine monströs große rote Fahne mit gelbem Stern über den Mauern der Festung. Die Szene ist ein Zitat und erinnert an eine Begebenheit aus dem Krieg. Damals im Jahr 1968 hatte die nordvietnamesische Armee im Rahmen der legendären Tet-Offensive die in Südvietnam liegende Kaiserstadt für fünfundzwanzig Tage besetzt und schon die Nationalflagge über der Festung gesetzt. Die Bewohner der Stadt haben die Besetzung keineswegs als Schmähung empfunden. Alte Filmaufnahmen zeigen, wie Nordvietnamesen damals als Befreier begrüßt wurden.

Das Regime des Saigoner Diktators Diem hatte 1963 in der Stadt ein Massaker verübt, aus Protest verbrannten sich daraufhin buddhistische Mönche. Die Bürger von Hue waren die brutale und korrupte Herrschaft aus dem Süden leid. Allerdings, so erzählte uns ein buddhistischer Mönch, wuchs auch schnell die Unzufriedenheit mit den neuen Herren, weil sie sich ihrerseits als Unterdrücker entpuppten. Klöster, die mit Partei und Regierung im Zwist leben, gibt es noch heute.

In der Zeit der Besetzung wurde Hue von amerikanischer Artillerie beschossen. Nach fünfundzwanzig Tagen zogen sich die Nordvietnamesen zurück. Da hatte auch das alte Regierungsviertel großen Schaden genommen. Das, was überdauerte und zum Teil inzwischen mit Hilfe der UNESCO wieder hergerichtet wurde, reicht allerdings, den Betrachter in Verzückung zu versetzen.

Aus den reichen Schätzen der Stadt und ihrer Umgebung seien noch zwei Orte erwähnt, von denen jeder auf seine Weise Anspruch auf Einmaligkeit hat. Der eine ist das Grabmal des Kaisers Tu Duc, von dem man nicht einmal weiß, ob er dort tatsächlich seine letzte Ruhe fand. Denn aus Furcht vor Grabräubern und posthumer Entehrung wurden die Herrscher an einem geheimen Ort bestattet. Die Anlage ist vielleicht auch nicht prächtiger als die anderen Gedenkstätten der letzten Kaiserdynastie. Aber sie besticht durch ihre Geschichte. Der Kaiser hat den kleinen Palast, die Pavillons, Tempel und den künstlichen See schon in frühen Jahren als letzte Ruhestätte errichten lassen und ist lange vor seinem Tod dort eingezogen. Chronisten berichten, dass er sechzehn Jahre seines Lebens damit verbrachte, an dem mit Lotosblumen bewachsenen Teich unter dem Dach eines hölzernen Pavillons Gedichte zu schreiben. Er regierte in den Jahren zwischen 1847 und 1883. Wie viel Leid wäre Europa erspart geblieben, wenn auch andere Herrscher sich der Poesie zugewandt hätten, statt in den Krieg zu ziehen.

Der zweite Ort, der in Erinnerung bleibt, ist das buddhistische Thu-Hieu-Kloster. Abseits der Touristenströme liegt es vor der Stadt unter hohen Kiefern auf einem Hügel. Allabendlich versammeln sich dort rund vierzig Jugendliche aus der dörflichen Umgebung, um unter der Anleitung eines strengen jungen Mönches Kung-Fu-Übungen zu praktizieren. Die Jüngsten unter ihnen sind zwei Mädchen, kaum älter als sieben Jahre. Die anderen sind halbwüchsige Jungs mit wilden Frisuren, halb rasierten Schädeln und geflochtenen Zöpfen. Die Knaben sind ihrem Alter angemessen etwas wortkarg. Sie kämen hierher, um sich in der Kunst der Selbstverteidigung zu üben, sagen sie übereinstimmend. Der jugendliche Mönch erklärt, dies sei ein Angebot des Klosters, um die Kinder zu beschäftigen. Er sei einer der wenigen, sagt er, die diese aus China übernommene Kampfkunst lehren können. Auf die Frage, ob das Kloster die Freiheit habe, Jugendliche auf diese Weise einzuladen, antwortet er knapp, ohne in seinem entschlossenen Gesicht eine Miene zu verziehen: «Von Freiheit kann man heute noch nicht reden. Aber wenn wir das wollen, haben wir auch das Recht dazu.»

Er führt uns in ein Haus hinter der Terrasse. Ein Zimmer ist geschmückt mit großen Fotos. Sie zeigen einen alten Mönch, der von vielen Menschen umjubelt wird. Es ist der Vorsteher des Klosters, der 1975 im Streit mit den Kommunisten ins Exil ging. Erst im letzten Jahr durfte er sein Kloster in Hue wieder besuchen. Das war eine politische Geste. Aber noch ist der religiöse Frieden längst nicht wieder hergestellt. So muss man wohl die unbefangenen Worte des jungen Mönches deuten.

Trotzdem treten wir die letzte Etappe in dem Gefühl an, dass sich das Land aus dem ideologischen Panzer früherer Jahre zu befreien beginnt. Die Bereitschaft vieler Menschen, über die Schwierigkeiten ihres Lebens offen zu sprechen, lässt Furchtlosigkeit erkennen und zeugt von dem Druck, unter den die politische Führung zunehmend gerät.

Ob Vietnam dem Wandel zu einer offenen Gesellschaft näher ist als China – diese Frage begleitet uns auf der letzten Etappe durch die Schattenwelt der großen Tyrannen des 20. Jahrhunderts, in deren Bann auch Vietnam geriet. Ohne Chinas Beistand hätte sich die französische Kolonie zwar nie ihrer Kolonialherren entledigen können, aber dieser Beistand ging auch einher mit starker ideologischer Einflussnahme. China wurde zum Vorbild für das kleine, um seine Freiheit kämpfende Land. Die chinesische Mao-Biographin Jung Chang nennt den verhängnisvollen Prozess eine «Maoisierung» Vietnams, so wie Stalins Terrorsystem zuvor das Modell für die Entwicklung in China abgegeben hatte. Der Repressionsapparat, die verhasste Landreform – für alles gab China die Muster und schickte zur Durchsetzung der grausamen Ziele auch noch seine Experten. Entsprechend der Entwicklung in China begann auch in Vietnam in den achtziger Jahren ein Prozess der Öffnung, den die Partei «Doi Moi», Erneuerung, nannte. Hier wie dort erfolgte die Wende nicht aus schierer Lust an grundsätzlicher Neuerung, sondern war ein Gebot der Not: die Planwirtschaft hatte das Land in Hungersnöte und Elend gestürzt.

Bei den traurigen Fischern: Phuoc Hai

Manchmal ist man angesichts der Schönheit der Natur überwältigt. Das sind die Momente tiefer, knabenhafter Verwunderung, in denen man sich fragt, wie man in diese wundersame Welt geriet, in der schon die Namen berauschen. Der Zug fährt hinauf zum Wolkenpass. Es ist das einzige Mal, dass sich der Zug auf der Strecke zwischen Hanoi und Saigon in die Höhen eines Gebirges kämpfen muss. Ein Bergmassiv schiebt sich vom Hochland im Inneren bis direkt an die Küste. In uralten Zeiten waren diese Berge sogar die natürliche Grenze zwischen zwei Kulturen, die im Norden und Süden nebeneinander existierten. Und immer noch sind sie eine spektakuläre Kulisse.

Zu unseren Füßen erstreckt sich eine weite Lagune, das Wasser in einem verführerischen lichten Blau. Vor dem von Palmen gesäumten weißen Strand stehen Fischerhäuser auf Pfählen. An den Felswänden der Berge wachsen üppige Kletterpflanzen, die sich mit Bambusbüschen, Farnen und hohen Bäumen zu einem engen Geflecht verbinden, das dem Zug kaum noch Durchlass gewährt. Über den vom Meer umspülten Klippen bedecken Teppiche aus weißen und gelben Blütenkelchen die Felsen. Hoch oben aber ragen die Berge in die Wattebäusche weißer Wolken hinein, die dem Pass den Namen gaben.

Die Kurven, durch die sich der Zug im Schritttempo in die Höhe quält, sind so eng, dass man meint, die Lokomotive müsste gleich an den letzten Wagen heranreichen. Man kann sie vom Waggon aus sehen, sogar den Lokomotivführer, der sich wohl danach sehnt, die anstrengende Aufwärtsstrecke endlich überwunden zu haben. So langsam kriecht der Zug bergauf, dass er kostenloses Transportmittel im Nahverkehr wird. Blinde Passagiere sind aufgesprungen und auf die Dächer der Waggons gestiegen. Sie sitzen in kleinen Gruppen beisammen und wechseln auch mit verwegenen Sprüngen von einem

Dach auf das andere. Kein Uniformierter nimmt an ihrer Anwesenheit Anstoß. «Arme Leute», sagt uns später ein Zugbegleiter, «warum soll ich ihnen das Leben schwer machen.»

Nachdem der Zug einen tiefen Felseinschnitt passiert hat, eröffnet sich der Blick auf die andere Seite des Gebirges. Weiße Strände leuchten, tiefblaue Lagunen und Halbinseln zeichnen eine bewegte Küstenlinie. Inmitten der Ebene liegt wie ein Fremdkörper in paradiesischer Natur die Provinzhauptstadt Da Nang. Wir wollen aber weiter und mieten dort ein Auto. Wir erliegen auch nicht den Verführungen der uralten Stadt Hoi An, die sich mit alten, aus der Zeit chinesischer Oberherrschaft stammenden Häusern und benachbarten Resort-Hotels bei Touristen großer Beliebtheit erfreut. Wir wollen in das kleine Fischerdorf Phuoc Hai, die letzte Siedlung auf der Halbinsel einer Lagune.

Wir haben spontan beschlossen, auf einem Abstecher jene zu besuchen, die ihren Lebensunterhalt auf dem Meer verdienen. Diese Entscheidung war nicht ohne Tücken. Denn in allen sozialistischen Ländern, oder in denen, die von dieser Herrschaftsform geprägt sind, wird die Kontrolle der Grenzen sehr ernst genommen. In Tschukotka, der nördlichen, an der Beringstraße gelegenen Provinz Russlands, müssen sich selbst die dort lebenden Eskimos bei der Grenzpolizei abmelden, wenn sie zum Fischen aufs Meer fahren wollen. Man hat Angst, die Kontrolle über sie zu verlieren. Sie könnten – man kann es ihnen nicht verdenken – ja flüchten wollen. Nie aber hätte man Ausländer ohne langwieriges, umständliches bürokratisches Vorspiel auf eine solche Fahrt mitreisen lassen.

Während wir durchs Dorf wandern, trägt unsere Begleiterin, Frau Tram, die Last der Entscheidung und verhandelt mit der örtlichen Obrigkeit. Türen und Fenster der Hütten stehen offen. Und schon der erste Blick in die Hütten lehrt uns, dass keiner hier zu Reichtum gekommen ist.

Hängematten und einfache Holzbetten dienen als Schlafgelegenheit. Ein Holztisch und ein paar Stühle – mehr Mobiliar hat niemand unter seinem Dach. Dennoch liegt ein Anschein von Lebensglück über dem Treiben unter Palmen. Die Kinder sind begeistert von dem ausländischen Besuch und suchen mit ein paar Floskeln, die sie vielleicht in der Schule gelernt haben, den Dialog. Jedwede Antwort, und sei es auch nur die Nennung des vorher erfragten Namens, löst laute Rufe der Begeisterung bei ihnen aus. In den kleinen Vorgärten sitzen Frauen und flicken Netze. Auch sie nicken lächelnd den Fremden zu.

Am Ende der Dorfstraße, die eher einer schmalen Gasse gleicht, gewinnt eine Legende Konturen. Eine leichte Brise streicht vom Meer her über die Halbinsel. Unter hohen, sich im Abendwind wiegenden Palmen hat Nha Hang eine kleine Bar aufgebaut. Eine hölzerne, überdachte Balustrade, ein paar Tische und Stühle und ein Kühlschrank für Getränke. Der Blick streift über die Fischerboote, die in dichten Rudeln aufs Meer streben. Die untergehende Sonne legt einen goldenen Schimmer über Schiffe und Wasser.

Der Wirt Nha Hang ist ein junger, zierlicher Mann. Er erzählt, dass er sich ein wenig Geld im Hotelgewerbe verdient und dann die Hütte als Restaurant ausgebaut hat. Feierlich überreicht er uns eine Visitenkarte, die ihn als äußerst findigen Geschäftsmann ausweist. Er wirbt auf ihr nicht nur für Gerichte aus frischem Fisch, sondern bietet auch Kurse in vietnamesischer Kochkunst an. Wir wären schon beglückt gewesen, wenn wir uns ganz unbeschwert dem Zauber der Stunde hätten hingeben können. Zu versinken im raschen Nahen der Tropennacht, die schon wie eine Wand über dem Meer stand, geschmückt mit funkelnden Sternen, ganz hingegeben dem Rauschen der Palmenblätter – so hat man sich heimliche Höhepunkte der Reise vorgestellt. Doch wir sahen sehnsüchtig ins Fahrwasser der auslaufenden Fischerboote und harrten einer Entscheidung, die für uns in dem Moment schicksalhafte Dimensionen gewann. Wir warteten auf das Ergebnis der Gespräche von Frau Tram. Und das bedeutete für uns, wir konnten nicht den Sehnsüchten unter südlichen Gestirnen erliegen. Dabei hätten wir unserem jungen Wirt heftigen Konsum gewünscht. Denn wir waren die einzigen Gäste.

Am nächsten Abend sind wir auf See. Die örtlichen Behörden haben nur eine Bedingung scheinbar fürsorglicher Art gestellt. Wir sollen nicht auf einem Fischerboot mit hinausfahren. Das sei zu gefährlich. Aber wenn wir auf einem für Passagiere zugelassenen Motorschiff führen, gäbe es nichts einzuwenden. So landen wir auf einem zweigeschossigen, schweren Holzschiff mit fröhlicher Mannschaft und folgen dem Boot von Tran Lao, einem jungen Fischer, den wir auf der Fangfahrt begleiten wollen. Die See ist unruhig. Tief bohrt sich der Steven in die Wellen. Uns kommen Bedenken, ob die Fürsorge der Behörden die richtige Entscheidung getroffen hat. Die kleinen, vielleicht zehn Meter langen Fischerboote tanzen auf den Wellen. Unser Dampfer torkelt schwankend im Rudel der Boote, die einem dunklen Horizont zustreben.

Über Land türmen sich die Wolken auf zu einem Tropengewitter. Die untergehende Sonne hat sich hinter der Wolkenwand verborgen. Das Sonnenlicht lässt die Wolkenränder in einem marmornen Licht erstrahlen, als seien sie Kunstwerke aus der Werkstatt eines italienischen alten Meisters. Im Inneren der Wolken aber, dort wo die Dunkelheit zu einer unheimlichen Schwärze zusammenwächst, zucken Blitze in einem wilden Tanz im Sekundentakt. Ein veritables Tropengewitter – das hatten wir uns schon die ganze Reise gewünscht, aber nicht gerade jetzt. Die Fischer scheint es jedoch nicht zu beunruhigen.

Über der aufgewühlten See liegt jetzt ein samtiger Nachthimmel. Nur noch schemenhaft sind die Fischerboote auszumachen. Auch die Bordlichter helfen kaum, sie noch wahrzunehmen; denn was auf den Booten als Kennung montiert ist, findet sich in keinem Manual der christlichen Seefahrt. Am kurzen Mast auf dem Vorschiff ist eine einzige Glühbirne angebracht. Manche Lampen haben ihre Leuchtkraft fast eingebüßt und versenden nur noch einen faden Lichtschimmer: kleine, auf und ab tanzende Glühwürmchen in dunkler Nacht. Mit nur noch schlafwandlerisch zu nennender Sicherheit hat unser Kapitän dennoch das Boot von Tran Lao ausgemacht. Im matten Licht erkennen wir, dass er am Heck ein Netz klargemacht hat und ins Wasser gleiten lässt.

Fern am Horizont taucht eine enge Kette von Lichtern auf, als führe dort eine hell bestrahlte Allee über den Ozean. Dort, erklärt uns unser Kapitän, liege die Flotte der Tintenfischfänger, größere Schiffe mit reicheren Eignern, die mit leuchtenden Neonröhren ihre Opfer anlocken. So viele Fischer sind des Fisches Tod: Tintenfisch möchte ich hier auch nicht sein, sagt einer in tief gefühltem Mitleid mit der Kreatur. Aber Mitleid muss man wohl mit beiden Seiten haben. Tran Lao erzählt später, dass er sein Boot vor zehn Jahren gekauft habe. Dreißig Millionen Dong hat es gekostet, zehn Millionen davon hat die Familie aufgebracht. Zwanzig Millionen hat er als Kredit von einer Firma erhalten, an die er jeden Morgen nach der Heimkehr seinen Fang verkaufen muss. Dreißig Millionen – das sind umgerechnet rund eintausendfünfhundert Euro, kein großer Betrag. Für Tran Lao aber groß genug, um in einer lebenslänglichen Schuldenfalle gefangen zu sein.

Die Obrigkeit ist weit weg und das Meer ist groß. Also verlassen wir unseren in den Wellen taumelnden Ausflugsdampfer und steigen um auf die kleine Nussschale von Tran Lao. Er fährt zusammen mit seinem Vater, der sich eine Wollmaske über den Kopf gezogen hat und verwegen wie ein Pirat am Ruder steht. Dreimal werfen sie das Schleppnetz aus, dreimal holen sie es ein. Die Seile des Netzes laufen über eine hölzerne Winde auf dem Vorschiff. Tran Lao steht auf den schwankenden Planken und dreht mit der ganzen Kraft seines schmächtigen Körpers das Rad Meter um Meter weiter. Schließlich stemmt er sich mit den Füßen in die Speichen, um den Fang an Bord zu holen. Allein die körperliche Anstrengung verbietet jedes Romantisieren. Das ist ein verzweifelter Kampf gegen die Kräfte der Natur. Schließlich hat er es geschafft. Garnelen, Krebse, kleine Fische gleiten auf das Deck. Auch ein paar Schlangen haben sich eingefunden und suchen mit wendiger Eile nach einem Weg zurück ins Wasser. Mit Misstrauen verfolgen wir ihre Bewegungen.

Ein samtiges Purpurrot kündigt im Osten über dem Wasser den Sonnenaufgang an, als wir wieder durch die Bucht zurück in den Hafen gleiten. Das ganze Dorf ist längst auf den Beinen und wartet am Strand. Die Frauen klettern an Bord, bewundern den Fang und helfen beim Sortieren. Auch Hguyen Thi Lieu ist von einem kleinen Ruderboot über die Bordwand gestiegen. Sie ist die Frau unseres Kapitäns und wirkt mit ihrem wehenden Anzug und dem schwarzen, zu einem Pferdeschwanz gebundenen Haar wie eine Wunderblume. Aus dem schmalen, knochigen Gesicht schauen kluge, traurige Augen. Sie hockt sich neben ihren Mann und hilft ihm, den Fang für den Verkauf vorzubereiten: Die Sardinen kommen in einen Kasten, die Garnelen landen in einem Blecheimer. «Die bringen am meisten Geld», ruft sie und deutet auf den Eimer mit den grauen Garnelen. Das Strahlen in ihren Augen deutet an, dass diese Nacht einen guten Fang gebracht habe. «Wir brauchen das Geld, um unser Netz bezahlen zu können.» Der ganze Fang einer Nacht bringt ihnen zwei Dollar in die Wirtschaftskasse. Ob sie manchmal Angst habe, wenn sie morgens am Ufer auf die Heimkehr ihres Mannes warte? «Ja», sagt sie, «wenn plötzlich ein Unwetter einfällt, so wie gestern Abend, dann kommen nicht immer alle Boote zurück. Dann stehen wir Frauen hier am Strand und beten, weil wir nicht anders helfen können.» Auch sie habe schon mit wachsender Verzweiflung gewartet. Aber meist habe dann nur der Motor gestreikt. Und irgendwann sei ihr Mann dann doch gekommen.

Boot an Boot sind die bunt bemalten Schiffe vertaut. Gelächter, fröhliches Rufen erfüllt die Luft, als läge nicht eine ermüdende Nacht hinter ihnen. Die Kinder, die in der Frühe nur flüchtig bekleidet waren, verschwinden und kommen in ihrer Schuluniform zurück: weißes Hemd und rotes Halstuch. Wenigstens klingt auf diese Weise noch das Leitmotiv des Sozialismus an. Das Leben der Fischer aber findet im Kapitalismus statt, der heute gerne Marktwirtschaft genannt wird. Der Händler, der den Kredit zum Kauf des Bootes gab, kommt nicht selbst, um die Ware zu übernehmen. Er schickt eine ältere Frau, die mit einem Kahn längsseits geht und die Kästen und Eimer mit den Fischen übernimmt. Die Händler sind die eigentlichen Herren im Hafen.

Tran steht am Strand und schaut liebevoll auf sein mit leuchtenden Farben bemaltes Boot. Am späten Nachmittag wird er wieder hinausfahren. Einen Teil des verdienten Geldes wird er für die Tankstelle brauchen, wo er den Schiffsdiesel übernimmt. Die Preise steigen von Tag zu Tag. Der Engpass auf den Energiemärkten der großen Welt hat vernichtende Folgen selbst in dem kleinen Fischerhafen von Phuoc Hai. Er sei der Eigner des Schiffes, sagt Tran. Er seufzt und setzt hinzu: «Ich bin auch der Eigner von einem großen Berg Schulden.» Wie viel Zeit er brauche, um den Kredit zu tilgen? «Sehr lange», sagt er. «Alles Geld, das übrig bleibt, wird dafür verwendet. Aber es bleibt nicht viel übrig. Der Fang wird an die Firma verkauft, die mir das Geld für das Boot geliehen hat.»

Tran und seine Frau haben sich ihr eigenes Heim gebaut. Aber zu mehr als einem Dach, das von vier Mauern getragen wird, reichte das Geld nicht. Das Mobiliar besteht aus vier Plastikstühlen und einem niedrigen Tisch. Noch nicht einmal eine kleine Küche ist eingerichtet. Dennoch muss es genügen für sie und ihre beiden Kinder, die sich angesichts des fremden Besuches schüchtern an die Eltern schmiegen. Die Mutter ist eine beeindruckend offene und regsame Frau. Tran hat seine Sicherheit, die er auf Schiffsplanken ausstrahlt, verloren und kauert sich in den Stuhl, als trage er die Schuld an der Lebensgeschichte, die seine Frau erzählt. Sie sagt, dass sie mit zweiundzwanzig geheiratet habe. Nun seien die beiden Kinder da. «Unser Einkommen reicht gerade für ein einfaches Leben.» Sie lacht traurig. «Manchmal ist es ein bisschen schwierig.» Sie selbst habe nur die Grundschule besuchen können, weil ihr Vater auf See geblieben sei und sie der Mutter und den Geschwistern habe helfen müssen.

Wie der Lebensplan aussehe, wenn zwei junge Menschen sich für einen gemeinsamen Lebensweg entschieden? Sie zögert nicht lange und sagt: «Wenn zwei junge Menschen sich treffen, sich ineinander verlieben und eine Familie gründen, dann versuchen sie genug Geld zu verdienen, um den Kindern ein gutes Leben zu bieten, damit sie genug zu essen haben und zur Schule gehen können.» Von dem Stolz auf die Unabhängigkeit und Freiheit des Fischerlebens klingt wenig an. Für sie ist die Welt ein Wettkampf, in dem sie nicht gewinnen können. Ob das Leben in der Stadt besser sei? Wieder antwortet die Frau, während Tran sie anschaut: «Ja», sagt sie, «wir beide träumen von Veränderungen. Aber wir sehen keine Möglichkeit. Wir hoffen, dass unsere Kinder später die Möglichkeit haben, in der Stadt zur Schule zu gehen. Aber wir schaffen es nicht mehr.» Dann spricht auch er: «Über ein Leben in der Stadt wage ich gar nicht nachzudenken. Ich könnte eine Arbeit haben, mit der es uns besser geht.» Das Einzige, was sie leitet, ist der Gedanke an die Kinder. «Wir wollen nicht, dass sie in ein so schweres Leben gehen. Die Eltern leiden schon genug. Wir möchten, dass sie lernen und eine gute Arbeit finden. Sie sind noch klein, aber sie tun mir jetzt schon leid.» Diese letzten Worte kommen von ihrer Seite. Sie lächelt, aber der Schmerz ist ihr anzusehen. Während unseres Gespräches hat sich das halbe Dorf um die Runde vor dem Haus versammelt. Frauen und Männer, die schweigend zuhören und immer wieder beifällig mit dem Kopf nicken.

Sicher gab es Zeiten, in denen die Funktionäre der Partei mehr als nur die Augenbrauen gerunzelt hätten, wenn Ausländer auf so direkte Weise Einblick in das Leben der einfachen Menschen genommen hätten. Sie hätten im Vorfeld eines Besuches umsichtig dafür Sorge getragen, dass es nur zur Begegnung mit getreuen Helden der Arbeit kommt, die schamlos von den Freuden des Lebens und der Aussicht auf eine lichte Zukunft erzählt hätten. Oder der Besuch in dem Fischerdorf wäre gar nicht zustande gekommen, weil er nicht sechs Wochen vor der Reise in den Ministerien der Hauptstadt seinen Segen bekam. Dergleichen haben wir in langen Jahren der Arbeit in sozialistischen Staaten oft erlebt. In Phuoc Hai ist es ganz anders. Und der Abschied unserer offiziellen Begleiterin Tram von den Fischern fällt besonders herzlich aus. Auch für sie ist dies eine berührende Begegnung. Wenn die Not der Menschen nicht mehr als Staatsgeheimnis gehütet und für ausländische Journalisten zum Tabu erklärt wird, dann ist ein wichtiger Schritt zur Öffnung des Landes vollzogen.

Nur eine gute Autostunde südlich des Fischerdorfes stoßen wir auf die Welt, nach der Tran und seine Frau sich sehnen. Quang Ngai ist ein Beispiel für die rapide Modernisierung des Landes, aber auch für die Hindernisse, die dem Prozess im Weg stehen. Die junge, aufstrebende Industriestadt ist bar jeder exotischen Reize: schmucklose, staubige Straßen und ein Hotel, das den Handlungsreisenden im Kellergeschoss Unterhaltung mit Karaoke und weitere Dienstleistungen verspricht. Fünfundzwanzig Fabriken bilden eine Wirtschaftszone. Neuntausend Arbeiter sind dort beschäftigt. Es könnten viel mehr sein.

In der Nachbarschaft baut ein französischer Konzern Vietnams einzige Raffinerie, in der das eigene vor der Küste geförderte Erdöl verarbeitet werden soll. Das Land will von den Weltmarktpreisen unabhängig werden. Für die Fertigstellung zum geplanten Termin werden auf der Baustelle zusätzlich zweitausend Schweißer benötigt. Es gibt sie nicht. Eine vietnamesische Wirtschaftszeitung berichtet von dem Engpass und macht deutlich, dass die ungewöhnliche Liaison von freiem Unternehmertum und kommunistischer Herrschaft Funken schlägt. Die Zeitung rechnet vor, dass die Ausbildung solcher Facharbeiter in Vietnam drei Jahre brauche, während im Ausland für die gleiche Qualifizierung eine halbjährige Schulung reiche. An technischen Instituten Vietnams werde zu viel Zeit verschwendet «für Fächer, die mit dem Schweißen nichts zu tun haben, besonders für militärische Ausbildung und politische Ideologie». Man solle die Ideologie da lassen, wo sie hingehöre, nämlich in den Schulen für politische Erziehung. Die Berufsausbildung habe allein der Herausbildung von fachlicher Kompetenz zu dienen. Selbst Staatsunternehmen protestieren offen gegen die ideologische Hartleibigkeit der Partei. So folgt ein Schritt dem anderen. Die Partei ist nicht mehr unbestrittener Herr im Haus. Sie muss sich daran gewöhnen, dass die kritischen Stimmen aus der Wirtschaft lauter werden, auch die der ausländischen Investoren. Und sie muss reagieren, wenn das Land im internationalen Wettbewerb an Attraktivität gewinnen will. Vielleicht dreht sich das Rad weiter, und der Fischer Tran bekommt eine halbjährige Schweißerausbildung und arbeitet mit am Aufbau der Raffinerie. Das wäre zwar ein tiefer Bruch mit dem Leben im Fischerdorf. Aber das Leben dort kann wohl nur dem paradiesisch erscheinen, der nicht jeden Tag aufs Meer fahren muss.

Vor den Toren der Industriestadt Quang Ngai erstreckt sich wieder eine Ebene mit Reisfeldern. Geschwungene Holzbrücken überqueren die Flussarme in einem eleganten Bogen. Frauen gießen Wasser in die Kanäle, die die Felder bewässern. Die kleinen Dörfer liegen im Schatten großer Bäume. Nur wenige Kilometer von der Stadt entfernt begegnet man einem Leben, das archaisch erscheint in seinen Gewohnheiten, unveränderlich in dem, was der Lauf der Stunden, der Tage und Jahreszeiten bestimmt. In einem dieser Dörfer scheint die Zeit stehen geblieben. Es gilt noch immer das Datum vom 16. März 1968. Das ist der Tag, an dem ein Trupp amerikanischer Soldaten mit Hubschraubern in dieses Dorf einfiel. Sie ermordeten kaltblütig 504 Bewohner des Dorfes, unter ihnen auch Frauen, Kinder und Babys. Das Verbrechen wäre vielleicht verborgen geblieben oder von der Armee bestritten worden, wenn nicht ein Fotograf dabei gewesen wäre. So aber prägte sich My Lai als Name eines Dorfes ein, in dem die Welt eine Stunde der Wahrheit erlebte.

Die Orte, an denen die wehrlosen Menschen niedergemetzelt wurden, sind heute mit Blumen und Gedenksteinen markiert. In der Mitte des kleinen Parks, der auf dem Gelände des einstigen Dorfes errichtet ist, steht ein kleines Museum, das die grausige Geschichte erzählt. Eine australische Reisegruppe klettert aus einem Autobus und macht einen Rundgang. Sie steigen die Treppenstufen zum Ausstellungssaal hinauf und stehen fassungslos vor den Fotos, die das Geschehen dokumentieren. «Wir wissen zu wenig über die Geschichte», sagt ein alter Mann mit grauen Haaren. Er müsste eigentlich alt genug sein, denn die Fotos gingen damals um die Welt. Keiner, der sie damals gesehen hat, hat sie je vergessen können. Die Frau, selbst durch einen Bauchschuss verletzt, die sich vor eine Gruppe Frauen und Kinder stellt. Man sieht den Todesschrecken in den Gesichtern. Man sieht auch die Fotos von Soldaten, die mit dem Schnellfeuergewehr auf die unschuldigen Menschen zielen. Daneben das Bild der hingestreckten Toten am Wegesrand. Fotos wie diese haben spätere kriegführende Mächte veranlasst, Journalisten nur kontrolliert am Orte des Geschehens zu dulden. Denn die Bilddokumente von My Lai hatten die amerikanische Armee demaskiert. Die Generäle waren 1968 auch moralisch in die Defensive geraten.

Die Gruppe der Touristen macht Halt vor einer kleinen Hütte, die in einer Ecke des Museums nachgebaut wurde. Der Führer zeigt auf die Figur eines Jungen, der vor dieser Hütte steht. «Das bin ich», sagt er. «Meine ganze Familie ist damals ausgerottet worden. Ich bin der einzige Überlebende.» Die Soldaten haben die Familie in einen Bunker getrieben und Handgranaten geworfen und geschossen. Er blieb unverletzt, weil die Leiber der Toten ihn geschützt haben. Dann hat ein Soldat ihn ins Visier genommen. Ein amerikanischer Hubschrauberpilot hat ihm das Leben gerettet, indem er den Soldaten mit gezogener Pistole vertrieb. Die Regierung hat ihn später zum Leiter der Gedenkstätte ernannt, weil, wie er sagt, «ich als einziger Überlebender der Beweis für das Massaker bin».

So blieb Pham Than Cong an den Ort des Geschehens gekettet. Aus dem elfjährigen Jungen ist ein gebeugter Mann geworden, dem es fern liegt, moralisch aufzutrumpfen. Ein bescheidener Mann, der erzählt, dass seine Frau als Bäuerin arbeite, damit die Familie über die Runden kommt. «Unser Leben ist nicht gerade einfach hier. Es ist sogar wirklich sehr schwer, genug Geld zu verdienen, damit man die Kinder aufziehen und überleben kann.» Der Kommandeur des Mordunternehmens hat nie Reue gezeigt. Er wurde als Einziger angeklagt, verurteilt und nach drei Jahren aus dem Militärgefängnis entlassen. Zu seiner eigenen Ehre hatte er erklärt: «Ich tat es für die Vereinigten Staaten von Amerika, für mein Vaterland. Wir waren nicht da, um menschliche Wesen zu töten, wir waren da, um eine Ideologie zu töten, um den Kommunismus zu zerstören.» Auch in der Gedenkstätte ist Leutnant Calley mit diesen Worten zitiert. Pham Than Cong sieht ihn jeden Tag. Der 16. März 1968 wird ihn nie verlassen.

Damals, als der amerikanische Journalist Seymour Hersh die Morde von My Lai an die Öffentlichkeit brachte, war auch in den USA die Empörung groß. Der Schock ließ die Stimmung umschlagen. Dennoch ging man damals davon aus, dass das Massaker von My Lai ein Einzelfall war. Erst kürzlich dokumentierte die «Los Angeles Times» in einer Artikelserie, dass es viele My Lais gegeben hat, dass sich darüber auch Akten in den Armeearchiven befinden. Allein von einer einzigen Kompanie sind dreihundert Gräueltaten erfasst. Der Krieg in Vietnam war viel grausamer, als die protestierenden Kriegsgegner in Berlin es sich damals haben vorstellen können. Er ist ein Menetekel für all die, die glauben, unwillkommene Ideen mit Waffengewalt besiegen zu können. Für Pham Than Cong ist es ein Tag, der alles Leben in seinem Dorf auslöschte. Er winkt, als wir davonfahren. «Ich bin gegen Kriege», hatte er zum Abschied gesagt, «sie bringen nur den Tod für die einfachen Menschen. Wir wollen in Frieden leben und unser Land aufbauen.»

Und unter welchen Bedingungen sie das Land aufbauen, die Tropen, das Traumland – es ist ein fortdauernder Kampf ums Überleben. Selbst vom Zug aus, der die Küste entlang Richtung Süden fährt, kann man die Salzfelder sehen. Am Rand einer tiefblauen Lagune glänzen die kleinen Karrees, als seien sie mit Schnee gefüllt. Durch kleine Dämme sind die Felder voneinander getrennt. Auch hier gelten nur scheinbar die Gesetze des freien Unternehmertums. Jeder der Salzbauern hat ein oder zwei der flachen Becken gepachtet und liefert sein Produkt an eine Fabrik, die am Rande der Salinen steht. Hunderte Männer und Frauen bewegen sich auf den schmalen Dämmen. Sie schieben das Salz zusammen, laden die Haufen in Körbe, die sie an

Tragestangen über die schmalen Dämme balancieren. Die alte Frau Thach steht am Rand ihres Beckens und stützt sich auf ihren hölzernen Schieber. Sie trägt zum Schutz gegen die Sonne einen runden Hut. Dennoch ist die Haut ihres müden Gesichtes wie gegerbt. Sie mustert den Fremden mit einem nachdenklichen Blick und beginnt zu erzählen. Schon mehr als zwanzig Jahre arbeitet sie hier. Es könnte auch länger sein. So genau weiß sie es nicht mehr. Wieder lernen wir, dass Menschen von ihrem schweren Leben erzählen, ohne dabei zu klagen.

Alle zwei, drei Tage schöpft sie neues Meerwasser ins Becken. Das Wasser verdunstet unter der sengenden Sonne, und in trüber, brackiger Lache kristallisiert grobes Salz. Den ganzen Tag aber muss das Salz bewegt werden. «Es ist sehr hart. Sonne und Salz greifen die Haut an, bis es fast unerträglich ist.» Aber es gebe keine Alternative: «Wenn wir aufhören, Salz zu produzieren, ist auch kein Geld mehr da.» Ob die Firma, die als Aufkäufer den Markt beherrscht, privat oder staatlich geführt ist, weiß sie nicht. Sie spricht nur von den Männern, die «pfiffig Geschäfte machen». Sie macht jedenfalls keines. Umgerechnet hundert Euro seien im letzten Jahr nach Abzug aller Kosten übrig geblieben. «Das Salzgeschäft ist kein Zuckerschlecken. Aber was bleibt mir anderes übrig.» Man hat Zweifel, ob der Marsch in die Marktwirtschaft diese Menschen aus ihrem Elend befreien kann. Gibt es einen anderen Weg?

Am Schluss der Reise durch die Provinz Quang Ngai soll ein glückliches Erlebnis stehen, die Erfüllung eines seit Kindheitstagen gehegten Traumes. In jenen Tagen gab es ein Kinderbuch, das von einem Jungen in irgendeinem Land Ostasiens erzählte. Der Junge war arm, weil er ohne Eltern leben musste, aber er war gleichzeitig reich, weil er einen Wasserbüffel zum Freund hatte. Was hat es auf sich mit diesen Tieren, ohne die die Reisbauern in China und Vietnam noch viel ärmer wären? In dem Dorf Luong Thach, das nur wenige Kilometer von den Salzbauern entfernt liegt, können wir erleben, was es heißt, ohne Büffel auskommen zu müssen.

Am frühen Morgen liegt noch feiner Dunst über den Palmen am Dorfrand. Die Sonne steht als roter Feuerball tief über den Feldern. Dort herrscht längst geschäftiges Treiben. Auf jeder der kleinen Parzellen sind Bauern und pflügen die Felder. Die wuchtigen, grauen Büffel kennen ihre Aufgabe. Furche auf Furche ziehen sie den Pflug durch den Boden. Sie wenden am Ende des Feldes, ohne dazu angeleitet zu sein, und legen sich wieder ins Geschirr für den nächsten Gang. Jene Bauern aber, die noch ärmer sind als die Armen, wenden die schwere Scholle eigenhändig mit einer Hacke, Meter für Meter. Selbst morgens um sechs ist das schon eine bittere Arbeit, die quälender wird, wenn die Hitze kommt. Nur einmal halten sie inne und stützen sich mit lautem Lachen auf den Stiel der Hacke. Der Wasserbüffel, bei dem wir Annäherung suchen, ist davongaloppiert, weil ihm die Fremden offenbar nicht gefallen. So haben einmal auch diejenigen Spaß, die ohne Büffel auskommen müssen.

Das ist nicht die einzige Enttäuschung an diesem Tag, der eigentlich Klarheit über einen seit frühen Jahren gepflegten Mythos bringen soll. Der Bauer Phan Dinh Tung schaut uns verständnislos an, als wir nach dem Namen seines Getreuen fragen. «Nein», sagte Tung achselzuckend, «einen Namen hat er nicht.» Wie kann es sein, dass dieses getreue Tier ohne ein Minimum an Individualität auskommen muss? Schließlich gelingt es Tung, seinen namenlosen Büffel wieder zu geordnetem Dienst zu bewegen. Mit Bewunderung verfolgen wir, mit welcher Eleganz das Tier seine Muskeln anspannt und Schritt um Schritt tut, den Kopf gesenkt, aber mit wachen Augen, die die Fremden stets im Blick behalten.

Es erweist sich nämlich, dass das Verhältnis von Bauer und Tier doch kein anonymes Arbeitsverhältnis ist: «Er arbeitet gern auf dem Feld», sagt Tung, «er liebt es sogar. Aber wenn es zu heiß wird, dann protestiert er und bleibt stehen.» Schon morgens um sieben sei die Toleranzgrenze erreicht. Diese Stunde hat gerade geschlagen, so gehen wir gemeinsam in Richtung Bach, wo Erfrischung wartet. Das ist fast schon eine Prozession: der Büffel vorneweg, weil er den Weg kennt, dann der Bauer und schließlich der restliche Tross. Die Sache mit dem Kinderbuch lässt keine Ruhe. Ob seine Kinder denn Spaß mit dem Büffel hätten? «Ehrlich gesagt», beginnt Tung seine Antwort und ahnt, dass er Enttäuschung bereiten wird, «ehrlich gesagt, meine Kinder mögen den Büffel nicht. Sie haben schon andere Interessen. Und schon gar nicht mögen sie mit ihm arbeiten.»

Der Weg windet sich zwischen Gärten und kleinen Häusern hindurch und führt über eine Wiese. Der Büffel bleibt stehen und schaut sich missmutig um, wohl um zu prüfen, ob die lästigen Fremden ihm immer noch auf den Fersen sind. Dann schreitet er weiter, bis der kleine Fluss erreicht ist. Dort steigt er sofort zum Wasser hinab. Er legt sich mit sichtbarem Behagen in die Fluten und lässt sich von Tung Wasser über den Kopf schöpfen. Als Tung ihm auch noch die Flanke abrubbelt, schließt der Büffel genüsslich die Augen. Doch dann reißt er sie gleich wieder auf. Ihm ist eingefallen, dass unerwünschte Gäste Zeugen seines Morgenbades sind. Er behält die Fremden fest im Blick.

So bleibt der Wasserbüffel ohne Namen der Einzige, der uns auf einer langen Reise die Annäherung versagt. Nicht immer werden Wünsche erfüllt, die man ein Leben lang mit sich herumträgt. Der – wenn auch flüchtigen – Freundschaft mit einem Wasserbüffel können wir uns jedenfalls nicht rühmen. Und wenn wir an ihn denken, wissen wir nicht einmal seinen Namen zu sagen. Mit diesem feinen Schmerz einer unerfüllten Liebe im Herzen besteigen wir den Zug zur letzten Eisenbahnfahrt. Die nächste Station ist Saigon.

Am Ziel: Saigon

Noch vor dem Morgengrauen trifft der Zug in Saigon ein. Das Ende einer Reise, die über 16 000 Kilometer durch Winter und Sommer, Wüsten und Gebirge, Metropolen und wilde Natur geführt hat. Unter lautem Tuten rollt die Lokomotive in den Bahnhof. Einen Herzschlag lang hängt Stille in der Luft. Dann öffnen sich die Türen, und die Reisenden strömen aus den Waggons. Im tiefsten Grund der Seele bedauere ich, dass niemand da ist, um mit uns einen Moment der Ergriffenheit zu teilen, kein Begrüßungskomitee steht bereit, das mit salbungsvollen Worten das Ende der Reise zu würdigen weiß.

Der noch nachtschwarze Himmel hat alle Schleusen geöffnet. Heftiger Regen trommelt auf das flache Dach über den Gleisen. Nicht einmal ein Bahnsteig empfängt die Reisenden. Auf nacktem Boden flüchten sie ins schützende Bahnhofsgebäude. Die Franzosen hatten in den Jahrzehnten nach 1883 die Eisenbahnstrecke gebaut. Und oft während der Fahrt kam mir der Gedanke, wie viele Opfer dies gekostet haben mochte. Aber kein pompöser Bahnhof krönt das Werk in Saigon, keine architektonische Apotheose des Reisens. Ein nüchterner Zweckbau, durch den sich die Reisenden drängen, um dann auf dem Vorplatz von dem tosenden Wirrwarr aus Taxis, Motorrollern und Menschen verschlungen zu werden. Aber wer zurück auf die Fassade blickt, der liest über dem Portal die Leuchtschrift «Saigon». Wir wissen, dass wir angekommen sind. Der nach dem Sieg der Nordvietnamesen aufgezwungene Name «Ho-Chi-Minh-Stadt», den selbst die Zeitungen bis heute benutzen, hat im Alltag keinen Platz.

Vor gut dreißig Jahren, im April 1975, rückten die siegreichen nordvietnamesischen Truppen in die Stadt ein. Nachdem die Amerikaner ihre Truppen zurückgezogen hatten, fiel auch das Regime ihrer Vasallen. Alte Wochenschaubilder zeigen die einrollenden Panzerkolonnen und jubelnde Bevölkerung am Straßenrand. Viele hatten das Ende des Krieges herbeigesehnt. Aber es gibt auch die anderen Bilder, den Hubschrauber, der auf dem Dach der amerikanischen Botschaft landet, um Angehörigen der südvietnamesischen Regierung zur Flucht zu verhelfen. Sie hatten die Rache der Sieger zu fürchten. Doch diese Rache traf noch viel mehr Menschen. Denn die Befreier kamen als Unterdrücker, die dem Süden ihrerseits eine Fremdherrschaft auferlegten. Die Tragödie der Stadt nahm ihren Fortgang.

Der Tag beginnt, vom Regen verschleiert, in grauer Dämmerung. «Das Paris des Ostens», so wurde die Stadt einst genannt. Aber um diese Stunde sucht man vergeblich nach dem so oft beschriebenen Flair. Die Fahrt vom Bahnhof zum Hotel führt vorbei an Baustellen und den Symbolen einer untergegangenen Herrschaft. Die im lichten Gelb gehaltenen Kolonialbauten, das Rathaus, die Oper, deren Eleganz gerühmt wird, sind nur graue Schemen. Die legendären Hotels, das «Rex» und das «Continental», werden überragt von neuen Tourismuspalästen. An diesem düsteren Morgen wirken die alten Prachtbauten wie vergessene Spielzeughäuschen, die nutzlos dahindämmern. In ihnen hatten sich in den fünfziger und sechziger Jahren, während zweier Kriege, Journalisten aus aller Welt getroffen. Auch eine Generation deutscher Korrespondenten, die selbst gerade erst dem Krieg entronnen waren, sammelte hier neue Kriegserfahrung. Hier wurden Pressekonferenzen abgehalten, in denen die Welt über vermeintliche amerikanische Siege belogen wurde. Die Berichterstatter aber wurden zu Chronisten eines grauenhaften Gemetzels, dessen Sinnlosigkeit sich erst heute ganz erschließt. Denn der nach Vietnam verlagerte Kreuzzug gegen den Kommunismus konnte niemals gewonnen werden, weil er von den Vietnamesen als Krieg um die Freiheit verstanden wurde. Der Kommunismus aber hat sich schließlich selbst besiegt. Es bedurfte des Krieges nicht.

So erlebt man die Stadt an einem regnerischen frühen Morgen, gerädert von der letzten Etappe auf der Eisenbahn. Aber Saigon ist eine Prinzessin, die Jahrzehnte als Aschenputtel verbrachte und nun wiedererblüht. Nirgendwo verbinden sich alter Glanz und Stolz der Gegenwart so wohltuend wie in den Art-déco-Tempeln der Gastlichkeit. Auch das Hotel «Majestic» gehört zu den Klassikern und ist in die Literatur eingegangen. Auf alten Schwarzweiß-Postkarten erscheint das Haus in solch einer Pracht, dass man es an einem Boulevard in Paris vermuten könnte. Doch seine früher so fürstlich wirkenden Dimensionen sind angesichts der Hochhäuser in der Nachbarschaft geschrumpft. Die imperiale Lage aber konnte dem Hotel keiner nehmen. Die schwungvolle Fassade ist dem Fluss Saigon zugewandt, welcher der Stadt den Namen gab und den Weg zum Meer öffnet. Schon am frühen Morgen liegt brütende Hitze über der Uferpromenade. Unentwegt treten Kinder und junge Leute an den Spaziergänger heran und bieten Dienstleistungen oder Waren an: eine Rundfahrt auf dem Motorroller, Briefmarken, Postkarten. So viele, die mit freundlichen Worten und Gesten etwas anpreisen – so wenig Kunden.

Ein junges Mädchen trägt unter dem Arm einen Pappkarton mit Büchern, für die sie Käufer sucht. Ihre Armut ist an der schlichten Kleidung abzulesen. Sie stamme aus Hanoi, erzählt sie, und sei hierher gekommen in der Hoffnung, diese Stadt könne ihr eine Zukunft bieten. Ihr Englisch ist klar und korrekt. Sie sagt, sie verkaufe Bücher, um an der Universität Englisch zu studieren. Dann könne sie eine angemessene Arbeit bekommen. Aber in den letzten drei Wochen, gesteht sie ein, habe sie kein einziges Buch verkauft. Ich wähle ein Stück Pflichtlektüre für den Besuch in dieser Stadt: Graham Greenes Roman «Der stille Amerikaner». Es ist, wie sich herausstellt, eine wahrhaft bibliophile Ausgabe. Auf dem Umschlag wird das Kürzel «dtv» als Verlag angegeben. Die Innenseite kennzeichnet das Buch als eine Ausgabe vom Verlag «Volk und Welt» aus der DDR. So findet das Wirken des östlichen Verlags in einer westlich verkleideten Raubkopie noch eine ferne Würdigung. Wir haben die junge Frau jeden Morgen wieder getroffen und noch mehr Bücher erstanden. Aber dieser Umsatz wird sie dem Studienplatz nicht wesentlich näher gebracht haben. Dennoch konnten wir ihr eine kleine Ermutigung mit auf den Weg geben und ihr von einer Zeitungsnotiz berichten. Darin war zu lesen, dass der Bedarf an Kenntnissen fremder Sprachen in Vietnam noch groß sei. Eine Hauptstadtzeitung hatte sich darüber mokiert, dass bei einem Besuch von Bill Gates in Vietnam nicht nur die Studenten sich verwirrend und unklar artikuliert hätten. Auch der stellvertretende Minister für Erziehung sei durch peinliches Englisch aufgefallen. Die kleine Buchverkäuferin antwortet mit einem verschmitzten Lächeln. «Meine Stunde», sagt sie, «wird noch kommen.» Begegnungen in Saigon können schon am Morgen betörend sein.

Am anderen Ufer des Flusses liegen bunt bemalte Restaurantschiffe vor Anker. Wie in einem Dämmerzustand hängen sie müde an den Ketten. Sie warten auf die Stunden des Abends. Manche haben die Form einer alten Dschunke mit hohen Aufbauten und sind dicht behängt mit Girlanden von Lampions. Andere, die ihre zeitgenössische Form nicht leugnen können, schmücken sich wenigstens mit einem aufgemalten, weit aufgerissenen Haifischmaul am Bug. Dabei ist der Fluss alles andere als ein Stück nutzlosen Dekors der Stadt. Schwere Frachter schieben sich im Fahrwasser flussaufwärts. Hoch beladene Schuten und Frachtkähne schießen mit der Strömung den Fluss hinab. Fähren pendeln von einem Ufer zum anderen. Flache Holzboote tragen nutzlose Touristen in diese geschäftige Wasserwelt, in der alle anderen Schiffe hastig ihrem Ziel zustreben. Erst der Blick vom Fluss erschließt das gewaltige Panorama der Stadt. Die schlanken Hochhäuser erheben sich über dem Zentrum wie Paläste aus Kristall, in denen sich das Licht der Morgensonne spiegelt. Man spürt, dass Saigon einer neuen Blüte entgegensieht, die die Brüche der Vergangenheit fast vergessen macht.

Kanäle, die links und rechts vom Fluss in die Stadt führen, locken uns zu einer Erkundungstour. Diese Bootsfahrt freilich führt nicht in das Zauberreich fernöstlicher Romantik. Unrat treibt in so großen Mengen auf dem Wasser, dass man den Blick abwenden möchte, geschweige denn die Hand ins Wasser halten. Armselige Hütten stehen am Ufer. Nahtlos verzahnen sich Slumgebiete und die Schmuckseiten der Metropole. Die modernen Konturen des Stadtzentrums verstellen nur den Blick auf den urbanen Moloch, in dem acht Millionen Menschen leben. Vielleicht sollte man es als ein Signal der Hoffnung verstehen, dass die Zeitungen offen über die Schattenseiten Saigons berichten und auch die Folgen für die Gesundheit der Menschen nicht verschweigen. So ist zu lesen, dass die Abwässer der Bewohner zum überwiegenden Teil ungeklärt in Fluss und Kanäle geleitet werden. Tausende Fabriken kippen ihren festen Abfall einfach ins Wasser, fünfhundert Tonnen jeden Tag. Fischfarmen unterhalb der Stadt beklagen das Sterben ihrer Zucht – was der Konsument eigentlich nur begrüßen kann, weil er diese Fische ohnehin nicht auf seinem Teller sehen möchte.

Dem Himmel über Saigon geht es kaum besser. Die Luft ist giftig. Die so verwegen aussehende Maskierung der Motorrollerfahrerinnen ist nicht Ausdruck ihrer Abenteuerlust, sondern reiner Selbstschutz. Vom Wasser aus kann man die gelbe Dunstglocke über den Dächern kaum übersehen. Für viele, vielleicht für die meisten Einwohner ist das Leben in der Stadt eine Hölle. Aber auch der Ort ihrer Hoffnung. Die Region von Saigon ist der Motor für die vietnamesische Wirtschaft. Sie wächst jedes Jahr um über zehn Prozent. Ein Drittel des Staatsbudgets wird dort erwirtschaftet. Saigon ist ein Magnet für die arme Landbevölkerung, die ihrem Elend entkommen will. Doch auf die meisten wartet jedenfalls am Anfang das Elend der Großstadt.

Flussaufwärts, jenseits noch der Vorstädte, beginnt eine andere Welt. Dort, wo sich auf beiden Seiten des Stromes schon Reisfelder erstrecken, baden Kinder im Wasser. Am Ufer ist auf einem Floß ein kleines Restaurant vertäut. Die Wirtin, eine freundliche alte Frau, bittet lächelnd an einen der Tische. Eine Oase der Stille, wenn man aus dem Getöse der Stadt kommt. Die Filmregisseurin Ming Phuong hat zu einem Treffen an diesem verschwiegenen Ort geladen. Ihr Deutsch ist nicht nur akzentfrei. Mehr noch – sie hat die gepflegte Ausdrucksweise eines feinsinnigen Intellekts, der gleichermaßen geprägt ist von Vietnam und dem Abendland. Es ist keine erbauliche Geschichte, die sie erzählt, eine Geschichte, in der die Schrecken des vergangenen Jahrhunderts noch einmal gegenwärtig werden. Denn eines der Dramen jener Epoche hatte Vietnam als Schauplatz. Die Regie aber führten andere Mächte. Ein entlegener Zipfel Asiens, auf dem sich in Stellvertreterkriegen die zerstörerische Energie von Weltmächten entlud. Doch was Ming Phuong berichtet, handelt von Menschen, die Opfer dieser Konfrontation wurden.

Wenn es ein Film wäre, dann würde er damit beginnen, dass ein junger Mann sich der Widerstandsbewegung gegen die japanische Besatzungsmacht anschließt. Japan hatte im Zweiten Weltkrieg als Achsenmacht die französische Kolonie besetzt. Man hört es der Erzählung von Ming Phuong an, dass sie diesen Filmstoff vor Augen hat. Doch zum traurigen Epilog der Geschichte gehört die Tatsache, dass solche Filme nicht gedreht werden dürfen und überhaupt die Zensurbehörde solche Art von Erinnerung nicht schätzt. Dabei spiegelt sie ein Stück Geschichte der Stadt Saigon.

Leidenschaft und Melancholie mischen sich in ihre weichen Züge, weil das, wovon sie erzählt, nicht Teil der offiziellen Landesgeschichte sein darf. Im Zweiten Weltkrieg kämpfte der Vater von Frau Phuong bei den Vietminh, der Partisanenarmee, gegen die Besatzungsmacht. Er blieb im Widerstand, als 1945 die Franzosen wieder die Herrschaft übernehmen wollten und nun der Kampf um die Befreiung gegen die Kolonialmacht begann. Acht Jahre hat er es bei den Kommunisten ausgehalten, dann stießen ihn ihre grausamen Methoden so sehr ab, dass er in den Süden flüchtete. Er kehrte nach Saigon zu seiner Familie zurück, zu der er keinen Kontakt haben durfte, als er noch Kämpfer war. In Saigon aber hatte der französische Prokonsul die Geschäfte inzwischen in amerikanische Hände übergeben. Frau Phuongs Vater landete auf der falschen Seite. Denn als im April 1975 die Armee Nordvietnams in Saigon einmarschierte, begann ein neues Schreckensregime. Für die Sieger war es eine Stunde der Rache. Die USA hatten dreimal so viel Bomben und Artilleriemunition eingesetzt wie im Zweiten Weltkrieg gegen die Deutschen. Millionen Liter von hochgiftigen Entlaubungsmitteln waren versprüht worden. Weit mehr als drei Millionen Vietnamesen waren umgekommen.

Alle Männer in Ming Phuongs Familie, auch die älteren Brüder, wurden verhaftet und kamen in «Umerziehungslager». Die Schule der Diktatoren Stalin und Mao produzierte Eleven, die den Lehrherren an Grausamkeit nicht nachstanden. Also richtete sich die Verfolgung nach Kriegsende gegen alle, von denen die Sieger vermuteten, sie seien «Klassenfeinde». Es gab so viele Beschuldigungen, die für ein grausames Urteil reichten: Volksfeind, Rechtsabweichler und im schlimmsten Fall Spion. Und das Vorbild für die Bestrafung boten der sowjetische Gulag oder die chinesischen Arbeitslager. Die Tragödie ging weiter.

Ming Phuong ist seit 1977 auf der Flucht. Sie gehörte zu denen, die mit einem Fischerboot dem Terror zu entkommen suchten und von der «Cap Anamur» gerettet wurden – dem Schiff, mit dem Rupert Neudeck, der Initiator der Mission, nicht nur Leben rettete, sondern die deutsche Öffentlichkeit aufrüttelte. Später arbeitete Frau Phuong sogar eine Zeitlang im Büro der Hilfsorganisation. Aber ihre Heimatlosigkeit dauerte an. Sie zog auf Einladung von Verwandten in die USA. Aber dort fühlte sie sich abgestoßen von den Cliquen der Exilvietnamesen, die sich immer noch im Krieg gegen den Kommunismus wähnen. Seit einigen Jahren lebt sie wieder in Saigon. Ohne Papiere – ihr Lebensweg hat sie zu einer Staatenlosen gemacht. Ihre beiden Kinder teilen dieses Schicksal. Die Filmemacherin hat in Saigon ihre ersten Erfolge gehabt. Aber die Behörden verweigern ihr und ihren Kindern noch immer die offizielle Anerkennung als Bürger des Landes. Auch in der Bundesrepublik hat sie Jahre des Exils verbracht. Doch auch der deutsche Staat wollte sie nicht einbürgern.

Manchmal gleitet ein Kahn über den Fluss. Wir blicken aufs Wasser und reden über die Stadt, das Verhängnis, das über sie kam, und den Mythos, der sie umhüllt. Sie sagt: «Die Stadt hat keine Seele. Sie hat ein Jahrhundert lang nach ihrer Seele gesucht und hat sie nicht gefunden.» Es sei kein gutes Jahrhundert für Saigon gewesen. Zuerst habe die Stadt den Franzosen gehört. Dann wurde sie im Krieg das Hauptquartier der Amerikaner und Regierungssitz einer korrupten Diktatur. «Die Stadt hat uns nie gehört», sagt sie, «wir waren widerwillige Kollaborateure. Und um unsere eigene Seele zu bewahren, haben wir gesagt, dass wir nicht am richtigen Ort sind.» Die Reise ins Exil habe schon in den Kriegszeiten begonnen. Aber das Exil wird erst ein Ende haben, wenn ihre Geschichte auch im heutigen Vietnam erzählt werden darf – in einem Buch oder in einem Film. Die heutige Regierung in Hanoi will von solchen Schicksalen – noch – nichts wissen. Dabei könnte die unzensierte Darstellung jener Jahre zu einem Kapitel der inneren Versöhnung werden. Doch kommunistische Parteien dulden nur den offiziösen Blick auf die Geschichte, weil alles andere sie zum Eingeständnis von Fehlern, ja sogar Verbrechen zwingen würde. Im deutschen kommunistischen Parteijargon nennt man dies «Fehlerdiskussion». Die aber wäre ein Bruch mit dem Lehrsatz Nr. 1, der da lautet: «Die Partei macht keine Fehler.»

Den ganzen Tag liegt schwüle Hitze über der Stadt. Der Himmel ist grau verhangen. Über dem Horizont im Osten stehen schwarze Wolken eines Unwetters. Im Westen aber sucht sich die im Sinken begriffene Sonne schmale Lücken, durch die sie einen roten Schleier über das Häusermeer legt. Vom Dach des Hochhauses, zu dem wir uns der Aussicht wegen Zugang verschafft haben, ist kein Ende der Boulevards und Straßenzüge zu erkennen, durch die sich der Strom der Fahrzeuge wälzt, an den Kreuzungen verknäult und dann wieder in Fluss gerät. Verborgen aus dieser Sicht bleiben die wundersamen Schätze der Stadt, die Tempel, die Pagoden. Sie sind nicht nur Zeugnisse einer großen Kultur. Zu allen Zeiten waren manche von ihnen auch eine Keimzelle des Widerstandes gegen die jeweils Herrschenden. Auf dem Strom gleitet ein Frachter in Richtung Meer und scheucht mit lautem Tuten die kleinen Boote aus dem Weg. Blickt man in die andere Richtung, sieht man die Flugzeuge steil gen Himmel streben. Sie weisen den Weg, der auch uns bevorsteht.

Abends erwacht die Stadt, die sich tagsüber in Geschäftigkeit verliert, zu wahrer Schönheit. Lichtkaskaden fluten über Bäume. Restaurants und Cafés reihen sich aneinander und wetteifern mit Feuerwerk von farbigen Lichtern. Junge Leute steuern auf Motorrollern in Schwärmen durch die Straßen. Eine lange Schlange steht vor der Einfahrt eines Hauses, in dem eine Diskothek zu vermuten ist. Wir erfahren, dass man dort auf einer Abendschule Englisch lernen kann. Gleich daneben findet in einem Hof ein Popkonzert statt. Die jungen Leute sitzen auf dem Fußboden und jubeln in fast kindlicher Freude ihrem Idol zu. Die Kehrseite des lauen, heiteren Sommerabends erleben wir am Straßenrand. Der Staat will Ordnung, und mit harter Hand greift er zu. Opfer sind arme Leute, die vom Fahrrad aus am Straßenrand Popcorn verkaufen. Ein LKW fährt vor, ungefähr zehn Männer springen ab. Sie zerstören die Fahrräder auf der Stelle, verladen die Trümmer und kümmern sich nicht um die flehenden Gesten der kleinen Händler. Sie schubsen sie beiseite. Dann fährt der Lastwagen davon, weiter auf der Jagd durch die Nacht.

Der Club «Napoly», den wir ansteuern, liegt weit entfernt von dem Viertel, in dem sich die Touristen bewegen. Er ist über eine Treppe in einem Hinterhof zu erreichen. Am Fuß der Treppe steht ein kleiner Altar mit zwei Kerzen und Opfergaben. Zur neuen Magie der Nacht haben sich wieder die alten Götter gesellt. Aber besonders heilig geht es oben nicht zu. Dort haben gleich zwei Etablissements nebeneinander ihre Pforten geöffnet, die sich mit ihrem Musikprogramm an unterschiedliche Zielgruppen wenden. Aus der einen Tür, durch die sich die Jüngeren drängen, dröhnt dumpfer Techno-Rhythmus. Aus der anderen locken vertraute Melodien von Country-Musik. Dort zählt man wohl auf ein reiferes Publikum. Der Wirt Nguyen Minh Tuan ist ein nicht mehr ganz junger Mann, der – wie er erzählt – seine Lehrjahre in Eisenach verbracht hat. Vor fünfzehn Jahren, nach dem Ende der DDR, sei er heimgekehrt. Die schwarz-rot-goldenen Kissen auf den roten Sofas lassen erkennen, dass der Aufenthalt unter den Deutschen nicht spurlos an ihm vorübergegangen ist. Jeden Abend treten bei ihm Musikgruppen auf. Sein DDR-Deutsch hat im Lauf der Zeit gelitten. Aber es reicht für eine optimistische Prognose: «Es wird wieder was in Saigon», brüllt er uns ins Ohr, weil die Musik im Raum eine ziemlich beherrschende Rolle spielt.

Auf dem Podium hat sich eine tief dekolletierte Sängerin zur Band gesellt und bereichert die schwere Luft mit dezent versandten erotischen Botschaften. Rund um den ovalen Bartresen wogen – der lauten Musik wegen – gestenreiche Gespräche: Auf der einen Seite die männlichen Gäste, auf der anderen Seite die grazilen Königinnen der Nacht. Aber dies ist keineswegs ein billiger Anbandelschuppen. Es ist die Magie aus Schummerlicht und fremder Schönheit, von der zu spüren ist, dass sie zur Sucht werden kann. Einige betagte Ausländer sitzen in der Runde und lassen ahnen, dass man dem Rausch solcher Nächte auch heute wieder verfallen kann.

Der schönste Ort am späteren Abend ist die Dachterrasse des Hotels «Majestic». Wir ziehen als Fachmann Graham Greene heran, der sich schon tagsüber nach diesem Platz sehnte: «Man konnte es einfach nicht glauben, dass es jemals sieben Uhr schlagen werde, die Cocktailstunde auf dem Dach des ‹Majestic›, wo ein frischer Wind vom Saigonfluss heraufweht.» Da mag man sich schon fast als ein Mitspieler wähnen in seinem Roman vom «Stillen Amerikaner», wenn man auf die Terrasse tritt und über sich den südlichen Sternenhimmel erblickt. Aber das Publikum hat gewechselt. Es sind nicht mehr die von der Tageshitze ermatteten Kriegsreporter, die hier ihre Melancholie ertränken. Eine dänische Reisegruppe hat die kleinen Tische zu einer großen Tafel zusammengeschoben und schwärmt von den günstigen Einkaufsmöglichkeiten. Es ändert nichts am Zauber der berauschenden Tropennacht.

Magisch zieht in der Tiefe der Fluss den Blick an, der gewundene Lauf der merkantilen Lebensader der Stadt, auf der das Leben auch jetzt noch pulsiert. Wie Irrlichter ziehen die Lastschiffe ihres Weges. Die Restaurantschiffe in schrill-bunter Illumination fahren den Fluss hinauf und hinab. Die Nachtbrise trägt Fetzen der Musik heran. Um Mitternacht ergießt dazu der Vollmond seinen silbernen Glanz auf das Wasser. Nach der Hitze des Tages, den funkelnden Farben und Schattenbildern des späten Abends kehrt immer noch keine Ruhe ein.

In Wahrheit ist dies das Ziel der Reise, die Terrasse über dem Saigonfluss. Der unwirkliche Traum, dort einmal an der Brüstung zu sitzen, den Geruch der Tropennacht zu atmen, hatte mich wie eine Fata Morgana seit der Abreise in Berlin begleitet. Und schon beginnt der nächste Traum, alle Menschen, die wir auf der Reise trafen, hier an einem Tisch versammelt zu sehen. Sie hätten viel auszutauschen, der junge Chefredakteur aus Minsk und der auf Demokratie drängende Regierungsberater in Hanoi. Für ihn, der in der DDR so sehr Beethoven zu lieben gelernt hat, könnten wir passenderweise beim Kellner die «Mondscheinsonate» bestellen. Der Fischer aus Vietnam, der Reisbauer aus China, die Alten aus dem Dorf bei Semipalatinsk – es wäre eine wundersame Runde. Viele Gespräche, die wir hatten und nicht wirklich zu Ende führen konnten, weil die Planung weitertrieb, könnten fortgeführt werden. Es wäre das gewesen, was gemeinhin ein glückliches Ende genannt wird. Aber darauf darf man nur im Märchen hoffen.

Der Aufbruch liegt vier Monate zurück. Im Januar führte die erste Etappe nach Warschau. Dazwischen liegt ein Bilderbogen, gewebt aus Erinnerungen an die Begegnungen mit Menschen. Wir trafen sie als Überlebende und Nachgeborene eines Jahrhunderts der Tyrannen, einer Welt mit Massenmord, Terror und Folter. Sie leben weit voneinander entfernt und doch zeitgleich, verwandt in Sehnsüchten, herausgefordert von der Hoffnung, dass wenigstens den Kindern ein glückliches Leben gegeben sei. Aber wie soll dieses Glück beschaffen sein?

Der Mond über dem Fluss verweigert letzte Antworten. Tief unten ziehen immer noch die bunt beleuchteten Restaurantschiffe ihres Weges. Jedenfalls unser Traum von der Tropennacht ist Wirklichkeit geworden.

Dank

«No man is an island ...» Keiner macht eine solche Reise ohne Beistand. Der Dank gebührt Steffen Bayer, Redakteur beim ZDF, der die Idee für dieses Projekt hatte und nachdrücklich auf Verwirklichung bestand – auch gegenüber dem Autor, der sich zunächst scheute, über die Grenzen der ihm vertrauten Territorien hinauszugehen. Der Leiter der Redaktion, Heiner Gatzemeier, unterstützte das Unterfangen in ebenso ermutigender Weise. Dazu gehört auch der Dank an die öffentlich-rechtliche Anstalt ZDF, die solche Vorhaben – noch – möglich macht.

Zu danken ist jenen Pfadfindern, die auf dem weiten Weg Orte auskundschafteten und Gesprächspartner fanden. In Weißrussland, Russland und Kasachstan hat Wladimir Pyljow keine Mühen und Strapazen gescheut, um der Reise ins Ungewisse klare Vorgaben zu schaffen. In China kümmerten sich Marc Buchmüller und die Redakteurin des chinesischen Fernsehens, Wang Yan, um die Reisenden. In Vietnam schließlich sind Sebastian Fellmeth und Dinh Huyen Tram vom Presseamt der Regierung die kundigen und aufopferungsbereiten Begleiter gewesen.

Zu danken ist dem Team, Kameramann Heinz Kerber und seiner Assistentin Karin Köhler, denen ich sicher kein unkomplizierter Reisebegleiter war.

Es gab viele kluge Ratschläge und vor allen Dingen Hinweise auf Literatur, ohne die ich den Versuch nicht hätte wagen mögen.

Dafür, dass Bilder der Reise, die Summe von Begegnungen, Eindrücken und Gedankensplittern, als Buch festgehalten werden, danke ich Jens Dehning, der als Lektor mit schwerem Gepäck beladen wurde und Sorge trug für eine glückliche Heimkehr.

Literatur

S. B. Balmukhanov, «Three Generations of Semipalatinsk», Almaty 2002

S. B. Balmukhanov, «Radioactivity and the Population Health Status», Almaty 2002

Michael R. Beschloss, Strobe Talbot, «Auf höchster Ebene – das Ende des Kalten Krieges und die Geheimdiplomatie der Supermächte», Düsseldorf 1993

Willy Brandt, «Erinnerungen», Berlin 1989

Margarete Buber-Neumann, «Als Gefangene bei Hitler und Stalin», München 2000

Iwan Bunin, «Verfluchte Tage – Ein Revolutionstagebuch», Zürich 2005

Jung Chang u. Jon Halliday, «Mao – das Leben eines Mannes, das Schicksal eines Volkes», München 2005

Jung Chang, «Wilde Schwäne – die Geschichte einer Familie», München 2004

Orlando Figes, «A People's Tragedy», New York 1998

Orlando Figes, «Nataschas Tanz – eine Kulturgeschichte Russlands», Berlin 2003

Jacques Gernet, «Die chinesische Welt», Frankfurt 1988

Michail Gorbatschow, «Erinnerungen», Berlin 1995

Graham Greene, «Der stille Amerikaner», Berlin 1984

Hannes Heer u. Klaus Naumann (Hg.), «Vernichtungskrieg – Verbrechen der Wehrmacht 1941 bis 1944», Hamburg 1995

Monika Heyder, «Kulturschock Vietnam», Bielefeld 2005

Adam Krzeminski, «Polen im 20. Jahrhundert», München 1998

Jerzy Mackow, «Totalitarismus und danach», Baden-Baden 2005

Sonja Margolina, «Wodka», Zürich 2004

Catherine Merridale, «Steinerne Nächte – Leiden und Sterben in Russland», München 2001

Peter Merseburger, «Willy Brandt 1913–1992», Stuttgart 2002

Simon Sebag Montefiore, «Stalin – the Court of the Red Tsar», London 2003

Richard Overy, «Russlands Krieg 1941–1945», Hamburg 2003

Marco Polo, »Die Wunder der Welt – die Reise nach China an den Hof des Kublai Khan», Zürich 1983

Georg von Rauch, «Geschichte der Sowjetunion», Stuttgart 1990

Peter Scholl-Latour, «Der Tod im Reisfeld», Stuttgart 1979

Günther Stökl, «Russische Geschichte», Stuttgart 1973

Konrad Seitz, «China – eine Weltmacht kehrt zurück», München 2006

Andreas Wehrmeyer, «Sergej Rachmaninow», Hamburg 2006

Gao Xingjian, «Das Buch eines einsamen Menschen», Frankfurt 2006

Gao Xingjian, «Der Berg der Seele», Frankfurt 2003

Dieter E. Zimmer, «Nabokov reist im Traum in das Innere Asiens», Reinbek 2006

Bildnachweis

S. 1: SV-Bilderdienst/Machnik W.; S. 16 unten: picture-alliance/dpa; alle anderen Fotos: Heinz Kerber

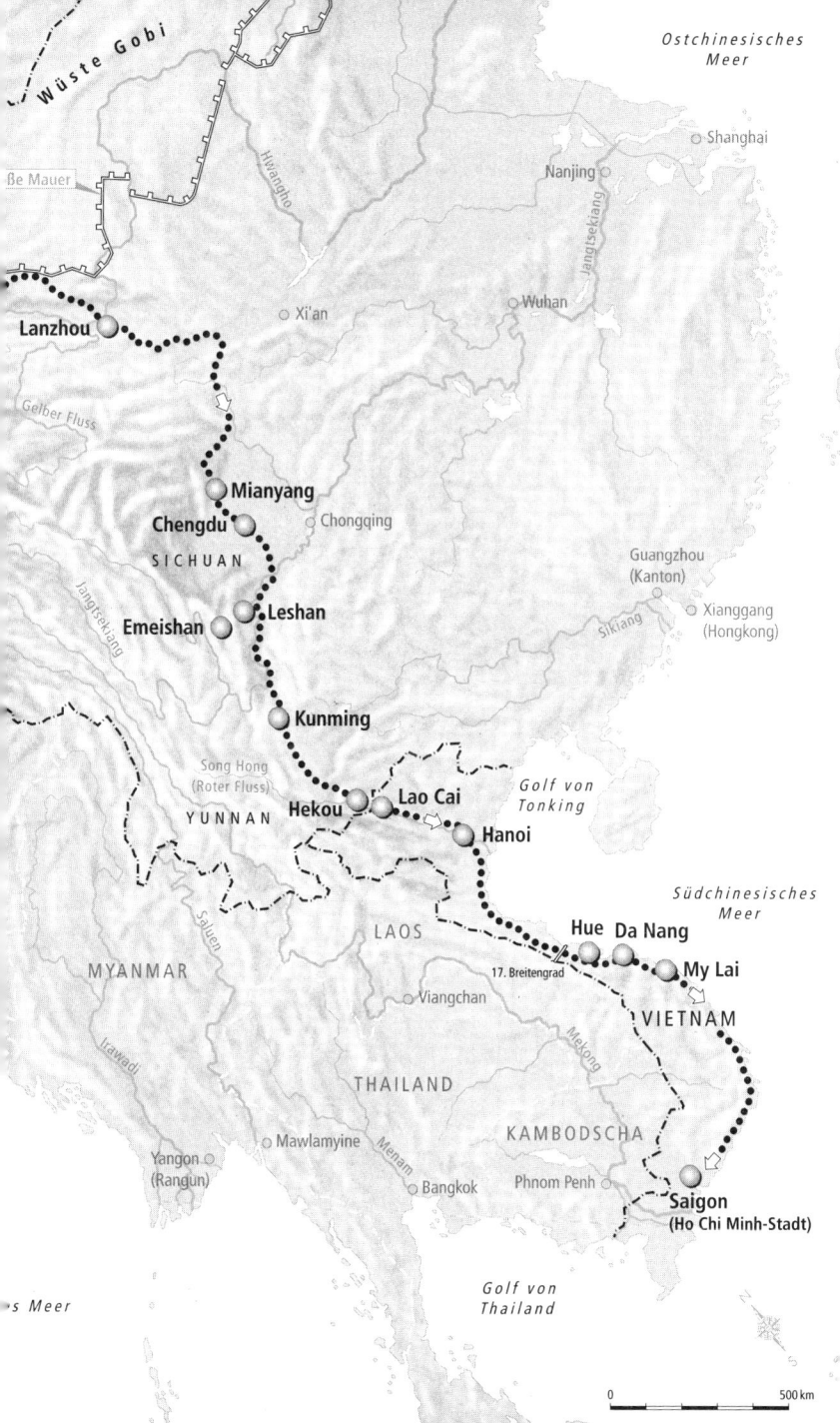